我与中信

1979—2019

中信出版集团 | 北京

图书在版编目（CIP）数据

我与中信 :1979—2019 / 肖欢主编 . -- 北京 : 中信出版社 , 2019.10

ISBN 978-7-5217-0868-4

Ⅰ . ①我…　Ⅱ . ①肖…　Ⅲ . ①投资公司 – 企业文化 – 中国 – 文集　Ⅳ . ① F832.48-53

中国版本图书馆 CIP 数据核字 (2019) 第 165911 号

我与中信　1979—2019

主　　编：肖欢
出版发行：中信出版集团股份有限公司
（北京市朝阳区惠新东街甲 4 号富盛大厦 2 座　邮编　100029）
承 印 者：北京达利顺捷通印科技有限公司

开　　本：787mm × 1092mm　1/16　　　印　　张：37　　　字　　数：457 千字
版　　次：2019 年 10 月第 1 版　　　印　　次：2019 年 10 月第 1 次印刷
广告经营许可证：京朝工商广字第 8087 号
书　　号：ISBN 978-7-5217-0868-4
定　　价：158.00 元

序：勠力奋斗　凯歌前行

1979年初春，邓小平同志在人民大会堂亲设“五老火锅宴”，“点将”荣毅仁，请他在创办实业和引进外资方面多做些工作。从那时起，中信公司伴随着中国改革开放的进程，走过了40年艰难而辉煌的发展之路。作为1983年加入中信的老员工，我一路见证着中信的队伍从几百人发展壮大到二十多万，也见证着一代代中信人筚路蓝缕、胼手胝足的勠力奋斗。步入四十岁的中信，他的“不惑”体现在坚定独特的成长历程和卓尔不群的发展成就。

40年来，我们秉持“勇于创新　多作贡献”的精神，承担起党和国家赋予的历史使命，在诸多业务领域进行卓有成效的探索，开创出一条通过吸收和运用外资、引进先进技术设备和管理经验，为国家现代化建设服务的创新发展之路，开创了许多“第一”，成为国内一些行业的创建者和市场引领者，充分发挥经济改革试点和对外开放窗口的重要作用。

40年来，我们坚守国有企业的责任和担当，积极顺应国家改革发展大势，围绕国家重大战略开展金融和实业诸项投资经营，发挥中央企业在国民经济中的骨干作用；持续探索综合性企业集团发展模式，不断提升核心竞争能力和可持续发展能力，努力为股东和投资者提供良好回报，实现国有资产保值增值；积极参与社会公益活动，投入资金、人才等多种资源支持援藏、扶贫、环保、科技、文化、体育等各项事业，促进企业与社会的共生共享。

40 年来，我们亲历日新月异、积微成著的蜕变，经营上力争行稳致远，通过体制调整、重组改制、整体上市等重要发展举措，走上产融并举和国际化更宽广的发展道路，整体资产规模和竞争力保持快速增长，连续 11 年入选美国《财富》世界 500 强公司排行榜，2019 年名列第 137 位；管理中注重内外兼修，培养了一大批国内外诸多行业的带头人和领军人才，形成了以“诚信、创新、凝聚、融合、奉献、卓越”为核心价值理念的中信集团企业文化体系，打造了良好的社会美誉度和国内外影响力，品牌价值居国内第 18 位。

40 年来，我们坚定“老老实实跟着党走”的信念，始终把坚持党的领导、加强党的建设作为“根”和“魂”。从组建之初主动要求成立党组，到开创性地制定党组六条；从“支部建在项目上”的不懈探索，到构建 3 000 多个党组织、4 万多名党员的组织体系，对国企特色党建之路的探寻从未止步。党的十八大以来，在习近平新时代中国特色社会主义思想的引领下，我们坚持党管企业的政绩观，以党建入章、党业融合提升党建质量，以“互联网 + 党建”推动党建创新，全面从严治党的步伐越走越坚定，党组织的政治优势和组织优势正在持续转化为中信集团改革发展的竞争优势和创新优势。

中信集团走到今天，最应该致敬的是每一位参与中信事业的奋斗者！他们恪尽职守、拼搏奉献，以点滴的进步汇集成中信蓬勃发展的强大力量。他们的全心投入、坚定执着，绘就了中信最美丽的风景线。为了纪念集团成立 40 周年，中信集团企业文化部组织了第七次“我与中信”征文活动，广大中信人记录下投身中信事业的经历和故事，展现中信事业一个个不凡的发展瞬间和中信人良好的精神风貌。

我认真翻阅了精选汇编的文集，作者老中青皆有，退休数载的老领导依然心系中信，入职不久的新员工也自豪于岗位价值，更多的是多年奋战在一线的中坚骨干。大家的文章涉及金融、实业多个领域。有集团上市的宏大叙事，也有厂区变迁的个体情感；有一路领先的证券业务，也有开端迅猛的电子金融；有戴卡海外制造的高歌猛进，也有特钢超越发展的峥嵘岁月；有“互联网＋转型”落地，也有种业梦阔步向前；有飘扬在柬埔寨项目的猎猎党旗，也有闪耀于拉丁美洲工地的中信徽标……数字科技、节能环保、消费服务等新兴产业亦崭露头角，令人耳目一新。时间跨度从20世纪80年代延伸到当下，尤其凸显了近10年的中信历史。可以说，这本《我与中信》文集就像一部浓缩的中信奋斗史，折射出每一个发展阶段的深刻变化，笔端心头蕴藏着每一位员工的拳拳中信情怀，字里行间跳跃着每一个年代的昂扬激情梦想。

习近平总书记指出：“没有高度的文化自信，没有文化的繁荣兴盛，就没有中华民族伟大复兴。”同样，没有中信企业文化的自信，没有中信核心价值理念的凝聚引领，也实现不了中信事业的持续健康发展。如果说打造中信长青基业是一场漫长的奔跑，那么每五年编辑出版《我与中信》文集就是一次神圣的精神接力，弘扬着中信光荣使命和优良传统，传承着中信人的精神品格和奋斗气质，延续着对中信事业光辉未来的憧憬和追寻……希望所有中信人能以书写和阅读“我与中信”文章为切入点，发挥主人翁意识，携手建设生机勃勃的中信企业文化，为我们共同的事业而不懈奋斗。

美好前景值得憧憬，但困难挑战亦需直面解决。中信的“四十不惑”不仅在于一路走来的成熟和业绩，更表现在对未来的未雨绸缪和蓄势待发。当前，我国经济由高速增长阶段转向高质量发展阶段，集团党委明确提出，要以高质量发展为目标推动全面深化改革。在新的发展历史时期，我们要充分认清集团的优势和不足，下大力气解决制约高质量发展的矛盾和问题，从党的建设、体制机制、业务结构、科技支撑和人才队伍等方面，为推动集团高质量发展同向发力；要把握好改革发展中的重点任务，加强科技创新和关键技术突破，激发每一个微观主体的创新活力，着力推进转型升级；要全力支持国家重大战略，在践行对外开放战略、“一带一路”倡议，服务京津冀协同发展、长江经济带发展及海南自由贸易试验区建设中，履行好国有企业的政治责任和社会责任；要把握科技浪潮，加快实施“互联网＋转型”战略，稳步推进集团由传统企业向数字化企业转变，进一步创新综合性企业集团的商业模式，打造数字中信和百年老店。

“弄潮儿向涛头立，手把红旗旗不湿。”中信集团将一如既往挺立在国家改革开放潮头，惊涛拍岸、巨浪盈天的严峻复杂环境，只会激发中信人坚守初心、奋发图强、技搏天地的豪情壮志！不惑中信正青春，在新的改革征程，让我们勠力同心、锐意进取，以稳健而又激越的奋斗节拍，一起奏响新时代中信凯歌！

中信集团党委书记、董事长

二〇一九年七月三十日

目　录

“中信制造”海外腾飞的新力量

中信集团副总经理、中信戴卡股份有限公司董事长　徐　佐

2018年9月25日，中信戴卡股份有限公司举办30周年纪念活动的前一天，我陪同中信集团总经理、党委副书记王炯同志在秦皇岛接见了3位特别的来客。他们分别是德国KSM铸造集团(简称KSM)首席执行官维森特·佩雷斯－卢加雷、中信戴卡北美工厂（DNA）总经理米莱·刘易斯以及中信戴卡摩洛哥铝车轮工厂（DMA）总经理巴德尔·拉穆迪。王炯总经理与中信戴卡海外工厂负责人亲切交谈。

中信戴卡从“中国制造、全球服务”迈向“全球制造、全球服务”开始于2011年底。在过去不到7年的时间里，中信戴卡全球生产基地布局的版图上增加了KSM、北美工厂以及在建的摩洛哥工厂，拥有海外员工近3 000名，占员工总数的一半，近一半销售收入来自海外。从并购到绿地建厂，从乘用车、商用车的车轮生产到F1[①]赛车车轮研发制造，我们用实践证明了“中信制造”走向海外以及迈向全球顶尖制造领域的能力。

在历史前进的逻辑中前进，在时代发展的潮流中发展。这几年艰难探索，让我感触最深的就是中信人把握发展规律、谋势而动、顺势

① F1: 世界一级方程式锦标赛，FIA Formula One World Championship。

而为、追求卓越的文化精神。也正是这样的精神，让中信戴卡逐渐成长为“中信制造”海外腾飞的新力量。

力创中德企业合作典范

2011 年 11 月，中信戴卡完成对 KSM 的股权交割，当务之急就是要解决双方的融合和管控问题。

中信集团领导对中信戴卡并购 KSM 后的运营工作给予高度关注和支持。王炯总经理在并购后不久，便对双方高管团队提出新的要求，希望中信戴卡及 KSM 作为中信集团核心制造业板块，在技术发展、商业模式创新以及企业价值提升方面有新作为。

中国企业“走出去”，在海外并购成功的案例并不多，跨文化管理的成功经验也是少之又少。而 KSM 是一家比中信戴卡本部历史更悠久、品牌更响亮、市场经验更丰富的企业，对它的有效管控，成为中信戴卡国际化管控的重大课题。经过反复思考、研讨后，我和高管团队一致认为，赢得“人心”和经营好“主体”同样重要，特别是取得理念价值共识是开展后续工作的基础和大前提，只有同心同德才能互利共赢。为此，我们提出了“One world，One team”（同一个世界，同一个团队）的理念，在此基础上，共同谋划经营管理路径、未来发展战略和业务发展方向等关乎双方重大利益的经营事项。

在经营管理方面，我们提出了“胸怀管控与制度管理并举”的经营理念，坚持全球化思维、本土化运作的管理思路，保留 KSM 原有的管理方式，而不是把自己在中国行之有效的管理模式生搬硬套到德国 KSM，提升管理弹性。我们共聘任了 5 名高管担任 KSM 监事，每年在中国召开董事会、监事会会议，讨论重大经营事项。着眼 KSM 长期发展，在 2014 年底，我们制定了 KSM“2020 发展战略”，不断提升企业的竞争力。

在业务发展方面，我们秉承“One world，One team”的理念。自2011年10月以来，双方积极进行技术交流，内容涵盖前瞻性铸造技术研究、工艺研究以及行业前沿新材料应用，技术交流近200人次。KSM累计专利申请114项，专利注册68项，新增专利22项，连续两年荣获德国中小型创新企业前100强殊荣。2012年，KSM成为唯一获得德国联邦政府“环境保护企业”奖殊荣的铸造企业。着眼于KSM的国际化布局，我们在其原有欧洲生产基地的基础上，先后建设KSM秦皇岛工厂、KSM美国谢尔比工厂和KSM成都工厂。从产品设计到生产线的自动化、智能化升级，再到生产环节的节能减排，双方始终将绿色生产贯穿到每一个环节中去，实现了对KSM原有制造技术的全面升级。2013年，KSM秦皇岛工厂建成投产时，KSM集团高管团队到实地参观，频频点头，称赞其比德国本土工厂制造技术更加先进，高度肯定了中信戴卡本部人员的创新、创造能力。行业专家对KSM秦皇岛工厂的自动化、智能化制造水平给予高度评价。KSM中国工厂、美国工厂的先后建设，不仅将KSM的生产基地扩展到全球，也实现了客户市场的有效开拓，突破了KSM欧洲制造、欧洲供货的局限。特别是KSM秦皇岛工厂及成都工厂的建成投产，快速提升了“中信制造”的能力和水平。

除此之外，我们坚持遵循国际规则标准，尊重德国当地的文化风俗，加强中外员工、企业与运营所在地社区间的交流。在涉及薪资待遇、减员增效等关乎员工利益的问题上，通过企业工会组织召开全体员工代表大会，共同商讨工作举措，德国员工深度参与到具体决策中。截至目前，KSM始终保持人员稳定。我们还组织安排“中德员工足球友谊赛”等活动，用足球架起融合的桥梁；同时加强与当地社会沟通联系，KSM受邀参加希尔德斯海姆建市1 200周年及下萨克森州成立34周年活动，并在以汽车为主题的活动中，全面展示轻量化汽车零部件产品近年来的创新成果，赢得了当地社会的认可。

过去 7 年，凡是涉及 KSM 的重大事项，集团领导都亲自推动和研究，资源共享、事业共创。2015 年 5 月，在 KSM 北美谢尔比工厂量产爬坡关键时期，王炯总经理专门对其生产运营进行远程调度，解决遇到的实际困难与问题。新生产基地建设过程中，集团领导亲临现场听取汇报、督导具体工作。每一个新生产基地都成为当地制造业升级的标杆工程，受到政府和当地民众的欢迎。

正是在同一个理念指导下，我们的管理方式得到广泛认可，我们的管理行为在不同层面得到快速推动。在双方的共同努力下，KSM 连续 7 年创造了历史最好的经营业绩，发展实力和企业创造价值的能力得到快速提升。中信戴卡在多元化发展中取得长足发展，并自 2012 年起，成功进入全球汽车零部件百强榜。常振明董事长、孔丹老董事长等集团领导先后实地考察 KSM，对中信戴卡并购后的有效管控给予高度评价，并勉励我们再接再厉，努力创造中德企业合作典范。

智能制造　中信名片

并购只是中信戴卡全球生产基地布局的第一步，而海外绿地建厂则是我们“走出去”面临的最大考验，也是中信戴卡全球生产基地布局的必然之路。

金融危机后，全球各个国家纷纷把目光聚焦到制造业发展上，特别是美国加速推动“再工业化”和“制造业回归”，改写着全球制造业格局。与此同时，我国经济发展环境也发生深刻变化，要素成本上涨，人口、资源等优势逐渐丧失。为应对新的变化，政府积极推动产业结构调整和产业升级，引导制造企业转变发展方式。近观日本制造企业的国际化发展轨迹，面对国际竞争趋势，我们清楚地意识到，中信戴卡“中国制造、全球服务”的优势不可持续，必须走出国门，到海外去建设生产基地，巩固主营业务的行业领先地位和竞争优势。那么，到哪里去建设第一家海外生产基地？

在中信戴卡出口份额中，北美市场始终占全部出口额的一半以上，是中信戴卡最大的海外市场。多年来，通用、福特、克莱斯勒、北美本田等美国客户，一直迫切希望中信戴卡能够在海外建厂，提供本地化供货服务。同时，随着中信戴卡产业园竣工投产、铝车轮一号线升级改造、宁波戴卡建设运营、成功收购 KSM 等，中信戴卡的技术研发、生产制造、装备制造、国际化管控能力有了明显提升，走出国门的时机已经成熟。在常振明董事长、王炯总经理等集团领导的鼓励和支持下，我们决定到美国去建设铝车轮工厂，并于 2014 年启动了中信戴卡北美铝车轮工厂项目。

2014 年 11 月，经过近一年的项目研究和安排部署，我们根据对北美地区 33 个地块的综合评估和择优筛选，确定于美国密歇根州格林维

五星红旗高高飘扬在中信戴卡美国工厂

尔市建厂。11月21日，集团总经理王炯在北京京城大厦与来访的美国驻华大使马克斯·博卡斯先生、美国密歇根州州长里克·斯奈德先生一行进行会晤。在双方代表共同见证下，中信戴卡北美工厂项目正式签约，标志着戴卡“走出去”项目迈出了关键一步。

此项目是中国汽车零部件行业在美国最大的投资项目，总投资约1.5亿美元。在全球汽车工业最发达的国家建设工厂，我们面临的挑战前所未有。

面对北美建厂的“考题”，王炯总经理为我们指明了方向。他说，在北美建厂，不仅脚要迈出去，脑袋也要跟上；要把我们的新设备、新技术以及可以发挥的资源优势用到这个项目上；也要提升管理能力，关键是进一步破解跨文化管理的难题。

为此，中信戴卡提出了“管理技术新、工艺设备稳、数字智能化、全球新标杆”的建设目标，并将建设好美国工厂纳入2015年公司经营战略（建设好美国工厂，推进智能化制造，转变发展方式，提升国际化管控水平）。我们在第一时间成立了北美项目管理部，多部门协同，举全员之力建设好北美工厂。同时，密歇根州当地政府对我们投资建厂给予有力支持，在能源成本、税收等方面提供优惠政策。2015年10月，密歇根州当地报纸刊载了题为“Welcoming Newcomers”（欢迎新成员）的新闻报道，对中信戴卡在当地建设铝车轮工厂、提供就业机会等表示欢迎。这些为北美戴卡的快速建设提供了友好的发展环境。

值得一提的是，在北美戴卡海外人员培养和管理上，我们进一步坚定文化自信，以文化凝聚共识，引领事业发展。与KSM文化融合不同，在北美戴卡的文化建设过程中，我们将传承中国传统文化精髓与西方工业文明的中信戴卡“仁（凝聚）、义（担当）、礼（合规）、智（创新）、信（诚信）”的核心价值理念向北美戴卡员工输出。北美戴卡新员工共9个批次来华学习，第一堂课就是董事长讲文化，由我向大家讲解中信戴卡的企业文化。基于价值共识和文化认同，为推动项目按计划落地提供了最坚实的保障，中信的文化精神不仅在戴卡本部实现传承，更在北美戴卡得到弘扬。

基于本部技术升级和管理升级的经验，我们在北美戴卡工厂设计和生产运营方面运用了诸多独创的先进技术和装备。全部采用由本部自主设计生产的自动化铸造设备和智能化机械手；同时，引入中信戴卡自主研发的数字智能制造系统（DMS），实现了对生产运营中的"人、机、料、法、环、数"实时显示。在中国本部的办公室内，我们就可以看到北美戴卡生产的实时数据，实现了跨地域、跨时差的生产信息反馈和生产状态跟踪，方便了本部与北美互动；也有利于调动资源，解决生产问题，实现智能化制造水平行业领先。

我们以"母工厂"为蓝本，提供成熟、完整的生产运营方案；将本部生产线作为建设北美戴卡的"母工厂",为北美戴卡提供技术、人员、工艺、模具等支持。北美戴卡使用的所有工艺、关键设备、模具均在本部进行验证后，再向北美戴卡进行转移。海外员工来华进行专业技术培训，我们以本部生产线为培养平台，将本部先进的工艺技术、设备养护经验、质量管控经验等，毫无保留地传授给北美戴卡员工。同时，为做好运营管理，我们设定核心生产运营指标，对指标完成情况进行全方位支持，并运用对标管理的方式对北美戴卡进行生产管理。

功夫不负有心人。2016 年 2 月 1 日，中国农历小年，北美戴卡工厂涂装线、机加工序一期如期完成，产出首件成品。集团王炯总经理第一时间向双方团队发出贺信，对大家取得的阶段性成果表示由衷祝贺，并鼓励大家坚定信心，继续保持激情和斗志，着力将北美戴卡打造成全球领先的铝车轮制造标杆工厂。

2016 年 5 月 26 日，北美戴卡向美国通用汽车公司发第一批货；2016 年 7 月，北美戴卡通过通用和克莱斯勒的审核，开始向两大客户批量供货；2017 年 1 月 18 日，北美戴卡热工一期启动，生产出第一只铸造毛坯车轮；2018 年 1 月 18 日，热工二期启动，实现自动化出铝水……

2016 年至 2018 年，中信戴卡向北美戴卡派出专业技术工程师 200 余人次，“成建制”团队支援北美工厂生产和现场管理。为了“中信制造”名扬海外，他们三个月甚至更长时间驻守北美戴卡，与美国员工共同奋斗。

成功建设北美戴卡，全面考验了中信戴卡近 30 年的积累，全方位提升了中信戴卡质量管理体系能力、产品开发能力、智能制造能力、装备研制能力和国际化管控能力，把过去立足中国本土制造、全球销售的中国零部件企业推向了全球先进制造、全球配套服务的更高领域。2018 年，中美贸易摩擦形势严峻，给我们带来了直接的冲击，但北美戴卡的健康运营，为我们应对贸易危机提供了宝贵的时间和

作者（左二）陪同常振明董事长视察戴卡北美工厂

空间。这也再一次验证了，中信戴卡人的国际化视野，对全球化发展准确预判的能力，以及毫不动摇地推动全球化生产布局的战略性意义。

从北美戴卡目前运营的结果来看，中信戴卡先进的制造技术、领先的管理能力、优秀的企业文化成功实现了“走出去”。2017 年 5 月，中信集团董事长常振明同志视察戴卡北美工厂，高度评价了该厂的智能化制造水平和取得的经营成果，欣然为北美戴卡题词“美国戴卡、卓越智造、中信名片”。

书写“一带一路”新故事

北美戴卡投产运营后，中信戴卡的国际化制造基地布局的步伐并没有停止，而是越迈越快，越迈越坚定。

在合作共赢、携手构建更加紧密的中非命运共同体的感召下，我们在“一带一路”沿线国家摩洛哥推动中信戴卡铝车轮工厂项目建设。

摩洛哥铝车轮工厂项目具有重要的战略意义，我们将其概括为“解欧洲市场之围、救美国市场之急、占领非洲市场发展先机”。第一，长期受欧盟反倾销的不利影响，中信戴卡欧洲市场份额所占比例有限，需要进一步开拓。第二，中美贸易摩擦给中信戴卡带来直接挑战。经测算，美国加征关税的政策一旦开始实施，中信戴卡每年将多承担 1.5 亿～ 2 亿美元的关税。且北美戴卡产能有限，戴卡摩洛哥铝车轮工厂对于缓解中美贸易摩擦带来的冲击具有至关重要的作用。第三，近年来，非洲更加注重发展汽车工业，市场前景和发展潜力巨大。已有国际主流汽车厂在摩洛哥等地建厂，这对中信戴卡来说，是不可错过的客户资源与发展机遇。

我们把新项目向中信集团做了专题汇报。王炯总经理立即做出指示，并建议我们大胆创新，鼓励将国内已经验证成功的轻资产运营商业模式运用到此项目中，通过商业模式创新和盈利模式创新，提升全球竞争能力。以中信戴卡的品牌、技术、装备制造、生产管理能力和掌控的市场资源，带动社会资本投资的轻资产运营商业模式，被首次运用到海外项目上，致力于成为“一带一路”国家项目合作中值得借鉴和推广的新典范。

自 2017 年 7 月起，我们就摩洛哥的生产成本要素进行调研，对具体建设场地详细评估、比较，聘请专业团队勘查地质；同时对摩洛哥政府配套政策进一步探讨，并于 2017 年 9 月 17 日与摩洛哥工业部签署项目备忘录。中信集团常振明董事长等领导给予高度关注。10 月 27 日，常振明董事长会见摩洛哥工业部部长埃拉拉米一行，双方就中信戴卡摩洛哥工厂项目进行了友好会谈。在常振明董事长的推动下，12 月 11 日，中信戴卡与该国工业部、财政部在卡萨布兰卡（达尔贝达）签署初步意向书；2018 年 7 月 27 日，中信戴卡与摩洛哥工业部、财政部签订合作框架协议。

本着“资源配置足、要素效率高、综合效益好、中非新桥梁”的建设目标，项目已经开工建设，计划分 4 期完成，到 2024 年实现全部投产运营，届时将为摩洛哥提供近 1 200 个工作岗位。我们将严格按照常振明董事长在“一带一路”项目上坚持正确的义利观的重要指示，践行“先予后取，多予少取，必要时做到舍利取义”的价值观，书写“一带一路”“中信制造”的新故事，让五星红旗在“中信制造”的海外生产基地高高飘扬。

F1 赛道上的“中信制造”

与国际先进制造对标，展现国人的工匠精神和中国制造的新形象，不得不提到中信戴卡作为中国汽车零部件企业创造的一件具有历史性意义的事件，那就是成为 F1 赛事威廉姆斯车队 2018 年赛季的车轮供应商，实现中国汽车零部件企业在国际汽车顶尖制造领域零的突破。

经过30年的发展，中信戴卡成为全球最大的铝车轮和铝制底盘零部件供应商，营业收入近300亿元，实现了地球上有汽车的地方就有中信戴卡的产品，有汽车主机厂的地方就有中信戴卡人的足迹。在注重规模、速度发展的同时，我们更加清醒地认识到，作为行业领先者，更重要的是要不断创新，自我革新、自我革命，提升发展质量，为“中信制造”腾飞提供持久的动力。那么，中信戴卡的研发制造能力是否能与世界顶尖制造“比肩”？ 2018年，F1赛道给了我们验证的机会。

F1代表了世界汽车制造领域最顶端的技术。从后置发动机到空气动力学的运用，F1以技术革新追求着极限速度，引领着汽车制造技术的革命。随着F1赛事逐渐成为影响全球的体育盛事，我们见到很多中国品牌以赞助商的形式出现在赛事中。但是在F1赛事60多年的发展中，却没有一家中国企业以研发制造的形式参与其中。2011年以后，随着中信戴卡工程研发能力和试验制造能力的提升，我们不断通过各种渠道与国际知名车队建立联系，不断谋划并推动在新材料运用、结构优化、轻量化研究等相关方面的创新尝试。闯入赛车制造领域成为中信戴卡的目标，更是我们作为中信领先制造的责任和使命。

汽车零部件供应商与F1车队之间的合作，不是简单的商业性合作，而是紧密的技术合作，需要汽车零部件企业有足够的实力，更需要有极高的商业诚信度。2016年，得益于中信品牌的国际影响力、美誉度，以及中信戴卡扎根汽车零部件制造领域28年的不凡成绩，威廉姆斯车队伸出了橄榄枝，双方达成合作共识。7月26日，中信集团总经理王炯与克莱尔·威廉姆斯女士在英国签署合作协议，共同研发威廉姆斯2018赛季车轮，标志着中信戴卡成为第一个以研发制造形式进入国际顶尖汽车制造领域的中国企业。

威廉姆斯车队作为F1赛场上唯一一支私人车队，经过40年的发展，

F1 赛道上的中信速度

已成为拥有超过 600 名顶尖工程师，战绩彪炳的 F1 老牌劲旅。他们创造了 F1 历史上最快的换轮世界纪录 1.92 秒，对车轮有着上百项严苛的技术标准，特别是对车轮的韧性、强度和轻量化有着近乎极致的要求。中信戴卡充分发挥 30 年的技术研发积累和研发试验能力，用精密的研发数据和产品体系标准，与威廉姆斯车队紧密沟通，从产品设计、材料性能、微观组织分析、强度分析、风阻优化、试验测试等诸多方面开展工作。

从2017年1月项目研发开始，到11月第一批合格的10只车轮发货，在短短的 11 个月中，我们的工程技术团队经历了一场极限速度、极致质量的挑战。双方往来邮件 2 500 余封，现场交流 100 余次，工艺优化及技术改进 200 余次。经过不懈努力，我们最终通过匈牙利站的试车，完成预定交付任务，这给威廉姆斯车队带来意外与惊喜。也正是在威廉姆斯产品标准体系的引领下，中信戴卡进一步完善了车轮研发制造体系，将工程技术研发能力提高到新的水平，成为中信戴卡从高速发展向高质量发展转变的新成果。

2018年，威廉姆斯车队赛车搭载着中信戴卡车轮在赛道上飞驰，在中信人及更多世人的注视中呈现了"中信制造"的新速度。

改革开放40年，锤炼了中信人国际化的视野和全球化发展能力，让中信戴卡人紧紧抓住国际化发展的机会与空间。厚积薄发，中信戴卡海外布局的每一步，都是在过去30年的探索与积累上实现的。在中信戴卡创立30周年纪念大会上，中信集团常振明董事长和王炯总经理为中信戴卡人"点赞"。他们说，中信戴卡人没有辜负历史，没有辜负中信历任老领导的信任与期待，也没有辜负实业报国的初心和追求。

站在新的历史起点上，全体中信戴卡人将不忘初心，继续前行，以海外实践的新成果，回应新时代的新要求；将坚定不移地践行党的十九大报告提出的建设制造强国的号召，贯彻落实中信集团提出的"战略引领发展，创新驱动发展，价值提升发展"的总体要求，不断提升发展信心，自我革新、自我革命，去创造中信戴卡下一个30年的大发展，为"中信制造"创造更多新可能，为制造强国做出中信人应有的贡献。

往 事 回 忆

中信集团原副总经理　秘增信

在纪念改革开放40周年之际，中信集团也迎来了40岁的生日。作为一名曾经在中信效力近30年的退休员工和中信成长发展的见证者，我在集团经历了重要的发展阶段，参与过一些有影响力的项目。最近看到部分项目发展情况的报道，又让我回忆起一些记忆犹新的小故事。

一

先从在网络上看到的一张照片说起。那是威廉姆斯车队参加上海F1方程式的赛车，上面有醒目的CITIC标识。后来才知道这个车队的赛车装备了中信戴卡设计生产的铝合金车轮，代表铝合金汽车轮产品的最高水平。该车上的中信标识是车队在上海赛事免费给中信做的宣传。中信戴卡是中国大陆第一家铝车轮制造企业，是在中信公司成立初期，由时任公司副总经理王军秉承荣毅仁老董事长“实业报国”的理念，亲自谋划的重要项目之一，于1988年建成投产。荣毅仁、魏鸣一等集团老领导都曾经到中信戴卡指导工作，历届中信领导都对中信戴卡的发展给予大力支持。王炯总经理曾多年兼任中信戴卡董事长。现在的中信戴卡是全球最大的汽车铝合金车轮和底盘配件的供应商。

中信集团副总经理、中信戴卡董事长徐佐是创业初期组建的16人

1990年4月，荣毅仁董事长（左二）、魏鸣一总经理（右一）视察中信戴卡

团队中的一员，借用他的说法，中信戴卡是中信最早实施的绿地项目之一。王军总（下文皆用作者习惯称谓王总代替）对项目的建设和运营格外关注。产品试制成功后，时任中信戴卡副董事长荣智慰先生决定携带铝车轮产品参加北美一年一度的汽车零配件展览盛会。荣先生把参展样品从秦皇岛拿到当时在北京国际大厦的中信公司总部，向王总和中信兴业公司[①]总经理秦晓表示，对样品的表面喷涂工艺质量不够满意，根据经验，与其他品牌的铝车轮产品相比会有一定的差距。而美国展会几天内就要开幕了，怎么办？王总当即决定让中信戴卡立刻

① 中信兴业公司是1988年在中信公司原业务部基础上设立的专门从事投资业务的子公司，曾持有中信戴卡90%的股份。中信兴业公司几经重组，现名称为中信投资控股有限公司。

重新组织生产展品，并亲赴位于秦皇岛的生产现场了解情况。当时没有高速公路，我们乘面包车一路颠簸了六七个小时，到达秦皇岛中信戴卡车间时已是晚上。王总不顾旅途疲惫，了解、指导试制情况后才去休息。

凌晨3点，工人跟我说，王总又来车间了，要看试制结果。质检人员向王总汇报说，产品透明喷涂表面个别处有极细微粉尘，可能与车间外面渤铝项目的工程车辆为抢进度没有按要求停止施工，造成喷涂线空气中有少量粉尘有关。王总当即打电话将中信渤海铝业控股有限公司（简称中信渤铝）总经理王洪武从家里叫来。王洪武因来得匆忙，一只脚上连袜子都没顾上穿。王总批评他没按要求暂停基建施工。见王总发火了，王洪武不敢怠慢，他一声令下，车间外所有施工车辆全部停止施工。车间内再次组织喷涂工序生产，当生产出满意的产品时，已是第二天早晨。从第一天王总从北京出发到秦皇岛，到第二天下午我送荣智慰先生携带满意展品从首都机场飞美国展会，所有这一切都发生在24小时内。至于在机场办登机手续时，因为展品数量太多，航空公司不同意按旅客行李托运，要求按商品报关所遇到的周折又是另一段故事了。

当时中信戴卡能在一年内建成并投产，一个重要原因是中信渤铝的大力支持。王总对中信渤铝王洪武给予中信戴卡建设的支持一直很满意，但因这次安排施工时间的疏忽，他当场决定扣罚王洪武三个月奖金。其实当时中信戴卡设备、工艺都还有些问题，我们又向王总解释，公司最后扣罚了王洪武一个月的奖金。

20世纪90年代初，我曾短暂担任过中信戴卡总经理。有一段时间，熔炼过程中产生的疏松问题影响了成品率，王总及时关注到这一问题。几天后，他建议将铝锭的熔炼温度降低10摄氏度试试。我们的工程师很惊奇王总有这么专业的建议。按照这个思路去改进工艺，疏松问题果然有改善。至于这是王总自己的想法，还是他请教了专业人士，我无从得知。但作为集团领导，他对工程细节的重视和投入，在言传身教中也对企业文化产生了深刻影响。

王总对中信戴卡的市场营销也花了不少心思。30 年前的秦皇岛，接待国外客户的条件很有限，有时也会在公司食堂的小餐厅里招待客户。有一次，王总在中信戴卡出面接待美国的重要客户。会议中场休息时，他说要去餐厅看看晚餐的汤做得怎么样了。大家才知道这汤是王总亲自掌勺儿，而且是按照湖南老家的做法做的，中午就已经开始准备了。客户很为中信大领导的平易近人而感动。

中信戴卡成立初期，产品百分之百出口到美国的售后服务市场，当时国内汽车还没有装配铝合金车轮。随着国内汽车工业的发展，国内市场对中信戴卡有很大的吸引力。中信戴卡管理层看到其中的潜力和效益，但荣智慰先生坚持产品全部出口国外。我就此与荣先生沟通了几次，未能取得一致意见。我就用 A4 纸给王总手写了一份开拓国内市场的报告，包括与荣先生的交流情况。换句话说是向王总告了荣先生的状，让办公室传真到北京报王总决定。报告发出不到一个小时，我就接到荣先生从香港打来的电话，问了许多关于国内市场销售的问题。我觉得他的问题很有针对性，知道很多情况。最后，荣先生终于忍不住告诉我，中信戴卡办公室把我给王总的报告错误地发到他的办公室了。此事让我不免有些尴尬，也一度成了工厂里的一个笑话。但荣先生是很有商业头脑的人，他没计较我告状的做法，而是从中信戴卡的长远发展考虑，支持开拓国内市场。从此中信戴卡获得了国内市场先机，迈出了为国内外整车配套的第一步，经济效益也明显改善。

二

相对于中信戴卡铝合金车轮这个绿地项目，中信兴业公司在 1988

年收购的美国凤凰钢厂则是典型“锈带”（brown field）项目。这是一家位于费城附近因经营不善已经破产两年的中厚钢板厂，而当时中国国内只有一家钢厂能生产中厚钢板。我当时在中信兴业公司的渤铝项目办公室工作。那时公司事情多、人手少，有事都是互相帮忙、随叫随到。所以，我也参加了收购美国凤凰钢厂的一些前期工作。王总曾征求我的意见，询问是否愿意去管理钢厂。公司已经批准该项目，可能因为我是学冶金专业的，成为被考虑的人选之一。我基于对项目的了解讲了我的顾虑。王总说：“看来你没有信心，不是最合适的人选。”后来他选定我的同事路明去担任中信美国钢铁公司（简称美钢）的第一任总经理。当时美钢的经营环境比较复杂。举个例子，路明的办公室窗户玻璃还被附近社区的居民用枪打碎过，更不用说当地法律、工会、环保、工程方面的困难了。中信公司派出了四五名管理人员，又从宝钢集团、钢铁研究总院等单位聘请了十多名工程技术人员做顾问，仅用了10个月时间，就将一个已经停产两年、设备陈旧的工厂重新修整，恢复了生产。王总对我说：“你看路明干得很不错。”我答道：“您选派路明是对的，我肯定干不了像他这样好。”王总又接着说：“我们花了几千万美元投资，一定要利用这个机会多培养出自己的人才。”

美钢的初期融资遇到很大困难。这个项目是新中国成立以来在美国并购的第一个实业项目。1988年，中国人在美国做项目融资是不可能的，中信兴业公司刚刚从中信公司业务部改制分立出来，也没有充足的外汇资金保障。中信兴业公司资金处处长姚海星积极参与协调，安排了由中信兴业公司担保，纽约嘉华银行牵头，美国、德国、瑞士等国的五家银行组成银团贷款。由中信的子公司为国外项目银团贷款担保，这在当时还是第一例。中信兴业公司秦晓总经理曾在多个场合介绍这个案例。1989年2月，我们一行人跟随王军、秦晓赴美参加美钢的开工仪式和银团贷款签字仪式。那时航班少，包括转机要20多个小时，按公司规定，我们普通工作人员只能乘坐经济舱。姚处长是女同志，比我们大几岁。她向路明开玩笑道："我给你打工，一路飞机坐下来，脚都肿了。"路明很不好意思，赶紧表态："你是我们的董事，来开会我们给你买商务舱机票。"于是我们也跟着沾了光。其实美钢成立时，为了节约成本，路明就要求所有员工的商业旅行必须坐经济舱。以后多年，路明、居伟民等美钢高管，也包括我在担任美钢总经理期间，都是坐经济舱往返美国东海岸和北京。现在中信集团实行的一定时限以上国际航班可乘坐商务舱的规定，则是我在分管集团办公厅之后，参照其他跨国公司的做法和公司的实际情况提出修改的。

中信领导们对美钢的经营一直非常关注和支持。王军总去美钢检查工作，听完管理层汇报后，会穿戴上安全设施到炼钢厂考察连铸板坯的质量，与美国工程师讨论板坯表面缺陷的处理工艺。工程师很佩服这个跨国集团的掌门人亲自下车间了解情况，而且很有专业知识。曾经在美钢任冶金工程师的付俊岩回忆："1991 年美国经济萧条，美钢的资金和销售也遇到很大困难。王总专程来检查工作。他虽然寡言少语，但思维严谨，干练果断，尤其对市场分析把握得很准。有时他还谈起做海军派驻造船厂军代表的往事，对钢厂和舰艇的高强度钢很有了解。王总也很随和平易，有一次在我们租住的公寓吃饭，他特意下厨做了虎皮尖椒，味道还不错呢。"集团黄寄春副总经理是冶金方面的专家，能讲流利的英语。他来检查工作时，我们出于安全考虑不大主张他去生产线。但他喜欢自己开车到炼钢厂、轧钢厂或运输部了解情况，一旦发现问题就告知管理层，有效改进了管理方面的薄弱环节。经过多年努力，中信美国钢铁公司成为美国同类中厚钢板企业中效益最好的之一。舒扬担任总经理期间是美钢效益最好的时候。2005 年，经王军董事长和孔丹总经理批准，舒扬和费怡平具体操作，把美钢出售给美国的投资基金，取得了较好的投资收益。而且如王军总所希望的，美钢为公司培养锻炼了一批骨干，比如居伟民、付俊岩、孙玉峰、舒扬、费怡平等，他们后来均成为集团或部门、子公司的领导。

1996 年，秦晓总经理赴美钢检查工作期间，基辛格博士请他到纽约共进午餐，我陪同秦总前往。秦总曾请教基辛格博士："您认为中美两国在哪个领域最有可能发生冲突？"基辛格明确回答说："中美之间的贸易不平衡最有可能引发实质上的冲突。"当时中美之间贸易赤字的绝对值只是现在的十分之一左右。当前中美两国贸易战愈演愈烈之时，我回忆起基辛格博士二十多年前的论断，不得不佩服他作为政治家的睿智。后来基辛格写了那本著名的《论中国》(*On China*)。中信出版社王斌社长于 2009 年从法兰克福书展上给我打电话报告，准备投标该书的中文版版权，我当即表示支持。基辛格出于对中信出版社在业界良好声誉的认可和对中信集团的信任，把该书中文版版权授予中信出版社。因为涉及大量的历史资料，这本书的出版发行引起国内各方面的关注。中信出版社做了大量工作，该书中文版发行获得圆满成功，发行量超过预期，对知识界很有参考价值。

三

中信适时转让中信美国钢铁公司股份已经是十多年前的事了，但美钢发起的一项业务现仍在中信稳健发展，这就是我国的含铌微合金化高强钢技术的应用和推广。1992 年，付俊岩来美国出差，他当时负责美钢北京办事处。我们和居伟民等人一起去一家名叫汉宫的小中餐馆吃晚饭。付俊岩说，为了不给美钢增加成本负担，他在国内开始尝试铌铁合金进口贸易，他曾在匹兹堡大学做过含铌钢微合金化研究课题的访问学者。铌是以希腊女神名字命名的一种稀有金属，炼钢加入极小量铌铁合金，钢材性能就会大大提高。中国当时对高性能钢材的市场需求有限，也不大了解生产含铌合金钢的相关工艺技术，国家标准里都很少提到含铌合金钢。据付俊岩介绍，已探明的五氧化二铌资源大部分在巴西。其中，巴西矿冶公司就占有可采资源的60%以上。我国基本上没有五氧化二铌的资源。巴西矿冶公司已经和国内科研机构合作多年以开拓中国市场，但市场收获几乎为零。我们觉得随着经济建设的起飞，含铌微合金化高强钢将会起到不可或缺的作用，而含铌钢生产是当时我国钢铁行业的空白。这对我们来说，不仅是一项进出口贸易业务，而且这个领域没有人关注恰恰是我们的发展机遇。如果能先行一步，既能填补这个专业领域的空白，也顺理成章地成为中国铌铁合金市场的领导者。我们都同意把这件事作为美钢北京办事处的主要业务，全力以赴。我对付俊岩说，北京办事处不用做其他事，把这一件事做好就行了。

王军董事长对含铌钢的开发非常感兴趣。他“文革”前毕业于哈尔滨的中国人民解放军军事工程学院的船舶工程系，又多年担任海军驻造船厂的军代表，对低合金钢的应用非常了解，也深感我国与发达国家的差距。他于2001年初考察了巴西矿冶公司，深入了解采矿、选矿和冶金工艺流程，代表中信公司与巴西矿冶公司签订了合作协议。为进一步提升研究和开发的水平，建立了中信微合金化技术中心，王军董事长担任名誉主任，我和付俊岩分别担任第一届主任和常务副主任。这个中心聚集了一批这个方面的专业人才，研究成果代表了含铌钢研究的最新发展。2002年，中国工程院徐匡迪院长曾在中信微合金化技术中心年会上，讲解他指导的含铌微合金化金属相变的论文。在公司领导支持下，原中信美国钢铁公司和中信金属公司的团队秉承荣毅仁老董事长“实业报国”的理念，经过多年的不懈努力，奠定了中信在国内含铌微合金化高强钢研发和铌铁合金市场开发的行业领导地位。

回想20多年前在特拉华州小中餐厅筹划这项业务时，中国年生产含铌微合金化高强钢约3万吨，2018年增长到近9 000万吨。从3万

2001 年初，作者（右一）陪同王军董事长参观巴西矿冶公司厂区

吨到 9 000 万吨，可以说是从小到大，也可以说是从无到有。国产的含铌钢现在广泛应用于高等级石油天然气管线、鸟巢、港珠澳大桥这些大项目和汽车、建筑等各行业。生产这些高性价比钢材所需的铌铁合金绝大部分都是中信金属提供的，我们也因之收获了很好的社会效益和经济效益。国内钢铁企业则是市场和效益的最终受益者。

2011 年 7 月，宝钢集团徐乐江董事长来电话说，现在铌铁资源的稳定供给对我国钢铁行业很重要，他想联合几家钢铁企业收购一些巴西矿冶公司的股份，询问中信能否参加并出面组织。我表示完全赞同。徐乐江董事长办事雷厉风行，他利用在北京主持钢协年会的机会，与鞍钢张晓刚董事长、太钢李晓波董事长和首钢的领导，在首钢大厦就此进行了论证并达成了共识，决定成立一个项目公司，由中信金属公司牵头组织实施。我则尽快向常振明董事长作了汇报。说来也巧，几天后，我在钓鱼台 10 号楼参加中澳企业家圆桌论坛并发言，国家开发银行陈元董事长为论坛主席。我利用会议茶歇，向陈元董事长简要报告了与徐乐江董事长开会的情况，希望国开行在融资方面给予项目公司支持。陈元董事长很爽快地说："听王军董事长说过关于铌铁资源的事情，你们可以尽快写个签报。"

成为巴西矿冶公司股东，在这个世界级资源上有一定话语权，是我们很早就想做的事，也做过几次尝试。为了与巴西矿冶公司大股东洽商股权层面的合作，我和中信金属总经理孙玉峰曾经在 2010 年两次专程去巴西。北京去巴西的航路很长且航班不方便，我们从北京出发，在欧洲机场转机候机 7 个小时，当地时间早上到达圣保罗。与合作伙伴开完会，当晚即乘机原路返京。我们也曾经尝试与国内最大的投资机构组成联合体，但最后都因不同原因而搁置了。这次孙玉峰抓住机会，带领中信金属团队在 2011 年国庆节之前，代表这个由中国著名企业组成的投资联合体完成了收购巴西矿冶公司 15% 股份的交易。这是国家在战略资源保障方面的提高，也是中信在含铌微合金化高强钢应用领域又迈出的坚实一步。

这些事情零零散散，但是多年之后我依然印象深刻。我于 2019 年 2 月完成此文，以纪念中信集团成立 40 周年。不幸的是，王军董事长于 6 月因病永远离开了我们。王董事长是中信公司创始人之一，也是我的老领导和师长，我将永远怀念他。希望中信人能从这篇短文感受到王军董事长等老一代创业者为中信发展所付出的艰辛努力，珍惜中信现有的成就和机遇，把中信事业传承下去。

荣老文稿编纂摭忆

中信集团党委宣传部原部长　杨　林

荣毅仁老董事长诞辰100周年之际，我们整理编纂的《荣毅仁文稿选编》一书正式首发。作为这本书的编辑组组长，对于我个人而言，一直有一种特殊的使命感、责任感和自豪感。可以试想，在中信集团之外，还有哪个企业的员工有机会直接接触到一位国家副主席生平众多的文章、讲话，甚至是许多尚未公开的谈话、书信？又怎能如此贴近地感受荣老这位享誉世界的企业领袖一生传奇的际遇和思想轨迹？这是身为中信人的幸运，是时代赋予我们的宝贵财富。

时光荏苒，这段历时一年半有余的编辑经历，至今回想起来仍神圣而难忘。其中既有许多个如获至宝的兴奋瞬间，也有不少无奈和不甘的遗珠之憾，还有很多未完待续的期许和企盼，但更多的是我们随编辑工作的深入，对老董事长的思想和功绩愈发深入的理解与崇高敬意。

缘起：为什么要整理编辑荣老文稿

一个人的职业生涯其实是很有限的，要在这有限的时间和相当繁杂的日常工作中静下心来，扎扎实实地做好一件真正有益于中信事业，又高度契合于自己的情感和价值认同的事情，其实并不那么容易。那些年，我和同事们交流时常会说起，退休前我最大的一个心愿，就是希望能够为荣毅仁老董事长编纂一部文集。这个挂记心底许久的愿望终于在我退休之前完成了。为荣老整理文稿的想法对我来说确实由来已久，而那种景仰和感佩甚至可以追溯到二三十年前。

我是1990年从海军政治部宣传部转业来中信工作的，那时荣老的名气已经很大了。社会上流传着很多关于“荣老板”的传说，民族工商业巨子、红色资本家、上海市副市长、全国人大常委会副委员长……仅仅是这些名号交织在一起，足以给人一种遐想和好奇。由荣老领军，中信的业务发展如日中天，创造了许多个“第一”，为国家做出重要贡献，更使荣老享誉海内外，成为中国改革开放大业中极富影响力的代表性人物。我之所以在一个偶然的机会中毫不犹豫地选择到中信工作，也可以说是这种影响力感召的结果。记得来中信上班后没几天，公司在中山公园音乐堂召开表彰大会，我在现场做会务工作。在后台狭窄逼仄的环境中，我第一次面对面地目睹荣老的风采。老人家一身考究的深色西服，身姿挺拔，气度从容，面对我们这些年轻人颔首微笑，比我想象中更高雅也更亲和。其后，虽然与荣老直接接触的机会并不太多，但还是有几件事令我至今难忘，不断加深了我对荣老思想和人格的理解。

1992年9月底，我被领导安排参加第二届中信国际经济论坛，做现场记录和编写简报工作，使我有了一次难得的近距离接近荣老的机会。中信早期多次举办高规格的国际论坛和研讨会，特别是在外交工作面临诸多困难时，荣老以个人名义邀请国际政经界著名人士参加论坛活动，构筑了一方可贵的中外交流沟通的特殊平台，为对外宣传党和国家大政方针、扩大我国的国际影响发挥了不可替代的作用。中信第二届国际经济论坛举办之时，正值苏东剧变后国际风云变幻时期，荣老力邀新加坡内阁资政李光耀等10多个国家和地区的一大批政要和企业家来京出席论坛，并请江泽民总书记、李鹏总理、朱镕基副总理会见与会代表。当时我有幸坐在江泽民总书记和荣老身后做现场谈话记录。记得荣老在论坛上极具前瞻性地谈到了人类将面临的许多严峻问题，比如资源减少、生态失衡、环境恶化等等。他还讲到一个观点，就是随科学技术和经济的不断发展，消费领域不断扩大，社会对消费质量的追求会不断提高。发达国家和发展中国家的贫富差距将一天天拉大，人与人之间、人与物之间、国家与国家之间的关系会越来越复杂。对此荣老给出的结论是，只有在竞争与合作共存的条件下，人类所面临的这些难题才可能得以妥善解决。他的话引发了各国代表的积极反响，我一边记录一边暗暗感叹荣老看问题的敏锐。20 多年后再回过头来看，荣老当年提出的问题已悉数成为无法回避的现实，世界秩序在曲折动荡中演进，大国间博弈加剧，民粹主义、分离主义纠合，种种乱象和不确定性大多是因为忽视了良性合作的重要性。细细琢磨荣老那时的讲话，我更佩服他老人家的深邃和洞察！我渐渐意识到，荣老的很多思想不仅是中信的财富，也是中国改革开放的智慧宝库。

给我印象最深的是荣老对中信风格的言传身教。记得 1991 年我在《中信人》报做编辑时，有一次收到信息中心调研处一位同事的来稿，内容是研究国际上合理避税的几种方式。我对税务工作并不了解，只是觉得文章比较新鲜，对企业的税费安排可能有用，未加详细思考就发了稿。没想到荣老在报纸上看到这篇文章后敏锐地发现了其中的问题，他把我们叫到他的办公室，对编辑工作做了严肃批评。直到今天我还清晰地记得他的话：32 字中信风格的第一句就是“遵纪守法”，作为一名中信人，首先要遵守国家的法律法规，以国家利益为重；有些问题虽然可以探讨，但不应该在报纸上宣传，这与中信风格是不相符的。荣老的话让我第一次对中信风格有了非常直接的感性认识。记得正是这件事前后，荣老为我们亲笔写下“发扬中信风格，把《中信人》办得更好”的题词。这也使我深切体会到，中信风格不仅是荣老对员工提出的行为要求，更是他企业管理思想和价值观的重要体现。

1994 年初，当时担任直属机关党委书记的温晋平同志为我们找到了荣老 1986 年 11 月在员工大会上的一篇讲话的记录稿。荣老当时针对公司的工作讲了三方面的内容，32 字中信风格只是其中一部分，是在讲到贯彻中央关于精神文明建设的决议时提出的，在整体篇幅上不算突出，当时也没有明确使用“中信风格”的表述。但我们觉得这部分内容十分重要，是很好的员工教育教材，便把有关 32 字中信风格的内容单独节录成篇，再加上“谈中信风格”的标题，拟在《中信人》报上刊发，并专门给已担任国家副主席的荣老写了个请示。其实，因为这么一份小报叨扰国家领导人，我心里是十分忐忑的，但没想到很快就得到了他老人家复函批示，“这个讲话，是在当时的环境条件下讲的。现在时隔七年多，形势发展很快，看来还应当讲得更广泛深入一些。但不能把现在当作过去，原文就不改了，也是实事求是之意”。晋平同志把荣老的亲笔批示拿给我们看，让我们兴奋了好一阵儿，内心感受到莫大的鼓舞。这篇文章发表在当年 3 月 4 日的《中信人》报上，我们还组织了公司内几位“笔杆子”，一起撰写了一组“中信风格系列谈”的评论文章配合刊登。《谈中信风格》一文的内容也作为经荣老本人确认过的珍贵史料留存了下来，使更多的中信人能通过这篇文章真切体会到荣老讲话的“原汁原味”。每每想到这一点，我便觉得这样的工作是很有价值的。

事实也的确如此。12 年后，集团召开了企业文化建设座谈会，很多老同志都提到了《中信人》报上荣老《谈中信风格》这篇文章。大家对中信企业文化感受最深的就是荣老当年亲自提出并倡导的中信风格。我们在梳理中信企业文化体系时，也把中信风格作为其中的重要内容，做了一些具体阐释，阐释的依据正是荣老的这篇讲话。因为当年的编辑整理，荣老的讲话主题更加集中，更便于员工学习，这也令我萌生了应该整理荣老更多讲话的想法。

后来，为了在更大范围和更深层次上加强价值理念引领，集团党委越来越重视企业文化建设，成立了企业文化部，要求我们构建起完整和系统的中信企业文化体系。我每年都会为新员工入职、中青年骨干培训讲授中信历史和企业文化课程。每当讲到荣老创办和领导中信的一些往事，特别是我把从档案资料中找到的几篇荣老手稿放在PPT（演示文档）里展示出来时，能明显看到大家眼中十分专注的目光。这些内容是大家最感兴趣的，也是最有教育意义的。于是我有意识地开始做一些收集工作，凡是发现的荣老文稿，我都会细心地收藏起来。随着资料积累越来越多，企业文化建设工作也越来越深入，我愈发感到，荣老作为中信创始人的许多重要论述，蕴含了中信企业文化最鲜明的特点和最重要的精髓，无论对中信的改革发展，还是对员工的教育和成长，都具有至关重要的导向作用。正如王军同志当年所说，这是最可宝贵的无形资产和精神财富，我们必须好好研究和利用。

记得学习历史专业时常听老师说，历史研究最重要的是占有史料；之所以说“以论带史”的观点是错误的，是因为只有过硬的史料才是透视一切历史问题并做出科学结论的基础。这是历史唯物主义的一个基本观点。对一个企业来说，企业最高领导人的文稿，当然就是研究企业历史最重要的第一手文献史料。但由于条件所限，时间也比较久远，中信早期文献档案的保存状况并不理想，甚至有一些珍贵的资料散失在个人手中。如果不能及时“抢救”，恐怕以后收集起来难度会越来越大，佚失的部分也会更多，这对于研究中信历史和荣老思想都会是重大损失。因此，全面系统地收集和整理荣老的文稿，保护好这些历史文献，应该是一件迫在眉睫的大事。我把这个想法向常振明董事长、王炯总经理和分管我们工作的朱小黄监事长、冯光书记作了口头汇报，又向集团领导正式呈文请示，领导们都非常支持。常总对我说：“这件事很不容易，也很有意义，你们做吧。”于是，收集整理荣老文稿的工作便开始启动了。

2015 年 7 月，我在部门内成立了一个编辑组，组成人员除了我，还有企业文化处的田耕、朱安谧和来自中信重工在部门内挂职的李运前三位同志，由我担任组长，着手荣老文稿的收集整理。我希望在荣老诞辰百年时拿出一些成果。一开始大家对这项工作心里都没底，不知道能编出一部什么样的集子。加上当时中央专项巡视工作启动，特别是巡视组进驻集团后，部门每天的任务应接不暇，编辑工作也就暂时搁置下来。那时我们还没有意识到，正是中央巡视组的要求，成了编辑整理荣老文稿的重要推动力之一。

巡视期间，中央第十三巡视组要求我们上报一份关于中信集团核心价值理念方面的材料。朱保成组长看过后，多次同常振明董事长等领导谈到，荣老对党中央方针政策坚决执行，非常重视党建工作，他的很多观点和要求，比如“要投资不要投机”“要有利可图，但不能唯利是图”，今天看来仍具有很强的现实意义。企业发生了一些问题，恰恰是因为没有很好地坚持按照荣老的教诲去做。巡视组在整改要求中明确提出，中信应该大力学习和弘扬荣毅仁同志倡导的中信核心价值体系和优秀企业文化，为国家多作贡献。根据中央巡视组的指示，常董事长要求我们把编纂整理荣老文稿作为集团巡视整改工作的一项重要内容，全力以赴、精益求精，高标准高质量地完成好。于是编辑荣老文稿的工作进度也随之提速。

2016 年 4 月 26 日，中央在人民大会堂召开纪念荣毅仁同志诞辰 100 周年座谈会，时任中央政治局常委、全国人大常委会委员长张德江同志到会讲话。他在讲话中高度评价了荣老一生的光辉业绩和杰出贡献，指出“荣毅仁同志的传奇人生和丰富阅历，展现了他崇高的精神追求和杰出的人格风范，深受广大人民的尊敬和爱戴。他留给我们的

作者（左一）与江南大学陈文源教授一起参加荣毅仁同志诞辰100周年座谈会

宝贵精神财富，永远值得我们学习”。委员长还深情回顾了荣老受命组建和领导中信公司的经历，甚至全文引用了荣老提出的32字中信风格。他特别强调，在改革开放和社会主义现代化建设进入新的历史时期的今天，更要学习荣毅仁同志矢志不渝、夙夜在公的奉献精神和锐意进取、攻坚克难的改革精神，敢于啃硬骨头，敢于涉险滩，努力开创党和国家事业新局面。委员长的讲话，代表中央充分肯定了荣老的时代价值，更加坚定了我们编好荣老文稿的决心和信念。

我国老一辈领导人在中国革命、建设、改革各个时期都做出过巨大的历史贡献，他们一生积累了丰富经验，具有不可替代的思想政治优势和领导经验优势，是一个可以从中汲取智慧和力量的宝库。而荣老就是他们中的一位杰出代表。我相信，荣老的思想和精神穿越历史时空，不只是对中信员工，对我们的民族和社会也具有不可替代的标志性意义。从这样的高度上看，编辑整理荣老文稿，就不仅仅是在保护中信发展历史和文化传承的史料，不仅仅是为中信员工提供学习教育的读本，也是落实中央巡视整改要求、保持企业发展正确方向的重要举措，更是为我们的民族呈现一部映照百年中国在追求现代化征途上所经历的进步与变革的个人和家国历史。这里有追求光明和真理的执着，有国家利益高于一切的深情，有闯滩探路的艰难，有在夹缝中生存与发展的不易，有坚韧不拔的企业家精神，更有我们的初心和激励我们在新时代发展中不断前进的永恒动力。

经过：荣老文稿的编纂

编纂印发《荣毅仁文稿选编》历时一年零八个月。由于部门日常工作繁重、人员有限，编辑组的同志大多是年轻人，缺少这方面的经验。我虽然从事编辑工作较长时间，但编纂国家领导人的文稿还是头一次。对于这项工作，我们都是边学边干，在实践中一点点摸索。中信出版集团董事长王斌同志、时任总编辑洪勇刚同志、执行总编辑肖新明同志，长期在荣老身边工作的老领导姚进荣同志、张慧敏同志，以及江南大学的陈文源教授、国家图书馆的卢海燕主任等同志，都给我们提供了很多重要的支持。部门内的许多同志更是给予了积极帮助，使我们一步步完成了书稿的选编，交出了一份还算满意的答卷。

编纂荣老文稿，我的体会可以用四句话来概括——编辑思想上要实事求是，编辑业务上要精益求精，编辑作风上要严谨细致，编辑行为上要遵规守纪。这不仅是文稿编辑质量的保证，也是对编辑人员综合素质与能力的要求。对这些要求不能有半点马虎，它体现在我们收集资料、选稿、整理文字、校勘订正、送审等编辑工作的全过程。

收集资料——千淘万漉见真金

收集资料是编辑过程的首要环节，也是最为重要的一项基础性工作。能不能发现并尽可能找到有价值的文献，既反映编者是否真正下足了功夫，也决定着这部文稿的编辑成色。在正式收集之前，我要求编辑组的同志先做好“功课”，即学习和熟悉荣老的生平和主要业绩、贡献，认真阅读荣老的传记和反映中信历史的有关书籍，全面了解荣老一生的经历，特别是工作和生活中的一些典型细节，作为收集资料的线索。这部文稿收集的过程，本身就是对荣老思想的挖掘和研究，如同采选金矿一般，须千淘万漉地搜寻，才能见得真金。其实这项工作一直贯穿编辑过程的始终，我们在编辑工作进行到一半时，又从国家图书馆发现了数十篇很有价值的文稿。即使在《荣毅仁文稿选编》成书以后，也很可能还会发现一些新的文章，因为文稿的收集是一项很容易挂一漏万的工作。收集荣老文稿不应该随着这部文稿的出版而结束，是应该一直继续下去的。

这本书收录的荣老文稿，包括文章、讲话、谈话、报告、书信等，主要有三个来源。文稿来源之一，是在中信全系统的征集。2015 年 7 月，集团下发了《关于做好荣毅仁同志文稿资料征集工作的通知》，面向各部门、子公司征集荣老的讲话、文章、批示、书信、题词及相关音像资料。这是一次全系统共同行动的对中信历史档案的筛查整理。曾担任荣老秘书多年的集团原副总经理姚进荣同志特意为我们提供了他手中保存的一些荣老的重要文稿。虽然这次征集到的荣老文稿数量有限，但质量很高，有不少还是未公开的内部讲话。我们还收到一些子公司提供的反映荣老工作场面的老照片。即使岁月流逝，于黑白光影中定格的荣老音容笑貌仿佛就在昨天，令人感怀万端。这些亦是中信发展中弥足珍贵的史料。

文稿来源之二，是荣办为我们提供的资料。负责荣办工作的张慧敏同志一直非常关心和支持荣老文稿的编选，早些年我把整理荣老文稿的想法与她聊起时，她就很赞成，认为这是一件有益中信、有益后人的大事，后来又几次问我编辑的具体计划和进展。因为荣办大量文档资料要封存上交中央档案馆，她花了很大精力为我们找出荣老的相关文稿，并交代只要不是涉密文件都可以供我们选用。编辑组的同志多次上门查找、复印材料，慧敏同志都热情接待，还帮忙进行整理，回忆文稿的版本和查证成稿时间，有时一弄就是一整天。如果没有荣办存留的珍贵资料，这本书的内容就会有所缺失，对于荣老思想的研究也将是难以弥补的遗憾。

文稿来源之三，是办公厅文档处档案查阅。文档处的同志给了我们很多帮助。由于早期文稿多为纸质档案，查找起来并不容易，王蕾等同志不嫌麻烦，采用多种检索方式查找了 5 000 多份历史档案。后来在编辑过程中，我们发现历届董事会的文件缺了中间几届。在文档处的帮助下，更换了检索方法和关键词后，我们不仅找到了之前缺失的几届董事会资料，还在标记其他内容的档案里意外发现了荣老几篇非常重要的讲话。为了提高查阅效率，编辑组的同志一度搬到文档处办公，将公司从 1979 年到 1993 年的档案全部梳理一遍，又找到了不少有分量的文稿。至此，荣老在中信工作期间的资料算是比较完整地呈现了出来。

但我们没有局限于此。在我看来，要深入研究荣老思想，特别是了解他思想的发展与抉择，就应该对荣老生平资料有更全面的收集和整理。2016 年 1 月，我和编辑组的同志专程赴无锡走访了江南大学荣氏研究中心的陈文源教授。陈教授多年来克服种种困难，坚持荣氏研究工作，精神十分感人，成果也颇为丰厚。他无私地拿出了他的研究成果和珍藏的资料，特别是荣老年少时的习作和诗词，供我们选用参考，还推荐了一些重要的文稿线索。我们又先后到荣毅仁纪念馆、江苏省档案馆、上海市档案馆、国家图书馆，并与全国工商联、民建中央、中国纺织总会等与荣老有过工作交集的单位取得联系，争取支持。

作者（右一）走访无锡中国民族工商业博物馆

在上海市档案馆复制文稿时，因为有数量的限制，上海中信兴业集团的俞宏志、谭静等几位同志和编辑组的同志一起去馆里提交申请，但大家一点儿不嫌麻烦，都是乐此不疲。在这个过程中，编辑组共收集到荣老文稿600余篇。

2016年春节，我利用假期一字一句地读完了堆起来近一米高的全部资料，仿佛跟随荣老走过他传奇的一生，真切地体味到他在宏大的历史变革中的一系列选择，心中感慨万千。我想，有了这些文稿，我们一定能编出一部好书来！

选稿考订——精挑细择求真谛

选稿是在广泛收集文稿的基础上进行的，文稿能不能选准，凭的并非编者的一己之见。有时一篇非常有价值的文稿，却有可能因某种原因从编者眼皮底下滑过去。所以我们既坚持精选精编的原则，也严格防止遗漏重要文稿或重要论述。编辑组将所有稿件按时间顺序编上序号，制成目录，稿件的取舍都是经过集体讨论后再经我把关审定才确定下来的。没有收录的文稿也被妥善保管在档案柜里，以备后续查找使用。几经挑选，我们选定了 226 篇文稿作为接下来的编辑底稿。

在选稿时我们大致有几方面的考虑：首先荣老是国家领导人，中央对于编选国家领导人的文稿有极为严格的规范性要求，我们必须按照中央的规定执行，全篇有涉密或敏感信息的文稿再好也不能擅自决定使用。二是坚持党性与科学性的统一、历史与现实的统一，要处理好荣老文稿与现阶段中央大政方针及时代语境的关系，既要尊重历史，考虑文稿形成的历史背景，也要考虑当前现实政治的大局。有的内容在今天看来历史痕迹较重，有些说法已时过境迁，我们就没有选用。三是重点选出最能体现荣老成熟的思想及经营理念的文章，并通过这些文章来反映党的路线方针政策和基本理论、基本经验。比如荣老 1987 年发表于《红旗》杂志的文章《谈谈我对 1978 年以来我国基本政策的认识》，就是一篇具有很高理论研究价值的重要文献。四是在内容重复度较高的不同文章中，选择相对系统、全面的一篇作为代表。

选稿工作离不开大量繁琐、细致的考订核查。有的文稿我们收集到多种版本，需要仔细对比从而确定权威版本作为编辑工作的基础。对于记录稿、录音稿、内部印发稿和公开发表稿，我们一般选择公开发表稿作为权威版本。如果同是公开发表的，一般选择中央级报刊刊载的最后版本。还有荣老在一些涉外场合的谈话，既有现场的记录稿，也有范围大一些的内部通报本。内部通报本往往对内容作了删节或文字整理，有的是因为内容方面的原因，有的是为了行文更通顺、意思更准确。遇到这样的文稿，我们会特别注意不同文本的对比，以内部通报本为主，但也会酌情加上记录稿中已适宜公开的内容。

编辑整理——最是细处磨真功

编辑整理领导人的文稿，通常会先根据文稿情况确定编辑的原则、方法和体例。编辑组是几位同志同时工作，也需要制定一个统一的规范。为了提高编辑质量，我请洪勇刚同志帮助联系曾参与编辑邓小平、江泽民等党和国家领导人著作的人民出版社政治编辑一部主任张振明同志来进行业务辅导，与编辑人员分享整理领导人文稿的经验和心得，大家听后感到受益良多。编辑组还认真学习了《邓小平文选》《江泽民文选》《胡锦涛文选》等领导人的经典著作，从中了解和掌握文字处理的规范和要求。经过学习和集体讨论，我们结合实际情况确定了编辑荣老文稿的一些基本原则。比如大会报告、出访演讲类的文章，一般都是经过反复推敲后的书面文稿，基本可以全篇使用。有的文稿是即席谈话，记录文字可能不够通顺，文意也不够准确，必须在整理上下功夫。但整理改动只能限于文字和结构条理上的，绝不能改变原来的观点，更不能站在整理者的角度，想当然地添加荣老没有讲过的观点。特别是对于记录稿中看不清楚的内容，宁可节录，也不能随意改动。在整理文稿时，还要特别注意体会荣老讲话的风格，尽量保持文稿中符合荣老习惯的用语，使人在阅读时就感觉是荣老在讲话，见文如见人。

在编辑过程中，大家普遍感到最难把握的是对荣老即席讲话和谈话记录稿的整理。这类文稿的整理，不仅要用字规范、体例统一，有的还要根据文稿思想和内容的逻辑关系，做一些文字结构的调整，去掉枝枝蔓蔓，把谈话所要表达的意思梳理清楚。既不能曲解、拔高原有的观点，也不能只从文字精练考虑，把重要的思想观点漏掉。为了让大家更好地掌握编辑的方法和尺度，我先挑出 10 篇难度较大的谈话记录稿做了示范编辑，并一一具体说明改动和删节的原因，供大家对比揣摩。编辑组整理好的初稿，我全部进行严格把关，逐篇对照原稿仔细审订。一些文稿经过反复整理润色后，的确更加准确地表达了荣老的思想观点。

为了避免文稿中出现史实和数字错误这类“硬伤”，我们把文稿中涉及的历史事件、人名、地名、单位名称、年代、数字、量词等做了一一核实和查证。我要求编辑组的同志绝不能有差不多的侥幸心理，因为文稿中出现不应有的差错，除却学识不够，更多是作风不扎实造成的。

荣老这些文稿中除了公开发表的篇目外，绝大多数标题都是编辑时加上去的，这很费了我们一番心思。要想起好标题，首先要把握和归纳准文章的主题思想，文字上还要吸引人，有气场，确实需要反复琢磨。我们一般希望选用荣老在文中的一句话作为标题，因为荣老的话本身最有分量。但有时如果对荣老的思想把握不好，就很难找准这句话并概括出来。比如荣老在先进团支部、优秀团员表彰大会上的讲话，编辑组的同志拟的题目是“青年人要做好国家的‘一滴水’”，我看了之后觉得意思有些模糊，没有抓住实质内容，在反复研读后将题目改为“青年人要树立理想和事业心”，这样就使文章主题更加明确了。文稿编辑之后，我们又对全部标题进行了集中讨论，将一些相近的文字做了必要的调整，对不够满意之处进一步完善。我们希望在标题的拟定上做到精益求精，使其中一些表述在今后成为代表荣老思想和观点的名言。

为便于阅读和研究，我们对所有文稿的成稿时间一一查实核对，对绝大部分文稿做了简要的题注。考证时间是又一项要下功夫的工作。由于一部分文稿档案没有标注时间，只能根据档案里其他材料或是文稿中的线索，通过查阅大量资料进行考证。比如荣老某次出访的讲话，原稿只标注了年份，后来从档案里找到这次出访的日程安排，才确定了这篇讲话的具体时间。又比如有些文稿，从撰稿到修改稿再到印发、上报、公开发表，会有不同的时间，究竟采用哪一个时间作为成稿时间需要慎重对待，一旦在书中敲定这个时间，它便有了文献上的意义，之后的引用和研究都会以这一时间为依据，这是马虎不得的。题注的作用主要是对文稿出处和背景做简要说明，也是文稿编辑的重要组成部分。其实，按照领导人文选编辑的体例，我们还曾设想过对文稿内容中的重要人物、事件和特殊词组加注，但由于时间和力量所限，这次没能完成，也算是一个留待以后弥补的遗憾。

审订校勘——功不唐捐玉始成

2016 年 6 月，荣老文稿的编辑工作基本进入尾声。我们请中信出版的肖新明同志进入编辑组，参与书稿的校勘和文字审读工作，同时策划编排文稿成书的版式设计，组织出版事宜。由于这些文稿都是电脑录入稿，编辑后仍存在一些不易发现的疏漏，需要进行反复大量的校对。与一般书籍的三校不同，除出版社的专人校对外，编辑组共校对稿件 10 余遍，校对量累计超过 4 000 万字。

出于对荣老文稿的高度负责，我们于 2016 年 8 月印了少量的《荣毅仁文稿》上下卷审读本，呈送集团领导审阅，并专门向常振明董事长、王炯总经理等领导做了具体汇报。常总和炯总充分肯定了编辑工作的成果，指出这本书意义重大。常总还特别要求我们按照中央对编辑国家领导人著作的要求，严格履行送审程序。2016 年 9 月，洪勇刚同志专门拜访了中央办公厅秘书局办文处杨雯处长，沟通荣老文稿的编纂事宜，9 月 23 日又就相关具体问题做了电话请示。中办对文稿提出了一些修改意见。建议我们仔细检查文稿出处，对未公开的涉密文章做删除处理；并慎重考虑书稿定位，将与中信主题相关度不大的内容适当删节；将书名由《荣毅仁文稿》改为《荣毅仁文稿选编》，并标明选稿时间段；建议我们直接报送中央办公厅履行正式送审程序。

根据中办的修改意见，我们对荣老文稿第一版审读本进行了调整，将所选文稿限定在荣老担任中信主要领导期间，即从1979年到1993年，上下两卷改为一卷，篇目由此前的226篇调整为128篇。同时请集团保密委员会办公室按照相关保密规定，对调整后的全部篇目进行了认真的涉密审查。根据相关要求，我们对文稿中所有敏感内容和不适合公开篇目做了处理。

2016年10月9日，我们代集团党委起草了《关于在中信集团内部印发〈荣毅仁文稿选编〉的请示》，连同第二版审读本15册呈报中央办公厅。12月2日，中办在经过细致的审读后正式复函，同意内部印发《荣毅仁文稿选编》，供中层以上党员干部学习，同时再次提出了更为具体、严格的修改意见。比如要求文稿编辑说明中对荣毅仁同志的评价以中央的评价为准，参照《荣毅仁同志生平》的口径；又比如，书稿中多次出现“邓小平主任”“邓主任”等称谓，为确保行文严谨，中办建议参照文中党和国家其他前领导人称谓处理方式，在首次出现时写明领导人时任职务全称；审读意见特别强调，书稿引用了较多改

常振明董事长为《荣毅仁文稿选编》首发揭幕

革开放初期引进外资的历史数据，经核对与目前商务部统计数据有所出入，考虑到早期统计口径不同等因素，要求在有出入的地方添加备注，注明数据来源或说明相关数据涵盖口径。

按照中办的要求，我们对荣老文稿的第二版审读本进行了更加细致严谨的修订，将文稿中涉及的近百处引进外资历史数据全部标出，与国家统计局和商务部的官方数据进行了一一查证和对比，找出4处有出入的数据，以注释的形式在文中进行了标注，并说明官方公布的数据及来源。如荣老1984年9月29日在中华经济恳谈会上以《不断拓展中国对外经济技术合作道路》为题的讲话提到："近5年来，我国以各种方式实际利用外资146亿美元。"我们在此处加了注释——经核对国家统计局发布源于商务部数据，该时期内我国实际利用外资为153.2亿美元。根据对文稿必须查实出处的要求，全书篇目最后调整为127篇。

至此，《荣毅仁文稿选编》一书成形付梓。2017年3月16日，集团党委召开了首发座谈会，常振明董事长到会讲话，王炯总经理主持会议，集团副总经理蒲坚同志、蔡希良同志及职能部门、京内一级子公司主要领导、职工代表近100人参加了活动。我作为这本书的编辑组组长在会上简要介绍了编辑过程和学习荣毅仁同志思想的认识和感悟；蒲明书同志代表退休老同志回顾了在中信工作的经历和学习荣老文稿的感受，希望书中蕴含的精神力量成为中信发展的"传家宝"和"助推器"；张慧敏同志讲述了荣老生前的点滴往事，缅怀了荣老爱党爱国的情怀和崇高的道德风范；崔玉开同志代表青年员工表达了要在学习荣老文稿中汲取力量，将中信事业不断发扬光大的决心。常总在讲话中指出，编纂《荣毅仁文稿选编》是中信集团继往开来、传承发展过程中的一件大事。文稿不仅记录了中信公司创立和发展中的重要历史时刻，还勾勒出中国改革开放的发展脉络。在二三十年后的今天看，荣老的观点和思考仍有很强的现实感和针对性，对中信集团的发展具有直接的指导作用和不可替代的重要价值。常总的讲话高度概括了《荣毅仁文稿选编》的意义，也对全系统进一步学习提出了要求。首发座谈会的举办，体现了集团党委对我们编纂成果的肯定，标志着我们历时一年半有余的编辑工作有了一个圆满收官。

余韵：在荣老文稿面世之后

《荣毅仁文稿选编》印发之后，引起了热烈的反响。集团党委专门下发学习通知，要求把学习荣老文稿纳入党员、干部教育培训计划，在学习中准确领会核心要义、把握思想精髓，与学习党的创新理论结合起来，与学习中信的发展历史和企业文化结合起来，在联系实际、指导实践上下功夫，促进学以致用。而说起潜心研学这本书的表率，当属常振明董事长。在首发座谈会上，他将荣老的思想概括为热爱祖国、对党忠诚、坚定走社会主义道路的崇高情怀，勇于开拓、积极探索、推动改革开放的创新理念，恪守诚信、追求卓越、遵循现代商业规则的企业家精神，以人为本、重视作风培养、模范践行中信企业文化的价值追求，要求大家认真阅读原著，在荣老思想和精神的指引下，走好改革开放新时期的长征路。

常总本人读这本书更是细致入微，我几次到他办公室，都看到他办公桌上放着《荣毅仁文稿选编》。他说，书中荣老的很多讲话，他都在现场聆听过，多年以后再看，感到非常亲切；也有一些内容是第一次读到，今天看来更加珍贵。提起荣老当年的一些讲话，哪句话是在哪年哪次会议上讲的他都记得很清楚，说起来如数家珍，令我颇感惊奇，可以想见荣老的这些话在他心中的位置和分量。每当谈及中信的成立和发展过程，常总都会大量引用荣老的观点，阐明中信在国家改革开放中的独特基因和历史贡献。

前段时间我去澳大利亚出差，和中信泰富总裁、中信矿业国际首席执行官曾晨同志谈起《荣毅仁文稿选编》。他说，他手里这本书就是常总专门送给他的。曾晨同志也是中信一位老兵了，对荣老有着很深的感情，20 世纪 80 年代便被派驻海外工作，参与澳大利亚波特兰铝厂等项目，是荣老眼中的青年才俊。他说他经常在工作之余翻看这本书，作为那段历史的亲历者，重读荣老几十年前的教诲，内心更充满了对老人家的敬意和怀念。

2017 年 5 月，中央纪委副书记李书磊同志来中信集团做纠正“四风”工作调研，专门召开了座谈会。我在会上发言时，提到这本书中有很多荣老关于反对官僚主义的论述，讲到了邓小平同志在中信创办之初曾强调，“要抵制官僚主义的东西，你们自己也不要搞官僚主义”。书磊

中央纪委副书记李书磊同志对《荣毅仁文稿选编》一书的价值给予充分肯定

书记听后很感兴趣，听取汇报时一直在翻看这本书，不停地做着摘记。临走时，他说，别的书都不带了，《荣毅仁文稿选编》这本书要带回去好好看看。他特别强调，荣毅仁同志的党性和境界是很高的，荣毅仁同志的文稿要作为中信党的建设、文化建设的重要资源，这是不可替代的，别人是没有的。

坦率地说，在充分印证荣老文稿的时代价值的同时，我对这本书仍感到有些遗憾。因为这本书并未全部收录荣老一生不同阶段的文章、讲话、书信，书的发行范围也只限于中信内部。我认为，作为卓越的国家领导人，荣老的思想不仅属于中信，也是整个国家和民族的财富，因此非常希望能在适当时机把荣老文稿完整地呈送出版党和国家领导人著作的权威机构，促进国家层面出版的实现。为此，我与洪勇刚同志于 2017 年 5 月专门走访了人民出版社，与辛广伟总编辑就《荣毅仁文稿选编》公开出版一事进行商谈。人民出版社曾经编辑出版了大量党和国家领导人的著作。辛广伟总编热情接待了我们，还带我们参观了位于人民出版社大堂的一面展示墙，墙上悬挂的都是曾在此出版过著作的党和国家领导人的照片。我向辛总编介绍了荣老文稿的编辑和在集团内部印发的情况，他对这件事十分认可，也表现出很大兴趣。他说，中信对国家改革开放的贡献是其他任何企业不可比拟的，荣毅仁同志不仅是中信集团的领导，也是国家领导人，深受大家的敬仰和尊重；从推进党和国家事业的角度看，理应正式公开出版荣毅仁同志文稿，人民出版社非常愿意作为荣老文稿的出版机构。他建议以中信的编辑团队为基础，增加荣老身边工作人员和人民出版社资深编辑人员一起来做这件事。非常可惜的是，荣老文稿公开出版的事后来由于出版立项方式的问题被搁置下来，未能继续推进下去。但我一直在想，我们的努力不会白费，或许待时机成熟时，荣老文稿的出版事宜会再次提上日程。我也希望，未来会有更多读者有机会读到荣老的文章，学习、了解他的崇高思想和人格风范。

这些年每每提及荣老，常常会有人问我：你觉得荣老的特殊性是什么？为什么一位资本家会成为一个社会主义国家的领导人？这个问题引发了我很长时间的思考。确实，自晚清以降，没有一位企业家能像荣老这样登上政治高峰；荣老之后，也没有一位像他这样具有商业背景的人士出任如此高位。其实，如果细细读完《荣毅仁文稿选编》，这些问题或许并不难回答。即使是从1979年到1993年这一段时期的文稿中，我们亦能清楚地看到，造就荣老一生传奇的，不只是时代的机遇，不只是党的几代领导人的识人之慧，更是荣老身上所具备的一种超越常人的历史洞察力，以至于他在每个重要的历史关头总能做出正确的选择，选择跟定共产党，选择走社会主义道路，选择改革开放大业，选择筹办中信……是一次次面对历史的关键判断和选择，最终使他走向成功。这是他的信念和睿智所在，也是我们今天学习研究荣老思想的关键。

编纂《荣毅仁文稿选编》，我有一点突出的感受：荣老对于中国改革开放的贡献，不只是创办了中信，为国家引进国外的资金、先进技术和管理经验，更是从思想上促进了中国社会观念的更新，打破了过去很多根深蒂固的传统偏见，一点一点地排除改革开放中面临的诸多思想障碍。荣老一生崇尚实践，重视探索，是邓小平中国特色社会主义理论的真诚拥护者和实践者。早在1979年，荣老在中信公司的章程中即写到“公司坚持社会主义原则，按照经济规律办事，实行现代化的科学经营管理”的原则，实际上使中信成为当时背景下按市场经济规律办企业的一个试点。在他的领导下，中信借鉴发达国家在经济发展中行之有效的做法，广泛开展中外经济技术合作，发展金融、技术、贸易、房地产、经济咨询等业务，在海外投资、发行债券，率先创立了负债经营模式，开拓了一系列全新的业务领域。比如1982年荣老力

中信集团领导参观荣毅仁同志生平暨中信公司发展陈列室

排众议在日本发行债券，用在海外发债募集的资金救活了濒临下马的国家重点建设项目，在当时颇有石破天惊之势，改变了国内长期以来“既无外债，也无内债”的旧观念，引导人们进一步解放思想，不断加深对市场经济本质的认识和理解。

在计划经济时代，大家普遍认为社会主义与市场经济水火不容，市场经济属于资本主义，社会主义只能搞计划经济。对此，荣老不止一次地强调，“长期以来，有的同志总爱在‘社会主义经济是计划多一点还是市场多一点’之类的问题上纠缠不休。其实，计划和市场都是随着人类经济活动的实践而产生、发展起来的，应该根据实际情况，科学地加以运用……改革也是解放生产力。人类社会就是在不断改革不适应生产力发展的生产关系和上层建筑的过程中前进的”。有了这样的思想指引，荣老以特有的勇气和魄力，带领中信在夹缝中艰难发展，冲破传统观念的束缚，闯出了一条发展的新路。立足于中信的成功探索，邓小平同志 1985 年 10 月在会见由中信公司接待的美国高级企业家代表团时，第一次明确提出了“社会主义和市场经济之间不存在根本矛盾”的精辟论断。他在这次谈话中提出：“要发展生产力，靠过去的经济体制不能解决问题。所以，我们吸收资本主义中一些有用的方法来发展生产力。”“我们发挥社会主义固有的特点，也采用资本主义的一些方法（是当作方法来用的），目的就是要加速发展生产力。”这一段重要讲话被收录在《邓小平文选》第三卷中，为建设和发展中国特色的社会主义经济奠定了重要的理论基础，成为中国改革开放和长期的社会主义现代化建设中最重要的思想认识根基和理论武器。

从当年改革开放的艰难起步，到今天已经整整 40 年过去了。或许很多历史细节已随着岁月流逝而逐渐被人淡忘，很多曾经清晰无误甚至颠扑不破的共识似乎也会变得模糊不清而需要重新论证。但我们需要牢记的是，没有老一辈开拓者的殚精竭虑和深入思考，没有许许多多前辈的艰辛探索和奉献，中信不可能有如今的发展面貌，我们的国家也不可能有如此翻天覆地的巨变。正确认知历史，从来都需要以一种谦诚的态度重回历史现场，乃至重返历史语境。从这个角度看，学习研究荣老的思想，在今天更有着重要的意义。

《荣毅仁文稿选编》面世后，我作为集团党校的副校长，曾向党校的几位同志建议，荣毅仁思想研究应作为一门特殊的课程列入党校教学安排；并为集团首期卓越班讲授了“荣毅仁思想的时代价值”的课程，受到大家欢迎。之后不少子公司、分支机构也邀请我去讲荣老思想，并希望我能把这些内容融入企业文化教学体系。我很高兴地看到《中信人》报和集团内联网上很多同事在学习荣老文稿后写下的心得体会。我真切地感受到，荣老的思想博大精深，历经时间的磨砺，至今仍闪烁着耀眼的光芒。正是荣老的真知灼见，引领中信人走过山山水水，在不同的发展阶段履险如夷，宛如一条精神的航道，从昨天走向今天，在历史进程中指引着未来的方向。

集团领导为中信卓越班学员颁发《荣毅仁文稿选编》

最近人们常常谈及“初心”，现在回想起来，我们编纂荣老文稿的初心，就是尽全力寻找并汇集荣老对国家、民族和中信事业的深刻思考，展现他崇高的精神境界和人格风范，以供一代代中信人学习和遵循。因此，《荣毅仁文稿选编》的成书只是一个阶段性的成果，对于荣老思想的深入研究，应该是一个不断发现、补充、完善的过程，理应伴随着中信事业的发展一直延续下去。如今我虽已退休，但会一直积极参与这项工作，尽我所能为弘扬荣老思想贡献绵薄之力。

有人说，世间有两种写作：一种是写给时代的，所谓“流行”；

一种是写给时间的，所谓“经典”。正如后现代主义文学大师卡尔维诺所言:“经典作品是这样的书籍，对读过并钟爱它的人是一种宝贵经验。但是对那些保留机会，等到最佳状态来临时才阅读它的人，仍然不失为一种重要而丰富的体验。”希望《荣毅仁文稿选编》能成为中信留给时代的这样一部经典，更祈愿荣老的思想深植于每个中信人的历史记忆，厚重而深沉，一代代薪火相传。

一段神情飞扬的日子

——追忆渤铝合资谈判

中信证券股份有限公司原总经理　蒲明书

1993 年 12 月 3 日，中信公司任命我为中信的全权代表，负责渤海铝业有限公司（简称渤铝）的合资谈判。谈判于 1995 年 12 月底结束，引入美国雷诺兹金属公司（简称雷诺兹）作为新股东，参股渤铝。

谈判历时两年多，困难重重，跌宕起伏，故事多多。现择其记忆犹新的片段，与相关照片一起，构建一条“时间隧道”，直抵那一段神情飞扬的日子。

使命突降

1994 年 9 月，时任中信公司副总经理的秦晓在公司工作会议上指出，渤铝及另外三家企业，是中信国内投资结构中的“四大重头”，现在都不同程度地面临困难障碍，应组织专门力量研究解决这个问题。其实，就在秦总说这番话的一年前，时任中信公司总经理王军已经酝酿出拯救渤铝的方略并付诸实施。

那是 1993 年 12 月 3 日，刚一上班，王总秘书吕峰通知我：上午 10 点到京城大厦八楼贵宾厅陪公司领导会见美国客人。进厅后交换名片，我才知道来者是美国雷诺兹代表团。宾主落座寒暄后，王总向客人宣布，我为中信的全权代表，就渤铝合资项目与雷诺兹谈判。

会见结束后，我便与雷诺兹一行乘坐渤铝派来的面包车直奔项目所在地——秦皇岛，由此踏上艰难的谈判之旅。那时北京至秦皇岛还没有高速公路，一路颠簸，而我一直在琢磨这项突如其来的使命。外面天色转暗，我的心境反而明朗起来。

傍晚到达渤铝。首先映入眼帘的是，横卧大门左侧的巨型花岗岩石座，上面镌刻着国家副主席王震同志题写的八个大字：渤海铝业有限公司。我似乎听见了这位德高望重的老人发出的振兴渤铝的召唤。

渤铝招亲

渤铝成立于 1985 年 3 月，由中信公司、香港肖特吉公司(简称肖特吉)、河北省冶金厅、秦皇岛市联运总公司、国家冶金部第二十冶金建设公司五家机构共同投资组建。渤铝由两期已竣工的工程组成：一期生产建筑铝型材和工业铝型材，年生产能力为 1.6 万吨。二期生产铝板、带、箔。其生产线是 20 世纪 80 年代从英国戴维公司引进的。板带年生产能力为 5 万余吨，铝箔年生产能力为 4.2 万吨。渤铝是当时中国铝加工行业的大型重点企业之一。渤铝是港资参股企业，但港方是中信在港注册的公司，不在铝加工行业，没有带来先进的技术和管理经验。因此，渤铝偌大的厂房和一揽子现代化设备，发挥不出应有的效益。产能上不去，产品质量低下，不能满足国内外高端市场的需求。渤铝连年的赤字，不知在王总头上平添了几多白发。自 20 世纪 90 年代初，他就一直在为渤铝的出路四处求索。

功夫不负有心人。渤铝，这个坐落在渤海之滨的企业吸引了大洋彼岸雷诺兹的目光。

雷诺兹成立于 1928 年，是位居美国铝业 (Alcoa) 和加拿大铝业 (Alcan) 之后的世界第三大铝业公司，具有先进的铝深加工技术和经营管理经验，其工厂遍布20个国家，铝箔生产能力占美国市场份额的60%，在美国500家大工业公司中名列第96位。由于铝制品在美国和欧洲市场上已经饱和，该公司欲实现生产战略向亚洲转移，曾派技术人员赴渤铝进行技术考察，对渤铝的装备和规模赞叹不已。雷诺兹看好渤铝，看好中国的市场，看好中信的实力，认定中信是他们开拓中国和东南亚市场的最佳合作伙伴。

1993年7月30日，刚刚在美国纽约参加完中信发债签字仪式的王军，应雷诺兹的邀请，飞往该公司总部所在地里士满实地考察，与该公司总裁雷诺兹先生洽谈在渤铝合资的事宜。这次会谈两位掌门人相见恨晚，一拍即合，希望尽快启动合资谈判。王总的里士满"相亲"之行，拉开了中信与雷诺兹合资谈判的序幕。

进入方式——增资扩股

首先要确定雷诺兹以何种合作方式进入已是中外合资企业的渤铝。当时渤铝的外方股东是被戏称为"假洋鬼子"的肖特吉。

一种进入方式是，肖特吉与雷诺兹在境外转让股权；另一种就是渤铝增资扩股，雷诺兹以新股东身份进入。两种方式各有利弊。

境外转股，不涉及国有资产的评估问题，省去了国内繁文缛节的审批程序。但是，作为股权的交换物，雷诺兹不仅要支付现金，还有折价的旧设备和技术。后两者，股权出让方肖特吉拿来无用，还得转卖给渤铝，而渤铝无钱购买。如果借款，企业的股本没有增加，还债台高筑，无疑是雪上加霜。

采用增资扩股方式，不可避免地要向国内诸多"婆婆"报批，会费不少时日。但是，通过发挥中信的综合优势，可以缩短报批过程。按照这种方式，不仅不会改变渤铝的债务总量，反而增加了它的资本存量。这样，渤铝就会实现外资、技术和管理的"三引进"。

经权衡利弊后，王军同意按增资扩股的方式与雷诺兹进行谈判。

其实，有限责任公司增资扩股的具体操作，与当今股份公司的 IPO（首次公开募股）大同小异。前者是定向募集，后者是公开发行，要做的事情都差不多，如可行性研究、资产重组及评估、债务剥离及处理、盈利预测及股权定价、尽职调查等等。这为我后来在中信证券从事 IPO 提前热了身。

谈判筹码

国际谈判学专家 G. I. 尼仁伯格先生对谈判下了一个有趣的定义：“谈判，是指为满足一种或多种需求而进行的相互交换。”

中信与雷诺兹之所以愿意进行合资谈判，是双方认为能从对方获得某些“需求”。中信要技术、管理和资金，让渤铝走出困境；雷诺兹要市场和廉价劳动力，以提高其产品在全球的竞争力。问题是，如何把握相互交换的代价。中信拿什么与雷诺兹讨价还价。私下秦晓同志曾对我说：“渤铝没有谈判地位。”渤铝连年亏损，现有的机器、厂房及人力资源，按照国际通行的企业价值评估法，资产价值高不到哪儿去。但作为中信谈判代表，其任务是完成这一揽子交换，各得其所。

《孙子兵法》云：“故善战者，求之于势，不责于人。”我们必须跳出渤铝的圈子，从国家、从中信那里“求之于势”，找出对渤铝有利的天势、地势和人势。

自 1992 年邓小平视察南方谈话以来，中国经济搭上高速发展的快车，国内铝制品市场需求迅速扩大。好几家世界级铝业公司都向中信表达过与渤铝合作的愿望。看来，巨大的中国市场是可借用的“大势”，一张可打出的王牌。雷诺兹进入渤铝，就是进入中国。另一种可借的“势”就是中信公司。经过十多年发展的中信，当时已是享誉国内外的大公司。雷诺兹与中信合作，可助其在中国的发展。

回头看渤铝，现有的机器、厂房和技术队伍，对雷诺兹及其他铝业公司还是有一定吸引力的，也是筹码，更是商战可用的“圆石”。依托中国市场和中信公司构筑的“势”，渤铝这张牌一旦打出，就会“如转圆石于千仞之山”，很有分量。这类似于玩扑克“争上游”打出的“配顺儿”牌起到的功能。于是，对方想从渤铝得到的“需求”，就可据“势”待价而沽了。

谈判序幕

1993 年 12 月 4 日，我们到达秦皇岛的第二天，合资谈判在渤铝总部拉开序幕。

我们的谈判对手是雷诺兹国际副总裁哈迪先生。他有典型的老美面孔，颇带几分绅士风度，不时会冒出美国人骨子里的傲慢。“骄兵必败，可用吾之兵法克之。”军事家孙子好像在耳边提示我。

他们此行的任务是进一步考察，收集资料，会谈暂不涉及实质问题。为了向客人展现渤铝员工的风采，渤铝晚上特为他们举行一场卡拉 OK 舞会。选了一些能歌善舞、会讲英语的年轻员工前来助兴。这令美国人十分高兴，渤铝竟然有如此高素质的员工！但是在提供相关资料上，渤铝有关领导不太情愿。王军表态：“关于渤铝资料，雷诺兹要啥给啥。”中信要与雷诺兹合作的决心可见一斑，令我感到责任之重大。

王总对渤铝“内外兼修”，一边推动合资谈判，一边调整渤铝的领导班子。把中信兴业公司的陈小平调任渤铝总经理，渤铝的经营管理开始出现转机，增强了中信的谈判地位。

五个“F”一份讲稿

1994 年 3 月 20 日，我带队到达雷诺兹总部里士满。会谈在雷诺兹总部大会议室举行。

会谈第一天，雷诺兹总部有关人员全部到场，加上我方9人，屋里座无虚席。讨论的议题是中国市场、新合资公司的出资范围、项目可行性研究、双方的出资形式和出资比例。这是一次阵容庞大的工作会谈，只画蛋糕，不谈分配，工作紧张而和谐。

我们画出的中国铝箔市场这块巨大的蛋糕，令他们乐不可支。雷诺兹在世界铝行业中，擅长铝箔加工，自信可妙手回春令渤铝设备生产出中国短缺的铝箔高端产品。雷诺兹撰写的项目可行性研究报告之结论相对乐观——在雷诺兹看来，渤铝是“一只能下金蛋的母鸡”，而不是“扶不起的阿斗”。企业的价值就在于其盈利能力。感谢雷诺兹，为中信讨价还价送来了筹码。另外我转达王总的意思：为了表示中信合作的诚意，新合资公司的资产估值不包括渤铝的土地及其附着建筑物，以减少雷诺兹的出资。而土地和建筑物将以租赁的方式供新公司使用。这样一来，美国人更是欢乐开怀。哈迪先生说：“你们的到来，给雷诺兹带来进入中国的希望。”

此轮会谈结束的当晚，雷诺兹设宴为我们饯行。美方出席宴会的，有以总裁雷诺兹先生为首的公司高管及其职能部门的负责人。

我在宴会上的答词，没有稿子。这种展望未来、畅叙友情的场面，如果照着写好的稿子念，会很倒大家胃口的。在东道主致欢迎词时，我以五个“F”字母打头的英文单词——Friendly（友好）、Frankly（坦率）、Fruitful（富有成果）、Focus（关注）、Flexibility（灵活）答谢，用它们贯穿始终，即兴发挥，把该说的说了，也合乎美国人的思维方式。为使气氛更加活跃，讲到关键处，我直接用英语表达，尽管说得蹩脚，但在场的美国人都听得津津有味。

这篇即兴的讲话全文如下。

作者（左二）在雷诺兹公司举办的晚宴上致答词

女士们、先生们：

首先，我代表中信谈判小组全体成员，感谢雷诺兹在这里为我们举行盛情的欢送宴会。此前，我们双方就在渤铝合作进行了两周会谈。现在，请允许我先使用三个以字母“F”开头的英文单词来描述对这次会谈的感受。

第一个是 Friendly。 CITIC delegation has got a lot of friendly treatments from Reynolds during our stay in Richmond, and the negotiation carried on in a friendly atmosphere in the past two weeks.(中信代表团在里士满逗留期间，受到了雷诺兹的友好接待，在过去的两周中，会谈在友好的气氛中进行。)

第二个是 Frankly。Both of us have exchanged the opinions frankly in this negotiation.（双方在会谈中坦率地交换了意见。）双方来自不同

公司，代表各自的利益，不可避免地会对合作涉及的问题持有不同观点。为了尽快增进相互了解，双方今后还要直面分歧，开诚布公，put everything on the table（把一切放到桌面上），寻找大家都能接受的方案。

第三个是 Fruitful。This round of negotiation is fruitful.（这次会谈富有成果。）这是我们对这次会谈结果的评价。尽管时间较短，但是双方对合资项目的可行性达成了初步共识。中国有句谚语：万事起头难。这次会谈已经开了个好头。

中信与贵公司，都是各自国家的大公司，有不同的文化背景，不同的经营理念，不同的投资期望。应该看到，未来的谈判是艰苦而漫长的。谈判桌上，我们还会争执，而争执的目的是达成共识。

下面请允许我再用两个以字母“F”开头的英文单词，提出双方今后遇到分歧时应该持有的态度。

一个是 Focus。双方都表示，无意在谈判中占取对方的便宜，而应该把目光放到中国铝产品市场和亚洲市场。你们实现进入中国，合资企业获得成功，中信与雷诺兹共同进入亚洲，才是双方共同的利益所在。我们决不能为了眼前的蝇头小利，放弃对共同目标的关注。Both of us must focus on the future market in China when the difference happens.（分歧发生时，双方要把目光聚焦在中国市场上。）

最后一个英文单词就是 Flexibility。谈判本身就是一个寻找共同点，相互妥协的过程。如果遇到分歧，各执己见，互不让步，谈判就会中途夭折。这会使双方已经花费的心血付诸东流，对谁都没有好处。Therefore, both of us should take flexibility to settle the dispute in the period of negotiation.（因此在谈判过程中，双方应该灵活解决分歧。）No flexibility, no negotiation; no negotiation, no business.（没有灵活性，就没有谈判；没有谈判，就没有生意。）

That’s all，thank you everybody.（我的讲话完了，谢谢大家！）

资产评估

雷诺兹要求在新的合资公司中占有35%的股权。问题来了，雷诺兹相应的出资额多少合适？

其计算公式如下：雷诺兹出资额＝35% ×（渤铝现有净资产评估值＋雷诺兹出资额）。欲知答案，必须对渤铝做资产评估。我们采用财政部规定的重置成本法，将各项资产的价值一律按规定的上限评估，然后交给雷诺兹去掂量。

美国人习惯用自己的价值观去看待世界，戴上涂有美国市场印记的“有色眼镜”来估价中国的商品。因此，我猜想他们的回盘与我们的报价不会有太大的出入。

双方定于1994年5月初，在北京就渤铝的资产评估和雷诺兹的股权出资进行谈判。这是一轮十分关键的博弈。咨询公司在渤铝财务部的配合下，及时完成了渤铝资产评估，并告知对方。不久美方复函。果不出所料，他们的评估数据与我方出入不大。

由于事先做过沟通，这次谈判很快就渤铝资产评估的结果以及雷诺兹的出资和应有股权达成共识，时间主要花在对美方作为出资的旧设备和技术的价值评估上。在价格和技术规格的把关上，渤铝专家发挥了作用，还制定出旧设备和转让技术的技术规格不达标时，美方应负的经济责任，这为以后的相关谈判打下基础。

雷诺兹在谈判备忘录上确认：渤铝现有总资产为1.65亿美元，负债9 600万美元，现有净资产为6 900万美元。据此，雷诺兹同意出资3 315万美元，获得渤铝约32.5%的股权。初战告捷，总资产较账面值增加了44.7% 。我们占领了财务谈判的制高点，为今后必须做出的让步“先咬了对方一口”。我事后向王军总经理汇报，在我报送的工作报告之首页左上角，他手书“原则同意”四字，令谈判班子感到欣慰。

按计划，三个月后在美国雷诺兹总部举行关于渤铝债务安排的谈判。美国人对于上轮北京会谈的结果似有反悔之意。他们骄兵必败，败在签字当晚我采取的“疲劳战术”上。

谈判桌上，雷诺兹的财务总监洛克伦先生发问：“渤铝现有净资产怎么会有这么多？”我含笑答曰：“你是搞财务的，那我告诉你，总资产减总负债，就等于净资产。你把计算器拿出来算算，165(M)-96(M)=69(M), 这是一道简单的算术题。等式左边的总资产数据，是你们在上轮北京会谈之前用传真建议的；总债务，渤铝的全部贷款合同写得很明白。”我一边说，一边出示由雷诺兹发的那份传真件。“双方已经同意的事，一个字都不能更改。中信可以让步，但那是在以后的债务安排问题上。”“你们想想，贵方出尔反尔，在国际铝业界会给雷诺兹带来什么？实话告诉诸位，看好中信、看好渤铝的不只你们雷诺兹，还有加铝、恺撒等你们的同行对手。他们找过中信并承诺，一旦中信与雷诺兹谈判失败，会接手与中信往下谈。这对中信无损，但是贵公司却失掉了进入中国、开拓亚洲市场的大好机会。请你们仔细掂量。”我慷慨陈词，晓以利害，三张牌一起打，似乎听到“转圆石于千仞之山”发出的声响，而美方一侧却鸦雀无声。然后，我压下嗓门询问对方：“依你们看，在美国要建造渤铝这样规模的企业，不含土地和厂房花上1.65亿美元，值还是不值？”“值，也许还要多。”我让他们把美国“有色眼镜”重新戴上了，接着说，“那还有什么可后悔的。至于渤铝从中信借的债务，你们的建议中信是会认真考虑的”。这轮会谈，以该公司总裁雷诺兹先生的会见结束，重申要与中信在渤铝合作的愿望，并遵守双方已签的文件。

债务安排

债务安排，是渤铝合资谈判必须破解的又一难题。

美方回国后，发现总量为 9 600 万美元的债务将陆续到期。其中，中信给渤铝的人民币贷款利率高达 13.86%，美元为 7%。雷诺兹傻眼了:“我们一进入渤铝，就面临还债的压力，合资头几年资金肯定短缺，企业怎么经营？”中信与雷诺兹合作绝不是给渤铝亏损找一个垫背的，而是要为其注入发展的活力。人家来华投资，是谋求发展。经请示王军总后，同意就中信对渤铝的长期贷款进行债务重组。

从会计角度而言，债务重组主要包括以下五种方式：一是以低于债务账面价值的现金清偿债务；二是以非现金资产清偿债务；三是债务转为股本；四是修改债务条件，如减少债务本金、减少债务利息；五是混合式重组。

针对渤铝的情况，可行的方法只有修改债务条件：本金不减，而减少债务利息。这是中信为了渤铝的未来必须做出的让步。那利息减多少？王军总指示，把上轮谈判从雷诺兹身上咬掉的一块肉，吐一半出来。渤铝总资产实现增值 44.7%，因而使净资产较账面值增加 4 000 多万美元。把减息期定为 5 年，按回吐 2 000 万美元计，采用现金流量贴现法就可以确定每年应下调的利率。王军总批准了下调方案。

债务安排的另一难题是债务担保。我们要求雷诺兹按其出资比例对渤铝债务提供担保，指出“这是双方合资的重要条件”。而美方始终不松口，认为雷诺兹到渤铝投资，只能承担有限责任，最多是把股本亏光。如果提供债务担保，就成了无限责任，这不合理。

我们这一要求是有历史根源的。在对外开放初期，由于银行功能不健全，中外合资企业出资方不仅投入股本，还要为企业提供贷款，或者为银行贷款提供担保。那时中信在国内搞合资企业就是这样做的，渤铝是其中一例。但是法律规定，中外合资企业的性质是有限责任。我认为，美国人说的有道理，应该寻求双方都能接受的方案，否则谈判就会搁浅。我们提出：从第六年起，新合资公司若无能力偿付到期的本金和利息，则中信有权自行决定，随时将这部分应付而拖欠的本息转为股本；如果中信不转，这笔款项将按原来贷款协议的利率计入下一次应偿还的债务中，一旦项目有了能力就要支付。简而言之，渤铝到期还不起的债务，中信将把它转为股权，摊薄其他股东的股份。这样就把雷诺兹的“有限责任”落实了。

这一条在雷诺兹看来，无疑是悬在它头上的“达摩克利斯之剑”。对于想在渤铝立足，在中国发展的雷诺兹，肯定要为自己安排“收回失地，保住阵脚”的后路。于是他们提出补充意见：雷诺兹有权选择注入与股份成比例的资金进行相应的股本置换。这符合中信愿与雷诺兹长期合作的初衷。中信进而同意给雷诺兹一项选择权，以增加其在渤铝的股权，从而与中信对等。

债务安排的谈判是一场硬仗，差一点使谈判夭折。但是基于双方长期合作的愿望，在法律框架下，我们运用财务知识找到皆大欢喜的解决办法，把谈判又往前推进一程。

快刀斩乱麻

谈判进入美方对渤铝作尽职调查的阶段。依据国际融资惯例，无论是通过合资参股还是收购兼并进入企业，作为外来投资者，这是必做的功课。

尽职调查主要内容是两部分：财务和法律。企业的尽职调查由专业中介机构或自己的专家承担。这次对渤铝的财务调查，雷诺兹委托安永会计师事务所；法律方面，则由雷诺兹的律师盖尔先生承担，就该公司参股渤铝，做出法律方面的评价。其目的是让雷诺兹参股后避免陷入原企业遗留的各类纠纷的“黑洞”。

盖尔先生把要了解的一大摞问题清单事先传真过来。会谈就在京城大厦举行。这次轮到他登场了，坐在主谈人的位置上。这位先生居然不分轻重，照着清单逐条发问：“渤铝成立于何年？有无合法的工商登记手续？渤铝现有股东是哪些家？……”我打断他的话说：“你的调查内容，我已仔细看过。有的我方早先提供的相关文件和资料作了答复，有的在与贵方代表的谈判中已经弄清。照你这么问下去，贵方和我方一年多的谈判是否要推倒重来？中信与雷诺兹的合资谈判，猴年马月才能结束？贵方调查的目的，无非是要弄清楚渤铝现在是否存在着法律陷阱，以免被卷入原渤铝经营引起的法律纠纷中。”这时，我略为停顿并扫视美方一侧，见无人有插话之意，接着说：“如果理解没错的话，我代表中信承诺，雷诺兹进入渤铝后，一旦出现由原渤铝带来的法律纠纷，由包括中信在内的原五家股东负责处理，而与雷诺兹无关。”话音刚落，哈迪先生接过话头要求休会，说他们要开会讨论我的建议。

次日，双方又坐在一起。我先发问：“对我昨天的建议，贵方意下如何？”美方主谈人说：“当晚将你的建议报告雷诺兹先生，他表示基本同意。这个调查到此结束，咱们转入下一个议题。”

好一个快刀斩乱麻！这一刀，就是掷地有声的中信承诺。

谨防律师搅局

律师在谈判中的重要地位不可否认。但是，他们过早“登堂入室”，就会成为麻烦制造者，只能在幕后各事其主。这一点，我与美方主谈人有所共识。

双方商定，每次谈判的备忘录一律用英语书写，只是在起草最后的合资文件时，才使用中英两种文字。谁起草文件，谁就有条件占领法律谈判的制高点。这个权，谁也不会轻易放弃。那轮关于渤铝资产评估及雷诺兹相关出资的北京会谈，我深知其重要性，就临时聘请中信律师事务所的徐扬先生帮忙，起草了让雷诺兹一行反悔不已的备忘录。后来王军总指示要起用中信法律部的人，但他们的英文水平不高。无奈，文件起草的主动权只好拱手让给美方。幸好谈判班子还有一点对英文稿的咬文嚼字能力。

有一次在美国雷诺兹总部谈判，雷诺兹律师盖尔先生坐在他们主谈人的旁边，其任务是把我们双方就某项达成的共识用文字表达出来。我三次发现他窜改我与哈迪先生已经达成的意见。事不过三，这一次不能放过他了。我看了盖尔先生起草的条文，问哈迪先生："谁是雷诺兹的谈判代表？""It' s me.（是我。）"他不解地答道。我把盖尔写的东西递给他看，并说道："为什么你和我已经达成的共识，到了你的律师笔下就变成雷诺兹单方面的意见？谈判桌上谁说了算？"他终于明白我的意思，随即要求会谈暂停。他即与盖尔争论起来，不满其越位行为。盖尔无奈，只好照原意改过来。以后的谈判中，盖尔就老老实实地坐在后面当"书记官"。

在起草最后的法律文件时，美方从香港英国路维德林律师事务所聘请了两位律师。我发现他们提供的中文本与英文本有两处差错。一是对中信贷款条件的描述，中文本把英文本中的"semi-compound interest"（半年复利）中的"semi"漏掉，译成年复利；二是将"motor"与"generator"译反了，电动机译成发电机。我指出其错误后，他俩辩解说，中译本请香港的专家审阅过。我十分严肃地问："你们懂金融吗？懂不懂把'半年复利'译成'年复利'会给中信贷款的利息收入带来多大的影响？在谈判桌上你的东家得不到的好处，你竟用笔头轻而易举地拿到！再说，电动机和发电机的区别，上过初中物理的小孩都知道，你们找的专家就是这个水平。"另外，在起草协议的中文本时，他们不善用标点，经常一句到底。我接着问："你们的英文水平不错，但中文不敢恭维，为什么不用标点？这种使人阅读喘不过气的协议中文本，审批部门的官员是没有耐心阅读的。"两位英国路维德林的律师在我的责问下无言以对。此后，在行文时遇到吃不准的地方，他们就格外小心。

事后在与哈迪先生聊天时，他说谈判桌上律师介入越早越多，就越难做成生意，因为谈判桌上直接对垒的应是双方主谈人。在这个问题上，美我双方主谈人取得一致。

谁说书生无用

"百无一用是书生。"这是对书生的一种评价，"文革"时期尤为盛行。另一种评价则是："莫道书生空议论，头颅抛处血斑斑。"两种评价各走极端，都是贬义。

张良是书生，他"运筹帷幄之中，决胜千里之外"，辅佐刘邦打下江山；诸葛亮是书生，他帮助刘备建立蜀汉，实现三国鼎立；曾国藩是书生，带领湘军打败太平天国。"恰同学少年，风华正茂；书生意气，挥斥方遒。"毛主席当年指点江山，放歌长沙橘子洲头，也以书生自居。公司里从领导到同事，也说我是书生，就算是吧。

在雷诺兹的眼中，我也是书生吗？

有一次他们在起草的备忘录中使用了十分晦涩的法律用语，我们谁也看不懂，坚持要换掉，哈迪先生不同意。我对他说："One meaning, different words(一个意思，不同措辞)，是你曾经说过的。双方已经取得的共识，为什么在备忘录中要用另一方不熟悉的语言来表达？谈判文件用你们的母语，你们已经够占便宜的，也该做点儿让步啦。"本来替换个把单词于他无损，他终于松口，但要找个台阶下。他说："因为你们中国人的IQ太高，要用英语拉下来与我们找平。"于是我笑着对他说:“我发现，你的脸时而雷电交加，时而阳光灿烂。”他反唇相讥道:“You too. You too.（彼此彼此。）”说完便哈哈大笑起来。

在关于技术转让内容的谈判中，美方不同意把汽车板制造技术列入，说它不包含在雷诺兹技术出资中，渤铝需另外付费。我私下装𡲢地对哈迪先生说:“如果我同意了你方意见，王军先生会把我免职的。”他相信我的话。“新来的人不知道会是什么样的，”他说，“尽管你很倔强，但讲道理，我不希望中信换人。”他同意这个问题暂不做定论，留给高层解决。我的“示弱”争取了时间去向王总报告。

在谈到美方转让技术的知识产权时，我提出，雷诺兹必须做出保证:作为其出资技术的知识产权全部为其所有，一旦有第三方提出异议，雷诺兹必须承担相关法律责任。哈迪先生说:“可以保证，但是当涉及第三方对渤铝侵权的诉讼时，雷诺兹可以提供技术支持，帮助渤铝应对。”显然美方想逃避未来可能应负的法律责任。我接过话头说:“那不行！到那时应对官司的是雷诺兹，而不是合资企业。但是渤铝可以帮助你们。中国有句谚语，有理走遍天下，无理寸步难行。理，在这里就是知识产权。你们在这里宣称技术是你们的，就应该拿出敢于出庭的勇气直面原告，并做出若第三方指控成立时愿负法律责任的承诺。这样才足以使我们相信，你们出资的技术确实是雷诺兹自己的。”美方代表理屈词穷，把话题扯到一边去，他问我:“你们中信敢保证中国政府的政策和中国的投资环境不会改变吗？”我马上接过他的话说:“敢保证，但遗憾的是，中信只是中国政府的企业。你们说自己拥有技术的知识产权，但不愿承担用它出资而引起的产权纠纷责任。我与你争论的不仅是法律问题，还是一个简单的逻辑问题。哈迪先生，你有勇气说这个数是由 1+1 得来的，就是不愿承担说它等于 2 的责任。”美方无言以对，沉默一会儿后说:“还是让高层来定。”

中途休会时，雷诺兹的税务经理当众对我说，“蒲先生像狐狸那样狡猾”。当时顾不得考量这个评价是褒还是贬，我乐呵呵地回敬道，“彼此彼此”。我想，他们雷诺兹也不是省油的灯。“像狐狸”若是褒义，出于礼貌，理应彼此共享；若带贬义，为自卫也决不会独吞。

雷诺兹国际总经理艾根先生是哈迪先生的同僚，谈判期间也来到北京。在一次共进午餐时，他对我说，哈迪先生在他的办公室说做梦都在与我争吵；接着又说，我在雷诺兹很有名，给对手留下咄咄逼人而不是温文尔雅的书生印象。

整个谈判临近收尾时，我请哈迪先生对中信谈判班子做个客观评价。他用了三个形容词：Professional(专业的)、International(国际的)和Industrious(敬业的)。对此我感到欣慰。在谈判中，我们不仅维护了公司的利益，也维护了中信人的形象。我相信，这位连做梦都在与我吵架的对手，是不会像中信同事那样认为我只是一介

作者与雷诺兹国际总裁艾根先生交谈

书生的。

美方译员陈一川先生在闲谈中说，像我这样在谈判中对老美敢怒敢言并赢得对手尊重的中国人不多。面对跨国公司，我之所以能不卑不亢，敢作敢为，是因为在美国人面前，我是中国人；在雷诺兹面前，我代表的是中信公司。

不管黑猫白猫，能逮住老鼠就是好猫。什么样的猫，逮什么样的老鼠，王军总心中有数。任命“书生”作为渤铝合资主谈人，这是他独特的用人之道。

关于排他权

排他权是法律用语。比方说，涉及谈婚论嫁，排他权就是“一女不能二嫁”或“一男不娶二女”；恋爱择偶，排他权就是“不能脚踏两只船”。但这在商业中就另当别论。法律没有规定 A 公司与 B 公司的合资要从一而终。凡法律没有明文禁止的，都可以做，都有谈判空间。因此，进行合资企业谈判，排他权是不可回避的重要问题。当排他权被提上谈判日程时，我向王总请示。他说：“你告诉雷诺兹，到中国来与渤铝‘结婚’时，中信不想看到她带一大堆‘情人’来。”

1995 年 3 月下旬，在渤铝的大会议室进行新一轮谈判。美方谈判成员八九个，来自美国本部及其在德国的子公司；我方加上工作人员也有十来人，会议室坐得满满的。哈迪先生抛出关于排他权的观点：在中国发展铝工业，他们既可以与中信合作，也可以与其他中国公司合作。其话音刚落，我就说，“雷诺兹在中国与其他公司的合作，必须通过渤铝去实施”。双方争执十分激烈，谁也不愿在众目睽睽下做出让步。这时，我想起了王军总那句妙语。我对美国人说：“自从 CITIC 高层领导访问贵公司后，雷诺兹与渤铝双双坠入‘爱河’。我们之间的谈判，就是在为双方的‘婚姻’做出安排。中信不希望看到雷诺兹与渤铝‘结婚’的同时又在中国找许多‘情人’。”这段话由译员说出，美方一侧立即发出笑声。我的对手也乐了，耸了耸肩膀，两手一摊说：“It’s beyond my control.（此事我定不了。）”那好，既然超出你的权限，我随即提议，在这一条款后加括弧并写“To be discussed further（待进一步讨论）”，由双方高层来解决，我们继续往下谈。

午餐时，那位德国人说，“蒲先生，你很幽默”。这哪里是我很幽默，只不过是借用了王军总的幽默，在排他权的谈判中化紧张为轻松，变对立为和谐，为处理这个问题争取了时间。

关于排他权问题，同年5月8日，在美国雷诺兹本部的高层会谈上，美方有所让步，同意我方立场，确认渤铝是雷诺兹在中国发展铝业的唯一合作伙伴。我猜，雷诺兹太想通过与中信合作进入中国，这是雷诺兹先生向中信做出的一种友好姿态。

但是别忘了，美国人信奉“只有利益才是永恒”的哲学。同年11月7日我们再次赴美，准备与雷诺兹草签合资协议。双方相见都显得十分轻松，两年的艰苦谈判总算要见到曙光。临签字的前两天，总裁雷诺兹先生从加利福尼亚打电话给美方主谈人，要修改已经承诺的排他性条款。对于突如其来的变化，我当晚即向北京报告，次日在谈判间向对方发出书面声明：

1. 对雷诺兹先生在双方即将按原定计划签订合同之前两日推翻已经做出的承诺，我们表示惊讶并拒绝接受。同时对双方近两年的努力功亏一篑，深表遗憾。

2. 鉴于目前的气氛，中止谈判。待条件成熟后，你们到北京来谈。

美方主谈人接过声明，神情黯然，一脸无可奈何的样子。陈小平对他说：“我听到雷诺兹先生的意见，差点哭了。”“Me too！（我也是！）”哈迪先生垂头丧气地说，并为其老板一再辩解，说是他的失误而不是雷诺兹先生在反悔。说实话，双方谈判人员都不愿意看到谈判就此前功尽弃。于是我请示北京提出折中修改意见，与美方代表沟通，并以朋友身份给他分析谈判破裂会对个人前景的影响。我对他说："谈判失败后，我去中信证券当总经理，陈先生依然做渤铝的总经理。对你就很难说，因为你在雷诺兹的时间太短了。但是作为朋友，我们会帮你渡过这个难关。"我们动之以情，晓之以理，令他十分感动，完全赞同我俩提出的解决办法。

我理解雷诺兹先生的意思，他的公司是专门从事铝材加工的，以后在中国投资的项目并非是中信控股的渤铝都愿意参加的。如果中信不同意，雷诺兹在中国的发展就会受到限制。其实，雷诺兹在中国发展，对国家有好处，中信怎么会去限制它呢。

我们的折中意见是：雷诺兹不能在中国和第三方开办产品与渤铝相同的企业；但可以在中国和第三方开办产品不同于渤铝的企业，其前提是中信有优先参股权，中信表示放弃后，第三方才可介入。我们对哈迪先生说："将上述意见报告给各自的上司，征得同意后，你们再到北京草签合同。"

几经周折，最后一个障碍被排除了。合资谈判，像一叶轻舟越过急流险滩，直驶签约的终点。

牵手雷诺兹

1995 年 12 月 29 日，中信公司、香港肖特吉公司与美国雷诺兹公司在北京签订了增资扩股协议，三方合资经营渤海铝业有限公司。后来美方同意把建筑物也纳入合营资产范围。增资扩股后，新的合资公司总投资达 2.5 亿美元，注册资本达 1.41 亿美元。

1996 年 3 月 19 日，新的合资公司正式运营。4 月 1 日，中信与雷诺兹在北京人民大会堂召开渤海铝业有限公司增资扩股新闻发布会，宣告世界第三大铝业公司进入中国，与中信合作发展中国的铝加工业。

渤铝合资协议签署仪式

中信公司董事长王军和雷诺兹总裁参加了发布会。会前，国家副主席、中信公司原董事长荣毅仁接见了雷诺兹一行。

中信与雷诺兹关于渤铝合资的谈判完成，被公司《中信人》报评为1996年十大新闻之一。

雷诺兹来了，与中信在渤铝牵手，我不辱使命，也如释重负。喝完签字的喜酒，参与谈判的双方成员互道再见。愿渤铝合资后一路平安。

商场如战场。商业谈判是一场没有硝烟的利益角逐。回首与美国公司那一场较量的日日夜夜：谈判桌上，唇枪舌剑，不卑不亢；谈判过程，山重水复，柳暗花明。耳边不禁响起了电视剧《三国演义》片尾曲——《历史的天空》："暗淡了刀光剑影，远去了鼓角铮鸣。眼前飞扬着一个个鲜活的面容……”王军、秦晓、常振明等公司领导，以及与我并肩战斗的谈判班子成员那一副副音容笑貌，如星辰在眼前闪动。

后来获悉，2000 年 5 月雷诺兹被美铝公司收购。自然它在渤铝的股权也转由这家铝业巨头持有。

“担当身前事，何计身后评。”渤铝合资谈判，于我是在中信一段神情飞扬的日子，但对渤铝的是非功过，任由他人去评说吧。

博士后工作站的十年相伴

中国国际经济咨询有限公司原副总经理　车　耳

为发挥在信托行业的带头作用，实现科研助力企业发展的战略目标，在中信集团的支持下，中信信托和中国国际经济咨询有限公司（简称咨询公司）联合成立的博士后工作站已经快满十年了。咨询公司通过与北京大学、北京航空航天大学等院校合作，先后招收了 9 批、60 多名博士后进站工作。

博士后工作站紧密结合公司业务，聘请多名经济学、金融学、法学甚至医学等领域的知名专家学者指导，形成了较好的博士后研究机制和工作体系，培养了一批具有独立科研能力和实干精神的复合型人才；参与了几十项重大课题，包括国家自然科学基金项目、社科基金重点课题，以及国家司法部、国务院法制办公室、中国银行业监督管理委员会和中信集团等机构组织的重大课题研究，成为中信集团科研工作中一支不可忽视的有生力量。

星光灿烂

咨询公司博士后工作站影响空前，首先得益于我们拥有一大批出色的学术导师。

和北京大学光华管理学院合作，已是咨询公司博士后工作站的巨大优势，能够邀请到备受尊重的厉以宁教授作为我们的学术导师更是荣幸。厉教授是我国最早提出股份制改革理论的学者之一，他提出了中国经济发展的非均衡理论，并对“体制转型”进行理论探讨，这些都对中国经济的改革与发展产生了深远影响。得知我们成立博士后工作站后，厉教授不仅欣然接受邀请，还推荐了几名优秀的博士进站做博士后，如曾任国务院扶贫办副司长的吴华博士、农业银行刘海北博士等。

著名经济学家于鸿君教授也是我们的学术导师，他是北京大学党委常务副书记，兼任北京大学马克思主义学院院长。于鸿君教授在任光华管理学院教授期间，不仅课讲得好，课下更是关心学生疾苦，因而备受敬重。他是第一个接受我们工作站邀请成为在校导师的，也是给我们工作站带出博士后最多的导师。他每年坚持教学，对我们推荐的学生从来没有推辞过。

至于法学界位高权重、著作等身的江必新教授的加入，还真是费了我们一番心思。江必新教授是中华人民共和国最高人民法院副院长、党组副书记、二级大法官，还是中纪委委员。他当时对我们工作站并不了解，是在北大博士后管理办公室的介绍下才答应试试的。由于第一次跨界聘任法学界人士，受聘人还是最高法院领导，我特意安排了一次受聘仪式，请时任中信集团副总经理蒲坚颁发聘书。之后，在多次参加工作站的答辩会后，江教授对信托这个既有法理又有金融含义的课题产生了浓厚兴趣，并多次向外界人士推介我们，说咨询公司的研究课题启发了他自身对法学的认知。我和王涛及戴建华博士共同提交“加强信用立法建设”建议给全国人大常委会时，也得到他的大力支持。他亲自在我们起草的建议上做出批示，并转交给全国人大常委会负责立法的李飞副主任，对咨询公司促进国内经济立法给予极大肯定。

我们工作站的一大特色是跨学科、跨行业招聘博士后，并取得了

2014 年 1 月，中信集团副总经理蒲坚向江必新教授颁发博士后导师证书

不错的成绩。这种方式不仅符合现代培养复合型人才的潮流，也得到全国博管办的肯定。在江教授加入我们校外导师团队后，法学是我们工作站除了经济金融这个老本行学科之外，招聘博士后人数最多的。

跨界最大的当属医学。时任中信医疗总经理的张继胜博士深谋远虑，跟我说起能不能代替他们招聘几个既懂医又有志于医学管理的博士后。张总的建议给我出了一个大难题，也是一个全新的挑战。因为我对医学知识、医学管理基本上一窍不通，认识的医学界人士也不多。但我仍想试试，开辟一个全新领域。想招聘好的博士后，一定要有优质的学校资源和导师资源。我了解到北大医学部是国内最好的医学院之一，而时任医学部副主任柯杨教授是国内著名的医学学者，第十二届全国政协委员、国务院学位委员会委员、中华医学会副会长。在于鸿君教授的引荐下，我设法联系上了柯杨教授。她抱着试一试的态度，接受了我推荐的医学博士吴旭，并指导他直到出站。在参加了我们的几次答辩会后，柯杨教授对这种经济金融和医学的碰撞产生了极大兴趣。其后，她还慷慨地将另一位国内治疗黑色素肿瘤领域的著名专家郭军教授介绍给我推荐的博士后陈立，使得陈立博士在研究肿瘤植入型治疗中没有了后顾之忧。

除了上述几位国内顶尖学者外，我们工作站的指导教师还有曾任北京大学光华管理学院常务副院长、学术委员会主任朱善利教授，北京大学社会科学部部长、教育部“长江学者”龚六堂教授，北京大学光华管理学院副院长张圣平教授，北京大学光华管理学院姜国华教授和周黎安教授，北京大学医学部基础医学院中西医结合教研室主任韩晶岩教授，北京大学政府管理学院白彦教授，以及北京航空航天大学法

作者（左二）参加博士后工作站组织的答辩会

学院院长、“长江学者”龙卫球教授，等等。他们都是国内知名学者和各自领域的领军人物，为工作站培养了众多人才。

人才济济

在中信集团下属的博士后工作站中，咨询公司博士后工作站虽然成立时间比较晚，但发展最为迅速，网罗了从经济、金融到管理、法学、医学等领域的各路人才，为公司业务创新与可持续发展提供了坚实的理论基础和人才储备。

比如中国人民大学法学院毕业的徐猛博士，是2013年进站的博士后，时任昆明市公安局副局长。他主编的《公安机关人民警察执法图册》是理论结合实践的具体体现，为国内公安人员执法提供了依据和范例，深受基层民警欢迎，被中国人民公安大学出版社评为“十佳图书”，还是云南省公安机关优秀教材。他还创办了《城市公安法治》《典型案例指导》《少年警讯》等刊物，而且在繁忙工作中坚持笔耕不辍，先后在《人民日报》及国家核心期刊发表文章多篇，受到领导、专家和警界好评，也为博士后工作站带来荣誉。徐猛博士能文能武，工作中还成功侦办各种专案，曾带队打掉特大型手机扒窃团伙，一举摧毁盘踞昆明多年的手机盗改销链条，荣立集体一等功。

还有工作站才女于佳博士。她在任职中电投国际矿业公司期间需连续出差非洲，还是法国一个著名研究院的在读博士。由于工作压力大、出差次数多、社会活动频繁，再加上有个聪明伶俐又调皮捣蛋的幼女，她曾经一度想放弃博士学位。因为她是我的小师妹，我们都有法国生活的背景，也认识多年，我一直鼓励她咬牙坚持，并以过来人的角度告诉她，职务上的持续进步虽然重要，薪金不断增长也很诱人，但博士的头衔却是终身的，放弃实在可惜。或许我的建议起了一定作用，她后来静下心专门写作，不仅用英文搜集资料、用法语写作、高质量完成了博士论文，顺利通过答辩，还获得法国评委一致好评和文字褒奖。一拿到博士学位，她也就顺理成章地进入了我们工作站。作为一名投资非洲的国内专家，于佳博士曾经担任世界能源理事会（World Energy Council）唯一来自中国的未来能源领袖，受世界能源大会和哥伦比亚能源部长的邀请，赴卡塔赫纳参加全球能源领袖会议，并在该机构中承担与能源基础设施和可持续发展相关的研究和组织工作。她的多篇专业文章在国际投资领域和能源领域得到认可，她多次作为主旨发言嘉宾出席国内外会议。她也是我见过的少有能流利使用汉语、英语、法语讲演和写作的博士后，受到众多机构追捧。几年后，于佳被著名经济学家林毅夫教授邀请到北大新结构经济学研究院，成为其得力助手。

工作站不仅有才女，还有才男，贺洋博士就是其中的代表，和他的缘分则是另一种情景。当年我筛选博士后的候选人时，几十个简历放在我的办公室桌上，贺洋的简历写得干净利落，其山东大学研究生会主席的经历引起了我的特别留意。在仔细比较后，我抄起电话拨通了他的手机，核实了几个问题后，给他了一个类似私募资金投资的“对赌”建议：我明确告诉他想招收他为我们工作站的博士后，让他准备好提前几个月来实习，一旦毕业就可进站。为此，我给他留下专属名额，之后即使能招到北大清华毕业的学生也不会放弃他；反过来，有其他工作站给出更好的条件，他也不要去。贺洋很爽快，当场同意。结果我们电话交谈只有几分钟，招聘就完成了。随即，贺洋博士兑现了承诺，提前几个月来公司实习，任劳任怨，在实习期间就表现突出，每到一处都贡献极高，受到各部门的一致好评。中信信托和咨询公司都向他抛出橄榄枝，结果还没出站他就被中信信托业务团队招聘过去，成为主力干将。

亮点课题

10年间，咨询公司博士后工作站先后申报、完成了不少重大课题，其中国家社科基金重点课题——“海绵城市建设的融资风险与退出机制”，是工作站在国家层面课题申报上的一大突破，也是工作站和北大合作的一个成功范例。

海绵城市，顾名思义就是让城市具有海绵的特质和功能，能够应对大规模降雨等自然灾害，雨大时可以吸收，无雨时可以将储存的水加以释放利用。

以“海绵城市建设的融资风险与退出机制”申报国家社科基金的想法，基于我们国家正在实施的城市规划政策，以及咨询公司成功培育云南玉溪市进入国家海绵城市第二批试点名单的具体实践。在此基础上，我和贺洋博士一起探讨了申报社科基金的可行性，并进行具体申报。

这个课题的首席科学家是著名经济学家于鸿君教授，子课题负责人除了中信集团蒲坚副总经理和我之外，还包括北大俞孔坚教授、贺灿飞教授等从事城市规划的国内、国际著名专家学者，阵容强大，产学结合。从经济新常态和供给侧结构性改革宏观视角出发，以PPP（政府和社会资本合作）模式与新型城镇化建设为抓手，综合利用模型分析、实证分析和案例研究等研究方法，结合金融学投融资理论、微观经济学中的机制设计理论、产业经济学、公共经济学、景观设计、生态城市规划、环境经济地理等理论前沿，按照创新、协调、绿色、开放、共享的发展理念，依据海绵城市建设融资风险来源的内在关联机制，在对各项风险系统评估的基础上，提出了系统化风险评估方案和相应的风险管理机制。与此同时，还针对不同融资模式的风险特征，探究了相应的资金退出方式。

申报这个课题的意义是多重的：首先，这项研究紧密结合海绵城市建设运营实践，立足于海绵城市建设项目实际演进逻辑，分别从建设风险、融资风险、项目运营风险以及财政风险四个方面，为政府进行海绵城市建设提供了理论依据和操作指南；其次，通过我国新型城镇化建设实际，系统研究国外海绵城市相关项目收益模式——政府付费、使用者付费、产业补贴政策等，以及基金、众筹、资本证券化等金融组合方式，为我国海绵城市建设的融资问题提供了可行路径；此外，这项研究还以海绵城市的建设为抓手，从PPP模式下项目的经营管理、最优化的项目运营模式以及绩效激励体系等方面入手，展开系统化研究，为海绵城市项目的运营管理提供了切实可行的理论指导。

这一课题2016年底获批，2017年开始实施，预计2019年底完成所有报告，正好赶上中信集团成立40周年的好日子。

硕果累累

咨询公司博士后工作站一直以来都高度重视产学研结合，并取得了诸多成绩。在历次国家政策转型期，咨询公司博士后工作站总能以其出版物和研究占据理论前沿。

至于获奖，最值得称颂的是，时任中信集团副总经理、博士后工作站站长蒲坚《解放土地》一书获得2014年“孙冶方金融创新奖”。这本书是蒲坚同志的专著，因紧贴中国城镇化进程热点，出版后获得大量好评。

我觉得如此好书不应被埋没，就一直考虑通过某种渠道扩大影响。有一天，在国家统计局工作且一向关心工作站的谷彬博士告诉我，可以考虑申报“孙冶方金融创新奖”。该奖项由孙冶方经济科学基金会于2014年设立，就像“孙冶方经济科学奖”是国内经济学界最高荣誉一样，“孙冶方金融创新奖”也称得上金融界的顶级奖项。听到这个消息，我觉得值得一试。在征得蒲总同意之后，我和张微林博士开始准备工作，并和基金会保持联系，随时获得进展情况，做好材料补充等各种准备。几个月后，终于等来了获奖的好消息，这也是中信集团有史以来第一次获得这个领域的至高荣誉。当年和蒲总一起获得第一届“孙冶方金融创新奖”的6人都是金融界重量级人士，包括时任中国人民银行行长周小川和副行长潘功胜。《解放土地》还被翻译成外文出版。工作站声誉因此提高，其他工作也得以顺利开展。而和我一起完成申报工作的张微林博士，在我们几年的合作中，各类申报几乎未曾失手，我一直戏称她是个“福将”。

此外，工作站集体创作的《论信托》和《PPP的中国逻辑》也先后出版，常常被业内人士当作礼品书赠送。我的新著《信托和契约精神》于2018年由商务印书馆出版，并获得中宣部主办的“中国好书”提名。

在风行全国的PPP领域，以周勤博士为主的政府与社会资本合作咨询团队，在PPP咨询项目实务操作及理论研究等方面都颇有建树。周勤博士累计进行了几十场、计几千人次的PPP业务培训，签约金额几千万元，使咨询公司迅速成为国内PPP领域知名咨询机构。

从2014年至今，工作站连续多年上榜《中国博士后工作年报》（国内记载博士后工作发展状况的最权威资料）。与此同时，《中国博士后工作年报》还分别以单页篇幅对周萍博士、周勤博士、范子英博士、刘鹏程博士、贺洋博士和周工博士等的科研工作成果，进行了详细介绍和充分肯定。

自建站以来，工作站的历次评估优秀率均高于全国平均优秀率，处于本地区优秀工作站的前列。工作站出站报告优秀率达80%以上。2015年，从全国2 000多家博士后工作站中脱颖而出，咨询公司博士后工作站被评为“全国优秀博士后科研工作站”。我本人作为时任执行站长也有幸荣获“2015年度优秀博士后管理工作者”称号，受到人力资源和社会保障部及全国博士后管理委员会的通报表扬。

十年树木，百年树人。2019 年，咨询公司博士后工作站也在不断探索实践中迎来了成立 10 周年。不忘初心，方得始终。作为高层次人才培养的“高地”，我们一定会主动作为、继续发力，为中信集团的人才梯队建设做出更多努力和贡献。

绿水青山引来“金凤凰”

中信集团办公厅[①] 张明成

2016年，我从西南边陲挂职结束回到集团总部，在红河哈尼族彝族自治州（简称红河州）政府两年的工作经历让我久久难忘。挂职期间，为落实党的十八大关于“全面建成小康社会”的战略目标，我经过艰苦努力，顺利实现中信银行昆明分行为红河州基础设施建设融资80.3亿元（弥勒泸西高速公路49.5亿元，红河棚改基金15亿元，鸡石高速租赁10亿元，红河水投5.8亿元）的目标。同时，我把握机遇、主动牵线，成功将日本高端度假酒店虹夕诺雅落地中信集团定点扶贫的元阳县，将这只“金凤凰”引入西南边陲这片绿水青山之中，为集团金融扶贫、产业扶贫贡献了绵薄之力。

与红河州的不解情缘

中信和红河州这个边疆少数民族地区的情缘始于1992年。中信公司根据国家政策要求，作为第一批中央国家机关和企事业单位代表成为红河州元阳县、屏边县定点挂钩帮扶单位。二十多年来，集团对红河州的发展始终高度重视，动真情，扶真贫，通过委派帮扶干部、提

① 作者写这篇文章时的职务为中信集团办公厅高级资深主管，现任中信云网有限公司副总经理。

供扶贫资金、扶持产业开发等一系列措施，帮助两县人民脱贫致富。荣毅仁老董事长曾为扶贫工作题词，王军、孔丹和常振明董事长等集团历任领导先后到红河州检查指导扶贫工作。截至2018年底，中信集团先后派驻挂职干部11人次，累计投入扶贫资金1.4亿余元，完成各类扶贫项目200多个，有力推动了地方社会经济的快速健康发展。

我与红河州的“故事”始于2009年底，当时我结束了两年的援藏任务，回到集团公益办接手定点扶贫工作。此后5年间，我跑遍了元阳、屏边两县大部分乡镇，与地方政府建立了良好的工作关系。2014年底，云南省委组织部发起组建“国家金融机构高端人才入滇服务团”，从国家金融机构抽调8人，赴云南8个沿边州市政府挂职，负责资金引进和招商工作，通过“招才引智”配合“滇桂沿边金融综合改革试验区”任务落地。我被安排到红河州挂职任州长助理，同时兼任“服务团”首任团长。

如何利用中央企业的综合优势，充分挖掘贫困地区的优势资源，培育特色产业，带动区域发展，促进群众脱贫致富，这是中信集团扶贫开发工作始终追求和不断尝试的创新之路。习近平总书记指出：“我们既要绿水青山，也要金山银山。”有人说，再华丽的辞藻，用来形容元阳那片土地，都显得苍白无力。哈尼族群众世世代代留下的梯田，是线条和色彩的五彩天堂，是光和影的美妙世界，梯田的日出日落美不胜收，云海造就的仙境更是让人流连忘返。2013年6月22日，第37届世界遗产大会将哈尼梯田列入世界遗产名录，其正式成为我国第45处世界遗产。而元阳县正是哈尼梯田的核心景区，绿水青山的自然环境、绚丽多彩的民俗文化、世界文化遗产的光环，众多优势汇聚在这片倍受上天眷顾之地，使其成为红河州最具开发价值的旅游资源之一。也正是中信和元阳的情缘，成就了元阳美好的未来！

元阳梯田云海美景

虹夕诺雅情定元阳

2015年8月30日，我从红河州政府所在地蒙自市驱车三个多小时赶到元阳县时，见到正在考察选址的中信证券国际原董事长德地立人、金石星野（北京）酒店管理公司总经理史洪恩，他俩满脚泥泞地从哈尼古村落——阿者科村走出来。这个村落是电影《无问西东》外景地之一。电影里陈鹏（黄晓明饰）带着王敏佳（章子怡饰）回到家乡阿者科村，住进了蘑菇房，和乡亲们在梯田插秧，展示了一幅惬意的田园生活画卷。美丽的梯田风光、古老的农耕文化、独特的民族风情，吸引日本友人来到元阳县，为日本百年家族企业——星野集团旗下的高端度假酒店虹夕诺雅酒店选址。

虹夕诺雅度假酒店是星野集团旗下顶级品牌，是不为大众所知的世界顶级奢华酒店。在这家酒店，日本明仁天皇邂逅了一生挚爱，英国著名摇滚乐手约翰·列侬和妻子大野洋子一吻定情，美国前总统克林顿以及比尔·盖茨、李嘉诚、马云等世界政要富商均为虹夕诺雅的忠实粉丝。这家酒店之所以受到全球精英人士的钟爱，除了在交通便捷性、住客私密性、日式服务、美食和文化体验等方面都具有超高标准以外，最为独特的是酒店对选址景观极为苛刻，其目标是在世界遗产区域内“打造一个不可复制的艺术品”。因此该酒店虽不参与星级评定，但整体标准远超过五星级酒店。

此次来元阳考察的金石星野公司是常振明董事长赴日本考察期间，由中信金石投资公司与日本星野集团合资成立的，目标是把日本高端度假酒店引入国内。而酒店能否落地的关键因素，是要评估目标选址的景观资源能否达到其一直以来的标准。史洪恩总经理此前无意中从航空杂志上看到元阳梯田图片，立即被壮美奇秀的景观吸引，认为这里可能成为虹夕诺雅选址的备选，于是他在微信朋友圈里开始遍寻有元阳县资源和关系的人。集团办公厅日语翻译谷亚东看到后，随即向他推荐了在红河州政府挂职的我。我得知此事后首先想到的是，如果这个酒店能够落地元阳县，不仅能够增加就业和税收，更重要的是吸引全球高端人士的到访和媒体关注，进而大幅度提高哈尼梯田的知名度和美誉度。在“注意力经济”“眼球经济”盛行的当下，这些正是贫困地区发展迫切需要的。

作为在红河州政府挂职的中信员工，我对双方的情况和需求都比较了解，为了项目更应该扮好协调人的角色。只有兼顾双方的利益和诉求，才能达成共识、形成合力。我一方面安排协调德地立人和史总一行赴元阳县考察选址，另一方面邀请红河州州长杨福生、常务副州长李扬以及州财政局、旅发委和招商局等领导共同会见考察团成员，表达州政府对此项目的大力支持。我把高端酒店对红河州、元阳县旅游产业发展的潜在价值，利用一切机会与时任元阳县委书记李维、县长和爱红以及红河州的领导们进行沟通和宣传，促使他们支持并提供项目落地的保障条件。同时，我也客观地向投资管理团队说明红河州旅游资源的价值及地方政府招商引资的态度和决心，增强他们对投资项目的信心。我用心用情地讲好红河故事，伴随着项目落地始终。

酒店定址水卜龙村

有句玩笑话道出真理，贫困地区是“捧着金饭碗到处要饭”。元阳梯田是哈尼族群众利用地势山形耕种上千年形成的自然和人文景观，是全球农耕文化的典型代表，也是国家湿地公园。区域内有老虎嘴、坝达和多依树 3 个标志性景点，同时有联合国相关机构和国家文物局划定的红线保护区和缓冲区。按照世界遗产保护的要求，红线内不得新建项目，而酒店选址要求有梯田景观，并且要做到推窗见景、伸手可及，同时还要兼顾到私密性和本地文化体验。因此新建酒店除了要建造在世界遗产红线外的周边区域，还要综合考虑梯田景观、交通因素和建设用地指标等因素，酒店选址面临诸多条件限制。

酒店投资管理团队——金石投资董事总经理周芊率队陆续考察了县政府推荐规划的几处选址，包括相邻的红河县撒玛坝等其他梯田区域，以及建水县、弥勒市等周边支撑旅游和文化体验的资源。考察团队每次行程都非常紧张，几次考察也没有选到符合要求的建设用地。从北京到元阳县哈尼梯田景区，最快也需要 12 个小时左右，往来不便，基于对我的信任，后期酒店选址的任务多数由我来协助完成。

酒店选址工作得到了“内援”——中信机电制造公司在元阳县新街镇水卜龙村挂职的第一书记韩智慧的及时帮助。他是按中组部要求选派的，集团党委组织部邵永生部长、杨恒辉副部长 2015 年 7 月亲自送到元阳的挂职干部。新街镇水卜龙村位于梯田景区周边，韩智慧同志就住在行政村村委会，对周边地形比较熟悉。有合适的土地，由他拍照片和视频给我。每到周末我就自己开车前往景区周边选地。我们俩徒步行进，穿村过寨，翻山越岭，几个月内跑遍了核心区周边的大部分区域，记不得看了多少片土地，但都没有选到特别合适的位置。

2016 年 4 月的一天，韩智慧来电告知，在水卜龙村有 23 亩规划的酒店建设用地，一家企业原计划在此地合作建设标准五星级酒店，但因资金出现问题迟迟未动工。我急忙赶到水卜龙村，一眼就看上了这块土地。正面是连绵成片的梯田，背后是一片原始森林，邻近老县城新街镇，交通便捷，兼顾私密性，在这里投资建设酒店真可谓天时地利人和。虽然土地面积较小，但在梯田景区红线边缘的酒店建设用地是非常稀缺的，于是我安排他每天早上拍摄景区的视频和照片。3 天后，韩书记用手机拍摄到了一段非常完美的梯田云海视频，我随即转发给了金石星野公司的史总。视频发送几天后，该公司高管团队就迅速前来元阳考察了现场，当即确定选择这块土地建设酒店。事后，史洪恩告诉我，星野集团 CEO 被这段梯田云海视频美景震撼，直接促成了酒店选址的快速决策。

2016 年 4 月 19 日，元阳哈尼虹夕诺雅酒店合作投资建设协议在红河州政府举行了简朴的签约仪式，时任元阳县县长和爱红和酒店管理公司总经理史洪恩签字。时任红河州政府代理州长李扬出席签字仪式。这位哈尼族优秀干部 2017 年在工作岗位上英年早逝，他对酒店项目的大力支持让我们铭记在心。

哈尼梯田上的天合之作

选好建设用地仅仅是第一步，项目签约后遇到的困难比我想象和预计的大得多。这块建设用地所有权此前在一家企业名下，价格商务

作者（后排右二）参加元阳哈尼虹夕诺雅酒店合作投资建设协议签约仪式

谈判过程充满了曲折。对方知道是知名金融机构操作这个项目，提出较高的转让条件。经过多轮谈判，最后还是李维书记亲自沟通，转让价格才谈判成功。好不容易把转让价格问题解决了，税收问题又来了。按照国家规定，土地转让需要缴纳增值税，这将会增加约 30% 的交易成本。政府部门从未操作过合理避税，还需要依靠业主和投资双方紧密配合。

我发挥在州政府工作的优势，多次召集州县两级国、地税部门协调会，协商研究出一个政府部门、投资方和业主方都能够接受的合理可行的避税交易方案。2016 年 12 月底，顺利办理完成土地出资、注册公司和股权整体转让等一系列手续，其中的过程和周折真是一言难尽。我需要协调县政府、工商税务等部门，以及土地业主方和投资管理团队。好不容易做通了一方的工作，另一方又不同意；一方同意这个条件，另一方又有新的想法和要求。办法总比困难多，虽经过周折，但结果还算圆满。

2017 年 4 月，虹夕诺雅酒店的“御用”建筑设计师东利惠女士、景观设计师长谷川浩己先生一行，来到元阳县第一次设计现场考察。他们将在哈尼梯田完成一个珠联璧合的天合之作，并将填补红河州世界文化遗产区域高端度假酒店的空白。我作为央企挂职干部，能够推动和促成这样一个世界级的顶级酒店落地在定点扶贫地区，是对地方经济发展、产业扶贫做出的一点贡献。

阿基米德说过：给我一个支点，我就能撬动整个地球。也许虹夕诺雅酒店就是撬动红河州旅游跨越式发展的一个支点。祈愿虹夕诺雅酒店这只“金凤凰”的“择桐而栖”，能够为红河州脱贫致富、为这片绿水青山孕育出灵秀之地，早日带来希望和曙光，谱写中信集团在南疆地区扶贫攻坚的新篇章。

中信上市"GLORY[1]"之战

中信集团董事会办公室主任助理　徐　京

"同志们，开弓没有回头箭！"回首2014年1月，常振明董事长向集团全体成员吹响中信股份整体上市的号角，已过去5年，那200多天的鏖战依然历历在目。集团领导敢为天下先的果断与魄力，全集团上下齐心协力、拧成一股绳的战斗力，同事们全力以赴、敢拼敢打的执行力，创造了国企在境外上市的新模式，也创造了资本市场上的多个第一[2]，更是真金白银为国家贡献了500亿人民币，在中信的奋斗史上，画出了浓墨重彩的一笔。

在中信成立40周年之际，作为"GLORY"项目的参与者，我有幸整理摘取那场光荣之战的片段，献给当年并肩战斗的兄弟姐妹，纪念我们不负的时光。

敢为人先，方案匠心独运

整体上市是中信集团成立30年之后，面对新形势、新挑战时，引入社会资本、解决发展瓶颈、寻求战略转型的迫切需要，也是中信几

① 中信股份整体上市项目被称为"GLORY"项目，GLORY即光荣之意。

② 中信股份整体上市创造了当时香港有史以来最大规模的并购交易，香港市场最大规模的上市公司定向配售，中资企业最大的跨境并购交易。

常振明董事长为中信股份整体上市鸣锣

代领导的心愿。之前的种种尝试，总因各种原因搁浅。2010 年 7 月，中信集团进行改制，目标很明确，就是整体上市。

2011 年 12 月，集团完成改制，按照《公司法》的要求搭建完成“三会一层”（股东会、董事会、监事会和管理层）法人治理结构，董事会办公室也应运而生。在集团改制后期，常振明董事长特地将曾执掌两大证券公司（中信证券、中信建投证券）、上市经验丰富的张佑君调至集团组建董事会办公室，并成为第一任主任；安排来自财政部、曾在世界银行工作多年、国际经验丰富的唐臻怡担任副主任；我们各处负责人则是从中信不同业务领域，通过集团的岗位竞聘汇聚到这里。大家都期待着能参与到这一具有里程碑意义的大工程中来。部门领导带领我们董办团队从法律合规、公司治理、信息披露等多个维度梳理公司制度，建立系统，提升业务水平，向上市公司的标准靠拢，甚至在工作语言上都给大家订立了要求——尽量使用英语[①]。每个人都在加速学习，为随时而来的硬仗积蓄力量。但两年过去了，董事长的发令枪却迟迟没有打响。

其实，2013 年春节过后，在常振明董事长、居伟民副总经理的带领下，张佑君、唐臻怡与财务顾问（中信证券四位同事邱志千、刘哲、李雨修、吴昊）已组成前期工作小组，进入了高度保密的方案准备中。2013 年以来，国际国内市场一片低迷，香港数单 IPO 项目都因认购不足而折戟。按照中信的体量，上市的融资规模是巨大的，对市场资金将造成极大的冲击，万一出现认购不足，上市大计将会遭遇不测。

传统的 IPO 之路阻力太大，走不通，怎么办？可以借壳呀！还是运筹帷幄的总指挥——常振明董事长指明了道路。中信集团控股的中信泰富是地道的香港本地公司，上市多年，公司质地优良，管理规范，只是近年受经营周期以及澳洲铁矿资产问题所累，股价一直低迷，此时正好是借壳上市不可多得的良机。通过将中信股份资产注入中信泰富，能稀释中信澳矿资产对上市公司股价的影响，增强上市公司经营实力和投资者信心，有助于解决上市公司股价持续低迷的问题。

大方向有了，但最终确定方案还需要严格的论证和推导，毕竟这么大规模的国企以借壳方式在境外上市，是前所未见的，多少难点需要解决啊！

为了敲定每个技术细节，在将近一年的时间里，六人工作小组从财务、法律、业务、组织结构、监管要求、市场影响、股东回报等各个角度进行分析，以各种假设条件对多种方案进行了数百次测算、比较，撰写了数十份方案论证。一旦遇到绕不过去的关卡，向常总汇报时，

① 中信在境内 A 股已有多家上市公司，在境内母子公司不能同时上市。而其他国家的上市地，如美国、英国等，存在不够熟悉中信资产以及合规成本的问题等，因此在香港上市成为必然选择，英语也将成为重要工作语言。

总能得到爽快的回答："这事我来解决！"

有了集团领导做坚强后盾，经过千锤百炼，上市方案终于打磨出来。中信泰富以股票和现金方式，从中信集团购买中信股份100%的股权，其中现金部分以中信泰富向市场同步配售股票的方式募集。整体交易完成后，中信集团对中信泰富的持股比例不低于75%。

这一方案满足了各方的诉求：中信集团通过资产注入，获得了现金对价，兑现了国有资产的收益，保持了对整体资产的控股权；中信股份实现了整体上市，且保留了境内主体的内资待遇，可确保旗下的境内业务不受影响；对于上市公司来说，集团的注资大大增强了其盈利能力、财务实力和市场地位，既有利于未来业务的发展，也能保护中小股东的利益；而对于参与配售的投资者来说，资产对价颇具吸引力，具有相当的升值空间。从宏观上说，通过整体注入的方式上市，中信将迁册为香港公司，可用更加灵活多样的手段参与国际资本运作，这无异于为中信的"二次创业"打造出一个新的平台！

与此同时，2013年11月，《中共中央关于全面深化改革若干重大问题的决定》出台，明确提出要"积极发展混合所有制经济"。中信的出海上市，获得境外资本的支持，不正符合"国有资本、集体资本、非公有资本等交叉持股、相互融合的混合所有制经济"模式嘛！在项目总结时，我们给国务院的报告中也写道："上市方案是深化国企改革及进一步扩大我国对外开放的有益尝试……能为中国企业'走出去'探索一条新路"。

的确，中信一向敢于走新路，这是从创始人荣毅仁老董事长那一代中信人传承下来的企业家精神。40年来，中信在中国企业发展史上书写下的赫赫战功，都是靠"敢为人先"的精神拼搏开拓出来的。事实证明，中信这次的尝试又成功了。上市方案最终昭示天下时，引起了市场的热烈反响。多家媒体在长篇报道中用了"匠心独运"

这个词。

众志成城，拿下海量尽调

2014年1月，在集团工作会上，常振明董事长宣布中信整体上市工作正式启动。由于上市方案还处于严格保密阶段，大家都认为中信会采取IPO的形式，只有我们知道时间表的紧迫性——董事长在内部启动会上已明确"GLORY"项目务必要在当年8月底完成。军令如山，董事长动员的话音刚落，我们马不停蹄地向各公司发出了审计、评估、业务、法律等内容的尽职调查清单，明确提出工作要求、流程及时限。如此争分夺秒，是因为我们深知，要将集团六万多亿、涉及五六十个细分行业的总资产梳理清楚，并符合境外上市条件，复杂性不言而喻，其中蕴含的巨大工作量也可想而知。

但此次，集团排出了最"豪华"的阵容，常振明董事长、王炯总经理等集团党委成员任上市领导小组成员。董事长亲任组长，对上市过程中的重大事项进行决策，并要求集团各职能部门与一级子公司建立"一把手负责制"。正是领导们的身先士卒，鼓舞了全集团的力量，从上到下，所有部门、子公司都被调动起来，施展最大的能量为上市备战。

上市领导小组是总指挥部，每周召开两次重大专题会议，及时讨论、解决上市工作中出现的问题。董办成为上市工作小组中的中枢部门，是领导层、各部门及子公司、中介和外部监管机构、投资者沟通的枢纽，负责执行、协调、安排上市所有工作。我们与其他职能部门及中信泰富专职人员40余人，和项目财务顾问一起，成立了10个专项工作小组，统一思想、明确目标、细化方案、责任到人。每日召开工作例会，由相关各专题项目组、中介机构参加，汇报各自进展情况及难点、受阻因素，当场分析问题，督促推进，严格落实项目时间表。

从“GLORY”项目正式启动开始，每天一大早，由各部门和中介联合组成的各个工作小组就开始轮番召开讨论会。人来人往，占满了京城大厦9层（董办所在地点）大大小小的会议室，涉及大量与各部门、机构间的协调工作和文件往来。每天从早到晚，同事们办公桌上的电话声此起彼伏，案头上的文件堆积如山，每人走起路来都是一阵小跑，说起话来都好像开机关枪，生怕稍一懈怠就耽搁了工夫。

为了赶时间，“GLORY”项目需要集团各部门、子公司的协同配合，大家都深知重任在肩，始终严阵以待。董办将100多页的尽职调查清单发给各部门和子公司，要求在两个星期之内反馈。各子公司快速反应，2014年春节前夕，大批原始资料如雪片般从全国各地寄了过来。大年三十当天下午6点，上海中信兴业集团的代表还亲自送来了整整两大箱文件。为了配合中介团队能以最快的速度梳理这些纸质版资料，董办团队在春节期间轮流来公司资料室值班。大年初四，核心小组成员就已上班，紧锣密鼓部署下一步工作。

中信等待上市已经太久，值此关键时刻，集团上下只有一个念头：拼了！不拼不行啊！硕大的一张时间表贴在会议室，贴在每一个人的办公桌上，密密麻麻排满了任务：2月22日完成尽职调查；3月31日出具审计报告；4月5日出具评估报告；4月15日发布董事会公告；5月19日发布股东通函……

如此紧凑的时间表，让各中介也是压力山大。他们派出庞大阵容，使出浑身解数，夜以继日、加班加点地工作。

不仅是时间问题，工作节奏也一样重要。为了在短时间内完成上市的宏伟计划，错综复杂的工作流程既互相交织又互为条件，比如股权结构调整的安排，集团层面的内部决策与上级主管部门审批时间的衔接，港股公告与债权人公告的衔接，投资者配售的时间安排，等等。简单说，每件事都是早不得，晚不得，必须踩对点，环环相扣，不能有半步差池，否则就会造成严重问题。这是智力和体力的双重挑战，每个人都恨不得投入百分之二百的能量。

在全集团上下的共同努力下，我们用两周时间完成了 1 500 多家各级子公司企业数据库信息及资料收集工作；用三周时间完成了 1 000 多家各级子公司的尽职调查资料收集工作，整理了包括财务与会计、组织架构与业务板块、行业情况与竞争状况、业务与技术、战略与未来、股利分配、风险因素、历史沿革、业务资质、重大合同、知识产权、管理层与雇员、诉讼仲裁、税务、土地房产、环境保护等完整材料上千卷；用三个多月的时间，最终形成了多达 700 余页的中英文版《通函》。当"沉甸甸的"《通函》上传到联交所网站的那一天，当中信这个"巨无霸"第一次展示在公众面前，王炯总经理也在第一时间慰问团队。聚餐时，他与每一位同事干杯，为在如此高强度、高压力状态下工作的团队鼓劲加油。

然而，就在集团上下一心、众志成城，为上市冲刺的关键时刻，危机悄然逼近，如万钧雷霆，几乎使所有的辛苦付诸东流。

千钧一发，智谋入股价格

资本市场的魅力就在于它变化诡谲，让人难以捉摸，看似风平浪静，实则暗流涌动。

中信泰富的股价近两年一直在 10 港元上下的低位徘徊，按 PB(平均市净率)计算，股价只有 0.4 倍左右。由于中信泰富股价低，集团可以在资产注入之后获得较高的股比，为以后的资本运作留出有利空间。而且集团注入资产质地优良，对股价的提升作用也比较明显，能使所有的股东享受到二级市场增值红利。这样我们的方案就更容易获得原股东和新股东的支持。

中信泰富股价如能风平浪静，必将给我们紧张的工作留出宝贵时间。为了保护市场不受影响，也是出于合规性要求，我们要求各参与方严格保密。张佑君主任更是不敢放松警惕，每天随时盯紧大盘滚动。他的办公室也如交易室一般，四个电脑大屏占满办公桌面。

异常情况还是出现了。2014 年伊始，恒生指数一改往日的温和，突然急转而下。正值新春佳节期间，几天之内狂泻 1 300 多点，中信泰富也未能幸免，股价直跌到 9.35 港元。随后几天大盘虽略有提升，可仍是动能不足，撑到 3 月 6 日，恒生指数再次开始连续 10 日暴跌，直接击穿上轮谷底。可这次，中信泰富的股价并未随大势而动，却是连连上涨，不仅回补了之前的跌幅，更是屡次放量，直奔 12 港元而去。

港股与 A 股不同，不仅可以建仓多头，还可以做空头。如果投机分子利用市场消息先哄抬股价，将集团的入股价格锁在高位上，再以空头狙击，使股价从高位暴跌，将使后续的配售完全无法进行，整盘交易前功尽弃。即使不做空头，仅仅是哄抬股价，也会使得外部投资者的入股成本极高。这样的配售对投资者们还有什么吸引力呢？资本市场已亮出利剑，而我们还没准备好战斗武器！

按照工作进度，原定 4 月 15 日是公告时间，届时将召开董事会，并根据市场价格锁定集团入股价格。可现在还有一个月的时间，上涨趋势如果持续下去，股价很可能超越集团入股价位的心理上限。但如果现在提前开董事会并公告，很多材料尚不具备公开披露的条件。

张佑君主任立刻将此情况向领导小组汇报，常振明董事长指示，“做好一切准备”。

周末，我们与各中介的核心成员再次聚集到不透风的小会议室，开始讨论对策。如果现在公告有什么后果？公告应该如何表述？是否符合联交所规定和市场惯例？与后续的董事会和股东大会公告如何衔接？配售价格如果与集团入股价格不一致应该如何处理？所有以前反复推敲过的问题，由于出现了新情况，都要重新推导一遍，直到对每种可能出现的情况都做出详细可行的应对方案。短短两天工夫，所有临时停牌文件全部准备到位。我们就像荷枪实弹的猎人，做好埋伏，就等市场伺机而动的那一刻。

新的一周开始，风平浪静。

等到第二周周一，3月24日，股价开盘12.10港元，随后接连几个大单买入，瞬间飙升到12.72港元。张佑君主任马上拿出最新的股价测算表直奔常振明董事长办公室，一会儿居伟民副总经理也来了。办公室里气氛凝重，所有人都紧紧盯着表上的几排数据：停牌价格、入股价格、溢价率。

由于本次交易需要取得中信泰富小股东的同意，为了体现集团入股诚意，保护小股东利益，按照惯例，入股价格应该在停牌价格前10至20日均价基础上溢价10%～15%。也就是说，即使在当前股价下停牌，集团的入股成本已经超过中信泰富一年以来的最高价。

股价走势线再次向右上方延伸了一点，盘口显示在更高的价位上挂出了巨额卖单。千钧一发！常振明董事长抓起电话通知中信泰富公司秘书蔡永基：“停牌！”

股价停在了12.66港元，随后，领导们立刻确定了13.48港元作为集团的入股价格，也将成为市场投资者的配售价格。公告复牌后，中信泰富的股价一直围绕这个价格反复波动。股东大会顺利通过注资方案后，市场上的空头渐渐消失。

捷报频传，倾力配售路演

方案一经公告，就引起了市场的热烈反响。境内外媒体对中信进行长篇报道，“中信”的字样出现在各财经媒体的头版头条。

但是接下来的配售过程又将面临重大难题。如果市场配售金额没有达到300亿港币，即不满足上市公司最低公众股比15%，交易将面临失败。

当时的市场环境较为恶劣，大量资金从香港等新兴地区回流至欧美经济体，香港市场的投资者态度日趋谨慎。同时，对中信巨大资产规模和多领域发展的理解都存在难度。投资银行分析师需要在很短的时间内对厚达700多页的《通函》公告快速消化吸收，难免“囫囵吞枣”，估值时比较保守，给予的目标价折扣较大。这些都影响了投资人参与配售的意愿。

面对困难与瞬息万变的市场，常振明董事长果断决定，突破常规进行配售安排，通过“多次、分批”配售安排逐步锁定投资者，提升市场信心，缓解配售压力；提前公告并与投资者沟通，为6月中信泰富年度股东大会召开前满足最低认购股比，争取更多时间和价格空间。

根据董事长指示，我们抓紧细化配售策略和安排。

作为中信股份登陆资本市场的第一次正式对外推介，向投资者传递中信股份投资价值、讲好中信故事，就成为上市成败的关键。境内投资者还比较熟悉中信，但对欧美的境外投资者，如何用他们能听得懂的语言和逻辑去讲述中信，说服其购买一个六万亿资产、涵盖五十多个行业、包括十余家上市公司的综合性企业集团的股份，这确实是个难题。

其实，上市启动之初，常振明董事长就在思考着如何破解这个难题，组织了多次专题会议，包括召集中信各金融机构投资“大咖”的头脑风暴会议，研磨中信投资故事和未来战略规划，并形成了“投资中信就是投资中国”“国企改革先锋”等独特核心理念。

工作团队则围绕这些理念，准备路演PPT和QA(问题及答疑)。从中国宏观经济分析，到中信各行各业的估值分析；从尽调时对上千家公司的业务梳理中挖掘亮点，到对标同类企业，阐述各项业务的发展前景，反复论证研究，同时不断将投资者们的反馈更新至材料中。

前后准备了多达上千个问题的QA材料和更新了上百稿的路演PPT。

正式路演从4月份开始，分成境内和境外两部分，工作团队也分成红、蓝、橙三队。我们对潜在投资者画像和分类，稳妥有序扩大投资者沟通范围。与投资者沟通时，依然是采取重要战略客户一盯一的策略，借助财务顾问的估值模型，积极引导市场对中信的估值分析。在重点投资者沟通方面，采取领导层面先沟通定调，工作层面跟进夯实的策略，提高沟通效率。我们组织安排重点战略投资者和有关投资团队进场对集团业务进行尽职调查，对集团领导、职能部门及重点子公司领导进行访谈，参与认购协议的磋商；每日都对配售工作总结和向领导小组报告，保持各参与方的及时沟通和步调一致；与中介机构不断更新、充实和完善投资者问答，并根据与投资者互动情况做必要及时的调整……

境内路演在北京、上海、深圳等地举行，覆盖境内大型企业集团、金融机构、民营企业和地方政府投资平台等约50家重点投资者。境外路演在香港、伦敦、中东和美国四地进行，覆盖主权基金、长线基金和对冲基金等约60家重点投资者。

常振明董事长、王炯总经理等集团领导亲自上阵，牵头推动国内的重要投资者，境外路演也亲自带队。

境外路演都是紧凑忙碌，马不停蹄。每天有多达七八家投资者会面，有时甚至从早餐就开始。王炯总经理带队英国路演，利用飞机上的休息时间，还认真阅读路演资料，对于表述有误或不够清晰的地方，与工作人员仔细讨论、推敲，确认每一个细节。他安排的路演日程表，从早上8：30就开始。面对一拨儿接一拨儿的投资者，他根本顾不上休息。特别是在午餐会上，其他工作人员都可以用餐，只有王炯总经理作为主讲人，要在饥肠辘辘的情况下，滔滔不绝地回答投资人的问题。投资人从不同视角、不同观点提出犀利的问题，许多超出了我们的准备范围。开始时我们还为领导捏把汗，但成竹在胸的炯总对每家公司如数家珍，侃侃而谈。大到国家战略、经济形势，小到中信戴卡轮毂的制造流程、工艺，他悉数解答一个个难题，兴起时还给外国投资者讲起中信的创业史。总经理的大将风范为严肃的会场注入了中国温度，获得投资者的认可，唤起了认购意愿。

经过多方努力，我们终于拿到了第一批包括社保中心、外管局、美国友邦保险公司、卡塔尔投资局等 15 家境内外机构投资者的认购，不仅满足了监管要求，更是为市场、为上市公司注入了强心剂。

随后，第二批、第三批国内外投资者纷至沓来。最终，中信选定了 27 家投资者参与本次配售，其中除一些央企、国企外，还有民营企业、海外金融机构、跨国公司、投资基金、对冲基金、香港本地企业等，合计募集资金 530 亿港币。

接着，不少境外投资者跟集团签署了战略合作协议，如日本瑞穗银行、东京海上保险、卡塔尔投资局等，以及在 2015 年进一步增持股份的正大集团和伊藤忠商事。他们不仅看重中信的投资价值，也十分看重与中信在业务层面的战略合作，希望将中信作为其进一步拓展中国市场的战略合作伙伴。

如果说方案刚公告时，市场对如此大规模的交易能否顺利完成还有些许疑虑的话，当这 27 家投资者的名字在两个月内分三批公告出来，质疑声消失了。我们的股东、投资者、同行、市场评论员和媒体舆论纷纷发出正面的声音。

2014 年 9 月 1 日，当常振明董事长在联交所敲响了胜利之锣的那一刻，0267.HK 正式更名为“中国中信股份有限公司”。境内外多家媒体纷纷报道，对中信敢于首创以借壳模式实现海外上市的勇气感到崇敬；对中信能够在市场普遍低迷的时机成功获得巨额融资的实力感到钦佩；对中信完全依靠自身力量，在没有引入任何外资投行的情况下，

工作人员欢庆中信股份整体上市

短短几个月内操办出一台世界关注的资本大戏的超凡执行力感到赞叹！

“上市不是结束，而是新的开始。”常振明董事长在香江之畔庆功晚宴上的话语，犹在耳畔回响。五年前，中信通过香港这个国际化平台在国际市场迈出重要一步，锻炼了一批敢打硬仗、能打胜仗的队伍。今天，我们这些亲历上市项目的中信人，在回味这场光荣的奋斗经历时，也将牢记梦想，为中信事业的再次扬帆起航助添新的力量。

（本文部分内容根据张佑君同志的口述整理，中信证券吴昊同志对本文亦有贡献。）

共生共享创建品牌新基因

中信集团董事会办公室主任助理　刘　广

2018年4月3日，对于中信集团品牌而言是具有特殊意义的一天。在集团品牌管理委员会领导和品牌办全体同志的努力下，中信集团正式召开全新品牌理念发布会。集团领导、股权董事、职能部门和子公司负责人以及50多家合作伙伴代表应邀出席活动，常振明董事长与全国工商联负责人以及泰国正大、中国建筑、百度等合作伙伴的负责人一道，畅谈中信未来发展，分享共生共享理念和感悟，为公众、中信广大职工和合作伙伴带来全新的中信形象和一场思想的盛宴。

发布会的由来

这是中信集团成立近40年来首次对外发布品牌理念。作为活动的组织者和亲历者，我清晰地记得发布会的盛况。发布会取得圆满成功，随即在集团内部和社会上引发热烈讨论和关注。集团企业号和几十家子公司组成的新媒体矩阵发挥巨大传播力量的同时，新华社、人民网等多个国家级媒体也对发布会进行了现场采访和报道，众多新闻媒体对活动信息进行了转载，新闻稿件累计发布500多篇。中信品牌形象得到了广泛的传播和展示。

以往央企极少举办品牌发布会，这也体现出集团对维护中信品牌

中信集团举办品牌主张发布会

形象的高度重视。常振明董事长多次表示，品牌是中信最为宝贵的资产。集团品牌战略项目启动时，核心议题只是如何开展集团品牌建设。当时我们只感到集团品牌主要问题是形象不够清晰，品牌使用有待规范，品牌定位需更加明确，品牌架构还需完善，集团未来需要建立一整套品牌管理体系，把中信品牌用好和维护好。但随着对品牌认知的深入，我们认识到中信品牌理念对于凝聚共识、强化合力，推进集团在新时代的改革发展具有重要意义，需要作为一项战略性资产用心经营，更需要广而告之，进一步强化集团上下的品牌意识。于是我们会同办公厅、企业文化部等部门艰苦奋战，历经数月共同筹备了这样一场品牌发布会，让中信全新品牌理念公开亮相。

常振明董事长在中信集团品牌主张发布会上阐述中信未来发展战略

理念引领战略转型

中信推出全新的品牌理念，其背后则体现出集团在新时代环境下战略转型的思考和方向。常振明董事长在发布会上表示，中信是一家以传统产业为主的企业集团，希望通过品牌理念的提炼和践行，更好地推进集团的数字化转型。

我从常振明董事长的讲话中深切感受到集团对转型的强烈愿望。转型战略是集团从可持续发展高度做出的重大决策，其重要意义可以从董事长经常提及的一句话看出，“作为集团党委书记和董事长，我主要关心两件事，一个是集团党建工作，另一个是集团的‘互联网 + 转型’战略”。集团在 2017 年围绕“互联网 + 转型”战略主题，创纪录组织了 3 次党委中心组（扩大）会议开展专题学习，先后邀请中国工程院院士郛贺铨、清华大学互联网产业研究院院长朱岩教授等授课，为集团转型提供思想和理论支持。2016 年 8 月，集团召开了“互联网 + 转型”战略发布会，明确提出要拥抱互联网的思维和技术，重构组织模式和商业模式，将集团打造成科技驱动和数据驱动的平台型企业。

品牌建设必须为企业发展战略服务。所以，当我们制定品牌理念时，围绕的核心就是集团发展战略。外部顾问公司团队开始参与集团品牌相关工作后，也对“互联网 + 转型”战略极为关注。通过深入研究，他们在提案时提出了“价值共生体”（后来逐步改成了“共生共享”）的定位建议。当时我有点担忧，感觉这样的定位略显超前，与中信的现实还有一定的距离。但品牌顾问认为，品牌定位应该将企业的昨天、今天和明天都要充分考虑进去，甚至要把明天考虑得更多，面向未来的权重要更大。事实也证明我的担忧是多余的，经过两年多的发展，美好生活“优享 +”“中信云”等平台都已经陆续落地，创建出美好生活、智慧金融、数字智造、精准农业、健康生命五大生态，与阿里云、腾讯、高伟达、亚信科技等 70 多家知名的互联网科技企业实现合作，共生共享的理念得到了有力践行。全新的品牌理念扣准了时代脉搏，前瞻性地阐释了集团全新发展战略，体现了品牌理念来自战略并服务于战略的“初心”。

唯有共生共享，才能共创新可能

共生共享理念的出炉并非易事。在征集集团内部员工意见时，“多元”“创新”“诚信”“引领”等热词出现频率较高，显示大家对集团品牌定位已有“成见”。我们当时向分管品牌工作的集团新闻发言人蒲坚副总经理汇报时，他强调，根据集团综合经营的特点，品牌定位一定要上升到理念层面，要具有应有的高度。经过多次研讨，我们“磨”出了共生共享的理念。最初来自生物界、后来延伸到社会科学领域的

“共生”一词，我们认为具有丰富深刻的哲学内涵，也符合国家要求和公司未来的发展。蒲总听后表示：“你们能想到‘共生’两字，说明你们是下了功夫。”我看到蒲总的办公桌上放了一本书，黑色的封皮上书名赫然是“新共生思想”，作者正是当时日本建筑界共生思想的代表性人物之一——著名建筑设计师黑川纪章。日本建筑学界基于本国传统文化和近现代西方哲学思想，以多样化方式将共生思想嵌入建筑设计中，强调人与自然、现代与传统、东方与西方、局部与整体等的共生，充满了辩证唯物主义和人文主义色彩。在领导鼓励、外部专业团队的支持下，我们经过反复讨论，认为除了“共生”，中信各业务板块乃至外部合作伙伴都应该也都有权利享受“共生”的成果，实现共同发展。于是经过反复思考，我们提出了“共生共享”的品牌定位。

首先，我们感到“共生共享”充满了强烈的时代色彩。无论是国家五大发展理念，还是习近平总书记提出的构建人类命运共同体，共生共享理念都与之高度契合。粗略统计，党的十八大以来习总书记至少有 18 次提到了共同体或共享的相关表述。中信集团作为一家央企，理应成为这一理念的积极践行者、倡导者和引领者。

其次，共生共享的理念与中信多元发展的特征比较契合。多年来，集团已经将协同作为一种基本的商业模式进行推广，对内强化组织架构和制度设计，对外与三十余家境内外企业集团和二十余个省市政府、国家部委签署了战略合作协议。《财经》杂志执行主编何刚对中信的协同成果印象深刻，他认为中信战略合作伙伴“朋友圈”多元特色明显，既有中国建筑、中国人寿等央企，也有腾讯等互联网企业，还有泰国正大集团和日本伊藤忠商事这样的大型境外企业集团。

品牌发布会举办几个月后，北京大学国家发展研究院陈春花教授著作《共生》出版，强调面对充满不确定性的未来，企业要建设共生型组织。开放边界、共生成长是未来领先企业的核心特征，这一理念和思想印证了中信集团品牌定位方向的正确性和前瞻性。

随后，我们开始围绕品牌定位提炼品牌标识语。经过分析，创造无限可能最能打动各类品牌利益方，因此在这一方向下提炼了“共创新可能”的品牌标识语用于传播。因为共生共享，所以共创新可能，由此成为品牌定位和品牌标识语之间的基本逻辑。

践行品牌理念在路上

集团副董事长兼总经理王炯同志在品牌发布会后接受媒体专访时强调，集团品牌理念发布只是开始，更重要的是要去积极践行这一理念。在实际工作中，集团各板块也早已开始践行推进。

集团大部分子公司在经营理念上与“共生共享”定位一脉相承。中信信托提炼了“利他在前、利己在后”“金融普惠、资本民享”的核心价值观，中信银行定位为“有温度的银行”，中信保诚人寿品牌标识语为“聆听所至，信诚所在”。这些都是为了拉近与客户的心灵距离，体现了企业与客户共生共享的内涵。中信建设近年来整合国内优质资源，共同到海外去获取超大型项目，打造了“中信联合舰队”的商业模式，带动了国内大量的产能出口，推动了当地经济社会发展，实现了多方共生共享。2018 年 9 月，中信集团正式推出的美好生活“优享 +”互联网生态平台，整合了集团内外的优质消费资源，既为平台用户提供多样化、智能化的消费场景，也为平台商户提供更多的数据支持和客户资源。截至 2018 年底，平台注册用户数已突破 1 000 万人。

集团品牌管理组织的演变也是共生共享的过程。最初成立了由新闻发言人领导的集团新闻宣传联席工作小组，其主要任务是加强新闻宣传和声誉风险管理。2015 年，根据当时分管品牌工作的蒲坚副总经理的指示，集团在原来新闻宣传联席工作小组基础上成立了品牌管理委员会，加强了对集团品牌管理的统一领导，战略发展部、企业文化部、法律合规部、人力资源部、业务协同部和投资者关系部等部门悉数加入，大家在此共创品牌，共享智慧。

品牌理念从酝酿到发布，也是践行共生共享理念的过程。2016 年，集团品牌办对内开展品牌口号征集活动，得到中信员工的积极响应。在筹备品牌发布会短短一个月的时间里，各部门充分协同，办公厅、业务协同部、企业文化部、信息技术管理部、工会、法律合规部等部门全力投入，共同让一台高质量的品牌发布会如期呈现。中信银行、中信泰富特钢等子公司也出人出力，积极参与。集团领导对品牌发布会给予大力支持。常振明董事长在繁忙工作中还到现场观看彩排。王炯总经理对品牌发布会做出指示，要求我们解放思想，打破成规，不要自说自唱，要让外人去评说。这些指导不仅是鼓舞，更提升了我们的工作层次。董事会办公室王康主任也承上启下，内引外联，为发布会争取到大量的资源支持。

一场品牌发布会的孕育和诞生，一个理念的发展和成熟，乃至一家企业的崛起和兴盛，都能感受到“共生共享”思维光芒的闪烁。在全新的时代，我深刻地感悟到唯有合力前行，方能行进致远。中信品牌是中信人 40 年来以筚路蓝缕、敢为天下先的精神孕育和积累出来的珍贵资产。中信成立 40 年后的今天，我们将与全体中信人一同共创更多新可能。

传承历史　守正出新

——中信监事会的发展历程

中信集团监事会办公室主任　徐　翔

在中信集团成立40周年之际，我作为公司股东代表监事兼监事会办公室主任，接到《我与中信》编委会的约稿，深感荣幸且责任重大。为此，我翻阅、查找了公司很多历史资料，拜访了公司一些老领导和监事，回顾和梳理了公司监事会工作，从法人治理的角度发掘整理公司历史。这些工作对进一步研究探索国有企业监事会制度和模式非常有意义。

中信监事会的历史沿革

中信公司监事会成立于1987年，是公司法人治理结构的重要组成部分，设首席监事、副首席监事各一名，监事若干。经国务院任命，毕际昌为首席监事，王兼士为副首席监事。伴随着国家以及中信公司的改革发展，中信监事会几经调整变化。2002年，国务院向中信公司派驻监事会，外派监事会成员主要由国家财政部、人民银行、银监会、证监会选调人员组成，蔡锷生、车迎新、丁仲篪先后担任过监事会主席。2011年底，中信集团完成改制，中信集团和中信股份（未上市）分别设立了监事会。中信监事会由外派再次转为内设监督机构，第一任监事长为朱小黄。2014年8月，中信股份在香港整体上市，中信集团、中国中信有限公司（原中信股份）两层机构保留了监事会，现任监事长为蔡华相。

中信监事会的发展变迁是国有企业监事会制度改革发展的一个缩影。虽然经历了由内设到外派再到内设的几次调整，但是中信监事会始终履行着法律赋予的监督职责，秉承着中信的创新精神，不断探索，守正出新，逐步形成了有中信特色的监事会工作模式，为推动中信持续健康发展，发挥了不可替代的作用。对此我深感自豪，借此机会，把中信历届监事会做出的努力和贡献分享给大家。

开创国有企业监事会制度先河

中信公司作为国家的经济改革试点和对外开放窗口，在许多业务领域创下第一，同时也在公司法人治理方面开拓创新。我采访了1983年加入中信的常振明董事长。他回忆道："中信公司成立之初，荣毅仁老董事长高瞻远瞩，聘请美、德、日等国政府前高官及部分世界500强企业总裁为咨询顾问，借鉴大陆法系国家现代企业的法人治理结构和理念，于1979年设立董事会，1987年设立监事会。"公司董事会做决策，高管层管经营，监事会来监督，形成所有者对经营者的监督制衡机制。这是我国国有企业法人治理结构最早的尝试和实验。1987年，公司章程明确了监事会的职责：负责监察公司贯彻国家法律、法规和方针、政策以及执行公司经营方针的情况，审查公司年度决算报表，就有关重大问题进行调查，提出处理意见。当时的中信监事会是公司法人治理的重要组成部分，公司首席监事和副首席监事都由国务院任命，开创国有企业监事会制度先河。

我国规范意义上的公司立法活动始于1980年初，历经13年，最终于1993年12月29日全国人大常委会第五次会议表决通过《中华人民共和国公司法》（简称《公司法》）。于此，新中国第一部《公司法》诞生了。《公司法》借鉴大陆法系国家法人治理制度的通用准则，结合我国国情和改革开放要求，吸收中信公司等企业的实践经验，确立了“三会一层”的法人治理结构。当时荣毅仁老董事长为全国人大常委会副委员长，参与了《公司法》的研究制定和审核表决的全过程。

采访过程中，常振明董事长还分享了他主导中国建设银行改制上市工作时，研究国有金融企业监事会制度的心得。他说：“国有企业监事会制度一直在不断探索、逐步完善。从2000年开始，国家对中信公司等15家国有重点金融机构推行外派监事会制度。2004年国家金融改革后，这些公司纷纷改制上市，监事会由外派转为内设监督机构。部分‘A+H’上市公司如中国建设银行等，既有监事会，也按照香港法律聘请了独立董事。”

中信股份在香港上市后，成为香港的红筹股，董事会聘请了独立董事，设立了执委会。中信集团监事长进入执委会，并担任执委会副主席，负有监督职责。由此可见，中信不仅在业务发展方面创造了很多第一，在建立和完善现代企业法人治理方面，也不断探索和创新，走在了时代前列。

探索中信特色监事会工作模式

我在中信工作近30年，大部分时间在人力资源部，原来对监事会工作了解不多。2016年，我调入中信监事会和监事会办公室（简称监办）工作之后，深深体会到监事会的责任重大。监事会履行《公司法》赋予的监督职责，需要检查公司财务，监督评价董事会、高管层及其成员的履职行为；关注公司的发展战略、体制机制、重大经营项目的实施进展情况等；对董事会提交股东的议案要提出自己的意见和建议；对公司债券发行、利润分配、财务决算等重大事项所涉及内容的真实性、准确性进行承诺，承担相应责任。

为了履行好监事职责，做好监办工作，我通过查阅历史资料，了解监事会发展历程，请教有经验的监事，学习借鉴国内大型企业监事会工作模式，逐步加深了对监事会工作的理解认识。《公司法》对各类企业监事会的职责做出了原则性规定，行业监管机构对商业银行、保险、证券等上市公司监事会的具体工作也有明确要求和指引，但是对于中信集团这样的大型综合性国有企业，还没有具体的工作指引。因此，中信监事会需要依据《公司法》，结合中信实际情况，不断探索适合自身特点的履职方式和工作体系。

中信公司自成立监事会以来，历届监事会积极探索，兼收并蓄，与时俱进，开拓创新，逐步形成了具有中信特色的监事会工作模式，不断加强自身建设，切实增强履职能力，为推动公司发展贡献力量。中信监事会工作模式归纳为两大职责和八种监督方式。两大职责是：财务监督和履职监督；八种监督方式是：列席公司重要会议（董事会、总经理办公会等）、召开监事会会议、座谈访谈及听取汇报、实地调研检查、问询质询、建立日常监督台账、督促整改、向股东报告监督情况。这样的工作模式，既能认真履行质询权和调查权，保持外派监事会监督独立性的优点，又能发挥内设监事会熟悉公司情况的优势，灵活有效地开展监督工作。

蔡华相同志担任监事长后，继承传统，务实创新，使监督工作上了新台阶。他高度重视监事会工作的制度化、流程化，把监事会重要工作方式列入公司相关规章制度，将需要监事会监督和监事签字的重大事项，嵌入公司相关工作流程中，使监督工作落到了实处。同时，他着力推动监事会履职监督工作形成闭环。监事会每年对董事会、高级管理层每一位成员建立个人履职档案、进行单独评价，形成正式报告文件、反馈履职评价报告、跟踪建议落实情况，形成了完整的监督

监事会正在议事表决（右二为作者）

工作闭环。监事会提交的履职评价报告得到中组部、财政部、银监会等部门的重视。

积极履行国有企业监事会监督职责

作为公司法人治理的重要组成部分，历届中信监事会始终按照国家深化国有企业改革的要求，积极履行监事会各项监督职责，为推动中信集团持续健康发展发挥积极作用。囿于文章篇幅，我只能选取几个例子，反映监事会部分工作成果。

推动党建写入章程，评价“一岗双责”情况。2016 年，习近平总书记在全国国有企业党的建设工作会议上的讲话发表后，为贯彻落实国企党建工作要求，监事会召开会议通过议案，建议董事会推动党建工作与公司治理深度融合，尽快将党的领导嵌入公司治理。在监事会的积极推动下，在董事会及有关部门的共同努力下，中信集团及时修订了公司章程，把党组织研究讨论作为董事会、管理层决策重大问题的前置程序，明确了党组织在公司法人治理结构中的法定地位。以往，监事会对董事和高管个人年度履职评价报告中，只评价开展经营管理工作情况。为了把党建工作与经营工作深度融合落到实处，监事会在履职评价报告中增加了董事和高管履行“一岗双责”情况的评价内容，以促进董事会、管理层对党建工作更加重视。

完善公司治理结构，推动中信集团配齐管理层。中信股份整体上市后，中信集团高管层没有设副总经理职位。为推动中信集团法人治理结构完善，监事会召开会议通过议案，建议中信集团董事会“进一步完善公司治理结构，积极与主管部门沟通，推动董事会配齐中信集团管理层”。同时，在中组部年终考核领导干部谈话和财政部来公司调研时，监事会也多次呼吁此事。在公司董事会及相关职能部门的积极努力下，国家批准了中信集团设立副总经理职位，并聘任相关人员，推动中信集团职能定位向国有资本控股平台转变，更好地履行国有企业的使命和职责。

提出公司业务“有限多元化”建议，督促低效无效资产处置。2010年，中信外派监事会曾在时任监事会主席丁仲篪的带领下，开展了集团业务的专题研究，梳理了中信集团四十多家一级子公司和五十多个行业。从2013年开始，林美芳、李增元、汪雪梅、窦洪权等监事继续对子公司进行实地调研、访谈座谈，最终形成公司业务有限多元化战略专题报告。2014年，经时任监事长朱小黄批准，向董事会、管理层提出“集团业务有限多元化、子公司专业化经营”和加快公司业务调整、整合的建议。常振明董事长、王炯总经理对监事会的工作很支持和重视，跟监事们座谈，听取监事们的意见和建议，部分建议被纳入公司发展规划和年度工作会议报告。2015—2017年，监事会连续3年在年度财务监督评价报告中，建议公司加快清理低效无效资产，推动业务转型，盘活存量资产，优选新增投资。2017年，蔡华相监事长在主持审计问

监事会办公室提交的专项调研报告

题整改工作期间，多次提出要加快清理低效无效资产，督促管理层制订了“处置低效无效资产三年攻坚战”计划。2018 年公司圆满完成当年处置任务。

深入调研新兴业务，提交专题研究报告。集团为了改变主要业务集中在传统、强周期行业的现状，逐步开展了现代农业、特种机器人、环保、养老等新兴业务。为了了解管理层贯彻公司战略情况，监事会多次调研新兴业务开展情况，并提出相关建议。其中，针对集团养老产业的发展情况，监事会形成专题调研报告，提出利用现有资源，加强行业研究、明确业务定位、完善顶层设计、探索发展路径、统筹推进养老业务的建议。

开展财务检查，推动完善财务总监委派制。财务监督是监事会主要职责。监事会非常关注公司年度预算执行和完成情况、重大投融资和资本性支出、重大项目建设和审计发现问题等情况。2015 年，时任监事长朱小黄带领监事会开展了对公司职能部门的专项财务检查。检查重点是公司 3 年内重大投融资项目、资本性支出情况和大额资金使用情况。监事会制作了检查工作底稿，形成了专项检查报告并提交董事长和总经理。公司高度重视监事会所提意见，修订完善了总部财务、业务管理制度，把投资项目立项审批举手制改为打分制，并建立了项目后评价机制。监事会持续关注公司推行财务总监委派制情况，积极收集资料、开展调研，通过组织召集子公司财务总监座谈会、发放调研问卷、定期听取汇报等方式，深入了解财务总监履职情况，研究财务总监委派制执行难点，提出修改建议和意见。在财务部、人力资源部的共同努力下，财务总监委派制顺利推行、不断完善，优化了公司财务内控体系，促进了公司健康发展。

2019 年是新中国成立 70 周年，中信集团成立 40 周年，中信监事会设立 32 周年。我在中信工作期间，有幸见证了中信集团改革发展、勇于创新的辉煌历史。今后，我将在监事长领导下，与各位监事一起，继承中信人实事求是、开拓创新、勤勉奋发的优良传统，守正出新，续写中信监事会的崭新篇章。

化解金融风险的“三大战役”

中信集团库务部　程潇逸

2019年，中信集团迎来成立40周年。40年来，公司栉风沐雨，突破层层藩篱，创造了一个又一个奇迹，“勇于创新　多作贡献”的信念也始终激励着一代代中信人开拓进取。加入中信两年以来，作为集团库务部融资管理处的一员，我参与了集团融资和化解金融风险的相关工作，其中“三大战役”让我记忆深刻。

决胜提升资本评级攻坚战

我所在部门的工作职责之一，就是保持和提升企业信用评级。企业评级越高，融资难度就会降低，融资成本也会减少。中信作为跨国企业集团，拥有境内外多家评级机构的评级，评级的变化将直接影响融资成本升降以及集团在资本市场的形象。随着国有企业市场化水平不断提升，世界各主要评级机构对我国国有企业的评级逐渐产生变化，不再以政府支持作为主要评级因素，而是更多地运用量化指标和财务模型，从经营和财务角度进行评估。因此，在每年接受评级机构信用评估时，我们都会通过定量和定性的角度与评级机构进行沟通。其中，与国际评级机构穆迪公司的沟通经历让我难忘。

2017年以来，国际评级机构不断发表对中国经济的负面报告，并下调中国主权评级。穆迪公司在2017年5月，时隔19年后首次下调中国主权评级，多家中国国有企业及其下属公司评级也被同时下调。在这种形势下，集团面临的评级下调压力可想而知，即将到来的穆迪信用评估会议无疑是一场“真刀真枪”的严峻考验。集团领导对此事极为重视，亲自提出拟与评级机构商议的问题。

在关键时刻，中信人展现出了上下一致、众志成城的凝聚力，任务一经下达就立即执行。我们开始研读穆迪近期所有报告，了解评级机构关注及担忧的问题，及时总结评级观点，并开始与穆迪逐一沟通其提出的评级问题，明确问题的含义，确保有效沟通。穆迪提出的问题广泛而尖锐，内容涉及集团不同板块及多家子公司。按照部门领导要求，我们分组各自承担材料收集、分类汇总任务，按照评级逻辑进行梳理，最终形成了全面的问答材料，供集团领导参考。同时为了取得更好的沟通效果，我们还为集团领导准备了强调事项材料，以体现集团对评级工作的重视，便于穆迪更加深刻地了解集团经营和财务现状及未来发展战略。经过两周的艰苦努力，我们在评级会议上达到了预期目标，穆迪分析师对评级问题的回复较为满意，保持对中信集团的现有评级不变。

当我们认为这项工作要告一段落时，部门领导却向我们提出了“不可能完成”的目标——提升评级！逆境之中方显英雄本色，这才是中信的追求！我们又通过半年的艰苦努力，让穆迪公司对集团杠杆率管控等措施给予了认可，并促成对方在2018年5月将集团A3评级展望由负面上调至稳定。部门总经理张云亭的话语至今让我印象深刻，他说，“卓越是中信的核心精神，正是这种精神才有今天中信集团的成就和地位”。这场“战役”让我深刻地感受到追求卓越的理念已经深深融入中信人的血液中，它助力我们成功打赢了这场攻坚战。

打赢赴日债券路演之战

在中信让我印象深刻的另外一场“战役”，就是完成集团赴日开展武士债路演项目。

在2018年获得国际机构评级提升的有利条件下，为配合某境外项目融资，集团准备筹划发行日本武士债。中信集团与日本市场的结缘由来已久，1982年，中信公司首次海外发行债券时即选择了日本市场，2016年中信集团在日本市场债券发行规模达到1 000亿日元。再次赴日进行非交易路演，如何向投资者展示中信集团新时代风貌，传递集团全面深化改革、控制杠杆水平、向高质量发展转型的积极信号，维护好集团资本市场形象等问题尤为关键。

接到路演任务时，离出行已不足两个月，时间异常紧迫，出行手

集团库务部人员在武士债非交易路演中与日本投资者进行交流

续、行程安排、材料准备等重任亟待完成。中信的工作经历让我将工作的紧张和压力变成了动力。了解之前集团武士债投资者认购情况以及潜在投资者信息后，我们选定了目标投资者范围。经领导同意，我们与投资者确定了最终的路演时间，随后立即投入到路演相关材料的准备工作中。为提高沟通效果，我们准备了投资者推介、简介以及问答3份材料，投资者推介材料修改、优化了20余稿，从内容、格式到色彩搭配，不断地完善每一个细节，只为投资者能够更好地认识中信集团的信用优势、经营情况和发展战略。准备投资者简介材料时，我们认真整理每个拟会面的投资者信息，从基本情况、财务表现到其债券投资情况，最大限度地为领导提供投资者信息和需求。对于路演中投资者可能关心的问题，部门同事们专门按类别梳理了历次路演问题，并结合本次与日本投资者先前的沟通和反馈，模拟了问题清单及相关答复。在短暂而紧张的路演期间，在集团领导的带领下，通过一对一见面会等方式，我们与十余家投资机构会面，深入进行交流，收获了良好反响。这次路演加深了在日投资机构对中信集团乃至中资企业的了解，进一步促进了中信集团与日本资本市场的交流，为今后集团在日发行武士债及其他类型债券奠定了坚实的基础。

夺取最低成本融资战胜利

低成本融资是库务部的核心工作，精中选优、选择最佳性价比的融资方案是我们的工作目标。当前国内企业融资环境早已市场化，资本市场融资工具较多。有了高信用评级的支撑，我们也在资本市场上开始寻觅低成本融资的机会。

在中信工作的两年中，我有幸参与了武士债、企业债、美元中票、私募债、公司债、超短期融资券、法人账户透支以及金融机构借款业务等不同类型的融资工作。但从2017年开始融资工作变得更加困难。

这主要是由于市场资金面全面收紧导致的流动性紧张，中国10年期国债年化收益率曾突破4.0%。在这种情况下，市场上每个微小变化都牵动着我们的神经。每天都在期待央行释放流动性，按天计算着央行的资金投放和赎回量，时刻盯着银行间市场和交易所的资金价格变动，只为把握好发债窗口，压降融资成本，终于我们等到了出手的时机。2017年三季度市场出现了短暂的宽松，我们在此期间成功发行了两期超短期融资券和一期公司债，锁定了低成本资金。

资金需求是长期性行为。2018年鉴于贷款基准利率尚未调升，银行贷款利率明显低于发行同期限债券价格的水平，库务部决定将银行借款作为首选融资方式。但由于央行对贷款增速的管控，各家银行明显惜贷。融资工作无小事，资金就是企业的血液，流动性就是集团的命脉，我们别无选择。库务部领导高度重视这一情况，亲自带队拜访各家银行，提前部署融资工作，要求随时做好提款准备。我们立即与多家银行对接，把借款合同、提款材料过了一遍又一遍，仔细研究每一个条款。经过充分准备，2018年初，我们以最优的价格及时抢占额度，元旦期间成功从农业银行提款50亿元。紧接着2018年二季度又从农业银行和招商银行合计提款70亿元。随着银企合作的深化，2018年6月，中信集团与农业银行签署了全面战略合作协议，中信融资渠道日益稳定和成熟。

此外，中信的融资工作在高效务实开展的同时，也注重开拓创新。2017年，经过与证监会和上交所多轮沟通，我们成功取得证监会对中信有限500亿元公司债额度批复，并首次公募发行20亿元含权公司债，获得超过10倍的超额认购，创下市场新高。同年，我们仅用时3个月，就获批国家发改委负面清单式管理的300亿元企业债额度，较传统企业债发行在放宽资金募集用途、批文有效期等方面实现了重大突破。2018年在债券市场方面，我们成功获得银行间市场交易商协会批准的中信有限300亿元超短期融资券额度。随着2018年下半年资金价格的回落，我们成功发行30亿元超短期融资券，为配合公司战略落地，奠定了良好的资金基础。

资金是企业生存的血脉，化解金融风险、创新融资方式则是企业健康发展的必要保障。在集团库务部工作中经历的“三大战役”，让我深刻领略到集团追求卓越的宏远目标，体会到库务工作的重要意义和艰巨性，更感受到中信企业文化的磅礴力量。历经这些重大挑战、重要项目的洗礼后，我日渐坚定和成熟。我期望我和同事们能像一艘大船桅杆上瞭望远方的水手，竭力用自己的忠诚、担当、专业，为中信事业持续健康高质量发展保驾护航。

时光列车上的中信之旅

中信集团库务部　范　蕾

我的家乡是京九铁路沿线上的一座小城。小时候，我最喜欢站在家里的阳台上，眺望远方轰鸣而过的列车。车轨曲折绵延，冒着烟的车头不遗余力地带领着数不清的车厢在轨道上疾驰，驶入苍茫的远方。对于少年的我，那长长的列车包揽了我对远方的全部想象。

2010 年 1 月，经过数轮笔试面试后，我有幸接到了中信银行总行营业部的实习通知。当我踩着厚厚的积雪第一次来到这座位于亮马河畔的大厦前，心中充满了好奇。从那天起，我亲身踏上了中信这趟梦想的列车。在这趟疾驰的时光列车上，我也仿佛感到自己伴着悠悠的汽笛声，向着远方的目标，不忘初心，奋勇前进。

枕木——成长

加入中信后我的第一个岗位是在京城大厦支行从事柜台和营销工作。我大学所学专业是财务与金融，虽然在学习过程中对银行业务有所了解，但未曾想到实际工作是书本之外的另一个世界。幸运的是“师傅”们给予我很大帮助，他们在处理客户关系、开展有效沟通、把握合规尺度、运用销售技巧等方面进行细致指导，帮助我迅速完成了从学生到职场人的过渡。其中前往汽配城开展集群商户开发的经历让我记忆深刻。由于这类商户具有集中度高、口碑传播快等特点，在小微企业业务推行初期，集群市场成为银行开拓零售信贷业务的必争之地。当时民生银行已先期进入，但我们相信事在人为，主动对商户进行业务宣传，对相关部门领导、管理人员进行重点营销和积极沟通。进行小微企业代发业务与企业贷的营销，必须以服务为本，复印资料、安装 POS（销售点情报管理系统）机、协调办卡、抵押物审查等工作，我们都以持久的耐心和执行力付诸实施。在与商户人员的沟通中，我们时刻保持着高度的敏感性，不放过任何一个可能的机会。还要与信审员反复沟通，保证对客户承诺的放款期限和价格。那段时间经常一干就到深夜。记得当我的第一笔信用贷放款完成时，心中无比兴奋。在中信银行的工作经历，让我感受到团队高度的敬业精神和责任感，为了不断提升业务水平和工作能力，我孜孜不倦地沟通着、努力着，如同列车轨道上的枕木一般，默默地为中信这趟列车的高速前行付出自己的热情和青春。

燃料——学习

2016 年，我来到集团总部库务风险条线工作。集团下属企业经营着多元化的资产，管理着众多币种，面临着不同类别大宗商品的敞口风险。对于纷繁复杂的金融市场，我既无研究经验，对相关规则也不熟悉。主管领导鼓励我们年轻人要善于发现问题，多借助行业专家的力量积累经验。在领导的带领下，我们分别对集团下属所有可能涉及外汇和大宗商品敞口的子公司，通过问卷调查、电话会议、现场访谈等方式进行深入沟通，基本掌握了集团内子公司外汇及大宗商品的敞口状况、管理模式等情况。与此同时，我们翻阅各种专业报告、网站和书籍，学习大宗商品定价机制、交易标的、衍生品市场信息；与业内知名的咨询机构、业内公司、经纪商等进行了数十轮沟通，深入了解业内的风险管理思路、套期保值现状和风险计量模型。通过调研和学习，我们终于对子公司库务风险情况有了较为细致的了解，渐渐找到了管理思路。2016 年 4 月，以低风险偏好为原则的中信股份第一套《汇率风险敞口管理暂行办法》出台，明确了汇率风险敞口定义和可选择的保值工具范围，提出了分类管理的方法。12 月，第一套大宗商品市场风险管理政策下发。这是集团首次分别对从事大宗商品生产型、消费型和贸易型的子公司明确敞口定义，并对子公司的制度建设、风险控制能力、人员资质和系统支持方面严格把关，通过“扎下去”“收上来”等举措，对子公司违规交易果断否定，杜绝风险，引导子公司把重心聚焦经营主业，将金融衍生品作为风险管理工具，确保子公司稳健经营。

管理政策的颁布与实施效果明显，子公司风险意识逐步提高，稳

作者（中）所在的汇率风险团队正在交流讨论

健经营的管理思想和文化持续扎根。在参与项目过程中，我深深地被中信人如饥似渴的学习态度、不断进取的工作作风和对待工作的匠人之心震撼。不断地学习、进步就如同为飞驰的列车持续添加燃料，既不可缺也不能停歇，它时刻在影响、督促我不断挑战自我。

上坡——挑战

2017 年 11 月，中信集团库务部挂牌成立，并将做实库务风险管理作为重点工作，这也成为我们团队的全新任务。这种局面如同火车经历爬坡的阶段，意味着将面对更高的挑战。

如何将风险管理政策落地创造价值，让非金融子公司在高度波动的金融市场中避免“裸奔”？团队成员经过反复分析评估，认为我们的优势在于具有银行或国企交易部门的从业经历，对套期保值的操作较为熟悉，可借助总部与银行的议价能力降低子公司的锁汇成本。加之子公司已逐渐认识到自身面临的汇率风险，此时上收重点子公司的交易进行集中管理无疑是最为合理的举措。在领导的带领下，我们圈定了中信金属与中信戴卡两个试点目标，通过与重点子公司二十余次的细致沟通，梳理了各产品线的业务流程，于 2018 年 4 月对其外汇交易正式启动集中管理。截至 2018 年 11 月，库务风险管理团队代理子公司累计完成近 20 亿美元的外汇交易，节省交易成本约 620 万元人民币；通过介入子公司汇率风险对冲交易为中信金属避免汇率损失约 2 500 万元人民币，为中信农业降低交易成本约 390 万元人民币；通过集中管理模式指导子公司完成衍生品交易约 13 亿美元。在实现降本增效的同时，有力地过滤了潜在的交易风险，团队协助子公司在外汇交易中筑起了一道“血肉长城”。

国际形势风云变幻，中美贸易谈判仍旧悬而未决，跳动的经济指标和新闻事件时时刻刻牵动着团队每个人的心弦，库务风险管理工作任重道远。在一个个紧张的交易日夜，我身边的每一个人，不管是领导还是普通员工，都以饱满的激情，为了公司利益的最大化努力着。在他们身上，我看到了中信人应对挑战不畏难、不抱怨、敢担当的精神。

电视剧《亮剑》中主人公李云龙的一句话让我印象深刻："任何一支部队都有自己的传统，传统是什么？传统是一种性格，是一种气质。这种传统和性格是由这支部队组建时首任军事首长的性格和气质决定的。他给这支部队注入了灵魂，从此，不管岁月流逝，人员更迭，这支部队灵魂永在。"荣毅仁老董事长倡导和培育的中信优秀企业文化，在 40 年的成长时光中愈发闪烁着智慧的光芒，让我工作的时光充满了喜悦、欣慰、感恩。今后，我愿意继续在中信的时光列车上，以高度的敬业精神和责任感，与中信共同成长和进步，见证中信明日更美好的风景，也见证自己更加绚烂的青春。

聚焦卓越人才培养项目

中信管理学院院长助理[①]　郭朝红

对于走过40年发展之路的中信，外界更多关注其推动中国改革开放的历史地位和综合化的经营特点，而我作为在中信人力资源条线工作二十多年的老兵，更多的感受聚焦于人才对企业发展的重要作用。荣毅仁老董事长等中信历届领导人，都非常重视人才的培养，这些人才源源不断地助推着中信事业。如何在新形势下培养更多更好的人才成为打造中信百年老店的核心问题。中信卓越人才培养项目，正是集团近年综合性、系统性人才培养模式的探索与尝试。我有幸经历见证了中信卓越项目从萌芽破土到落地生根这一美好的过程。

一

时间回溯到2014年10月24日，常振明董事长在《中信人》报发表了《构筑人才竞争优势　谋求健康持续发展》的署名文章。文章指出，中信面对未来，在人才梯队建设上要有战略性、前瞻性，要系统性地开展人才培养，提出设立中信管理学院的设想。2015年1月，在集团工作会上，王炯总经理的工作报告郑重宣布集团将成立中信管理学院，

① 作者写这篇文章时的职务为中信管理学院院长助理，现任中信保诚人寿保险有限公司副总经理。

使之成为中信人才发展的平台。集团党委对人才培养的重视，展现了集团领导的高瞻远瞩，体现了广大中信员工的心声，为集团人才培养工作指明了方向。

筹建中信管理学院的工作得到时任集团监事长朱小黄、集团纪委书记冯光的指导。人力资源部领导带队到国家教育部、中组部、中央党校、中央国家机关工委等部门机构调研，明晰学院目标定位；到平安大学、忠良书院、联想管理学院等国内一流企业大学调研，研究通用电气克劳顿管理学院和惠普大学，确定学院功能职责。结合集团的实际情况，形成了中信管理学院建设方案，最终经集团党委批准成立中信管理学院和中信集团党校（合署办公），常振明董事长兼任中信管理学院院长和中信集团党校校长。

2016 年 6 月 2 日，中信管理学院在京城大厦举行揭牌仪式，集团领导、股权董事、各部门领导和子公司代表悉数到场，进一步体现了

中信管理学院（中信集团党校）举行挂牌仪式

集团上下对人才发展工作的重视和期待。中信管理学院定位为培养优秀人才、助力战略实施、促进业务发展和传承中信文化，树立了立足大局、导向正确，立足现实、解决问题，立足两地、放眼世界，立足共享、整合资源，立足当前、着眼未来的办学方针，以及创新、专业、开放、共享的办学理念。

中信管理学院成立伊始，就紧锣密鼓地围绕如何开展优秀人才培养进行了针对性的研究。

二

根据集团对关键人才队伍建设的要求，为培养公司未来战略发展所需的骨干人才，2016 年 7 月，集团启动了卓越项目，确定了重点关注的培养对象，建立了优秀年轻人才库，并探索实行了一系列管理培养配套机制，确保人才筛选、培养和选拔的规范化、制度化、常态化。集团决定从 2017 年到 2019 年，采取组织调训的方式举办卓越项目，每年举办一期，每期 50 人。

为做好卓越项目，中信管理学院副院长、人力资源部总经理邵永生同志亲自参加卓越项目的设计研讨，提出卓越项目要强化使命担当，要站在行业、企业发展的前沿，考虑成人教育的特点，平衡工学矛盾，“以战代训”解决实际问题。根据这些要求，大家进行广泛调研，深入分析学员特点，提出了卓越项目的初步方案。一是实行长周期、分段集中的教学形式，即在一年的培训周期内，分五个单元，每次用五天左右时间开展模块化集中培训。五个单元分别设置为：理想信念和企业价值观、战略思维、领导力提升、国际化视野、创新创业。单元学习中既有课堂面授，也有企业现场教学，每个单元都有集团领导授课。二是围绕集团重点课题开展行动学习，学习中要针对集团发展中的问题提出解决方案。三是聘请集团领导担任导师。一方面，学员得以近距离接触集团领导，学习领导艺术、开拓视野；另一方面，集团领导通过担任导师，也近距离观察学员，从中发现优秀人才。四是综合运用沙盘推演、自主选学、学员交流互访、团队拓展等多种培训形式来增强培训效果。

经过集团领导研究决定，卓越项目顺利启航。在项目运营期间，中信管理学院不断优化、持续改进，各相关板块精彩纷呈。

不忘初心，坚定理想信念和企业价值观。卓越项目把提高学员的党性修养和对企业价值观的认识放在培训的首要位置。第一、二期卓越项目先后到西柏坡、延安进行现场教学，重温“赶考”精神、延安精神。学习了党在延安的历史和习近平总书记在梁家河的知青岁月，了解了我们党如何从革命低谷走向全国胜利，习近平总书记如何从一个懵懂少年成长为有责任、有担当的青年村支书。学员们在国际化视野海外学习当中，收看党的十九大现场直播并开展研讨；在延安梁家河召开主题班会；在深圳莲花山邓小平塑像前庄严宣誓，向改革开放致敬。此外，学员们还深入学习了中信企业文化、战略品牌等课程。通过系统学习，学员们增强了“四个自信”，将个体事业与集团发展、国家需要紧密结合在一起。

紧跟前沿，了解行业发展趋势。卓越项目在设计企业现场教学时，紧扣新经济发展和行业前沿发展，在阿里巴巴、腾讯、百度等互联网知名企业和梦想小镇、基金小镇等新兴产业集群开展现场教学，以金融科技和工业4.0为主题在美国和德国开展国际化教学，先后参访谷歌、富国银行、摩根大通和德国电信、拜耳集团等企业。通过内外部标杆企业的参访，学员拓展了视野，了解科技前沿趋势，借鉴先进的管理经验，也将理论与实践更好地结合。

开放办学，发挥学员自主能动性。卓越项目强调需求导向，以组织需求和培训对象需求为出发点和落脚点，邀请学员参与课程设计，提供培训资源，促进学员间的交流沟通。组建班委会，实行学员自主管理。班委会发起建立了“班级公约”制度，对学习参访、竞赛活动和为班级做出的贡献等进行积分，有效营造了“比、学、赶、帮、超”的良好学习氛围。

三

如果说五个单元的学习是珍珠，那么行动学习就是将珍珠穿起来的丝线。通过行动学习可将各单元有机连接，理论指导实践。企业培训绝不是坐而论道，而应是结合企业实际“在战争中学习战争”。行动学习就是致力于解决公司战略发展中的实际问题，提升学员们的实战能力。

中信管理学院与战略发展部围绕集团发展中的重点问题设置了课题方向，各小组结合所在专业领域，寻找研究对象，聚焦并落地课题。随后通过调研与探讨、质疑与反思，形成切实可行的解决方案，将课题内容向研究对象进行汇报路演，结合反馈情况进行修正，确保了研究成果的实际应用价值。一个个有针对性的研究课题、解决方案体现了学习效果，其中关于在雄安设立中信未来创意创新中心被写进了2019年集团工作报告，通过资本运作和开展运营服务提升中信重工的业绩得到了集团领导和中信重工的好评，建立全产业链的通用航空出行平台给中信海直经营带来积极启发，等等。常振明董事长要求将各小组研究成果提交战略发展部进行研究，探索价值实现。行动学习的学习效果得到了集团领导、部门子公司的认可，集团领导和许多子公司已经提出许多新的课题，将在未来一期卓越项目中用于行动学习。

通过行动学习，将理论学习与解决实际问题紧密结合，学员们掌握了学习方法，不仅提出了许多具有现实价值的方案，还可以运用到未来解决更多的实际问题当中。学员们进一步熟悉了集团的战略、行业趋势和各子公司的情况，彼此之间沟通交流、相互启发，也为业务的协同打下了基础。

四

卓越项目顺利进行最重要的无疑是集团领导的重视和亲身参与，最大的亮点无疑是导师制。

在第一、二期卓越项目上，集团领导出席开班或结业式、为学员授课等达 20 余人次。记得在第一期卓越项目开班仪式上，常振明董事长风趣地说，“这次四大书记（党委书记常振明，党委副书记王炯、蔡华相，时任纪委书记冯光）都来出席开班仪式，这在中信培训历史上是空前的”。所有的集团领导都积极为学员们授业解惑。2017 年 5 月的

第一期中信卓越培训班开班仪式

一天，李庆萍副总经理在京开完会，下午4点多风尘仆仆地赶到杭州为学员们上课。一下飞机顾不得休息，她就赶到教学现场与学员们围绕提升领导力进行交流座谈。晚上与银行客户业务交流后，她又进行紧张的备课。第二天上午给学员们讲授关于中信银行战略的课程，课程结束之后，她匆匆赶往机场。蒲坚副总经理两下深圳，为学员们倾心传授创新创业的要义。蔡希良副总经理刚刚结束中央党校的学习，结合在党校学习的体会给大家讲集团战略。徐佐副总经理、张佑君总经理助理也都来给学员们授课。集团领导的授课也是评价最好的课程。学员们反映，这些课程既有理论高度、行业广度，又有中信深度。

卓越项目的导师制是贯穿整个项目的另一条主线。每期学员分成八个小组，由集团领导分别担任导师。导师们给予学员多种形式的培养与指导，包括座谈交流，带领学员参与项目考察、商务会谈，推荐阅读书目、指导行动学习课题，等等。导师在与学员沟通交流中，言传身教，学员耳濡目染、潜移默化地传承中信企业文化与价值观。李庆萍副总经理还亲自安排学员参加中信银行大讲堂党课培训，带领学员考察下属分行，并就学员所在单位的业务项目与地方政府领导、知名企业进行交流，推动落地。

每期卓越项目结束时，导师们都深情寄语学员。常振明董事长谈到卓越培训的意义："卓越项目就是让大家互相认识、互相交流，鼓励互相争论，进行思想碰撞和业务探讨，让大家感受到传承中信事业的使命责任。"王炯总经理提出中信的干部标准："中信的事业是靠一代又一代的中信人自己干出来的，自己走出来的，中信需要的就是认同中信文化，忠诚中信事业，想干事、能干事、干好事的干部。"蔡华相监事长强调领导力的提升是分层次、分层级进阶的过程，"要依靠岗位、职位、认同、许可、成绩、成果来提升和修炼"。李庆萍副总经理阐述了学习的核心，"要以谦虚、虔诚的心态来学习，专注投入、珍惜学习

卓越一期培训班学员赴阿里巴巴公司开展现场教学

机会，修炼内心、激发正能量，学以致用、知行合一”。蒲坚副总经理强调人生态度，“要明了知识是人类获得自由的翅翼，心灵能够飞翔，你才能主宰自己。你需要永远保持激情、敏锐和持之以恒，和你同样卓越的人竞跑”。

我们在与外部培训组织、企业大学交流时，对方听说中信集团领导如此重视人才培养，直接参与一个培训项目，都是羡慕不已。那时那刻，我们作为培训工作人员充满了自豪与骄傲，感慨能在中信从事培训工作是多么的幸运！

五

转眼两年多过去了，两届卓越项目如期结业，我们也收获了丰硕成果。

——强化了学员们的使命担当。在西柏坡、延安、梁家河，学员们明确了我们党从哪里来要到哪里去，我们党战胜困难的法宝是什么，了解了是什么力量让习近平总书记成长。艰难困苦、玉汝于成。学员们增强了“四个自信”、强化了“四个意识”，谈到只有把自己的事业与民族复兴紧密结合在一起才更有意义，要为实现中国梦而努力奋斗。

——加深了学员们的价值认同。通过系统学习，学员们站在大局的高度深入理解中信，深入了解各行业各子公司的实际情况，纷纷表示要带头弘扬践行中信企业文化，凝聚团队的智慧力量，提升中信品牌的影响力和美誉度，以先进理念推动中信事业持续健康发展。

——提升了学员们的管理能力。多维度、多层面的培养，帮助学员开阔视野，提升综合能力，加速人才从单一专业型到多层面复合型的成长。通过内外部标杆企业的现场教学，了解科技的前沿趋势，借鉴先进管理经验，拓展国际化视野；通过案例教学，彼此交流碰撞，系统提升分析和解决问题能力；通过行动学习，群策群力，在解答课题过程中激发创新动能；通过沙盘实战模拟，培养全局意识，并综合检验所学内容。多方面的培养，也为学员走向更为广阔的管理岗位奠定坚实基础。

——有力促进了学员之间的业务协同。卓越项目为学员之间搭建了有效协同的平台，促进彼此业务发展。长周期、多次分段集中的组织形式，保障了学员彼此足够熟悉了解，能够带着问题和需求进行深入研讨交流，分享资源、渠道和客户。两届卓越项目学员之间共催生30多个协同项目。

中信卓越项目不仅在集团内部得到认可，也在培训业界获得了一些荣誉，如荣获中国企业培训与发展年会颁发的“中国人才发展菁英奖——最佳学习项目奖”。中信集团行动学习荣获中国行动学习峰会颁发的“2018年度中国行动学习最佳实践20强”。

十年树木，百年树人。人才发展非一朝一夕之功，但我坚信，涓涓溪流终将汇聚成浩瀚大海。今天我们扎实做好人才培养发展工作，未来，这些脱颖而出的精英们必将成为推举中信事业卓越发展的栋梁之材。

巡 视 十 年

中信集团党委组织部部长助理　孟庆波

2019年，中信集团成立40周年，集团巡视工作走进第10个年头，我在集团党委巡视办工作也已经走进第10个年头。众所周知，监督工作背后有许多真实的“故事”，但监督工作确实又很难用“写故事”的方式呈现出来。适逢40周年司庆，我努力尝试用一种相对恰当的语言，记录10年巡视工作中的若干片段和思考，以期增进大家对巡视工作的了解，并能对集团党风廉政建设有所裨益。

两次中央巡视

新时期党的巡视制度建立以来，中央对集团党委的巡视共有两次，一次是在2008年，一次是在2015年。

2008年4—8月，中央纪委、中央组织部金融巡视组[①]对集团党委开展巡视。那次巡视已经过去10年有余，且跟党的十八大后的巡视相比，力度上也有很大差距，很多同志已经印象不深了，但那次巡视还是留下一批成果影响至今。比如，集团领导每逢年关带队赴中信机电慰问，在中信机电非常困难的那几年，每年给职工送去几千万的“饺子钱”；

① 当时巡视组还叫中央纪委、中央组织部巡视组，2009年经党中央批准，改称中央巡视组。

又如，集团研究设立风险管理部和党委巡视办两个部门；等等。如今，风险管理部和巡视办的机构设置，都已发生很大调整，但时至今日，当年中央巡视提出的课题仍在。

2015 年 10—12 月，中央第十三巡视组对集团党委开展专项巡视。这次巡视，对集团全面从严治党工作和党风廉政建设可谓一次强力推动，对集团广大党员干部可谓一次深刻洗礼。相信很多领导干部，至今仍然记忆深刻，而且各有各的深刻。2018 年 9 月，中央巡视办有关负责同志，来为集团党委理论中心组学习作辅导报告时谈到，对中信集团还是蛮熟悉的，对当年巡视报告里的一些“人头”（指人名）还有印象。这也算是一种“记忆深刻”。联系 2019 年以来集团反腐败斗争中的一些大事，想必很多党员干部，对当年盛传的第十三巡视组“利剑”所指、弹无虚发的网上舆论，仍会“记忆深刻”。回头去看，2015 年的中央巡视已经过去，但影响可能远未结束。

中央两次巡视中信，分别在党的十八大之前和十八大之后。把两次巡视对照起来看，更有助于我们直观而深刻地理解以习近平同志为核心的党中央全面从严治党的勇气与决心。作为党内监督的一项战略性制度安排，党的十九大把巡视制度专列一条，写入党章。巡视一两次，显然不是全部。十九届中央巡视工作，正按照五年规划关于高质量全覆盖的要求积极推进。集团党委还将迎接十九届中央的巡视监督。需要说明的是，两届任期内巡两次，不叫“回头看”；一届任期内同一类型的巡视巡两次，才叫“回头看”。大家看新闻可能会注意到，2018 年上半年十九届中央第一轮常规巡视，巡视对象有住房和城乡建设部，下半年第二轮脱贫攻坚专项巡视，巡视对象还有住房和城乡建设部，一年之内被巡两次，还不算“回头看”。由此可见，一些地区和单位，五年之内被巡三次都是很正常的。正如中央巡视工作五年规划中要求的，我们要习惯在受监督和约束的环境中工作和生活。

在中央巡视组“以干代训”

2016年2—6月，中央巡视组巡视集团党委之后，我有幸以“以干代训”的方式，参加了十八届中央第九轮巡视。

我参加中央巡视的第一课，是动员部署会上聆听时任中央纪委书记、中央巡视工作领导小组组长王岐山同志讲话。岐山同志当时是脱稿讲的，印象特别深刻的是他对“党的领导”的阐释。岐山同志讲，要牢固树立“四个意识”，从厚植党执政的政治基础高度，深化政治巡视，发挥利器作用，坚决维护党中央集中统一领导。他讲，党的领导是政治领导，体现在党的自身就是理想信念宗旨的坚定性，体现在治国理政就是党的路线方针政策的正确性、科学性、实践性。这“两个体现”，对我在此后的巡视工作中，不断深化对政治巡视的理解和认识，把握政治与业务的关系，乃至学习领会习近平新时代中国特色社会主义思想，都有很大启发和帮助。理想信念宗旨不坚定，就从根本上背离了党的事业；执行党的路线方针政策不对路，就会损害民心，损害民心就是在损害党执政的政治基础。我理解，这也是党的十八大以来中央全面从严治党的逻辑。

在中央巡视组工作期间，我参加了对三个国家部委局党组的巡视。对照动员部署会上的要求，政治巡视如何落地？“四个意识”如何检查？中央巡视组是从监督检查三个部委局学习贯彻习近平总书记指示要求入手的。习近平总书记对三个方面工作都有非常清晰明确的指示要求，但从巡视检查的情况看，三个部委局在贯彻落实上都存在差距。表现出来，就是在业务政策的制定、执行和政策效果上有差距。这个思路，和十九大之后中央查处陕西秦岭北麓违规别墅建设时，要求从违反政治纪律查起高度一致。这也从一个侧面生动诠释了政治和业务的关系，诠释了“两个体现”。

现场巡视只有两个月的时间，工作强度和压力非常大。在组里，我具体负责一个单位的问题线索处置及报告，涉及具体人具体事，十分敏感。而且数量之大，几位组长也未完全预料到。那轮巡视，有的中央巡视组创新方式，采取闭卷考试的方法，检查被巡视单位党员领导干部理论学习情况，效果很好。后来在中央和各地方、各单位巡视中，这一方法被广为采用。我们组也积极创新巡视监督检查的方式方法。我所在小组结合所巡视部委局直属事业单位管理混乱、工作纪律松弛的反映，经组里研究，由一位巡视组副组长带队，六位同志兵分三路，采取临时通知方式，同一工作日上午上班时段，突击检查了所巡视部委局四家直属事业单位遵守工作纪律情况，对所巡视部委局加强管理、改进作风触动很大。按照组里分工，我还参与了巡视报告的起草。结合深入了解的情况，我提出的该单位“领导干部经济责任审计制度执行不力，应审未审、审而不用、审而不改现象突出”的问题，写入了巡视报告，写入了反馈新闻稿，还成为新闻稿中被电视新闻引用的一句。巡视结束时，作为书法爱好者，组长为每位同志题写了一幅字，给我题的是“充实谓之美”。

十年磨一剑

中信集团开展内部巡视工作，在中央企业、中管金融企业中算是比较晚的，这也是2008年中央金融巡视组建议集团开展巡视的一个因素。2010年2月，集团正式建立巡视机构，开展巡视工作。晚有晚的后发优势，起步晚不代表起点低。

10年时间，集团完成对34家一级子公司和13个职能部门党组织的巡视全覆盖。巡视工作质效也得到中央第十三巡视组和集团党委肯定。2015年，中央第十三巡视组调阅了当时集团已经完成的全部15份巡视报告，认为中信集团党委内部巡视报告里能开门见山指出一些子

2015年，中信集团党委第二巡视组巡视中信海直

公司党的建设工作薄弱，是难能可贵的。2018年6月，集团完成了34家子公司巡视全覆盖。在集团党委巡视工作领导小组会议听取汇报时，党委书记、董事长、巡视工作领导小组组长常振明同志指出，巡视不仅是发现问题，还要增进班子团结，抓住领导班子特别是主要负责人这个“关键少数”，通过促进班子团结，激发凝聚力、战斗力，提升经营能力和水平。通过巡视，中信机电等一些单位的面貌焕然一新。中信机电能从极其困难的状况逐步脱困，是集团上上下下共同努力的结果，巡视工作不敢专美。但当年巡视实事求是反映中信机电特别是领导班子存在的突出问题，的确为集团党委果断研究调整其领导班子，发挥了助力作用。中信机电仅仅是一个例子。

集团巡视工作取得的一点成绩，首先归功于集团党委和巡视工作领导小组的重视和支持。从巡视工作启动之初，集团党委和巡视工作领导小组的要求就非常明确，就是巡视“要管用”，巡视组下去不能端上来“白开水”，要如实反映问题，相信集团党委能解决问题。2018年11月，常振明同志在党委会上听取巡视工作汇报时指出，内部巡视可以严一点；2019年3月，在第一轮巡视工作动员部署会上，又强调巡视一定要实事求是，务求实效。集团党委委员、驻集团纪检监察组组长、巡视工作领导小组副组长崔军同志讲，巡视报告不是干部考察报告，不是工作检查报告，其属性就是明确尖锐和实事求是反映问题的报告，要有问题的尖锐性与证据的充分性。

我理解，集团党委和巡视工作领导小组的要求，归结到一句话，就是巡视要始终注重把握“严”和“实”的辩证关系，坚持原则，实事求是，务求实效，经得住检验。这个要求，与中央巡视工作方针“发现问题、形成震慑，推动改革、促进发展”的要求从根本上是一致的。从巡视组到巡视办，都严格落实集团党委对巡视工作“严”与“实”的要求。

巡视办是巡视工作的日常办事机构。成立以来，尽管巡视工作任务越来越重，还新增指导巡察的任务，但巡视办人员配备从未超出最初的8个编制，以实际行动实实在在地响应了集团总部“瘦体健身”的要求。大家知道，中央巡视组是采取驻地制度的。不少中央企业、中管金融企业的内部巡视也采取驻地制度。驻地制度就是巡视组进驻巡视后，集中在驻地宾馆开展工作。中央巡视采取驻地制度确有必要，但集团的巡视工作没有机械照搬。巡视办坚持从集团实际出发，厉行节约，采取在被巡视单位设置办公室和谈话室的办法解决巡视组办公场所问题，既保障了巡视工作需要，又拉近了巡视组与被巡视单位干部职工的距离。

巡视组是巡视工作的主体，是发现问题的主体。巡视工作质量的高低关键看巡视组。巡视组成员来自各部门、子公司，职务职级、经历经验、专业背景各不相同，在发现问题上各有各的高招。作为巡视办的专职干部，我曾经编入巡视组参加过多轮巡视，亲历了一些“发现问题”的过程。2014年巡视某个子公司时，信访举报很多。在内部巡视手段有限的情况下，我与组里一位审计专业的同事，结合信访举报和谈话、调阅文件资料掌握的信息，充分利用互联网，靠百度、相关政府机构及企业官网、全国工商企业信息系统①查询。我们发现东南沿海某省有企业违规使用中信品牌建设大酒店，而该子公司主要负责人和一名班子副职不仅知情，甚至公开出席其开工仪式等活动，又是致辞，又是下达开工令，毫无规矩意识可言。巡视组进而还发现了一些存疑情况并梳理了相关脉络。后来的巡视工作中，我们运用全国工商企业信息系统，还发现了个别子公司领导人员名下注册有企业的问题。巡视组有长期工作在经营一线的领导干部，对经营活动中的一些“异动”十分敏感。一次巡视中在深圳走访调研，组里一位领导调阅财务报表，发现一家没有人员、没有业务，只有账套的“壳公司”，某年突然有上千万的资金出入，远超平常年度报税需要。巡视组深入了解发现被巡视单位通过“壳公司”违规拆借资金的问题。我不是财务审计专业出身，在巡视工作中受到长期熏陶，也积累了一些从经营角度看问题的经验。一次我在被巡视单位的下属企业听汇报，汇报人谈到旗下某个互联网公司，注册资本金几百万、贷款几十亿。听到这个资本负债结构，我顿生疑窦。后来请组里专业干部继续了解，发现果然存在重大风险隐患。

发现问题是巡视工作的生命线，巡视就是靠“发现问题”来“形成震慑”，擦拭“利剑”。向中央巡视办报送十八大以来总结时，巡视办

① 那时还没有“天眼查”等类似系统，主要靠全国工商企业信息系统梳理，现在可借助“天眼查”等。

梳理了根据巡视发现和移交的问题线索，受到组织查处和处理的党员领导干部，其中不乏一些子公司主要负责人。巡视组虽然不履行执纪审查职责，但是在巡视期间督导被巡视单位党组织查处问题线索时，也十分注意把握政策。在巡视泰富系统某大型生产型企业党委时，巡视组收到关于某下属厂一名基层干部的信访举报，转交该公司党委、纪委处置。公司党委、纪委经初核发现，被举报人存在违反中央八项规定精神问题和虚报数据骗取奖励、违反财务规定的问题，拟对其进行党纪处分。沟通意见时，巡视组领导反复强调，做出一个纪律处分决定，要达到几方面的效果：一是要让反映问题的干部职工看到党委管党治党的实际行动，让干部职工对管党治党有信心，敢于同违纪违法行为作斗争；二是要举一反三查摆问题，堵塞制度漏洞；三是要让当事人受到警示的同时受教育，让其认识到组织做出的处分和处理，是及时纠正以避免其本人在错误的路上越走越远，让其认识到严管才是厚爱，教育引导其继续为党工作。唯有在实践中不断淬炼，巡视利剑才能越擦越亮。

巡视组良好的政治生态建设是巡视工作质量的重要保障，政治生态建设关键看组长。坚持组长负责制和民主集中制，巡视组要有民主氛围，既充分争鸣讨论，又有效集中意见，才能保证巡视工作去伪存真、实事求是。回顾10年职业历程，常自我调侃，我的成长史是跟巡视组一批又一批局级干部的“吵架史”。能在这样的环境里成长起来，是巡视组良好政治生态的生动体现。

监督工作的性质，决定了巡视是“得罪人”的活儿。集团巡视组坚守政治巡视定位，在政治性、原则性问题上绝不含糊，对涉嫌违规违纪的问题敢于亮剑，对形式主义、官僚主义问题坚决纠治；同时，又坚持具体问题具体分析，从历史和实际情况出发，判断问题性质，剖析问题根源，分析责任，提出对策，推动整改，靠实事求是赢得尊重，切实为集团党委发挥了“显微镜”和“探照灯”作用。巡视组还有一个好传统，就是坚持既看下又看上，下面找问题，上面找原因。对于一些影响制约子公司发展，但属于集团总部或职能部门职权范围的问题，巡视组及时果断向集团党委提出建议，帮助被巡视单位解决了一些靠自身力量难以解决的问题，为推动集团和子公司改革发展做出贡献。巡视报告是一座“富矿”，用足用好巡视报告，潜力很大。

10 年来，除了巡视办在编人员外，先后有来自各部门、子公司 68 名在岗和退休干部参加巡视，他们为集团巡视工作做出了自己的贡献。常振明同志在 2019 年第一轮巡视工作动员部署会上，对巡视干部提要求时说，“这么多年倒是没有听到关于巡视组的什么反映”。这是对巡视干部的莫大褒扬。

中信集团党委 2019 年第一轮巡视工作动员部署会会场

永远在路上

习近平总书记在十九届中央纪委三次全会上指出，反腐败斗争取得了压倒性胜利，同时形势依然严峻复杂，全面从严治党依然任重道远。特别指出金融领域的腐败是整治的重点，必须将“严”字长期坚持下去。也正因如此，习近平总书记反复强调“四个永远在路上”：作风建设永远在路上，党风廉政建设和反腐败斗争永远在路上，全面从严治党永远在路上，巡视永远在路上。

2018 年 4 月，集团党委审议并印发《中信集团党委巡视工作五年规划（2018—2022）》，开启了巡视工作新征程。推进高质量全覆盖、建立巡视巡察上下联动的监督网、做好巡视整改“后半篇文章”，都成为新五年巡视工作征途上的关键词。

集团业务机构动态调整很大，五年规划结合这个实际明确提出，以党组织隶属关系为主，结合干部管理权限，建立巡视对象动态清单，实行动态清单式管理。一级子公司党委及其班子成员，直属机关党委管理的党组织及党员领导干部，都列入了集团党委巡视对象。对暂未列入清单的境外子公司等党组织及党员领导干部，也要积极探索适当方式进行巡视。根据巡视对象统筹巡视任务，创新方式方法，分类开展巡视，基本做到与中央同步实现巡视全覆盖，任重道远。

集团内部各子公司差异很大，五年规划提出要分类指导子公司推动内部巡察工作。中信银行、中信证券、中信建投证券、中信信托、中信重工等子公司作了一些初步探索。子公司巡察工作起步，建立巡视巡察上下联动监督网，尚未完全破题。纪检监察机关和组织人事部门分工负责巡视整改日常监督，是十九届中央巡视工作的新举措。贯彻总书记关于做好巡视“后半篇文章”指示要求，如何强化被巡视单位党组织整改主体责任，如何分工协作落实好纪检监察机关和组织人事部门日常监督责任，做深做实做细日常监督，是集团巡视工作的新课题。

2019 年第一轮巡视，是驻集团纪检监察组成立、巡视工作机构设置调整后的第一轮巡视。常振明同志在动员部署会上指出，驻集团纪检监察组监督集团党委履行全面从严治党主体责任情况，包括履行巡视监督责任情况。要贯彻落实全国巡视工作会议精神，结合巡视，探索纪检监察体制改革后，集团党委履行管党治党主体责任的特点规律，检验集团党委全面从严治党的制度安排是否有效，摸索符合集团实际的巡视工作体制机制。要结合巡视发现的普遍性、典型性问题，加强管党治党规章制度的梳理，做好“废改立”，把制度修订得更合理，一项一项落实到位。

习近平总书记强调，巡视工作只能加强，不能削弱。我们相信，巡视工作也只会加强，不会削弱。

让协同成为中信永远的经营哲学

中信集团业务协同部总经理　苏国新

2010年，中信集团业务协同部在京城大厦挂牌成立。9年来，集团上下共同努力，逐步探索出在市场化原则下实现金融、实业多产业协同合作的体制机制，改变以往分散、碎片化的业务合作，通过体系化推进方式，使协同效应得以迅速显现。“大协同”战略成为中信集团在市场上的独特竞争优势，从而荣获首届拉姆·查兰管理实践奖①。在集团成立40周年之际，总结回顾这几年在业务协同方面的探索及收获，将为集团管理实践提供一些有益的参考。

拿下国际大奖

2017年7月，我受邀接受《哈佛商业评论》的采访，主要围绕中信集团作为一家综合性企业集团，如何发挥多产业的综合优势和协同效应，从而形成自身独特竞争优势展开。我以常振明董事长提出的“大协同”理念为核心，对中信近几年围绕协同开展的工作和成效进行了

---

① 拉姆·查兰管理实践奖，是由拉姆·查兰（当代美国最具影响力的管理咨询大师）本人和《哈佛商业评论》中文版联合发起，旨在表彰具有创新和借鉴贡献的中国企业，搭建学习管理实践经验的平台。评委会由中欧国际工商学院、北京大学、清华大学、人民大学等的多位商学院院长或战略管理学专家组成，从引领性、有效性、可持续性、可借鉴性和领导力五个维度进行评审。

认真思考和梳理。此次采访以《中信“大协同”战略》为题，发表在《哈佛商业评论》2017 年第 5 期。文章发表之后受到集团内外广泛关注，这是中信集团的协同管理实践第一次系统性地对外展示，并受邀参加同年《哈佛商业评论》举办的首届拉姆·查兰管理实践奖的评选。中信“大协同”案例从 60 多个入选案例、两轮评选中突出重围，获得这次评选的最高奖项——全场大奖。

中信协同案例在企业管理的理论界受到高度关注。纵观国内外大型企业集团，自 20 世纪 60 年代美国战略管理学家伊戈尔·安索夫（Igor Ansoff）首次将“协同”这一概念引入经济学界，提出协同战略理念以来，中信集团成为为数不多的成功实践者和引领者。正如长江商学院副院长、战略管理学教授腾斌圣所说：“跨界协同是新工业革命背景下企业

作者（前排右六）参加拉姆·查兰管理实践奖颁奖典礼

集团经营的重要特征。但如何平衡企业集团多元化发展的优势与劣势，以及如何平衡企业集团与成员企业之间的控制和自主关系，是企业集团经营的难题。中信‘大协同’战略体现出引领性，在实践中具有有效性和可持续性，为其他企业集团提供了借鉴。”北京大学国家发展研究院陈春花教授在点评中信协同案例时同样表示：“中信‘大协同’战略是对中国企业未来持续成长之路的一种探索，将引导更多企业集团在战略业务协同和组织内外协同的方向上，展开进一步的实践和创新。”

那次获奖让我们振奋、自信的同时，也感到更多的责任和压力。大家静下心来客观审视集团协同发展历程，不断思索如何在新形势下多维度地推进业务。

应运而生的协同战略

多元化业务是发挥协同作用的基础，而中信的多元化与发展历程相关。1979 年中信公司成立时，是中国改革开放的窗口企业，基本没有国家划拨的资源，也没有固定业务范围，在发展过程中自然涉足了很多行业。在40年的时间里，中信走的是一条创新之路，先是形成生产、技术、金融、贸易和服务“五位一体”的业务格局，后又布局重要行业，完成金融+实业架构的搭建。时至今日，中信业务涵盖多个方面，包括金融、资源能源、装备制造、工程承包和房地产五大产业板块，并在现代农业、环保、医疗健康、消费等新兴战略行业积极布局。2019年中信集团连续第11年上榜美国《财富》杂志世界500强，居第137位。

在企业经营发展过程中，集团认识到协同的重要性。因为协同能够把集团内各个不相关业务联系起来，发挥出整体优势，提升中信各家公司的市场竞争力，降低市场拓展风险和成本。

常振明董事长把协同提高到经营哲学的高度。他说：“发挥协同效应是集团商业模式的重要组成部分。协同应该是我们整个集团的经营哲学。”集团副董事长兼总经理王炯也认为：“中信集团是一个多元化的企业，集团内金融、实业各板块的协同已经形成了文化，建立了相应的体制机制。协同已经上升到中信集团的战略高度。”

“以客户为中心”是中信协同战略的出发点。中信集团各个业务板块相关性不强，但以客户为中心可以将各家公司关联起来。

比如面对大众客户领域，与专业化企业不同，中信具有覆盖客户全生命周期需求的业务范围。从生命孕育开始，客户就可能与中信的服务结缘。中信湘雅生殖与遗传专科医院是国际上接受试管婴儿治疗人数最多、妊娠率最高的生殖中心。在成长阶段，客户可以享用中信的综合金融服务，阅读中信出版的书籍，享用大昌行进口的食品与消费品以及中信医疗提供的医疗养老和健康管理服务，等等。常振明董事长经常提到“中信梦”，就是希望客户、消费者的一生能够和中信结缘。他说：“中信是一家大型综合性企业集团，业务涵盖各个方面，这种公司在经营管理上面临很大挑战，因为国外像这类公司很少。什么能够把我们每个公司联在一起，主要是客户。”

锻造协同机制和信息平台

无规矩不成方圆。协同是多元化企业生存发展的重要手段，但如何有效推进协同，尤其是对中信这样的大型综合性企业集团来说，国内外的管理论述比较少。中信集团结合企业实际积极探索，遵循以集团利益最大化、市场化为前提，注重创新与价值贡献，以及合法合规与防范风险等基本原则，不断推进协同机制的建设。

在组织建设方面，2010 年 9 月，中信集团设立业务协同部，这是中国企业较早成立的业务协同部，此后中国人寿、中国邮政等多个企业集团相继成立协同部门或增加业务协同职能。业务协同部主要是对外开展战略合作，对内进行资源整合。在业务协同部的推动下，中信集团建立了网络状的协同组织体系。

纵向上，建立了集团业务协同部—子公司协同主管领导、协同对口部门—重点分支机构（分行）协同主管领导和部门三级组织管理体系。集团层面有班子成员直接分管协同；子公司有领导分工负责，并设有业务协同联系人。横向上，建立了区域协同平台——地区业务协同联席会议机制。集团已经在杭州、上海、天津、武汉、大连、青岛、重庆和成都等36个城市和地区推动建立起地区业务协同联席会议。联席会议每年都要召开，各联席单位共享信息、客户与渠道资源，根据当地政府、市场和客户的需求，开展联合营销，提供综合服务。

经过这些年的探索，中信集团协同组织和管理制度已初步建立，信息交流渠道、区域及行业合作平台基本搭建，协同文化逐步建立。子公司间业务协同顺畅高效，协同基础工作得到夯实。由于有效的体系化建设和协同意识的培育，协同正迅速成为各层级中信员工的自觉行动。

世界著名互联网专家凯文·凯利曾说："你做的所有生意，都是数据。"中信的协同管理，正在通过打造三个智能化信息化平台（代称"三驾马车"），进一步挖掘数据的价值。未来中信不仅要成立数据集散中心，还要成为数据处理中心，借助信息系统，用协同的思维深入跟踪挖掘地方政府、子公司、战略客户以及战略投资者等的需求，及时发现隐含在信息下面的协同商机，将数据、信息变成业务机会和利润。

"马车"一：i协同APP。2015年底，中信集团针对员工上线i协同APP，内容包含协同工作相关信息和业务协同需求。截至2018年底，i协同累计用户安装近1.5万，日均活跃用户保持在100～200人，累计访问量逾35万次，覆盖机构74家，管理员规模达到171人。通过APP平台，集团内部各级单位都能够跨区域、跨界进行协同需求对接。

“马车”二：对公客户CCM系统。业务协同部正在开发中信集团客户协同管理系统（CCM系统），将通过信息系统有效管理集团及各子公司的战略客户，以期实现集团范围内对公客户的资源互通，搭建更多协同机会和渠道。2017年5月27日，项目一期正式上线运行，实现集团客户档案集中管理以及战略合作协议闭环管理，有效支持了相关管理工作。2018年9月，二期项目正式启动，基于项目一期建设成果，通过优化集团战略客户管理体系、完善系统功能并搭建配套客户管理机制，不仅规范集团客户精益管理要求，提升集团战略客户分析能力，同时利用集团规模优势、信息集中优势，为子公司创造数据分享环境。

“马车”三：对私客户区块链联盟。业务协同部组织研究引入区块链技术，搭建中信联盟，实现跨机构的个人客户共享。2018年，集团亿级互联网生态协同平台——“中信优享+”正式上线，截至2019年3月，平台累计注册用户达到1 900万。其中超过93%的客户来自中信银行信用卡中心，部分来自中信书店、国安社区、集团企业号等。通过一段时间的产品运营、营销场景共建，已实现用户流量转化，为联盟成员带来新增用户。其中为中信书院、中信易家等子公司引流分别超过20万新用户，为信用卡中心带来过万户进件申请。同时业务协同部对接中国东方航空、中国移动等战略合作伙伴，积极导入大量C端（客户端）个人客户。

六大协同模式

博学之，审问之，慎思之，明辨之，笃行之。业务协同部在工作中，也在不断反思、总结协同模式和经验。中信的协同涉及面广，并各具特色。分管协同工作的时任集团副总经理蒲坚说：“中信集团将始终遵循开放共享的‘大协同’战略，即对内协同与对外协同融合、战术协同与战略协同结合，以及‘引进来’和‘走出去’相结合。”经过多年摸索，中信集团逐渐形成了以下六大协同模式。

模式一：协同“走出去”。作为改革开放后最早在海外开展投资的中国企业，中信集团已在海外有广泛业务布局，并逐步形成了协同“走出去”的模式。协同“走出去”，能有效降低中信各家公司在海外经营的风险，保证项目执行成果，降低国际业务在沟通、审查和交易等方面的成本，促进海外客户和渠道资源的共享，推进企业的国际化进程；也有利于增强中信集团为海外客户提供综合服务的能力，进一步开拓和维护好全集团的海外客户资源，实现集团海外效益最大化。

比如以海外工程项目为先导的协同。近年来，中信建设在亚非拉地区的国际工程承包业务发展迅速，领域涉及社会住房、能源、农业和地质勘探等。为客户提供工程承包服务时，中信建设还基于在当地市场积累的资源、渠道和经验，帮助集团的金融、资源能源等兄弟公司开拓业务，满足当地客户多样化需求。

还有海外投资拉动的协同。2006年以来，中信资源完成对哈萨克斯坦卡拉赞巴斯油田(简称KBM)的收购后，以单一项目为突破口，“以点带面，遍地开花”，逐步开辟与哈萨克斯坦的多领域合作，取得良好效果。中信哈萨克斯坦公司与哈萨克斯坦石化股份公司各出资50%成立里海沥青合资公司，中信建设与哈萨克斯坦油气建筑服务公司组成联合体作为里海沥青项目建设的总承包商。基于已有合作，中信建设于2016年5月获得哈方两条国家级公路改造的工程总承包业务，道路总长944千米；农业方面，中信农业投资建设“中哈元首苹果友谊园”项目，2016年该友谊园中方园区在陕西富平建设完成。此外，2017年，中信银行联合中方合作伙伴收购了哈萨克斯坦阿尔金银行。中信集团与哈方合作得到全方面深化，金融+实业的海外协同模式，对中国企业“走出去”有新的借鉴意义。

模式二：客户与渠道协同。中信集团业务涉及多个领域，拥有广泛的客户和渠道资源。比如中信出版与其他中信子公司合作，打造了“云舒馆”“中信选书”“幸福财富沙龙”“中信之家”“中信微书店”等多种特色产品和服务。借助这些举措，各子公司之间客户、渠道资源实现了良性循环互动。客户获得了更加丰富超值的产品和服务；渠道承载了更多的输送功能，实现了价值最大化；提供产品服务的子公司增加了经营收入，节约了经营成本。如“云舒馆”提升了中信银行卡客户活跃度。“云舒馆”项目是中信出版借助旗下机场书店网络，为中信银行持卡客户提供的“A 点借阅—B 点返还”免费阅读服务。这种“先尝后买”的阅读服务，不仅使中信银行客户获得了差异化的尊贵体验，也为中信出版增加了销售收入。在中信银行大连分行，书店、支行和咖啡店同时开业，客户和渠道协同又向前迈进一步，创新了商业模式。

模式三：产业链协同。中信集团内一些非金融子公司在长期的业务发展中，由于产品供销的需要自然形成了产业链上下游合作关系，相互给予业务支持，推动产业技术升级和业务模式转型，使得原有的合作内涵得以丰富，合作层次不断提升。如中信重工借助为中澳铁矿项目生产核心磨机设备的契机，提升高端装备制造能力。中澳铁矿是目前中国企业在海外投资建设的最大矿业项目，核心设备六组大型磨机的供货方为中信重工。磨机设备的技术要求高，开发难度大，中信重工通过技术攻关，打破了全球高端磨矿装备和市场被少数几家国际公司垄断的局面，成为具有全球竞争力的大型磨机供应商和服务商。2013 年中澳铁矿一、二条线成功投产，在国际矿业市场产生良好示范效应，有效推动了中信重工的国际化进程。

模式四：区域业务和专题协同。区域业务协同是中信协同的一大特色，这一模式能够组织各子公司联合开拓市场，获取集团区域竞争优势。专题协同主要是围绕集团业务战略重点，组织有关联业务需求的公司开展协同。如业务协同部搭建了工程承包与资源业务协同推进会、节能环保业务协同推进会、上海自贸区研讨会、“一带一路”暨协同“走出去”研讨会，还建立了“中信 PPP 联合体”和“中信 PPP 协同圈”等不同范围的协同平台，最大化地整合集团内外资源。

在区域协同开展较为成熟的地区，各成员单位普遍通过联合营销，在项目资源、业务专长、资金配置等方面相互配合，共同开发重点客户，这一模式是协同价值创造的主要模式。比如“武汉长江新城”案例。2017 年，武汉市践行“长江经济带”战略并规划建设长江新城这一重大项目。该项目面临中建集团、中国铁建、中国水电集团等大型国有建筑集团的竞争者，集团集合相关子公司在城市综合开发，以及基础设施规划、建设、运营、融资等方面的综合优势展开竞争，获得了武汉市、长江新城管委会的充分认可。2018 年 12 月，在集团王炯总经理和湖北省委副书记、武汉市委书记马国强的共同见证下，由中信建设、中信银行、中信证券、中信建投证券、咨询公司、中信云网、中信环境、中信医疗、中南设计院 9 家子公司组成的中信联合体与长江新城管委会签署战略合作协议，共同推动长江新城启动示范区基础设施项目深化合作。

模式五：综合金融服务协同。中信旗下有比较齐全的金融门类，“商行 + 投行 + 信托 + 保险 + 基金”大资管模式合作逐渐成熟。金融类子公司联合开发创新产品，共享渠道资源实现交叉销售。除理财、结构化融资、债务融资、跨境融资、并购融资等传统产品外，金融类子公司还开展了融资租赁、资产证券化、资产转让、永续债、员工持股等创新类产品研发及合作。

2018 年，中信银行、中信证券、中信建投证券、中信信托等联合舰队，为 437 家企业提供的融资规模达到 6 265 亿元，约占 2018 年对公贷款余额的 39%。2016—2018 年，中信集团金融板块交叉销售规模累计 1 万亿元。其中 2018 年交叉销售规模达到 4 095 亿元，比 2017 年全年增长 942 亿元。

比较典型的是中信银行兰州分行协同案例。在区域经济下滑、金融监管趋严、表内信贷投放受限、定价不具优势、竞争日趋激烈的情况下，兰州分行充分利用各类协同资源，联合集团内企业协同作战，将集团内企业参与省域经济的投资经营和兰州分行综合金融支持相结合，留住了强势客户，做深了重点客户，打造出了以撮合模式促发展的兰州协同模式，不仅自身业务得到长足发展，也为相关子公司带来业务增长。2018 年 12 月，在集团领导、业务协同部的助力下，兰州分行成功中标甘肃省 100 亿绿色生态产业发展基金政府引导基金唯一托管银行，月底首期 20 亿元财政资金成功入账。在中信农业收购中农威特股权业务上，联合集团内多家子公司，对主要自然人股东进行联合营销，开展零售、私人银行、财富管理等业务宣传，最终 13.5 亿元收购资金成功入账，直接带动兰州分行零售管理资产和贵宾客户的新增。

模式六：战略合作协同。在开展内部协同的基础上，中信集团持续推进与战略合作伙伴的外部协同，在集团层面统筹协同和配置资源。一方面通过联合营销模式，提升子公司市场竞争力，建立与战略大客户的业务对接；另一方面协同为战略大客户提供综合解决方案和满足其拓展海外市场等特定需求。在实践过程中，集团构建了“七大协同圈”：一是中信内部企业之间的协同圈；二是与国家部委的协同圈，如国家发改委、财政部、工业和信息化部、科学技术部、商务部等；三是与央企的协同圈；四是与地方政府的协同圈；五是与地方国企的协同圈；六是与民企的协同圈；七是与国际企业的协同圈。

目前，中信集团已与保险、通信、能源、环保、建筑、船舶和电力等行业的 37 家大型企业集团和 25 家省市地方政府及部委机构建立

作者在中信集团“一带一路”暨协同“走出去”研讨会上发言

长期战略合作关系。

与地方政府、地方企业的战略合作。主要通过与地方政府签署总对总协议，业务协同部梳理子公司在当地的业务资源和需求，推动项目落地和实施。同时当地政府也积极支持本地企业加强和中信的合作。

与大型央企集团合作。合作方式包括采取资源互换方式，帮助子公司拓展新市场、获取新项目；发挥中信海外平台优势，帮助对方拓展海外市场；双方开展股权合作和资产交易；等等。如中信集团与部分央企在各类金融服务、高建钢市场、海外工程、城市运营等多个领域不断深化合作。

与国家部委合作。主要是围绕践行“一带一路”倡议、“京津冀协同发展”、“长江经济带”和“中国制造 2025”等国家战略开展合作。业务协同部多次拜访国家发改委、商务部、工业和信息化部、海关总署等国家部委，通过建立总对总联系，为子公司业务拓展搭建平台，寻找商机。集团组织召开“一带一路”论坛，与国务院港澳办等政府部门交流沟通，与亚洲基础设施投资银行、金砖国家新开发银行、国家开发银行、中国进出口银行、中投公司、丝路基金等相关机构建立业务联系，协助子公司海外业务拓展；与工业和信息化部签署战略合作协议，促成国家层面支持中信重工、中信戴卡等相关制造业子公司参与制造强国建设；与财政部 PPP 中心开展战略合作，组织建立了由 16 家子公司组成的“中信 PPP 联合体”，对外搭建“中信 PPP 协同圈”，协同落实国家关于鼓励社会资本参与基础设施建设的政策，积极推动我国基础设施建设及 PPP 模式“走出去”。

2017 年 11 月，我代表中信集团出席拉姆·查兰管理实践奖全场大奖的颁奖典礼，受邀参加“探寻中国式管理”的论坛交流时表示，“第四次工业革命的到来，要求利益相关者能相互协作。我们已进入协同共享的时代，‘大协同’的理念有助于打破企业、行业，乃至国家、宗教文化之间的壁垒，实现合作共赢”。

一花独放不是春，百花齐放春满园。在互联网时代，共生共享将越来越成为企业成长和发展的重要生态环境。协同是中信这样一个综合性企业集团应该坚持的经营哲学，它必将获得员工、客户、投资者的广泛认可，成为中信事业继续腾飞的强大动力。

亲历“互联网+转型”战略落地

中信集团信息技术管理部总经理　张　波

回溯人类历史进程中的三次工业革命，事实证明，科学技术是第一生产力，是社会进步的动力。当下，云计算、大数据、物联网、人工智能等新一代信息技术的发展，正加速推进全球产业分工深化和经济结构调整，世界经济数字化转型将是大势所趋。经济增长方式转变和产业结构调整对传统企业提出了更加严峻的挑战。面对新形势，中信集团常振明董事长审时度势，自2015年就开始构思“互联网+转型”，寻求以现代信息技术为驱动力促进集团转型升级，为集团的可持续发展寻找新动能。作为IT工作者，三年来我全程参与了“互联网+转型”工作，这是难得的人生际遇。而作为中信人，这更是一份沉甸甸的责任。

锁定核心目标

2015年中，常振明董事长安排中信集团战略发展部总经理严宁与中信证券信息技术中心行政负责人张益民同志共同筹划“互联网+转型”工作。2015年10月至11月，分别在北京和上海召开头脑风暴会，摸底中信集团互联网思维和信息化基础，引发创新转型的思考。2016年初，经过集团办公会研究，集团领导对“互联网+转型”的大方向形成共识，即要打造“有中信特色的产业互联网”，培育共创共建、共生共赢的多样产业生态圈，助力中国产业化能力的提升和经济转型升级。未来的中信不仅是一个资本运作的平台和家喻户晓的品牌，也将搭建一个触及中国经济方方面面的商业生态圈。有业界人士将中信所做的产业互联网探索称为“第六产业”，因为它试图将第一、第二和第三产业连接起来（1+2+3=6），从这个意义上来说，此言不虚。

在常振明董事长看来，构建有中信特色的产业互联网主要基于两点考虑。一是后互联网时代，用户需求满足的模式正从线上向线下转移，产业互联网正成为新的风口，这是挑战更是机会。二是产业互联的专业性比较强，加上线下重资产进入壁垒高，一般企业和互联网公司很难进入。而中信在产业布局上有得天独厚的优势，更有机会将消费互联网和产业互联网融为一体。

集团首先建立了一套组织保障机制，发挥统筹、推进和引导作用。2016 年 2 月，中信集团“互联网 + 转型”领导小组和工作小组成立，分别作为决策机构和推动机构。常振明董事长亲自担任领导小组组长，王炯总经理等集团领导任副组长，小组成员包括各主要职能部门的负责人。张益民同志任工作小组顾问。从这时起，我跟随张益民同志参与到“互联网 + 转型”工作中。常振明董事长在多个场合谈到：“我主抓两件事：一是做好党建，二是做好‘互联网 + 转型’工作。这两件事来找我，我都会优先处理。”5 月，我正式调任集团信息部副总经理、“互联网 + 转型”领导小组成员、“互联网 + 转型”工作小组常务副组长。7 月，集团调整信息部的职能定位，明确其统筹全集团信息技术管理工作，助力“互联网 + 转型”战略落地实施。此外，“互联网 + 转型”相关工作也被纳入子公司的绩效考核中。

其次是搭建了专业化运营平台，承接产业互联网平台的建设和运营任务。2016 年 8 月 29 日，中信集团“互联网 + 转型”战略发布会在京举行，宣布将建设提供平台和数据服务的中信产业云网。同时，中信集团全资子公司中信云网有限公司宣布成立。2017 年 3 月，中信云网投资成立中信科技发展有限公司，作为中信产业互联网建设运营服务的实施方，为集团、子公司和市场用户提供科技服务。李凡担任中信科技董事长，我担任总经理，管理层还有周乐和刘晓庆。在常振明董事长的带领下，我们开始建设有中信特色的产业互联网。

第三是明确了子公司在“互联网＋转型”工作中应发挥的作用。即依托集团提供的赋能平台和科技供给能力，参与制订行业解决方案，对外做能力输出，并构建与上下游合作伙伴共生共享的生态圈，以“业务驱动＋赋能平台配合”的组合模式，形成发展合力。

中信集团举办“互联网＋转型”战略发布会

勇闯创新之路

中信集团的“互联网＋转型”可以分为“搭平台”和“建应用”两个阶段。第一阶段重在搭平台，主要任务是建基础、补短板；第二阶段重在建应用，主要任务是立示范、促转型。

2016年“开局之年”和2017年“关键之年”主要处于搭平台阶段，建应用的工作于2017年启动。其间，集团打响了“五大战役·十大攻坚战”，完成了基础设施和应用平台的初步搭建。

在平台建设方面，“中信云”平台于2016年8月上线，是业内首家采用云中介模式的混合云计算平台；2017年，实施“五通一平”工程，实现“通网络、通接口、通数据、通用户、通支付”，完成了专有云和大数据平台建设，可提供高可靠性技术平台服务和超大规模计算能力；开发了自主产权的物联网平台和移动社交平台，提供物与人、人与人、人与服务的连接能力；研发了多种人工智能服务；发布区块链方案，提供解决底层信任的联盟链连接服务。

在应用主战场方面，开展创新创业活动，围绕产业布局孵化创新项目。推动企业在线化工作，集团级应用全面采用云架构，利用“中信云”帮助子公司提升数字化应用水平；开发高管看板，让集团领导通过平板电脑实时掌握财务、股价、舆情和其他数据，随时随地管理日程和批办公文；打造中信集团移动社交平台，将集团19万员工连起来；建设“先锋在线”党建云平台，开发“党费通”应用。2017年7月，中央国家机关工委“支部工作”APP入驻“中信云”。

要做平台赋能，必须打造独特的应用场景及核心能力。如今，全世界投资者有一个共识，那就是中国的互联网应用场景最为丰富。中信也在着力构建应用场景，智能制造、智能建造、仓储物流和中信联盟四个项目就是示范。智能制造项目以中信重工为试点，运用物联网、大数据等技术，在重型机械设备上安装传感器，将数据采集、传输并存储到大数据平台，对设备进行远程巡检、远程诊断、故障预警和智能运维，推动中信重工向"核心制造+综合服务"转型。智能建造项目由中信工程、中信设计和中南市政院牵头，以云计算、大数据、BIM（建筑信息模型）技术为支撑，聚合设计方、施工方、监理方、运营方等入驻，实现EPC（设计采购施工）工程总承包管理的数字化和可视化，搭建全生命周期工程建造平台，并与百信银行共同探索深度产融结合道路。仓储物流项目以大宗商品有色金属为切入点，依靠物联网和区块链技术，打造可信仓单体系，解决仓单在质押融资环节的信用问题以及交易环节的标准化问题，降低金融服务风险，实现银行等金融机构与实体企业的有机连接，深度服务小微企业，助力金融服务实体经济。中信联盟项目把每个人的数字身份登记在区块链上，通过移动社交平台把中信成员企业和外部合作伙伴连在一起，实现用户数字身份认证、会员互认、积分互通、权益共享以及更精准的用户画像，让不同行业的关联更加简单和自由，让成员企业的服务更加高效和智能。

进入2018年"攻坚之年"，"互联网+转型"平台已经基本搭建完毕，工作重点转为推动子公司创新应用"上云"。集团信息技术管理部和中信科技公司组成调研小组，分赴不同行业的子公司深入调研，为子公司创新应用的开发和运营提供指导与支持。同时，创新被纳入子公司绩效考核体系，中信的创新发展进入体系化阶段。

攻克三大难关

中信集团实施"互联网+转型"战略，最大的改变就是要"做连接、聚用户、生数据"，令整个集团转型成为平台型企业，子公司则成为创新型企业。

连接不是替代，而是关联。曾有业界专家请教常振明董事长："中信集团产业布局那么广，旗下有2 000多家企业，您是怎么管理的？”常振明董事长回答：“管理不是主要问题，这么多年都能管得过来，怎么把子公司连起来才是主要问题。连起来才能发挥协同效应和整体优势。”做连接，就是要打通信息流、资金流和物流。互联网时代为产业资源的关联提供了更便捷的手段和更广阔的空间。中信集团希望让线下的金融、实业互联互通起来，由点带面，助推企业生产经营过程更充分地在线化和数字化；让资源更容易被发现和利用，进而把供给与需求零距离互动起来，催生出更多新业态。例如，“中信云”推动企业在线化，实现产业生态应用的广泛关联；中信梧桐港将大宗商品流通领域的上下游企业关联起来，搭建社会化、开放式的大宗商品供应链金融生态圈。

聚合用户，赋能商户。常振明董事长曾经说过，他有一个“中信梦”，即希望客户、消费者能和中信一生结缘，中信提供的产品和服务能覆盖客户整个生命周期。2017年启动的中信联盟项目就是“聚用户”的典型实践。该项目将中信旗下多元化的服务场景与零售领域的亿级用户资源关联起来。平台商户可以通过区块链技术共享用户身份和标签数据，通过身份互认、积分互通、权益共享等方式互相导流；用户只需一次身份注册，即可凭一个数字身份享受金融、商旅、文化、电商、餐饮娱乐等一站式服务，真正实现“一个身份，万千可能”；中信自身不仅能积累海量用户数据，还能提升用户黏性和忠诚度，令中信品牌与用户的“结缘”更加紧密。

做好企业的“第四张表”。中信集团领导曾经提出，过去企业都说“三张表”，未来应该加上“第四张表”——数据资产表。数据是数字化时代最重要的生产要素，对于未来产业布局、产业升级的价值不可估量。中信集团希望积累丰富的产业数据，挖掘数据价值，从而洞察市场和用户、掌控经营管理的方向和风险。例如，在金融领域，百信银行通过大数据、人工智能等新技术形成立体的用户画像，根据用户的消费习惯、风险偏好等数据，为用户量身定制个性化金融产品。在现代农业领域，隆平高科通过数据建模，选择理想表型对应的模拟基因组，大幅提升育种效率；将不同地区的物候、气象、海拔数据与农作物已知产地的数据作对比分析，预测合适的种植地，辅助基地选址。

初显价值效益

中信做“互联网 + 转型”，除了关注公司业绩、产业效能的提升，还希望实现“企业气质”的塑造和传递。在过去 40 年的发展中，中信有过太多的“首次”和“第一”，而今天中信所做的产业互联网探索，在中国乃至全球范围内同样是“首次”。既无现成路径可循，也无成熟模式可参考。正如常振明董事长所说:“创新就是探索，要坚定地走下去。今天探索得对与不对，需要未来检验。”2018 年 11 月，在乌镇世界互联网大会上，互联网领军人物纷纷表示对未来产业互联网机会的看好。

中信集团亮相第五届世界互联网大会（左一为作者）

这也在一定程度上说明，中信当初选择做产业互联网的方向是正确的，只不过现阶段的价值体现尚不明显。如果把产业互联网之路比作马拉松，那么中信才刚刚离地起跑。经过3年的努力，中信的“互联网+转型”取得了阶段性成果。

集团跨入数字化新赛道。中信以“轻资产、快见效”的方式推进项目，不断迭代更新，以“极致的速度”跨入数字化新赛道，完成战略、平台、团队布局，形成平台与应用“双轮驱动”的局面，并探索出一条适合大型企业集团的数字化道路。我们将IT资源服务化，通过云中介服务的方式提升供给侧技术能力，解决需求侧对新技术的快速获取问题。这样一来，创新门槛被大大降低，更有利于实现技术与业务融合创新，从而为大规模的开放共享创造了条件。“中信速度”之快从这组数据中可见一斑：中信移动社交平台从开发到上线仅耗时1个月，“互联网+党建”平台耗时1个月，“党费通”耗时2个月，高管看板耗时3个月，“中信云”耗时3个月……

在战略方面，集团围绕“整体规划、分步实施、先易后难、一司一策”的策略，制定了“3+2行动纲要”“五大战役·十大攻坚战”“数字中信2020”等规划和指引，建立了“集团领导挂帅+工作小组推动+信息技术管理部强化管理+云网建设运营平台+子公司创新应用”的治理结构和工作模式。2018年1月19日，中信集团与腾讯签署战略合作框架协议，共同探索实体产业的数字化转型升级路径。在平台方面，集团持续提升平台供给能力，更广泛、深入地为子公司提供技术服务。2018年，云计算、大数据、物联网平台均完成了版本升级，新建机器学习平台。截至2018年12月底，“中信云”平台已集成阿里、腾讯、百度等60多个合作伙伴，为176家企业用户提供优质的基础设施、技术平台、软件应用和云计算等服务，169家中信子公司实现应用“上云”，用云量是2017年的3倍。支持陕煤化工集团搭建“陕煤云”，标志着

“中信云”的对外能力输出迈上新台阶。在团队方面，集团设立了中信云网公司和中信科技公司，从市场上引进了一批科技人才、数据专家、运营团队，从子公司借调和聘用了一些业务技术复合型人才；对标互联网公司的运作模式，培养团队的主动创新和协作精神，提升团队凝聚力和工作效率，信息技术人才队伍的“狼性”战斗力显著增强。

建立有中信特色的创新机制。“互联网+”绩效考核聚焦数字化技术对企业价值链和平台能力的提升，搭建了三级考核体系，考核与激励并重，在动态调整中引导战略落地。“互联网+双创”打造内部孵化模式，通过制度创新、孵化支持、资源供给突破原有体制机制约束，激发各级员工创新创业潜能和热情。中信集团专门设立2亿元双创孵化基金，推出双创人才八项激励试行政策，引入内外部导师、投资机构、律师和会计师事务所等资源和专业孵化团队，为双创项目提供辅导和支持。双创团队先后举办两期创新项目征集活动，从234个项目中甄选出23个项目，最终有7个项目签约并进入孵化。

数字化创新应用燃起星星之火。按照王炯总经理的要求，子公司数字化创新应用最终应实现四个方面的价值：一是提质，二是降本，三是增效，四是提升用户满意度。在集团的积极推动下，很多子公司已经开始行动起来。2018年，中信共涌现出260余项数字化创新应用，其中100多项已经“上云”；“锡狄克”创新集训营吸引了269位创新员工加入，形成了175项创新方案；中信青年“金点子”创新创效大赛涌现出一批极具创新性和推广价值的项目，其中数十个项目获得“中信双创重点培育项目”证书。部分子公司已走在创新发展前列，如中信银行、中信医疗、隆平高科均制订了企业级的数字化发展规划，中信戴卡数字可视化工厂于2018年底投产，中信泰富特钢集团的加热炉智能燃烧项目已实现单厂节能9%，等等。

创新示范应用的价值开始显现。2017年以来，中信的四个创新示

中信集团发布美好生活“中信优享 +”品牌

范应用已经初步体现出价值。在美好生活领域，“中信优享 +”平台于2018年9月正式发布，首批成员包含中信银行、中信证券等7家中信子公司，未来还将连接更多中信成员企业及外部合作伙伴，为用户提供更多元的服务和更优质的体验。2018年底，“中信优享 +”用户突破千万，向亿级用户平台的目标迈出了坚实的一步。在大宗商品流通领域，中信梧桐港供应链管理有限公司作为仓储物流项目的孵化企业，于2018年6月在天津注册成立。公司在可信仓单体系、风险控制等方面的实践获得业界肯定，在第十届中国物流信息化大会上被评为“2018中国物流信息化十佳应用企业”。其投资主体中信金属集团于2018年9月入选国家商务部公布的全国供应链创新与应用试点企业名单。在数字制造领域，中信重工正在由一家传统的装备制造商向解决方案提供商、软件服务提供商转变。2018年，中信重工“矿山装备工业互联网平台”入选国家工业互联网试点示范项目，为河南国联水泥骨料线输出解决方案，已完成一期项目并签署了五年的服务合同。未来，中信重工将面向国内矿山装备行业，逐步构建以物联网平台为核心的智能制造和工业互联网生态圈。在智能建造领域，中信工程通过建筑数字化、智能构建库、云商招标采购、工程金融服务与云技术支持，力图打造“互联网 +BIM”的 EPC 平台和工程建设全产业链生态系统。

创新型子公司则结合实际业务，将信息技术与传统产业融合落地。例如隆平高科以人工智能、分子育种等高新技术辅助贯穿育种工作的全流程，大大提高了育种效率和能力；还运用无人机进行精准喷洒和夜间作业，采集数据作进一步分析。中信湘雅医院引入全球首个“人类染色体影像处理系统”，可实现从显微成像后的染色体图像到染色体核型分析报告的全自动处理，未来有望将诊断效率提高 50% 以上。

数字化示范企业的影响力日渐凸显。作为一家“建在‘云’上的银行”，百信银行已经由数字化走向智能化，利用 AI（人工智能）构建金融大脑，驱动用户服务、产品创设、风险管理和经营决策。目前，百信银行已实现自主知识产权 20 余项，科技人员占比 60% 以上，科技投入占总投入 60% 以上。中信戴卡的数字化工厂实现了生产线的高度自动化和智能化，通过数字制造系统打造柔性定制能力，实现全价值链真正“智造”。2017 年，其全资子公司秦皇岛信智信息技术有限公司成立，在推进自身数字化工厂建设的同时，还向加盟企业、合作伙伴输出能力和解决方案。

直面问题和挑战

任何创新都要经历一个由点及面的过程，作为资产规模超过 7 万亿、业务横跨 50 多个行业的大型综合性集团，中信的“互联网＋转型”不可能一蹴而就，在战略实施过程中必然面临着不少问题和挑战。

目前，中信的数字化应用大多仍处于初级阶段，创新点比较零散且大多集中在非主营业务上，对主营业务转型升级贡献的价值尚不明显。究其原因，主要是技术与业务深度融合不够；其次是部分子公司由于历史发展原因，信息化基础较为薄弱，缺乏数据积累；三是部分子公司业务理念传统，对互联网技术带来的变革认识不足，数字化意识不强；四是数字化人才队伍建设有待加强，尤其缺乏适应“互联网＋转型”挑战的专业人才。

对此，中信集团采取了一系列举措，并收到良好成效。一是由“互联网＋转型”工作小组牵头，从集团层面加强统筹、推进和引导，通过党委中心组学习、专题研讨会等多种形式强化战略宣导，通过调整绩效考核导向让子公司转变观念、统一思想，鼓励子公司将数字化作为业务运营和拓展的重要手段，推动各层面创新。二是强化平台专业化运营，不断优化技术平台、用户云联盟和产业云联盟，着力打造“中信云”、“中信优享＋”和中信工业互联网，加大平台和技术供给能力，开展数据治理工作，不断提升子公司的数字化成熟度。三是推动子公司参与制订行业解决方案，促使业务和技术向纵深融合发展，找准合适的业务场景和切入点，帮助子公司实现转型升级。四是鼓励子公司培养和招聘数字化人才，加强科技队伍建设；集团与子公司之间开展干部交流，借助外部资源强化专业科技人才力量；引进先进的管理理念，激发团队活力，提高创新效能，共同推进“互联网＋转型”工作。

习近平总书记多次提出，我国要加快数字经济发展，为世界经济发展增添新动能。2019 年和 2020 年将是中信“互联网＋转型”的“深化之年”与“决胜之年”，作为集团“互联网＋转型”战略的积极践行者，我希望集团到 2020 年能够转型为真正的数字化企业，通过对产业互联网的不断探索，为中信做强做优做大发挥更大价值，为中国的数字经济发展注入新活力。

我与苏州分行的情缘

中信银行战略客户部总经理　温金祥

当提笔写完这篇“我与中信”征文时，我的岗位已经有了新的变化，从中信银行苏州分行党委书记、行长任上调往中信银行战略客户部，但我仍想把我与苏州分行的故事记录下来，作为对自己大半职业生涯的纪念和回顾。2019年是中信集团成立40周年，也是苏州分行根植姑苏大地的第26个年头。作为一名伴随苏州分行一同成长的老员工，我几乎见证了苏州分行的全部发展历程，深感有幸参与其中，获得了一个锤炼素养、干事创业的人生舞台。

一

岁月悠悠，26载光阴倏忽而过，在中信银行苏州分行这个艰苦创业的大熔炉中，我一步一个脚印地成长起来，完成了从一名普通员工到分行行长的转变。

1993年，苏州分行成立当年，我从高校毕业进入中信银行工作。我清晰地记得入行后的第一个岗位是柜员。当时没有电脑，只能手工记账，一册册账本被编好号码，分门别类地摆在台面上。如果当天一个客户来几次，就要将账本拿出来几次。为了准确迅速地找出账本，我总是在有限的空闲时间里，将抽出的账本按编号及时归回原位。聚沙成塔，贵在坚持。如今回想起来，我职业生涯的起步阶段便在分行初创时的艰辛中打下了艰苦奋斗的烙印，深刻体会到中信砥砺奋进的精神。

苏州分行26年的成长历程，大致可以分为三个阶段。1993年至2003年的第一个10年是初创发展阶段。其间有一件事，让我永难忘怀。1999年10月4日，我作为分行信审部经理赴北京参加中信公司成立20周年纪念大会，并作为中信银行系统18人之一，入选“百佳中信人”，成为当时五万多名中信员工的代表，荣幸地受到时任国家副主席的荣毅仁老董事长接见。老董事长和中信公司领导一起为我们颁发了金光闪闪的奖章和证书。入行短短6年时间，就获得这么高的荣誉，对于年轻的我，无疑是一种极其重要的肯定和激励。许多年过去了，那个光荣时刻一直是我奋斗前行的强大动力。

2003年至2013年的第二个10年是改革发展阶段。苏州分行跟上了时代的发展浪潮，业务拓展步入快车道，一举奠定了其在当地股份制商业银行中的龙头地位。虽然2005年我从分行副行长任上交流到大连分行，又履职总行公司银行部总经理，但心里总是时刻牵挂着这方我的中信事业启航之地。

2013年至2018年的5年是转型发展阶段。为适应经济大环境的变化，苏州分行着力加快经营转型，推动改革创新，强化风险管控，积极探索“集中化、集约化、扁平化、专业化”的城市分行发展模式。分行高质量的发展取得新的成效，在当地股份制商业银行中保持了最高评级，我也一直为此感到自豪。

二

2013年5月，我从中信银行总行回到苏州分行工作，担任分行党委书记、行长。这一年是党的十八大召开后的第一年，以习近平同志

作者代表中信银行20年年功纪念章获得者发表感言

为核心的党中央开创了全面从严治党的新局面。肩负组织的信任和重托，我始终牢记分行党委书记的第一身份，忠诚履职，努力当好一名“班长”。

回想起来，一幕幕场景历历在目：党委会上的群策群力、民主决策，民主生活会上的红脸出汗、触及灵魂，理论中心组学习会上的体会交流、思想升华，讲党课的党性锻炼，讲案例的自我警示……2018年，我带领分行班子成员和中层干部赴井冈山开展领导力提升培训，这是我第三次现场学习井冈山精神。在结业典礼上，我动情地讲到井冈山精神对当前分行转型发展的引领作用，勉励大家不忘初心、牢记使命，在面对外部复杂经营环境时，锐意改革创新、顽强努力拼搏，打好转型攻坚战。两名非党员中层干部在培训中很受触动，回到单位就向党支部递交了入党申请书，表示要以一名党员的高标准严格要求自己，努力为中信事业多作贡献。

5年来，我常思“责任重大、使命光荣”，一心一意谋划分行发展，始终秉持“党建工作也是生产力”的理念，把从严治党视为最大责任，建强党委班子，凝聚全行力量，推进全面从严治党、从严治行；一锤一锤钉钉子，一件一件抓落实，久久为功，使党建引领银行发展的理念在分行落地生根。坚强的政治保障，将分行带上了高质量发展的轨道，分行的风险管理和资产质量在严峻的经济形势下依然保持了较高水平。

5年来，我着眼长远，以“功成不必在我，功成必定有我”的政绩观，持之以恒地履行管党治党责任。抓政治建设，发挥分行党委“把方向、

苏州分行党委被评为中信银行2017年度“先进基层党组织”

管大局、保落实”的领导核心作用；抓思想建设，组织“三严三实”专题教育、“两学一做”学习教育活动，开展党的十九大精神宣讲；抓组织建设，将支部建在连上，压实“一岗双责”；抓作风建设，严格落实中央八项规定精神，纠“四风”、树新风；抓纪律建设，建立警示教育常态化机制，对违纪违规行为保持高压态势，严肃执纪问责。这些年，我始终在思考党建引领的有效方法和手段，在探索党建与经营管理深度融合上下功夫。对外与分行战略客户党组织开展党建联学，加强党建工作交流，谋求深度合作；对内要求管理部门与经营机构党支部开展结对共建，共促堡垒建设，加强服务指导。党建工作和经营管理“两手抓、两手硬、两促进”的经验与做法，使分行党委获得了2017年中信银行“先进基层党组织”称号。

三

在抓党建和经营管理工作的同时，我时刻不忘企业文化是企业的灵魂，是凝心聚力、推动长远发展的永恒动力。5年来，我致力于加强分行文化软实力建设，搭建有效载体，将“客尊、诚信、创新、协作、卓越”的中信银行核心价值观融入每位员工的血液，力求做到内化于心、外化于行。

2013年起，我挂帅组织分行的文明单位创建工作，以创建工作为抓手，全面推动分行企业文化建设。我牵头制订了创建工作长期规划，持续加强员工教育与行为管理，开展文明宣传，弘扬志愿服务精神，积极履行社会责任，倡导文明风尚，建设满意窗口，通过全方位、立体式的创建活动，着力增强员工队伍文明素质。在大家的共同努力下，分行先后获评“2012—2014年度苏州市文明单位标兵”“2013—2015年度江苏省文明单位”“2015—2017年度苏州市文明单位”“江苏省五一劳动奖状”等荣誉，树立了良好的企业形象，品牌影响力持续提升。

与此同时，我们在加强分行创新能力方面也颇有成效。创新是中信集团的优良传统和宝贵基因，作为一名老中信人，我对此深有体会。越是外部经营环境复杂，越是在改革发展中遇到阻力，越要传承发扬创新精神，走好新时代的长征路。这些年，我从文化、制度、人才、技术、资源、平台等方面入手，努力为分行创造良好的创新生态系统，推动创新驱动战略实施。我牵头打造了“创客+”人才培养项目，引入“举手制”，建立并制定“创客营”“创意营”“创效营”“创信营”四阶段的标准流程，实现“创意—创新商业计划—创新实践行动—创新成果”的有效转化，激发了全行员工特别是青年员工积极创新的动力。该项目获评“2017年度中国企业最佳学习项目奖”。近年来，分行一大批创新业务和产品成功落地，在苏州乃至全国创下多项第一：全国首单民营企业“一带一路”专项债券、全国首单公交客票收益权绿色ABN(资产支持票据)和全国首单区县级ABN项目、全国首单社区商业REITs(房地产信托投资基金)业务……分行也因此赢得了创新性银行的良好口碑。

忆往昔，岁月峥嵘；展未来，辉煌待续。迈进新时代，苏州分行的发展进入了新的三年战略发展期，相信在全体员工的共同努力下，苏州分行的未来一定天地广阔、大有前景。作为一名中信人，我也将在新的岗位上一如既往，不忘初心、砥砺奋进，为建设有担当、有温度、有特色、有尊严的最佳综合金融服务企业，写好自己人生的新篇章!

愿企业文化之树常青

中信银行党群工作部副总经理　朱立群

2019年是中信集团成立40周年，也是我在中信银行工作的第13年。从业多年，我分别在国际条线、运营条线工作过。2015年10月，根据岗位安排，我开始从事银行党建工作。2017年8月，我接到了一项极有意义、富有挑战的任务——修订和完善《中信银行企业文化手册》。

中信银行党委对手册修订高度重视，明确了“强调党的领导、传承中信文化、突出我行特色”的指导思想和“兼顾历史沉淀与时代感并重、兼顾前中后台文化、兼顾企业和员工不同角度、兼顾理念传导和自觉实践”的原则，要求新修订的企业文化手册“既要有厚度、出精品，又要接地气、具有可读性”。中信集团副总经理，中信银行党委书记、董事长李庆萍同志亲自部署、提出思路，多次组织研究，听取工作汇报，并在党委会上讨论审议。中信银行纪委书记莫越同志作为分管领导主抓这项工作，明确制定了相关要求和任务分工。

如今回想起来，整个手册编制过程时间紧、任务重，如同植株种树，须下一番力气和苦功，精心栽培，才能收获从扎根培土到开花结果的喜悦。2018年2月，在全国分行行长会议上，《中信银行企业文化手册（2.0版）》正式发布。这是我们拥抱新时代的顺势之作，是行庆30周年的献礼之作，也是中信银行新三年规划的启航之作。

扎根培土

2017年8月29日，《中信银行企业文化手册》修订工作小组正式成立，我们召开了第一次工作例会。工作小组抽调了总行审计部杨雅琛、长沙分行吴良夫、太原分行张禾和信用卡中心施思四位同志为组员，分任务、分阶段执笔起草；总行党委宣传部党务处张伟、王思宇两位同志和总行机关团委全力支持配合。工作小组成员来自总行、分行和子公司不同条线，为确保大家专注高效地完成这项“不可能的任务”，我采取了项目管理制，全程牵头进行统筹协调和组织推动。

“一定要做一本人人愿看、主动要看、真正入脑入心的《中信银行企业文化手册》！”我在心里反复默念这个理念。愿景、使命、核心价值观、党建、团青、社会责任、文化故事……需要整理的材料千头万绪，我们抓紧时间讨论方案、碰撞思路。就这样，五个人、五台电脑，开始了手册的编写工作。我们的常驻办公地点是L层216会议室，不到10平方米的空间里，圆桌上、地板上铺满了各类书籍和参考资料。素材整理是写作的基础，“根”扎得越深，写作才会越顺畅，新版手册这棵“树”才会枝繁叶茂。古人云，“读书破万卷，下笔如有神”，博览群书，把各类材料读懂读透，落实到笔下才能得心应手。

对我们而言，素材整理的过程也是深入学习的过程。由于白天大家都有工作，我们就利用下班时间和周末，深入学习中信集团和中信银行的企业文化内涵，慢慢摸索文化建设的核心。庆萍董事长一贯高度重视企业文化，我们仔细揣摩她提出的“九个坚持”“五个意识”“六种能力”，将其作为核心要义，融汇于银行企业文化中。我在从事党建工作的几年里，也深刻体会到管党治党、全面从严治党要求不断向纵深发展，应将党建文化与企业文化深度融合，并以一种创新的方式展现出来。在总行党委的指导下，我们首次将党建文化引领写入企业文化中，围绕加强党的领导、推进党的建设、全面从严治行，汇编形成了13个模块化专栏，提炼了诸如“小叶书记”“青年志愿者工作小记”等多个鲜活故事以辅助阐释文化理念。

我们用两个月的时间研读了行领导重要讲话30余篇，梳理了我行近三年来的“大事记”百余件，整理了我行党建纪检工作动态60余篇，参阅了中信集团及我行企业文化书籍10余册，收集了康恩贝、国家电网、中国工商银行、华为等10余家公司的企业文化手册和案例，调研了我行信用卡中心、京东方等内外机构企业文化的建设情况。为保证写作进度和文字质量，我们定期召开讨论会并做好记录，确保工作有条理、可追溯。大家加班加点，任劳任怨，经常挑灯夜战到凌晨，以追根究底的精神为手册修订奠定了良好开局。

立干萌芽

对于新版企业文化手册，庆萍董事长多次强调要体现传承创新，“既要遵循企业文化发展的普遍规律，又要体现中信银行企业文化体系的自身特色”“既要传承传统文化的要义和精髓，又要符合现代金融企业的商务气质”“既要有相对专业化的理论知识和逻辑结构，又要书写中信银行人自己的故事和风采”。如何以一个合适的大纲和基础性框架，在涵盖文化体系原有的传承篇、价值篇、行训篇等内容的同时，创造性地体现我行近年来的发展实际和文化创新，是摆在我们面前最大的难题。

万事开头难，破题是关键。我们到处翻阅资料，寻找可用线索以启发灵感。工作小组反复讨论，多次咨询请教外部专家和企业文化处张喆等第一版手册编写组的同事，绞尽脑汁提出了几种框架方案后，还是不满意，总感觉理念表达和文字表现不够贴切到位。直到我们猛然在中信银行企业文化微信订阅号“信银文化”上萌发了灵感，思路才逐渐清晰起来——何不以“信”“银”“文”“化”四个字来引领和串联手册大纲的主体篇章？“信”是中信银行与中信集团的企业文化渊源，“信以为本，循而行之”；“银”即中信银行自身价值理念体系，“兴银有方，文化治行”；“文”主要体现中信银行行训行规，“文以载道，以文化人”；“化”则包括中信银行网点标识和品牌形象，“内化于心，外化于形”。就这样，用了近一个月的思考，新版手册的主体框架基本敲定。

好的开始是成功的一半，我们信心满满继续前进。

抽枝生叶

在“信银文化”框架的指引下，我们开始了主体内容的创作。如何使我们的读者——银行5万多名员工在拿到手册后，能迅速理解、认同、铭记全新的文化体系，是摆在我们面前的又一大难题。我带领工作小组的成员开始了新一轮的头脑风暴。

“手册改版工作，需结合我行近年发展实际进行补充和完善，应进一步体现我行企业文化体系的完整性、整体性和逻辑性。”

“内容上应更具实用性和可读性，要有我们中信银行人的风格。”

“企业文化手册的内容应起到深化文化影响力、提升文化生命力的作用，要能引起读者共鸣。”

……

组员们积极表达着自己对企业文化的认知和对手册内容的建议，思想火花不断迸发。

我脑海中突然产生了一个灵感：“我们能否把企业文化的内容，用通俗易懂的语言，概括为一条一条的法则呢？”企业文化本身就是我们普遍认同的心灵契约，是不约而同的行动纲领和行为准则，何不把企业文化体系转化为条目式的法则呢？这个想法得到大家的一致认同。

作者（左二）带领工作组成员讨论企业文化手册编撰思路

于是，“以客为尊，提升专属价值体验”“创新无极限，每天新可能”“让追求卓越成为习惯”“公司是船，我在船上”“心存感恩，成就人生支点”等条目相继诞生，成为中信银行新版企业文化手册内容的“三十二条法则”。

写作是艰苦的。我们希望这本手册有情怀、有温度，能使所有读者从中找到共鸣和力量，做我们的同路人；我们也希望这本手册有底蕴、有厚度，每一位中信银行人都能从中看到历史、学到精髓、找到自我，在文化的引领下，眼前有方向，心里有热情，身上有干劲儿。我们诚惶诚恐，反复推敲，将“三十二条法则”不断打磨，使它们愈加凝练、愈发精准。配合“有担当、有温度、有特色、有尊严”的最佳综合金融服务企业的“四有”愿景，我们重新定义了“为客户谋价值、为员工谋幸福、为股东谋效益、为社会尽责任”的“四为”使命。我们希望“信银文化”成为一种印记、一种氛围、一种信仰、一种力量，让大家读得进去、学得明白、看得生动、记得深刻。

在手册编写即将进入尾声之际，我们愈发觉得言有尽而意无穷。如何让每一位读者都成为中信银行文化的践行者，带着对这一问题的思考，我们一气呵成，完成了结语《我们为中信银行代言》。这是创作过程中的豁然开朗，是素材积累基础上的飞跃，是众人写作实践的升华。

开花结果

手册的主要创作基本完成，接下来要做的就是精心修饰、装点这棵“树”，静待花开，期待收获。

那些日子我一直在思考，如何让手册整体更加丰富完善，内容更加立体，形式更具中信特色，读起来更让大家喜闻乐见。《中信银行人》系列企业文化故事集帮我们找到了答案。编制手册的初心，就是以中信银行人讲述中信银行故事，传承中信精神，凝聚共识。在故事集里，我们读到了员工奋战基层、以行为家，开拓业务、以客为尊，创造价值、奉献自我等感人事迹。我们从中精选汇编了 18 个最有代表性和感染力的故事，按照核心价值观、行为规范等关键词分条分类，作为对文化阐释的“链接”。记忆最深刻的是“印象中信”这一“链接”。想要讲好荣毅仁老董事长的故事并不容易，我们每个人都重读了《荣毅仁》《永远的荣老板》等图书资料。我还带着组员拜访了荣老生前身边的工作人员，聆听荣老和中信早期的创业故事。我们都被荣老高瞻远瞩、心系天下、淡泊明志的胸怀和格局打动，写下了“印象中信”的篇章。

此外，手册的整体装帧设计也是点睛之笔。在中信出版集团的支持下，考虑到阅读体验和现代人阅读习惯，我们在手册风格、设计元素、排版方式、字体字号等方面进行了多种尝试，在细节上反复打磨，力求使手册完美呈现在大家面前。为确保手册在全国分行行长会上“闪亮登场”，两天两夜我们的脚步没有离开过排版室，全程跟进文字校对、手册设计、排版印刷等十余个工序环节，保证每个细节准确无误。在手册完成之际，我们还设计制作了“信银文化”思维导图，对手册的创作思路还原展示，对篇章结构逐层解析，便于大家阅读理解、强化记忆。周密的准备工作，使新版手册受到总行党委的肯定，在党委会上一次通过。

《中信银行企业文化手册（2.0版）》是几代中信银行人智慧的结晶。感谢总行党委的信任，让我有幸参与并见证了它的诞生过程。如同树木生根发芽、成长结果，其中每一步都离不开工作组几位85后年轻同志攻坚克难的精神，离不开总行党委的关心和支持。特别是庆萍董事

中信银行董事长李庆萍出席新版《中信银行企业文化手册》发布会

长一贯重视文化建设、突出党建引领、强调经营哲学，多次亲自指导。正如她在手册寄语中所说：“山高人为峰，中信银行人需要以这样一份文化自信，增强干事创业的勇气和底气。”“信银文化”的引领，让我们如此相同，又让我们如此与众不同。我们相信，每一位中信银行人都会成为企业文化的践行者和传播者。目前，《中信银行企业文化手册（2.0 版）》已推广至全行 5 万多名员工，新版文化标准字和海报也已全面上墙。2018 年底，展现我行企业文化体系精髓的“中信银行故事汇”（第三季）温情推出，掀起了全行学习典型、传播文化理念的热潮。在业务拓展方面，新版手册也成为不折不扣的“利器”。国家机关事务管理局等党政机关和企业客户通过这本手册了解了中信银行、了解了中信银行人，不仅使我行品牌、文化得到认可，也增强了客户黏性。

如果说企业文化是一棵树，我们唯愿它在阳光雨露的滋润下，在众人齐心协力的浇灌下，根深叶茂、参天入地，永远葱葱郁郁、四季常青。

“两高人才”培养那些事儿

中信银行人力资源部　祝文博

2019年是中信集团成立40周年。40年来，集团发展取得的辉煌业绩，离不开一辈辈中信人的辛勤努力和无私奉献。“人才兴则国兴，人才强则国强”，人才是一个国家、一个企业实现长远发展的核心竞争力。作为一名在中信银行总行从事人才培养工作的员工，我深知人才队伍建设对企业基业长青的重要意义。回顾这几年的工作经历，能参与中信银行“两高人才”培养这一重大项目，为总行人才队伍建设献一份绵薄之力，我倍感荣幸和难忘。

重要却棘手的项目

2018年初，为适应形势发展和改革需要，中信银行制订了2018—2020新三年发展规划，将建设高水平专业人才队伍和高潜质青年骨干人才队伍（简称“两高人才”）作为人才战略的重要工程。总行首批选拔了500余名高水平专业人才和800余名高潜质青年骨干人才，计划一年内完成集中培训。按照部门岗位职责，集训由总行人力资源部培训团队负责，我作为项目经理牵头相关工作。

接到这项任务后，我一度感到迷茫。一方面自己轮岗后从事培训工作的时间较短，虽然以前也曾组织过校招新员工、内训师、新任高管副职和处长等培训班，但每次学员总数从未超过200人，在大型培训项目的组织上缺乏经验；另一方面，如何培养专业人才和青年骨干这两支具有重要战略意义的人才队伍，培养方案应如何制订，主题、形式、内容、排期应怎样安排，没有既往案例可以借鉴。在项目筹划阶段，我查找了不少业内培训资料和项目档案，也多次与外部供应商交流市场前沿项目，但依然苦于理不清头绪，无法在短时间内形成一套明确、可行、有针对性的培训方案。

时间一点点流逝，随着项目启动日期日益临近，我的焦虑感不断加重。部门及处室领导与我进行了多次谈话，一方面强调培训项目的重要性，另一方面也给予我充分的肯定和信任，鼓励我勇敢面对挑战。至今回想起来，我仍清晰地记得领导用铿锵有力的语气对我说："要相信自己的能力，一定能做好。""坚定信念大胆去做，出了问题我们帮你扛！"正是这些鼓励让我重拾信心，既然没有现成的模式可以遵循，那就自己摸索出一条新路来！

在与部门领导同事一轮又一轮讨论后，在大家不遗余力地进行头脑风暴、出谋划策后，虽然项目整体方案没有确定，但有两个最关键的培训思路已经成形。一是培训主题的设计。要使两支队伍达到承接总行战略、肩负银行未来发展重任的培养目标，必须提升队伍能力，所以"能力提升"是培训项目最重要的主题，即让学员通过集中培训开阔视野，在知识和技能层面有所收获。按照这一思路，我们对1 300名学员的情况进行了摸底，综合分析年龄、岗位、工作年限以及能力评测的结果，初步确定了两支队伍除全部需要学习全行战略和合规文化之外，专业人才队伍的培训以宏观形势、行业前沿、同业项目经验等课程为主，青年骨干人才的培训则以自我认知、沟通协作、影响力等软能力的提升为主。

二是培训课程的排期。首先从培训主题考虑，授课采用讲座和讨论相结合的模式更好，因此小班教学、每班几十人更适合；其次在单期培训班的学员构成方面，专业人才的工作经验普遍丰富一些，青年骨干则更有朝气和活力，采用AB班同时同地开班授课的模式，能够帮助两支队伍的学员互相学习、取长补短，更有利于大家的成长；最后从项目管理角度看，同时开课的班级最好不超过3个，以便整体管理，各期培训班之间也需要留出一定时间做阶段性总结和优化。按照以上思路，我们决定每期培训班安排专业人才和青年骨干各50人参加，分别组成小班同时同地开课。每期培训1周时间，每月安排2～3期培训班，用5个月的时间将总计13期培训班全部集训完成。

按照以往经验，培训内容和排期确定下来，就基本可以保证项目按期推进。然而对于如此庞大的培训计划，按期推进只是最底线的要求。总行为这个项目投入了大量资源，总、分、支行的各个业务条线，都在尽力协调学员脱产一周安心学习的机会，大家都对这个项目寄予厚望。无论如何，我们也不能只满足于按期推进、按期完成，一定要把各个环节做到最好！

不断优化的环节

项目正式启动，前两期按计划顺利完成了。阶段性复盘时，我们总觉得哪方面做得还不够好，到底是什么呢？

我们调研了每一位参训学员的感受，除了对部分课程的优化建议外，很多人提出，培训期间感到“两高人才”的每个人都有很优秀的个人能力。大家在共同学习中，特别是在协力完成某一项任务时，能清晰地看到身边学员的闪光点。大家彼此欣赏、相互帮助、共同提高，是培训中最大的收获，希望能有更多机会进一步学习交流。

这令我们感到意外。培训班团队任务的设计，以案例挖掘和课题研究汇报为主，本意是希望大家在培训期间学以致用，将课程中所学知识技能融会贯通，运用到实际问题的解决中。没想到在此之外，“两高人才”本身具有的优秀特质和丰富经验还吸引和激发了学员的学习意愿，使大家更乐于与身边出色的人沟通交流，互促共进。

鉴于此，我们重新梳理了培训目标，在“提升能力”的主题之上，增加了“搭建平台”的主题。目的是营造良好的班级氛围，培养学员之间充分的信任感，加深友谊，让大家更愿意主动分享、主动付出，在培训中发现彼此长处。与此同时，积极打造“两高人才”长期交流平台，使学员在培训结束后仍能保持工作、生活、学习上的紧密联系，互相激励，在实现中信银行共同愿景的道路上，成为真正携手互助、并肩前行的伙伴。

于是我们从学员参训报到开始，对每一个环节进行优化。首先是团队组建和拓展训练环节。每期培训班均安排了报到当晚和第二天全天的拓展训练，为了避免部分学员过于熟悉而影响团队整体气氛，培

培训班学员集体诵读中信银行企业文化誓词

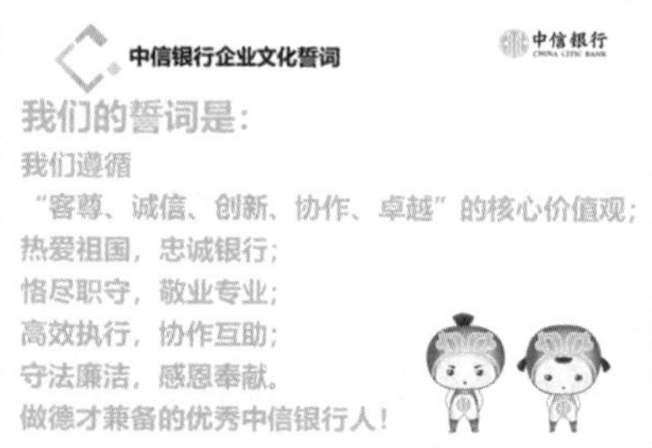

训班特别将同一分行的学员安排到不同小组；拓展任务也变更为小组之间的体力脑力比拼项目，使小组成员能够迅速了解彼此；拓展训练期间的用餐由自助餐调整为小组桌餐，让大家在短短一天内便进入彼此信任的状态。

接下来是分享生命地图环节。生命地图，意为回顾自己过往生命历程，回想对自己成长影响较大的某个人，或者亲身经历的某件事，或者某个重要的见闻，将这些人、事、见闻记录下来形成自我生命的一张地图。分享生命地图环节安排在团队拓展训练当晚，大家在已经基本熟悉彼此、心理安全感较高的情况下，依次诉说自己生命历程中重要的节点和感受，形成温馨的团队氛围。这一环节的初衷是从情感上拉近大家的距离，让每位学员在分享自己的故事和聆听他人的故事中，产生共鸣，进一步增强对团队的信任和认可。

我们在培训的第三晚安排了实践案例分享，即参训学员每人提前准备一个优秀实践案例，在小组内部做分享。分享案例的背景、遇到的困难、解决困难的思路、案例结果以及总结反思等，从业务角度和理论角度，讨论项目的得失。在这一环节，大家一方面能了解不同地域、不同条线、不同岗位工作的内容，拓宽视野；另一方面也能学习他人在面对问题和挑战时，分析解决问题的思路和方法，进一步增强团队凝聚力。我们还加设了即兴演讲环节，话题涵盖工作、学习、生活多个方面。通过即兴演讲，大家既可以将白天课程中学到的知识技能加以运用，也能提升表达能力，克服在众人面前演讲的紧张感。更为重要的是，能在对同一话题发表见解时表露个人的人生观、价值观，并经此发现志同道合的朋友伙伴。

此外，培训班还安排了内容丰富的团队任务，有专业层面的案例分析汇报，有多彩活泼的小组视频展示，有充分发挥小组创意的团队合影拍摄……由于任务压力较大，很多团队连续几天熬夜至凌晨两点。

也正是因为大家一起努力顶住压力完成任务，团队成员的目标性更加一致，向心力也不断增强。在培训的最后一晚，我们设置了礼物互赠环节，礼物内容是一张 A4 纸，每人 1 页，由团队成员依次描绘和评价对某一位学员的印象——他在培训中有哪些闪光点，有哪些不足，对他未来成长道路有哪些建议。在每个人将团队成员依次回忆一遍的过程中，学员间的感情又一次得到升华。

在学员管理方面，培训班倡导自我管理的方式。每个小组民主推荐产生 1 位组长，组长组成班委会。培训期间严格的纪律要求和繁重的任务安排通过班委会传达给全体学员，学员在培训期间的诉求也可通过班委会反馈给工作组。这种方式与工作组直接对接学员的方式相比，能让学员在团队内部更真实地展示自我，有利于团队建设。

中信银行成立三十多年来，第一次启动如此大规模的人才培养项目，范围之广、人数之众，总、分、支行投入的人力物力财力之多，史无前例，这足以体现总行党委对人才工作的高度重视。在集训项目筹备和运行阶段，总行人力资源部和培训中心的领导同事给予了充分的关注和支持。大家在日常繁忙工作之余，帮助我一起完成项目的设计、启动、推进和实施。身为项目经理的我，真切体会到大家为全行人才发展大计的无私奉献，我也深感肩上责任重大、使命光荣。

“两高人才”的 13 期培训证明，总行首批选拔的 1 300 名人才，在个人素养、专业水平、综合能力等方面，都是全行的精英、骨干，是中信银行未来参与市场竞争、引领行业大势的中坚力量。培训虽告一段落，但人才培养工作永无止歇。我真诚希望总、分、支行在他们成长的路上给予更多关注，也希望“两高人才”们能够不忘使命、勇攀高峰，为实现中信银行成为最佳综合金融服务企业的共同愿景而不懈奋斗！

诚信的力量

中信银行北京分行　刘　勇

古人称十二年为“一纪”，是木星绕太阳一周的时间。木星是一颗颇有“诚信”的行星，正是它周而复始的屏障式保护，地球才得以躲开众多致命小天体的撞击，为生命的进化、文明的演进赢得了宝贵时间。我，一名中信银行的普通员工，在2018年末也走完了作为中信人的“一纪”。从柜员到客户经理，再到部门副处长，时间不长不短，职级跨度不大，谈不上为企业发展起到了屏障作用，但我也自豪地凭借诚信的力量，收获了成长，做出了属于自己的贡献。

诚信“开门红”

2007年夏，我刚刚入职中信银行一年，柜员岗位见证了我从青涩向成熟的转变。

彼时，全行保险销售业务正如火如荼地开展，网点柜员成了销售主力军，肩负着为支行弥补这项业务短板的重任。领到产品销售任务后，大家都一筹莫展，一边苦思解决之道，一边也在暗暗观察身边同事的表现。

一天下午，一位中年女客户来到我的柜台办理业务，由于等待时间较长而显得颇为不悦，把我当成了出气筒，历数她对中信银行的不满。面对客户的抱怨，我始终保持微笑，用诚意的致歉和标准迎宾话术，慢慢换回了她的好脸色。“我想买点儿理财，小伙子，你给我推荐推荐。”这位女士递来一张中信银行贵宾卡。我双手接过并说：“好的，阿姨，我给您一份我行理财产品宣传，上面有各种类型的银行理财，您可以根据您的风险偏好和收益预期进行选择。”

我把理财折页双手奉上，一个想法在心中纠结：要不要把新上市的保险产品推荐给她，她刚才已经不太高兴了，会不会很抗拒？转念一想，我应该抱着对客户负责的态度，于是硬着头皮说道，“阿姨，我行最近有一款理财型的保险产品，收益不错，虽然没有募集型的银行理财高，但同时附加了一个意外险，还是比较实用的，供您参考”。

听了我的话，客户放下手中的理财折页，略带质疑地问：“这个保险的保额有商业险高吗？”我实话实说：“这是理财型的保险产品，坦诚地讲，保额比不过商业保险，收益也没有银行理财高。但它是一个比较综合的产品，额度与收益兼而有之，作为家庭理财多元化的补充，是很值得考虑的。”

话音刚落，客户笑道：“小伙子，你倒是挺实在的。我去过周边好几家银行，都一个劲儿地拣高收益的忽悠，不好的地方只字不提，也不管我的实际需求。你倒是诚信，敢于说出自己产品的优势劣势，因人而异，为客户量身定制。挺好，挺好！”

此前我心里还有些犹豫，听客户这么一说，不由长舒一口气：“您过奖了，这是我应该做的。跟客户说实话、讲诚信是我们中信银行最基本的要求。”

“就冲你的诚信，阿姨就在你这儿买了。我还要再多买两份，一份给我老伴儿，一份给我女儿。填单子吧！”客户爽快地说道。

面对突然的惊喜，我还没回过神儿来：“好的。您稍等，我去拿保单……”就这样，一次诚信的坚持，换来了一份意外的回报。

之后，我把诚信理念应用到各种营销业务和与客户的交往中，取得很好效果。记得有一个月，我卖出二十多份保单，远远超过了支行大部分理财经理的业绩。这让大家感到诧异，纷纷要求我传授经验。于是在月度分析会上，我作为典型发言，“其实真的没什么技巧，相比技巧，更重要的是秉持一颗真诚的心。跟客户讲真话，设身处地为客户着想，用诚信去感染客户。只要坚持，往往能得到我们意想不到的收获”。大家听后纷纷点头，会场响起了热烈的掌声。

我的诚信“开门红”，就这样不经意地发生了。作为中信“一年级”的学生，我自认为是合格的。

诚信“接力跑”

2012 年秋，带着六年柜台工作经验，我转到对公客户经理岗位上重新出发，接受新的挑战。

时隔半年，一次大考摆在了我面前。

A 公司是支行传统的国际业务大户，主要从事进出口贸易。一天，A 公司的财务主管找到我：“小刘，我们最近要向古巴出口一船芸豆，总金额大概 2 000 万美元，信用证结算。虽然我们跟客户关系很好，还有当地政府担保，但因为古巴正在受制裁，我们对这笔资金的回款不是很有底儿。你们行有没有什么解决办法？”

正好那两天分行刚给我们培训了信保融资业务，我认为可以向 A 公司推荐：“我们有个信保融资业务，就是通过中国信用保险公司对您这笔信用证项下的应收账款进行投保，然后再把保险的收益权转让给我们，我们给您提供融资。万一发生风险，由我们去找中信保理赔，您没有任何损失，只需多花一笔保费就可以了。”

客户说：“X 银行的人刚刚从我这儿走，也说了同样的方案，还说他们跟中信保很熟，肯定没问题。但我有些不放心，想再问问你们。

你们也做个方案吧，我比较比较。”

面对客户的信任和同业竞争的压力，我当时真想拍着胸脯说：“您放心，我们更没问题，肯定比 X 银行的方案好！”但冷静下来一想，我们真的没问题吗？方案一定是同业最好的吗？我还只是一个新客户经理，真的有能力满足客户需求吗？……我一边想着，一边心里不停打鼓，话到嘴边又咽了下去。

过了几天，我再次与客户见面，依旧选择了诚信。“谢谢您对我行的信任。说实话，这个业务理论上可行，但我们目前还没做过。能不能投保成功，以及业务背景资料符不符合信审要求，我们没有十足的把握，还需要您的配合，与我们一起在推进过程中试错、解决。如果您能给我些时间，我会用最快的速度为您落实清楚。”我坦诚相告。

客户听后反而露出轻松的神情：“我理解，这个业务比较新，不是银行的标准化业务，我们心里也没底儿。回款风险还是比较高的，所以审慎对待是对的，我还真怕你跟我打保票……时间很紧，尽快落实吧，等你好消息！”

随后我立即赶往分行，与业务部门详细沟通、反复协调，制订了可行方案，并及时反馈给客户。在与客户达成一致后迅速开展授信、法审、保险、放款等工作，最终在两个月内成功为客户放款 2 000 万美元，帮助其及时回笼了资金。而此前颇有信心的 X 银行，却因没能完成业务审批而导致方案失败，遭到了 A 公司长时间的冷遇，信誉度严重受损。

诚信“接力跑”，虽然接的不是什么大项目，但我接续了对诚信的坚持，也更加深刻地认识到，无论在工作还是生活中，诚信都应该是立身处世的“大态度”。

诚信“攀高峰”

2017年春，通过努力，我成长为支行的公司营销部经理，有了自己的队伍，做起了管理，但也面对着更大的业绩压力。

一天，我们接到通知，我行对公客户B公司希望开展票据池业务，想请几家主要合作银行对比方案。于是我立即带领团队认真准备，力争在合规前提下拿下部分业务份额。

业务招标会上，我们的主要竞争对手有X银行、Y银行和Z银行。X银行有地理优势，网点就在B公司对面；Y银行有硬件优势，票据池业务系统较为先进；Z银行有额度优势，扬言要给客户上百亿专项授信。至于我们支行，地理不远不近，系统中规中矩，额度多少尚可，相比之下，就只有一个需要时间来检验的优势了，那就是诚信！

经过几轮软硬件的比较，客户抛出了他们最关心的问题：“如果业务成形，地理远近上不是问题，系统没那么先进，也可以用人工弥补……就是在贸易背景、合同发票完整性还有操作流程上，倒不是我们没有合规手续，只是在操作方面，计划经常赶不上变化快，可能会有延迟。比如有的材料需要后续补充，各行到时能否通融一下？也不会次次为难大家，只是偶尔通融。”客户的话，外行听了可能不太理解，但作为专业人士，我们都明白其中的意思。

“应该没什么问题，我们回去商量商量，能变通就变通一下。”Z银行抢先答道。

“我们也好说，回去请示一下。”Y银行随后附和。

“我们也是，去申请一下就可以了。”X银行也说道。

于是客户把目光投向了还未表态的我。“这个恐怕不行……银监会有明确规定，这是中信的红线，也是监管的重点，我们不能突破。”我的回答，在同行中显得格格不入，也让客户感到有些尴尬。

"不着急下结论，中信也再回去请示请示。人家要能行，你们肯定也行，都是一个监管标准嘛。"就这样，招标会在看似不完美的气氛中结束了，中信成了"美玉"中的"微瑕"。

会后，客户分别与各行联系沟通，经多方权衡，最终选择了"灵活"的 Z 银行作为票据池业务的主合作行，X 银行和 Y 银行为辅。我行则因为政策不够 "灵活" 、不能"变通"，而无限期沦为替补。客户给出的答复是"暂不开展合作"。不甘心的我还多次找到客户，劝其坚守合规底线，把眼光放长远，切勿因小失大。

"这两年是监管年，不合规的做法有风险。一旦被查，有可能做着的业务说停就停。贵公司是中信银行的总行级战略客户，我们更得对您讲诚信、负责任。您的要求我们做不到，那些能做到的银行恐怕也不能保证把这项业务做长久。看似是对您雪中送炭，实际上是在您头上悬了一把剑啊……"我反复解释，客户却不以为然，婉拒了我们的建议。

就这样，票据池业务只能告一段落。Z 银行享受着业务带来的高收益，我们则放平心态，继续在其他领域为客户提供金融服务。

2018 年春，Z 银行因审查贸易背景不齐全、收集合同发票不完整甚至错误匹配发票、操作业务流程不规范等问题，被监管部门叫停票据池业务并勒令整改。此举让 B 公司猝不及防，眼看付款在即，便通知 X 银行和 Y 银行立即顶上。但屋漏偏逢连夜雨，两家银行的信贷额度根本无力承接 Z 银行留下的窟窿。心力交瘁的客户无奈之下只好再次找到了中信。

了解客户需求后，我带领团队第一时间评估了业务现状和我行能力，大家一致认为项目可行，便决定行动起来，帮助 B 公司渡过难关。支行成立了项目小组，责任到人，积极与总分行两级产品主线部门、客户关系主线部门、授信审批及业务管理部门沟通，以我行票据池标准模式为基础，以合规为前提，以帮助客户迅速恢复付款能力为目标，定制出单户质押开票的创新模式，简化了流程，节省了时间，提高了效率。

经过半年努力，我们进一步理顺了票据池业务的各项流程，用勤奋、高效、专业弥补了地理位置和系统硬件上的不足，成为B公司唯一的票据池业务合作行。2018年3月，我们成功开出B公司票据池项下的第一批银行承兑汇票，实现了零的突破。截至2018年10月末，中信银行总行营业部（2019年5月，中信银行股份有限公司总行营业部更名为“中信银行股份有限公司北京分行”）累计为客户开票近50亿元，实现了最高存款时点18亿元、存款日均7亿元的好成绩。过去，由于客户财务公司的资金归集，B公司在我行的存款日均不到1 000万元。而现在通过票据池业务合作，我行不但大幅提升了B公司的存款沉淀，形成了可观的规模和收益，还激活和开发了其多个子公司与我们建立联系，带动了基础客户和有效客户的增长。

作者（左一）与客户沟通业务方案

经过此番波折，

B 公司不免感慨:“之前还是大意了，真是不听中信言，吃亏在眼前……感谢你们不离不弃，解了我们的燃眉之急！”

我再次为自己和团队坚守了诚信而骄傲，这是中信的优良传统，是中信人的专属法宝。因诚信而使业务攀上“高峰”，我亦觉自豪。

诚信“开门红”、诚信“接力跑”、诚信“攀高峰”，这三段故事是我作为中信人“一纪”旅程中的三个缩影。12 年过去了，我有了新的岗位，但仍觉自己朝气蓬勃，仿佛又回到了起点，期待着“下一纪”的精彩。中信的天际，群星闪耀，璀璨夺目，我不敢说自己是其中的一颗星，只愿能始终发光发热，以诚信的力量守望这片浩瀚星空。

“惊险”重重的巨额跨境并购案

中信银行杭州分行　王　亚

我是一名入职中信银行杭州分行已六年的中信人，经历过多个工作岗位的锻炼，也面对过大大小小的项目挑战，但如果问我哪段工作经历最难忘，我会毫不犹豫地说是G公司巨额跨境并购贷款项目！这一项目不仅体现了中信集团“诚信、创新、凝聚、融合、奉献、卓越”的核心价值理念，彰显了中信人勇于探索、精诚协作的精神，也让每一位参与其中的员工真正发挥出自我潜能，体验了一次“无限风光在险峰”的美妙滋味。

上下齐心　赢得客户首肯

G公司是一家位于杭州的大型跨国企业，连续多年进入美国《财富》杂志世界500强排行榜，是中信银行合作十多年的总行级战略客户。但近年来，随着各大银行对G公司的争夺日益激烈，该公司对银行的议价能力越来越强，中信银行的贷款价格及额度难以满足其要求，双方的合作关系一度面临困境、停滞不前。是逐步被压缩合作份额，还是努力打开局面、提高综合金融服务水平？这是摆在中信银行面前的一道难题。

2017年11月，一个难得的机遇，同时也是一次巨大的考验出现了。

中信银行杭州分行辖内天水支行获得消息，G 公司围绕主营业务，拟在全球范围进行产业整合和技术协同，将以逾 30 亿欧元的对价收购全球知名企业——瑞典 V 公司股权。这是中国企业“走出去”的一次重大尝试，得到政府部门的高度认可。对中信银行来说，该项目虽然金额巨大，但社会效益和经济效益显著，更是进一步巩固客户关系的有力抓手。天水支行领导对此项目志在必得，数次带领营销团队登门拜访客户，表达合作诚意，并迅速向上汇报，得到了总分行的大力支持。中信银行总行第一时间派出产品团队飞赴杭州，协同分支行上门营销。但让人倍感压力的是，有超过 20 家银行也在积极行动，某大行甚至是总行行长亲自出面打电话，由省行行长带队拜访 G 公司高层，希望能做跨境并购的牵头行。

竞争如此激烈，我们该怎么办？如何才能在众多重量级的对手中脱颖而出？项目组反复权衡，向 G 公司财务总监强调了两点优势：其一，中信银行有中信集团金融全牌照的强大依托，可以为客户提供综合金融服务；其二，中信银行曾出色完成了很多具有代表性的大型项目，在投行尤其是并购金融业务上优势明显。最终，G 公司财务总监在我们的营销攻势下公开表态：“中信银行在并购金融方面做得不错，之前为某央企海外并购提供数百亿融资的案例给了我们很大启发，希望中信能带来新的方案。如无其他意外，G 公司本次并购项目的融资倾向于以中信为主。”短短的一段话，传递出客户对中信品牌的高度认可，我们在一旁听着，虽然表面上波澜不惊，但内心早已激动难抑、热血沸腾！

大胆尝试　以创新方案取胜

得到客户首肯，并不意味着高枕无忧。G 公司其他几家主要合作银行对这个跨境并购项目一直虎视眈眈，其中一家银行甚至步步紧逼，想方设法取代中信银行主要融资行的地位。G公司迫于压力，也要求中信银行尽快给出融资方案。一种前所未有的紧迫感和危机感时刻提醒我们：必须分秒必争地赶到竞争对手前面去，才有最后的胜机！

我们面临的第一大考验是：G公司要求在三个月内拿到21亿欧元的并购贷款。对于这样一笔大额且涉及境外主体的贷款，三个月太短。如何迅速搭建交易结构，使这笔并购融资既符合国家发改委、国家外汇管理局、工商、税务、银监会等监管部门要求，又符合中信银行授信审批要求；在此基础上，如何落实担保政策、筹组银团，如何放款……这一系列的问题交织杂糅在一起，使我们颇感压力，苦于找不到破题思路。

“其实地上本没有路，走的人多了，也便成了路。”一直以来，创新都是中信至为宝贵的优良传统和基因。面对挑战，我们别无选择，唯一的出路就是大胆探索一条从未走过的路！

项目组集思广益，充分参考了国内外经典跨境并购案例，经过与监管机构、律师、客户等方面的反复沟通，创造性地设计出了境内境外双银团的交易结构。该方案合理地规避了企业资金出境的问题，简化了国家发改委、国家外汇管理局审批流程，得到了G公司的高度评价。G公司当即拍板由中信银行作为境内牵头行，筹备组织11亿欧元的大银团。这是天水支行史上单笔银团金额最大的融资项目！

突破难关　高效推进审批

紧接着我们又面临第二大考验：G公司希望能在2018年3月底前提款，而当时已是2018年1月，除去春节假期，留给我们的时间所剩无几。

除了时间紧、金额大，这一项目还有以下几个难关。一是业务模式无先例可循，它是全行首笔自主以外币放款的跨境并购银团贷款，交易架构的每个环节都需充分论证；二是银团筹组复杂，共有20余家银行参团，涉及中国内地、中国香港、美国、法国、英国、瑞典、卢森堡等多个国家和地区的银行，需要强大的组织协调能力；三是缺乏系统操作经验，彼时中信银行新版业务操作系统“520”刚刚上线，所有人都是新手；四是语言沟通难度大，大量的尽职调查材料和拟签署协议均采用英文表述，国外的会计准则、法律法规与国内又有不小差异，为项目推进增添了不少难度。

作为这一项目的主办客户经理，我刚接到任务时的第一反应是特别荣幸，但转念又觉得压力重大，心里十分忐忑，生怕因为自己业务经验不足、考虑问题不周全而出现什么闪失。行领导看出了我的迟疑，激励我说：“认真大胆去做，你的背后有整个中信团队，一定没问题！”领导的话就像一颗定心丸，让我坚定了信心，有了克服困难的勇气。

在杭州分行抽调的投行、信审、法律、国际业务、信息管理等相关部门业务骨干的大力支持下，我们热火朝天地投入到项目的实施推进中。从尽职调查、贷款条件设置到银团分销、协议订立，每个环节都至关重要，也都需要与客户、参团行及总分行的多个部门反复沟通，工作的复杂程度前所未有。为了高质高效地完成尽职调查，项目组加班到深夜是家常便饭，大家累了困了就靠几罐红牛提神醒脑。有好几个周末，分行投行部产品经理也来到支行与我们一起加班，大家边写、边讨论、边修改，中午饿了就吃外卖垫垫肚子。审批过程中常会遇到一些需要临时增补的调查，每次拉上项目组外的同事加班协助，大家都积极配合，从无一人拒绝。信审员为了尽快完成审查，周末在家一边带孩子，一边赶审查报告；有位法律审查员顾不上孩子生病，连夜加班完成了法律意见书；投行产品经理为了及时答复意向参团行的问题，更是在春节期间保持每半天刷新邮件的频率……那段时间，每一位参与其中的人都像是战场上冲锋陷阵的士兵，分秒必争、全力以赴。

面对语言关，我们都忘了自己是英语“菜鸟”，不得不硬着头皮上。英语好的海归同事总结出英文年报涉及的高频词汇中英对照表，大家把自己英语的老底儿全用上了，读不懂的就借助翻译工具，实在不明白的就相互请教。就这样，我们痛并快乐地读完了融资人、担保人近三年的英文年报，完成了上百页的中文尽职调查报告，商定并签署了贷款协议、担保协议、股权质押协议、维好协议等合计 200 页的英文合同，效率之高让我们自己都感到惊讶。这也让我深刻体会到，只要相信自己并坚定去做，就一定能完成任务、做出成绩！

最终，经过数次补充反馈之后，总行下达了同意批复文件，奋斗月余的我们长舒了一口气。可万万没想到的是，G 公司先后两次调整提款条件，导致已有批复不再适用，这意味着之前辛辛苦苦工作的成果两次作废！但大家没有气馁，每次变化后都立即发起变更申请，重新走流程，重新申请批复。

正是凭借这一股攻坚克难的闯劲儿、韧劲儿，我们排除了种种“惊险”难题，为接下来的银团分销打下坚实基础。信银国际与中信银行境内外协同发力，从专业角度解析项目发展前景及风险控制措施，吸引了境内外多家主流银行的关注。最终银团认购超额达 3.3 倍，远远高出 G 公司的预期值！

通力协作　准确完成放款

超预期完成认购任务后，我本以为项目胜利在望，放款无非是一道程序性工作，孰料客户要求在放款当日 11 时前就把资金支付给代理行。这个要求看似不高，实则非常考验我们作为牵头行的业务能力。首先，放款资料几乎全部是英文，导致放款中心的审查时间大为延长；其次，本笔贷款计息方式、调息周期等贷款要素均是按照境外融资的惯例执行，与“520”放款系统信息录入要求不匹配，出款路径也与人民币贷款不一致，放款操作稍有差错，就可能导致客户无法按时收到款项，从而对客户计息和中信的声誉造成不良影响。

为了便于放款审查，项目组除了全文翻译放款资料外，还专门制作了索引表，将批复中每一条要求逐字逐句地对应到英文放款材料中。在放款审查的关键阶段，我干脆驻扎在放款中心，以便随时与审查员沟通。为了确保资金顺利划出，分行放款中心、投行、国际业务、运营管理等业务条线反复讨论，确定了出款路径；为了确保系统顺利通过，我们还多次演练，根据系统提示完善信息录入，做好了各个环节报错的应对预案。

我至今记忆犹新的是，放款当天，放款中心的同事不到 7 时就到了单位，点下了“确认放款”的按钮。幸运的是，系统没有报错！2.5 亿欧元贷款成功出账，经过多道划付后顺利支付给代理行。下午 3 时，代理行发来报文，确认款项收妥。消息传来，项目组所有成员振臂高呼，

跨境并购贷款项目获评 2018 年浙江金融服务十大案例

庆祝这一“惊险”重重的跨境并购贷款项目终于圆满完成！

俗话说得好，一分耕耘，一分收获。大家的拼搏换来了“浙江金融服务十大案例”的殊荣，中信银行也进一步巩固了与G公司的战略合作关系，提升了在跨境投融资领域的品牌影响力。当然，我相信我们每一位项目参与者也都是“种瓜得瓜”，收获满满。

如今再次回望来路，心中感慨万千。那些看过的英文材料、开过的电话会议、喝过的红牛、熬过的夜、写过的反馈，甚至吐过的“槽”，都变成了美好的回忆。感谢中信这个大家庭，感谢所有参与者的协作、付出与奉献，让我有了一次如此难忘、“惊心动魄”的经历，受用终身！

创设发行中国首张电子银行卡

中信百信银行股份有限公司　李晓航

10年前，我从学校毕业后进入一家稳定而舒适的国有商业银行总行工作；5年前，我走上了该行副处长的岗位；两年前，我放弃了所谓的稳定与舒适，加入当时正在筹建还未对外开业的百信银行。许多人问我为什么放弃原本安定的生活而甘愿冒险，我用一种略带调侃的方式回答：人如果不为自己激动得睡不着的梦想“all in”（竭尽全力），和咸鱼有什么分别？做了多年的职业经理人，现在我想为自己的梦想而奋斗。

在百信银行，我给自己的定位是一名开拓者，走在创新的路上，心怀腾飞百信的梦想。我至今还记得报到的第一天，部门领导对我说：“希望你带领项目组不仅把百信的银行卡做出来，还能打破传统实体卡的概念，积极创新，使百信银行成为第一家发行符合国家标准的电子银行卡的银行！”

不发行实体卡，以独立电子银行卡过审并发行是一项相当艰巨的任务，是从0到1的过程，没有任何经验可借鉴。现在回忆起来，这段经历也是我们发挥集体智慧，团结协作、共克艰难的见证。整个过程有酸甜苦辣，有欢笑泪水，每每想起，都令人甘之如饴，难以忘怀。

2017 年 12 月，百信银行综合前置系统项目启动

困　　局

时间追溯到 2017 年深冬，那时百信银行还没有独立的办公楼，多数项目团队是借用百度公司在中关村科技园的腾飞大厦办公。冬天的腾飞园区，寒风呼啸却难掩大家的创业热情，有业务需求的激烈讨论声，开发测试的彼此鼓劲儿声，问题解决的击掌庆祝声，气氛热烈得像过年一样。相比之下，我们银行卡项目组就显得有点儿冷清，我们团队大部分时间都“蜗居”在会议室里找思路、想对策，沉静而紧张的氛围与外面的热火朝天形成鲜明对照。

领导只给我们四个月时间，作为项目负责人我深知时间的紧迫。按照行业惯例，即使发行实体卡，银行也至少需要六个月，何况是此前并无先例的电子银行卡。我们必须打起十二分精神，才有可能找到尽快通过监管审批的办法。这还只是第一步，在获得监管审批后，还需要申请加入中国银联网络完成系统对接，才能真正实现电子银行卡的发行。这两座摆在我们面前的“大山”，都等着我们在极有限的时间内攻克。

“从以往经验看，没有任何一家银行不发行实体卡能通过监管审批。”

“听说，当年最具创新特色的微众银行也不得不以发行磁条卡的方式通过监管审批并加入银联，而网商银行至今都没发卡呢。”

“看看检测标准里的条款，很多都是针对实体银行卡的检测项，咱们这电子银行卡的路该怎么走啊？”

……

这些问题确实都存在。根据监管规定，金融机构在首次发行银行卡之前必须通过中国人民银行标准符合性审批，同时还须按照中国银联相关规定走完全部流程，成为成员机构，才能正式发卡并在银联网络中使用。这些标准已经非常成熟，都是围绕实体银行卡而设计的制度。

想要打破传统实体卡概念，做第一家发行独立电子银行卡的银行，就得力争突破现有监管政策，使监管机构认可我们围绕电子银行卡做出的整套方案。这对于包括我在内的每一位项目组成员来说，既是机遇，更是巨大的挑战！面对考验，虽然困难重重，但大家的内心都很坚定：百信银行作为中国第一家独立法人直销银行，是国内第一家“银行办银行”的典范，我们只能成功，不能失败！

突　破

为了通过监管审批，一方面，我们在电子银行卡方案设计上狠下功夫，结合百信银行账户、支付等整体架构特点，坚持所有设计严格遵守银行卡联网通用和信息安全规范，在严守安全标准的基础上大幅创新，形成了相关材料近 500 页。反复斟酌、修改后，我们向监管机构递交了《百信银行电子银行卡总体方案》《百信银行电子银行卡可行性报告》《百信银行电子银行卡业务说明》等材料，并将监管人员关心的问题不论大小一一梳理、清晰解答。这一过程使我们的专业能力得到了监管机构的认可，为尽快通过审批打下基础。

另一方面，我们得到了行领导的殷切关心和大力支持。百信银行行长李如东亲自出面，赴监管机构与高层领导沟通，鼓励我们坚定发行电子银行卡之路不动摇，以智慧、专业、团结、耐心为武器，打开百信银行发行电子银行卡的大门。在行领导的关心支持下，项目组在两个月内先后向人民银行总行汇报三次、向营业管理部汇报五次。我们以“热血浸入式”的沟通方式开展工作，遇到领导开会或外出，我们就“蹲守”在其办公室门口，不放过任何机会。将心比心，我们的热情感染了监管机构的同事，时间一长，大家在工作之余也成了时常交流的好朋友。

如果等监管审批流程结束之后再启动与中国银联的对接，是无法在短时间内完成任务的。因此，项目组采取双线并行的作战策略，制订了一环套一环的对接任务分解计划，把加入中国银联所必需的材料、业务、系统准备全部在事前完成，将对接上线的系统顺序、可能的时间窗口选择多次推演，形成了多套方案。

与此同时，行领导带领我们赴上海中国银联总部拜访银联高层领导，并邀请银联高层领导来百信银行调研指导。项目组也积极联系银联相关部门，汇报百信银行电子银行卡工作进展。因为从未有过金融机构以电子银行卡入网银联的先例，我们在与银联的沟通中难免会遇到各种问题。项目组自始至终坚持问题导向，凭借“专业可靠、业务精通”“遭到挫折我健忘，遇到机会我雄起”的精神和不懈努力，最终换来了银联对我们发行电子银行卡的信心，在不违背相关制度的前提下，提供了许多支持和帮助，对接入网的进程随之加快了很多。银联的工作人员曾经感慨："从未见过这么执着的机构，真是热血。"乐天派的我们把这当作是一种肯定，因为我们相信，努力做到极致，老天也会帮忙！

功　成

2018 年 3 月，辛苦努力终赢回报。中国人民银行总行及营业管理部正式同意百信银行提交的《关于电子银行卡技术标准符合性和安全性审核的请示》，随后一个个值得纪念的日子相继而来：

3 月 20 日，百信银行向中国银联递交基本成员机构入网材料目录，并通过审核；

4 月 3 日，百信银行顺利通过检测，获得《中信百信银行股份有限公司借记卡（虚拟卡）系统测试报告》；

4 月 9 日，百信银行通过人民银行组织的现场检查；

4 月 10 日，百信银行完成对接中国银联发卡系统全流程测试；

5 月 3 日，百信银行获中国人民银行营业管理部《关于中信百信银行股份有限公司虚拟借记卡技术标准符合性和系统安全性审核试点的批复》（银管复〔2018〕3 号）；

5 月 9 日，百信银行获中国银联《关于同意中信百信银行成为中国银联基本成员的复函》（银联函〔2018〕98 号）及业务开办通知书，百信电子银行卡业务正式上线！

我们终于不负众望，顶住压力，获得了成功。看到"百信 E 家"里的祝贺喜报，我们百感交集、热泪盈眶，万般滋味尽在心头……

在项目实施的过程中，我深切感到，每个人都有改变世界的梦想，每个人都有自我实现的志向。道阻且长，行则将至。既然选择，必须坚持。只有在困厄中求出路，在苦斗中求挺直，才能自信而笃定，不忘初心，方得始终。

百信银行发行电子银行卡，是监管机构首次对电子银行卡明确准入试点，标志着百信银行成为我国第一家发行符合国家标准的电子银行卡的银行。以此为契机，百信银行加入中国银联，为丰富百信客户账户使用场景提供了有力支持。百信电子银行卡的成功发行，体现了团队在创新方面的努力，我们也在监管指导下第一次参与了行业标准规范的制定，具有深远意义。

展望未来，百信银行将以电子银行卡为依托，打造融合开放的金融生态平台，广泛融入互联网生态，为行业提供更多解决方案，将百信电子银行卡打造为最具智能、最有价值、最受信赖的银行卡服务品牌。我们也将充分依托金融科技，以实际行动增强基于电子银行卡的移动支付可用性，更好地服务民生、服务实体经济，为推动中国移动支付发展、为百姓享有更优质的金融服务做出更大贡献！

我所经历的中信实业银行[1]发展

中信国际资产管理有限公司　刘伟利

1970 年，我毕业后被分配到中国人民银行海淀办事处工作，后调入东城办事处储蓄科。1984 年，我在人民银行金融专业班学习期满后，接到一位领导电话，问我愿不愿意到中国国际信托投资公司工作。那位领导还向我介绍了中信公司成立的特殊背景和使命。我当即表态：非常想去学习锻炼。很快，我与中信公司人事部负责人杨昭礼同志见了面。在昭礼同志的介绍下，我感到公司财务部的工作比较适合我。经人事部和财务部领导的协调安排，我于当年 10 月底办好入职手续，正式成为中信公司的一员。1985 年，财务部成立了银行部，后来又在银行部的基础上成立了中信实业银行。我有幸亲身经历了这段历史，见证了中信实业银行发展的不平凡阶段。

创办出国金融业务

如今，出国金融业务已成为中信银行的特色产品，树立了享誉国际的品牌，中信银行也凭借此项业务与多家外资银行和多国驻华使馆建立了良好的合作关系。说起出国金融业务的缘起，还要从当年我们

---

① 中信银行原称中信实业银行，创立于 1987 年，2005 年改为现名。

与美国使馆签约代传递业务讲起。

20 世纪 90 年代末，中国大陆赴美人数大幅增长，美国使馆签证处的压力越来越大，有意选择一家中资银行为其承办第一步接单代传递业务，以舒缓使馆的工作节奏。我当时在中信实业银行担任公关科科长，一方面负责与中国人民银行总行和国家外汇管理局相关部门的沟通协调，另一方面负责联系各家外资银行（代理行）业务。那时我们在国际大厦二楼办公，楼上有多家外资驻京机构，其中就有美国芝加哥第一国民银行驻京代表处。我与该处首席代表胡明华女士是很好的朋友。

一天，胡明华女士找到我，说因近期美国使馆签证处感到压力太大，希望驻京的美国机构推荐一家中资银行，借助该行的柜台网点作为使馆的接单、传递机构，银行也可收取一定的手续费用。我听后认为是一个难得的业务机会，便向时任中信实业银行行长窦建中同志做了汇报。窦行长很支持我的看法，让我们尽快与银行国际大厦柜台负责人沟通业务流程。与此同时，我们还联系了中国人民银行总行和国家外汇管理局相关业务负责人，在了解监管方面的规定后，向监管机构提交了业务文件和报批手续，并与银行法律部门一同起草了与美国国务院签约的协议文本。不到两周的时间，我们就收到监管机构的批复，行领导指示我们：抓紧安排与美国国务院的正式签约仪式。

在项目推进过程中，我们始终坚持慎重、保密的原则。为了对内、对外严格保密，签约仪式的地点成为需要慎重考虑的问题。我突然想起，昆仑饭店二楼刚刚装修完，暂时还未对外营业。于是我找到当时在昆仑饭店办公的金杜律师事务所负责人王俊峰，他与昆仑饭店总经理侣海岩是非常好的朋友。在他们二位的热心帮助下，我们在昆仑饭店还未对外正式营业的会议厅，顺利举行了与美方的签约仪式。

签约当天，在仪式开始前，窦行长用流利的英文与美国政府官员、大使及商务参赞进行了洽谈。这令美方官员感到惊喜，也增进了他们对中信实业银行的好感和合作信心。大家在友好、和谐、融洽的氛围中举行了签约仪式。签约结束后，双方又就进一步合作进行了细化沟通。趁这个时间，我立即挑选了刚刚签约仪式上的照片，送到京城大厦对面的金一照相馆做了加急放大处理，并为照片配上漂亮的相框，一一装在纪念品手提袋里，赶在会议结束前放到每位参会者的座位旁。当窦行长拿出这幅照片时，他旁边的美方官员十分惊讶，竖起大拇指称赞我们的办事效率，当即就对美国大使和商务参赞说："这个业务只给中信实业银行一家做了！"会后胡明华也跟我讲，美国国务院官员、大使和商务参赞非常欣赏窦行长的国际视野和沟通能力，也非常赞赏我行专业高效的工作作风。他们认为，只有便捷的沟通和快速的办事效率，才能为双方下一步良好合作打下基础。签约仪式后不久，我们即收到

作者（右一）与芝加哥第一国民银行北京代表处洽谈美国签证代理事宜

了美国国务院和美国使馆的正式回复，确定由中信实业银行独家办理美国使馆代传递业务。

回忆这段经历，有几个因素促成了我们的成功：一是中信的品牌效应，二是总行领导的高度重视，三是我们良好的人际关系，四是团队高效的办事效率和服务流程。将这几点归结为一句话，就是要认真用心地做好每一件事情。据后来了解，1998 年美国使馆曾对代理美国签证的中国金融机构进行了资格审查。在抽样调查的 1 万起案例中，中信实业银行没有一例虚开资金证明事件，这得到了美国国务院和使馆的赞誉。由此看来，中信实业银行之所以能够顺利成为国内唯一一家代理赴美签证的金融机构，离不开所有员工对中信诚信形象的悉心维护。时至今日，所有符合资格的赴美非移民签证申请人，仍需通过中信银行向美国驻华使领馆缴纳签证费。符合要求再次赴美签证的申请人，也可通过中信银行办理代传递签证的申请材料业务。

后来，我们又相继与欧洲、澳洲等多国使馆签订了代传递协议，在驻华使馆、国内签证申请人以及来华外籍人士之间搭建起便捷的桥梁。中信银行还成立了出国金融服务中心，提供专业化的“一站式”服务，无论是出国留学、探亲旅游、商务出访、出国劳务或移民海外，不同需求的客户都可在中信银行一站式办理业务。

2016 年 11 月，针对美国海关和边境保护局出台十年美签新政策变化，中信银行第一时间与美国使馆和美国国土安全部接洽，率先获得美国国土安全部授权使用EVUS(签证更新电子系统)商标并联合推广，同时创新性开发了 EVUS 翻译系统，帮助客户用中文填写 EVUS 信息表格，再经准确翻译后上传 EVUS 系统，完成登记。除美国签证外，中信银行还在业内首创“全球签”线上服务平台，覆盖 70 多个国家和地区，得到 9 国使馆权威授权。在线上平台，多国热门签证均可一键办理，其中赴英国“如意签”、法国“多年多签”和加拿大“优先送签”

三项特色签证服务，得到了市场和客户的高度认可。

“要出国，找中信”，这一口碑之所以深入人心，正是一代代中信银行人秉承匠心、深耕出国金融业务的回报。

探索国际业务发展

作为中国改革开放后最早成立的股份制商业银行之一，中信实业银行是继中国银行、交通银行之后第三个持有外汇牌照的银行。而三大国有银行中国工商银行、建设银行和农业银行，则是到了1992年才开始经营外汇业务。1986年，在中信实业银行成立的筹备阶段，我们即在中信公司和总行领导的带领下，开创了国际业务。最早国际业务只是银行部下设的一个小科室，后来逐渐发展为代理行部、贸易清算部，直至正式成立了国际业务管理部。随着部室体系的不断完善，我行也彻底结束了此前只能做进口结算业务，没有出口结算业务的历史。

我身为中信实业银行国际业务部最早的一批员工之一，见证了业务初创期的许多艰辛和不易。记得1999年以前，中信实业银行国际业务结算量从未突破100亿美元。经过多年努力，我们根据各网点实际情况和业务需求，与多家外资银行建立了代理行关系，从而扩大了业务产品、增加了业务收入，使国际业务量呈现良好上升的态势。2001年底，国际业务收、付汇总额已突破150亿美元，达到中信实业银行历史最好水平。2004年，我行国际业务有了突飞猛进的发展，全行共完成国际结算量439亿美元，完成贸易项下收、付汇328亿美元，比上年增长44%；全年实现贸易融资量58亿美元，比上年增长45%；国际结算业务实现收入5.1亿元人民币（其中融资利息收入1.45亿元人民币）。

在此阶段，为加强全行国际业务操作的规范性，我们上线了国际业务结算单证系统。此前，全行国际单证业务处理并没有统一的操作系统，包括打印 SWIFT（银行结算系统）报文、信用证密函等均有诸多不便，同时隐含了较大的操作风险。随着业务的不断发展，总行领导认为必须尽早建立一套提高工作效率、控制风险的系统。我们立即组织全行国际业务部门的骨干提需求、梳理业务流程，启动了筹备研发工作，并在三年后成功上线。这套系统大幅提升了全行国际业务的标准化水平，为国际业务分析提供了数据支持，成为当时最先进的单证结算平台。后来开发的单证结算中心系统也是基于这个系统发展而来的。我们还不断加大创新力度，相继推出了几个国际业务操作产品，迅速获得了监管机构审批。

一是正式推出了国内信用证产品。2003 年以前，国内信用证产品只能在中国银行总分行之间使用，其他股份制商业银行是没有相关结算产品的。为了拓展我行结算产品种类，我们联系并邀请了中国银行总行业务产品专家进行信用证业务培训。在认真学习研究的基础上，我们研发了适用于商业银行的国内信用证产品并制定了严谨的操作管理流程。在产品框架成熟后，我们又积极走访了招商银行、兴业银行、光大银行等 12 家股份制商业银行，将该产品全面推广。国内信用证产品的实际应用，规范并替代了部分传统承兑汇票业务。目前，信用证业务已成为国内商业银行普遍使用的结算方式之一，结算量也从几十亿发展到上万亿规模。

我们发现在信用证业务实际操作过程中也会遇到欺诈风险。一个印象深刻的案子是天津分行的一笔循环信用证止付案，资金规模高达十几亿。该案涉及天津某知名企业及日本三井住友银行等多方机构，我们通过与银行法律部、公司部、代理行等反复沟通，最终圆满地解决了纠纷。由此证明，遇到此类情况，全行相关部门的协同和与代理行之间的密切沟通是非常重要的环节。只有这样，才能进一步提升中

作者（左一）与德国某金融机构洽谈业务

信实业银行在国际上的良好声誉，有效控制并防范风险。

二是开发了进口代付业务。2000 年前后，国内银行普遍面临外汇资金紧张的状况。为此，我们创造性地提出通过国外代理行渠道，由国外代理行以进口代付模式，帮助我行客户在信用证、托收、汇款项下进行贸易融资。该业务当时由国际部查忠民同志牵头负责。经过对业务流程的反复研究、整合，我们与德国中央合作银行成功启动了首笔进口代付业务，之后又与多家代理行进行签约。进口代付产品的成功上线，一方面有效利用了国外代理行的外汇资金，从而缓解了我行外汇资金流动性方面的压力，另一方面也帮助客户节约了资金成本，拓展了中信实业银行在国际业务结算方面的利润来源。

多年来，中信银行国际业务之所以能领跑行业，除了有开办外汇业务较早这一历史优势外，离不开所有员工的敬业、专注和奉献，更离不开历任行领导对业务的敏锐洞察和对人才培养的高度重视。再加上有中信集团的鼎力支持，有中信文化的熏陶、感染和传承，我们向前走的每一步，都感到无比坚定，深有底气。那时，我们每个人在外洽谈业务时，都自豪地说我们是中信人。如今三十多年过去了，我更要骄傲地说，我一生都以我是中信人为荣！

守护前行的航线

中信证券山东分公司　陈　明

时光荏苒，转眼我入职中信证券已四年了。本以为离开学校后不会再有太多的学习机会，没想到在工作中学到的比在学校还要多。这里就像我的另一所大学，传授专业知识、岗位技能，教会我如何做人做事。中信集团“诚信、创新、凝聚、融合、奉献、卓越”的核心价值理念潜移默化地影响了一代代中信人，也同样影响着初入职场的我。

风波中开启职业生涯

2015 年 7 月，我正式成为中信证券山东分公司的一员。犹记得股市大跌的那几天，我正与同事在营业部翻看资料、核对数据，见到营业部总经理一直眉头紧锁、不停叹气，刚入职的我还一脸天真地问：“这次真的很严重吗？股市不是一直有涨有跌？”总经理苦笑着摇头：“千股跌停，都不敢外出做业务了，怕被股民打……”随后的千股跌停、千股涨停、熔断机制让我见识了股市的疯狂。同事们说，他们从业这么多年也是第一次遇见这样的情形。这使我深刻意识到，“股市有风险、入市需谨慎”的标语应该牢记在每个人的心中。

2015 年对中信证券也是特殊的一年。伴随着股市大跌，公司也经历了一场风波，一度让外界怀疑中信证券是否就此倒下。记得 2016 年初我到武汉参加券商内部审计培训，很多券商听到中信证券几个字都纷纷低头议论。但那时的我却从不担心公司会一蹶不振，因为大家都有团结一致、共渡难关的勇气和信心，我们坚定地相信可以战胜一切困难。就像公司领导所说，这是对我们的一次重大考验，没有哪一家公司是一帆风顺的，只要公司上下齐心就一定能守得云开见月明。现在看来，凝聚融合、同舟共济的企业文化在关键时刻发挥了很大作用。

初识稽核工作

大多数人听到稽核工作都觉得很神秘。作为公司的内部审计机构，很多人觉得我们像判官，做出合理的评价即可。其实很多时候我们更像医生，职责是“治病救人”，即要发现公司存在的问题，并想办法解决问题、化解风险。我平时的工作除了发现问题外，还要承担若干咨询和解释工作，不仅要告诉别人“why”（为什么），还要回答“how”（怎么办）。稽核工作对能力的要求是比较高的，在别人眼里你说的就是对的，所以必须先保证自己有正确的理解。对于刚入职的我，这项工作有不小的难度。在每次业务检查中，我都事无巨细，力求把全部情况了解清楚，把问题出现的原因、如何解决梳理明白。我从小的梦想是成为一名医生，虽然未能如愿，但如能成为一名优秀的稽核人员，也算是梦想的一种实现吧。

稽核人员大部分时间都在外奔波。同事曾开玩笑说，按照每年坐火车的次数，铁路局应该给我们每人办一张 VIP 卡。2018 年是更为繁忙的一年，截至年底，我们累计现场稽核营业部 40 余家，一年中有近 40 周在出差中度过。坦率地讲，作为年轻人，我还是挺喜欢出差的，可以去不同的城市，认识不同的人。这是增长见识、拓宽视野的好机会。

回想在营业部开展稽核工作的情形，印象最深的场景是桌子上一摞摞的稽核资料、财务凭证。桌子摆不下就摆在凳子上，凳子摆不下就干脆铺在地上，我常有一种被淹没在浩如烟海的资料中的感觉。每一份资料都要细看，因为我不知道问题和风险隐藏在哪儿。认真仔细是对自身工作的负责，更是对稽核对象的负责。一天、两天、三天……时间慢慢流逝，桌子上堆积的材料越来越少，稽核工作也慢慢进入尾声。我喜欢这种实实在在干活的感觉，看着整理完的一厚摞材料，成就感也油然而生。有人问我，稽核工作累吧？我回答，累并快乐着。虽然稽核人员不能直接为公司创造利润，但我们一直在守护公司的各项业务，守护无数中信证券人奋斗的成果，确保公司这艘大船不触礁、不偏离航线，能航行得更远。

精益求精的会议纪要

每次完成营业部稽核工作，总会带回很多问题，如何解决这些问题更为关键。2016 年，我所在部门牵头召开了稽核问题沟通讨论会，与计划财务部、信息技术部、运营中心、营销管理部就发现的问题进行沟通。也是在这次会上，我第一次承担了撰写会议纪要的工作。

对于一个理科生而言，写文章不是我的长项，特别是从没接触过的文体。两小时的会议，我拼命地写，拼命地记，生怕漏了一句。会议纪要就这样形成了，冗长、没有重点，是一句一句串起来的。我以为这就是一篇合格的会议纪要了，便提交给了部门领导。领导看后把我叫到办公室，耐心地对我说："你写的会议纪要更像是会议记录。会议纪要要有重点，不用面面俱到；要精练，不用长篇大论；对表述的问题要一针见血，不能模模糊糊。会议纪要是给别人看的，要经得起问、经得起推敲。"领导边说边在我的会议纪要上写写画画，向我举例说明。听着领导的讲解，我特别感动，走出校园，没想到在工作中还有人愿意这样细致地手把手教我。按照领导的要求，我用心改了一遍，领导又在上面做了批注，大到行文结构，小到文字措辞，我又一一做了修改。

反复打磨后，会议纪要已经精练多了，与最初的版本对照，我不禁由衷感慨，要学的东西太多了。我的领导、同事在工作中如此精益求精、力求完美，我也暗暗下决心，自己的工作也要达到这样的标准。

做有意思且有意义的事

面试时，领导问我："你是计算机专业毕业的，能编些小程序吗？"我当时拍着胸脯说可以，心里却有些忐忑，实战毕竟与学校的练习不同，会有很多意想不到的环节。但工作中遇到的问题，也倒逼我们必须尽快开发新的程序，寻求更高效的解决方案。比如，每次稽核进场前都需先形成抽查名单，交与被审计单位进行相应准备，但从柜台系统中提取抽查样本着实是一件令人头痛的事。有些查询耗时很长，且很可能在等待后显示查询失败，导出的数据还不一定能满足我们的需求。在征得领导同意后，我自告奋勇进行程序开发工作。几百万条的数据仅存储就十分困难。那段时间，我每天都在思考应以什么

作者（右一）与同事交流程序编写方法

格式接收数据，以什么工具和语言开发程序，以什么方式调取和查询结果……反复研究后，我终于找到了解决方案，并在信息技术部同事的协助下建立起数据库。一个人开发程序就好像独自旅游，走了多远的路、流了多少汗，别人无从知晓，但当收获美景时，便觉得一切都是值得的。第一个小程序运行成功了，我兴奋得像个孩子，我们终于可以用几秒钟的时间完成以前几十分钟的工作了！

这次程序开发任务让我意识到创新的重要性，工作中不应墨守成规，应该多思考、多突破，不断寻找最佳方法，提高质量和效率。这是我在中信证券第一个独立负责、独立完成的项目，对我而言，它有着不可替代的意义。

对稽核人员来说，时间过得快是一种共性的感觉。别人是按天过，我们是按周过。我们出差一周，准备一周，然后再出差一周，周而复始，时间就这样过去了。记得当时中信证券是我面试的最后一家公司，我放弃了前面若干选择，始终觉得这是一种缘分，好像我在等她，她恰巧也在等我。我觉得自己是幸运的，能加入中信这个大家庭，身边有关系融洽的同事，有爱护自己的领导，有这样一个能够施展抱负的大平台，还有什么理由不努力呢？

与公司共同成长是一件快乐的事。未来证券市场依然充满了不确定性，我们不能预见会发生什么，与其战战兢兢，不如用心做好当下每一项工作，战胜每一次困难，勇往直前、不惧风雨，守护好公司前行的航线。就如郑板桥《竹石》一诗中所写："咬定青山不放松，立根原在破岩中。千磨万击还坚劲，任尔东西南北风。"

回首来时路　整装再出发

中信建投证券股份有限公司董事长　王常青

从2005年中信建投证券股份有限公司成立至今，我已在公司工作了14年。这14年是我职业生涯中非常重要的一段，我也因此与广大干部员工结下了深厚的情谊。我们一起为中信建投证券的发展努力奉献，我在此过程中亦不断成长，受益良多。这一切都源于我们同属于中信这个大家庭。

同心谋发展

2018年6月20日上午9:30，上海证券交易所，中信建投证券的4位优秀员工敲响了上市的钟声，中信建投证券自此成为中国证券行业第11家A+H股上市券商。我曾经了解过，由员工来为公司上市鸣锣开市，在上海证券交易所的历史上还不曾有过。我们为什么要邀请员工来鸣锣？我是经过一番考虑的。中信建投证券能够接连在香港联合交易所和上海证券交易所成功上市，离不开全体干部员工多年来的不懈奋斗和辛勤付出，他们才是上市仪式的主角。

当上市的锣声鸣响和公司股票瞬间涨停的那一刻，作为见证了公司从创立到上市全部历程的我，自然十分兴奋，心情也格外激动。这一天的确来之不易。我至今还清楚地记得，第一次踏入中信建投证券（那

中信建投证券成功在上海证券交易所主板上市

时还是华夏证券）总部的时间是 2005 年 9 月 21 日，当天公司召开了创立大会和第一次董事会、监事会。那时华夏证券刚刚完成重组，中信建投证券正处于筹备之中，公司的状况令人担忧。内部管理还未理顺，主要业务受到了严重影响，特别是投资银行业务几乎要从零重新起步；当时的市场环境也不容乐观，刚刚成立的新证券公司还属于风险类券商，根本无法取得资产管理、直接投资等新业务资格。

面对这些困难和不利因素，怎么办？我的想法很简单，既来之则安之，必须立即行动起来，真抓实干。现在回想起来，当时整个领导班子的心气儿是很高的。时任董事长黎晓宏同志给我们打气说“有作为才能有地位”，大家也都抱着众志成城的必胜志向。在黎晓宏、张佑君两位领导的带领下，公司领导班子和干部员工开始了管理、业务、系统等重建工作。张佑君同志此前在中信证券担任总经理，对证券公司的经营管理驾轻就熟，因此重建工作基本以中信证券的制度为蓝本进行，减少了很多不必要的时间和曲折。

在重建各项制度和业务流程的同时，我们也深知客户是衣食父母。没有客户，就不可能有业务，不可能有公司的未来。抓客户开发始终是头等大事。当时我分管投资银行业务，由于重组后投行队伍和客户都有大量流失，业务基础十分薄弱，因此我主抓队伍建设和客户开发，确定了投行业务的四大战略——央企战略、中小板战略、重点行业战略和人才战略。一方面注重原公司核心骨干的发掘和培养，另一方面从外部引进了不少后来卓有成绩的投行专业人才。随着队伍的不断壮大，中信建投证券在客户开发方面接连取得佳绩，推动了投行业务的市场地位不断提升。

对于新公司的政策导向和工作氛围，一位在华夏证券工作了多年的老员工深有感慨地说，新公司的管理特点就是“简单”二字。这个总结太到位了，我们后来也把“简单”确定为公司文化的重要内涵。所谓“简单”，就是必须把内部的各种关系处理得简单纯粹一些。大家都是来做业务、做事情的，凡事靠业绩、靠能力、靠工作表现说话，那些庸俗的关系学不应有任何立足之地。我至今认为，公司从起步阶段的成功，到后来的快速发展，都得益于一开始就形成了务实、简单的良好氛围。正是在这样的氛围下，广大干部员工忘我工作、全情投入，在公司发展的各个阶段发挥了重要作用。归根结底，中信建投证券今天取得的成绩都是大家加班加点、精益求精干出来的。以我们挑选的为上市鸣锣的4位员工为例，他们中有的是从公司前身华夏证券成立时就一路走来、不离不弃的突出代表，有的是公司成立后从外部引进并做出突出贡献的核心骨干，有的是公司自身培养的业界翘楚，有的是勇赴艰苦地区开疆拓土的优秀干部。正是拥有了以他们为代表的一支高素质人才队伍，才成就了今天的中信建投证券。

坚定渡难关

公司的快速起步和业务的迅速提升为后续发展奠定了坚实基础。2008 年，中信建投证券由风险类券商顺利升级为常规类券商。我们立即开始了新业务资格的申请工作，相继开展了资产管理业务、直接投资业务等申请，业务体系逐步完善，发展局面大为改观。

然而，世事常常有不顺之时。由于监管政策原因，我们与中信证券存在同业竞争，也涉及股东单位“一参一控”等问题，因此上市计划迟迟无法推行。在其他券商纷纷上市、寻求大规模增资扩股的大潮中，中信建投证券却难以有所作为。当时大家都很焦虑，我心里也有很多不甘，但我意识到无论如何我们自己不能乱，必须稳住阵脚。我又想起了老领导的话“有作为才能有地位”，其实还可以再加上一句“有价值才能有未来”。不管面对什么局面，公司上下还是要把全部精力放到做好业务、做好自己这个基本点上。只有牢牢把握这一原则，才有可能渡过难关。2010 年末，中信证券向北京国管中心和世纪金源集团转让了所持中信建投证券 53% 的股权。大股东的变更虽然解决了同业竞争的问题，但公司未来将何去何从，品牌、机制是否会发生重大变化，成为摆在所有人面前的新课题。

坦率地讲，经过这些年的发展，大家对中信的品牌、机制和企业文化是非常认同的，如果发生根本性变化，将会对公司发展造成严重伤害。关键之际，中信建投证券领导班子和党组织关系被划归中信集团党委管理，这就为后续发展提供了坚强保障。中信集团积极与北京市有关方面沟通协商，两次签署了保证公司管理队伍、机制、品牌三不变的协议。中信集团党委书记、董事长常振明同志对中信建投证券的发展战略、党建工作给予了大力指导，曾于 2014 年、2015 年连续参加公司党委民主生活会，为我们指明方向。也正因此，广大干部员工有了定心丸，做业务的热情更加高涨，主要业务指标持续快速提升，投资银行业务逐渐走到了行业前列，形成了品牌影响力。公司的经营业绩引起了业界关注，净资产收益率连续6年保持行业第一。

但另一方面，我们的发展也越来越受到资本金限制，特别是在融资融券等资本中介业务快速发展的形势下，资金实力不足严重影响了业务竞争力。最艰难的时点是2015年。当时市场行情十分火爆，但公司的资金却难以满足客户需求，不得不承受核心客户大量流失的巨大压力。

面对这一困难，我们再次把推动上市放在了重要位置，为此探讨了多种方案。在多方协力运作下，中信集团会同北京市政府、中投公司为解决股东“一参一控”对上市的约束，联合向国务院申请，并于2016年5月16日获得批复。国务院同意中信建投证券不受“一参一控”限制，可采用A股、H股或A+H股等方式上市。自此，公司上市的最大障碍排除了。

2016年6月27日，中信建投证券正式启动H股发行上市工作，经过不到半年的筹备，于12月9日成功实现H股挂牌上市，共募集资金78.31亿港元。大家期盼已久的上市夙愿得以梦圆！在整个上市过程中，中信集团给予我们极为重要的帮助。为保证公司H股发行成功，集团作为战略投资者入股4.9%股份，成为最大的基石投资者，并在品牌等方面积极背书。上市当日，中信集团副总经理李庆萍同志、蒲坚同志，香港财政司司长曾俊华、香港联交所总裁李小加、北京市国资委副主任孟韬、中央汇金公司总经理白涛，以及中信建投证券管理团队、员工代表、投资者代表、中介代表等一起见证了公司上市的历史性时刻。

经盘点发现，自H股上市董事会决议公告日算起，中信建投证券H股上市仅用时136天。这在所有H股上市券商中时间最短，远低于券商平均用时284天的时长。这充分说明公司推进上市工作的高效率，

作者参加中信建投证券 H 股上市仪式

也反映出我们上市的愿望是多么迫切。我们几乎是以百米冲刺的速度在工作，以期最大程度地缩小与领先券商在资本实力方面的差距。

H 股上市后，我们又马不停蹄地开始了 A 股上市工作。作为国内投资银行业务领先的券商，这是我们熟悉且擅长的。虽然也有不少波折，但我们仍以较短的时间完成了 A 股上市工作，于 2018 年 6 月 20 日成功挂牌，募集资金 21.68 亿元，成为行业内第 11 家 A+H 股上市券商。有时想一想，其他券商早已完成的事情，我们却花了多年时间，历经曲折，命运对中信建投证券真有点儿不公平。但我相信，这些考验、挑战和种种难关，同样是命运赐予我们的宝贵财富。

随着上市工作完成，公司资本金得到了补充，业务发展有了日渐充足的资金支持。虽然净资产收益率排名曾在 2017 年略有下降，但 2018 年又重回十大券商榜首，公司收入的行业排名也得到稳步提升。

争创行业一流

多年来，在谋求上市的同时，我们也在思考如何在各项业务步入正轨后，继续推进公司健康发展。虽然自起步以来，各项业务发展较为快速，但不可否认的是，我们一直处于行业前 10 名左右的位置。而根据我们对今后发展趋势的判断，要想在行业取得一席之地，必须努力进入前 5 名。这一目标早在 2010 年管理团队就确立了，我们也一直朝着这个目标努力前进。

2015 年，中信建投证券成立 10 周年时，我们对公司“十三五”时期的发展愿景进行了微调，但核心目标还是要使主要业务指标进入行业前 5 名。说到底就是永葆追求卓越之心，努力成为行业一流券商。在行业格局基本定型的情况下，每前进 1 名都困难重重。为了尽快实现这一目标，我们提出了三大发展战略——高端客户战略、重点区域战略和均衡发展战略。

为了落实高端客户战略，投行业务线坚持实施央企战略和重点行业龙头公司战略。公司也从 2013 年起试点大客户经理制，要求每一位领导班子成员都作为主要金融机构和大型央企的大客户经理，并配备了大客户经理助理和由各业务线骨干组成的支持团队，负责对口客户的维护和业务开发工作。几年来，大客户经理制取得良好效果，有力推动了与五大国有商业银行、主要股份制商业银行、重点保险公司及央企等的业务合作。以公司党委副书记、监事会主席李士华同志对接的中国工商银行为例，我们不仅与工行在经纪业务方面开展了广泛持久的渠道合作、客户资源合作、产品合作，还争取到了工行二级资本债主承销商等多个有影响力的投行项目，双方合作关系得到不断深化和巩固。

在重点区域战略方面，我们把公司的资源，如营业网点、投行队伍网络和项目开发重心等，集中投入到北京、上海、山东、江苏、浙江、福建和广东这五省二市之中。实践证明，这一战略是有效的，是推动投行业务迈入行业龙头地位的重要因素，也是促进其他业务向好发展的坚实保障。

在均衡发展战略方面，我们针对现有业务发展不平衡的问题，加快布局业务空白点，先后设立了资本管理公司、香港公司、基金管理公司和投资公司，不断加大资金、人才等方面的投入。虽然目前还处于追赶阶段，业务基础相对薄弱，但我相信，正如以往不断追赶的过程一样，假以时日，这些子公司一定会有所建树，为中信建投证券迈入行业前 5 名发挥重要作用。当然，我们所说的均衡发展有几个层面的含义。一是从整体来看，各项业务要齐头并进，不能有短板。二是各项业务的细分领域和产品要旗鼓相当，不能有“瘸腿”。三是根据形势发展，要在线上业务和线下业务、创新业务和传统业务、境内业务和境外业务等方面做好平衡，实际上就是要大力推动互联网证券、数字证券和智能证券发展，融入信息技术发展大潮；在创新业务方面跟上行业脚步，力争走在前列；加快补足跨境业务方面的短板。只有做到这些，我们追赶行业前 5 名的步伐才能更快一些。

除了落实三大战略之外，我们也特别重视加强与中信集团内部兄弟公司的协同，充分利用好集团这个大平台。以公司与中信银行的合作为例。自 2012 年起，双方合作承揽债券项目达 177 单，发行规模 1 781 亿元，2015 年至今双方联合主承销债券 1 157 亿元，此外还在资产证券化、短融中票[①] 互相销售 、优先股、商业银行次级债等方面保持了紧密的业务合作，这也是推动公司债券承销业务成为行业翘楚的主要因素。我们还积极与集团职能部门、子公司开展业务协同，发挥

① 短融中票，即短期融资券和中期票据。

自身所长，为集团及子公司提供优质金融服务，先后助力集团整体上市、白银有色IPO、中信泰富发行熊猫债、隆平高科并购重组以及中信出版IPO等等。可以说，正是与中信大家庭的紧密协同，使公司充分受益，也进一步提升了中信整体的核心竞争力和凝聚力。

深植文化内涵

推动公司持续健康发展，战略谋划与实施只是其中一翼，还有一翼同样重要，那就是企业文化建设。在我看来，一家公司要想实现基业长青，必须有健康向上的文化作为引领和保障，否则很难凝聚起来，保持持久的战斗力。这也是我从新、老公司的氛围对比中得出的体会。

对标中信集团的企业文化，中信建投证券在起步阶段形成的“简单、务实”的文化氛围，与荣毅仁老董事长倡导的32字中信风格一脉相承，并在后续发展中不断深植、强化。借助集团优良的文化基因，我们也在尝试总结、构建自身的文化体系，先后提出了“有作为才能有地位”的核心价值观，“诚信、专注、成长、共赢”的企业精神，“以人为本、以邻为师、以史为鉴”的经营哲学；制定了符合中信建投证券特点的经营方针，核心是各业务线都要有明确清晰的发展战略，都要注重干部队伍建设，稳健经营、合规经营。在2015年庆祝公司成立10周年之际，我们还在全系统征集广大干部员工对公司使命和愿景的意见建议，经过汇总提炼和领导班子讨论，确定了中信建投证券的使命是“汇聚人才、服务客户、创造价值、回报社会”，同时明确了新的愿景。2017年3月，我们根据投行业务这些年快速发展的经验，提炼出了投行业务“316共同准则”，并广泛宣讲，力争使其成为员工的自觉行动，收到了很好的效果。

过程即是奖励

回顾这些年在中信建投证券的工作历程，我感触很深。虽说一路走来艰苦备尝，有时也有挫败感、疲惫感，但我还是凭借对中信事业的忠诚、对专业和职业的热爱，坚持了下来。正如乔布斯所说："过程即是奖励。"在中信建投证券这13年多的时间，我得到了很多回报。每当看到公司日益壮大，各项业务蓬勃发展，客户交口称誉，干部员工不断成长时，我的内心总是满溢着兴奋和喜悦，这种情感也只有在历经风雨后才能拥有和品味。

中信建投证券经过多年不懈努力取得了一定成绩，如果让我总结其中的经验，我想可以归结为以下三点：一是始终坚持务实、实干的精神，遇到任何困难和挫折都不放弃，保持了克服困难、不断前进的坚定信念；二是始终注重推进企业文化建设，形成了相对完整和成熟的企业文化体系，使公司凝聚力、战斗力、竞争力不断增强；三是在中信集团的坚强领导下，始终重视协同工作，不仅从中信这个大家庭得到了很多支持，也为集团发展做出了应有贡献。

2019年是中信集团成立40周年。孔子有言，"四十而不惑"。对于一个人是如此，对于一家公司亦是如此。经过40年的发展，中信集团已经成长为一棵参天大树，更加坚定、成熟和从容，对未来的发展也有了更为清晰、准确的认知。我既为她过往取得的辉煌成绩而骄傲，更为她无限美好的未来而憧憬。作为一个个体，我是渺小的，但作为中信集团大家庭的一员，我又是充满力量的。自从我1999年9月加入中信证券，成为一名中信人，至今已20年了。20年来，我个人取得的每一点进步，都与中信的熏陶、培养、支持和帮助密不可分。我本人从这个大家庭受益良多，中信建投证券也从这个大家庭收获颇丰。

背靠大树好乘凉。在中国经济朝着高质量发展迈进、中国资本市场不断改革和开放的大背景下，在中信集团的正确领导下，我将继续与中信建投证券广大干部员工一道，不忘初心，砥砺前行，努力把公司发展得更好，力争在中国资本市场占有一席之地，发挥更为重要的作用，以优异成绩为中信集团成立 40 周年献礼，为新中国 70 周年华诞献礼！

领跑市场的协同发债

中信建投证券股份有限公司　王崇赫

2010 年，我研究生毕业后加入中信建投证券，成为中信集团大家庭的一员。经过半年营业部挂职锻炼后，我于 2011 年进入公司债券承销部工作。彼时，中信建投证券正着力践行国家支持实体经济发展和国有企业改革战略，发力进军多个区域的债券市场。我有幸加入浙江团队，成为浙江债券业务的第一批拓荒者。8 年来，我见证了公司在浙江债券业务的从无到有，从市场上的无名小卒一跃升至全市场第一，其间虽经历了诸多困难挑战，更有无数次想要放弃的念头，但每每想到身后有中信集团强大的资源和协同支持，想到中信追求卓越、勇攀高峰的精神激励，便从中获得了无穷的力量，有了继续前行的信心。

一

浙江区域向来是债券市场的兵家必争之地。在浙江省 10.55 万平方公里的土地上，拥有 5 600 多万人口，400 多家上市公司，几乎每个县都有上市公司，融资需求旺盛，债券市场竞争异常激烈。8 年前，中信建投证券在这里的业务还是一片空白。面对既无企业资源又无成功经验的窘境，业务到底该从哪儿入手，是我们面临的最大难题。经过深入的市场调查和策略研究，我们确立了一个基本的指导思路——不能孤军奋战，不能单打独斗，要依靠中信集团大平台所具有的得天独厚的资源优势和专业优势，将兄弟子公司协同起来，以提高整体竞争力。我们意识到：要想挖出浙江市场的第一桶金，非协同不可；要想实现业务的全面开花，非协同不可；要想成为客户忠实的业务伙伴，非协同不可！

在确定挖掘协同机会、共享优质资源的思路后，我和浙江团队一直在探索如何利用中信大平台的丰厚资源和多种渠道为客户提供专业服务，与客户实现互利共赢。我要求每位团队成员都把协同理念根植于心，不能只做“一期债券、一个产品”，而是要成为客户最具服务价值的长期伙伴，为企业提供多元化、综合性的新型融资服务。我们与兄弟单位中信银行杭州分行签署了“债券战略合作协议”，吹响了协同业务起航的号角。我作为合作协议起草者之一，将中信银行杭州分行当成了我在浙江的“家”，开启了与集团子公司共同拓展业务的征程。

有了协同战略后，如何克服团队任务重、人员少的局面？我首先给自己提出了要求，不能坐在办公室等业务上门，要扎根浙江，与客户和银行在一起。2011 年起，我用一年多的时间走遍了浙江省内 50 余家中信银行分、支行，梳理客户名单，与银行同事一起走访了上百家企业。很多客户最初并不认可我们，认为中信建投证券在浙江没有项目经验，不具备提供优质服务的能力。面对此种情形，我们能做的就是一次次去拜访，一次次让客户了解我们诚挚的服务意愿。我们尽全力为有需求的企业提供全程辅导，设计差异化的融资方案，力争使客户满意我们的业务能力。

翻看出差记录，过去 8 年里，我平均每年出差 200 多天，保持着快节奏、高强度的工作状态，加班至凌晨已成常态化。长期高负荷的工作使我的作息很不规律，几乎所有客户再见到我时的第一句话都是“你的白发又多了”，连出租车司机都感叹“你是我见过打车最多的客人”。

对于家人，我只有深深的愧疚。妻子怀孕期间我没能陪同去过一次产检，孩子出生的第二天我就回到公司继续上班，现今最熟悉的照片不是4岁儿子的笑脸，而是8年前就已深印在脑海的浙江省地图……

二

几年努力下来，我们在浙江得到了越来越多客户的信任。我作为项目负责人与中信银行杭州分行协同为义乌、柯桥等地提供综合金融服务，其中最具代表性的是绍兴柯桥区国资公司项目。我带领团队全程负责了该项目的方案设计、执行、协调和存续管理，与中信银行共同开创了“柯桥模式”。这是在传统银行信贷和表外综合融资的基础上，依托中信集团独一无二的“金融全牌照”“金融+实业”的综合平台资源，从传统银行信贷合作固有思维转变为“商行+投行”，为地方国有企业量身定制的新型银证合作模式。2015年11月，在中信集团业务协同部总经理苏国新的见证下，中信银行、中信建投证券、中信环境携手与绍兴市柯桥区政府签署了300亿元战略合作协议。2016年12月，“柯桥模式”获得中央金融团工委、全国金融青联第四届“双提升”活动金点子方案一等奖，得到了浙江省朱从玖副省长的高度评价。“柯桥模式”还入选了《哈佛商业评论》和中信集团协同经典案例库，在中信集团内部推广交流。

在与绍兴柯桥区国资公司进行接触之初，我们提出可以为区县级企业一次性提供上百亿规模的低成本融资，这在当时很多人看来是天方夜谭。我们没有在意别人的冷嘲热讽，而是与中信银行杭州分行、绍兴分行和柯桥轻纺城支行联合组成“银证联合团队”，协助企业从业务整合出发，明晰主营业务板块，确立核心业务定位，健全公司治理制度，建立内部控制制度，推进子公司管理体系建设，引入认可度最高的外部评级机构。在此基础上，我们还为柯桥区国资公司量身定制了“跨市场、多品种、一揽子”的综合债券融资服务，帮助他们申报并成功发行了包括公司债、企业债、中期票据等多个债种，多次创下全国最低利率纪录，与间接融资相比节约利息达几亿元。

三

经过数年的深耕细作，我们凭借集团业务协同模式取得了丰硕成果。截至 2018 年末，中信建投证券浙江团队与中信银行杭州分行协同开发债券项目 142 个，累计承销规模 2 020 亿元，其中已发行项目 101 个，成功募集资金超过 1 050 亿元，募集资金的监管银行全部为中信银行。我们共同打造了浙江债券市场上最具影响力的“中信团队”。

除了为大型企业提供大规模债券融资外，我们也一直关注农村商业银行、农村合作银行、城市商业银行等发行主体。2011 年以来，我们积极学习国家扶持小微企业、“三农”经济的各项政策，坚持“支农支小”的服务理念。我也多次参加了中国人民银行组织的“小微”“三农”金融债券改革研讨，对国家大力倡导的小微金融债、“三农”专项金融债等有了深入了解，认识到此类专项债券可以帮助中小银行获得用于“支农支小”的宝贵资金，有力支持实体经济发展。

一直以来，发行这类债券的工作量与发行一般债券相差无几，但发行规模、承销费用却远低于其他产品，因此销售难度很大，几乎没有证券公司愿意发行此类债券。我想到中信公司老董事长荣毅仁先生的教诲：“要有利可图，但不能唯利是图。”我们不能只盯着发行规模和承销费用，而是要站在践行国家政策的高度，以实际行动支持小微企业发展。几年来，我带领团队拜访了几十家浙江省农村商业银行、农村合作银行，介绍国家出台小微金融债、“三农”专项金融债的政策背景，设计发行方案，推动债券顺利发行。2014 年以来，中信建投证券已为浙江省多家中小型银行成功发行债券 33 只，尤其是浙江省农信

作者参加深交所债券年度会议并获优秀个人奖

系统发行的 13 只“三农”专项金融债中有 11 只出自中信建投证券浙江团队，浙江团队也成为全国发行“三农”专项金融债券最多的团队。通过专项金融债的发行，我们帮助多家中小银行首次登陆资本市场，获得了专项资金，有效带动了当地实体经济发展。每当看到客户欣喜的笑脸，我便觉得项目过程中所有的艰辛都是值得的。

回想过去 8 年，是拼搏奋进的 8 年，是协同创新的 8 年，我有太多的经历难以忘怀，有太多并肩战斗的伙伴需要感谢。开疆拓土不仅需要执着和坚持，更离不开智慧和勇气，离不开中信精神的鼓舞与鞭策。2019 年是新中国 70 周年华诞，也是中信集团成立 40 周年，作为中信集团的一分子，我将不忘初心、攻坚克难，继续强化自我、优化团队，为中信事业的发展贡献青春力量！

奋斗的气质

中信信托有限责任公司　翟媛媛

2014年，我从期货行业跨入信托，如愿以偿成为一名中信信托人。原单位的领导对我说，中信集团是金融行业的领头羊，中信信托是国内信托行业最好的公司，在那儿能得到很好的锻炼和成长。记得刚入职时我发出的第一封邮件，在没有事前沟通、没有打电话的情况下，不到半小时就收到了逻辑完整、条分缕析的回复。我一边惊讶于中信信托同事的专业、高效，一边心里更为能进入这样的团队感到自豪。如今来中信信托已五年了，无论是我个人岗位的经历，还是从旁观者角度观察，我身边总有许许多多的同事，时常令我感动，令我敬佩，令我震撼。

进取的开拓者

作为一名办公室综合文秘，入职后我的第一项工作是整理公司历史档案。中信信托是国内最大的信托公司，646人的团队管理着上万亿元的信托资产，6个档案室资料满满当当。一年汇总的档案达1.6万余件，比其他信托公司几年的总量还要多。这些档案真实反映了中信信托业务运营的过程，汇集起来，可以从中清晰地触摸到公司艰难的发展历程。

翻开20多年前的年报，如今已成为公司中流砥柱的前辈，在画册上还是一张张年轻的脸庞，青春蓬勃，自信昂扬。2001年出台的《信托法》从制度上规范了信托关系和信托行为。2002年，中信集团将信托作为子公司重新登记时，中信信托仅有50名员工，信托资产规模仅十几亿元，而今天却成为行业引领者。在《信托法》确立的顶层信托制度框架下，如何规划公司未来发展方向，是摆在当时中信信托人面前的第一道难题。为开拓资产管理业务，公司资产管理部与多家金融机构沟通。2004年3月，与中国农业银行总行合作成立了避险增值类集合资金信托计划，单笔认购资金不少于5万元，资金主要投资于短期债券、央行票据、新股申购和其他低风险投资品种。为扩大规模、提高收益，该计划包含了25个独立信托计划，通过农行在北京、天津、大连、福州、深圳及乌鲁木齐6个城市的33个网点销售，仅合同就装了5大箱。为了装订合同，一些女员工把手都磨破了皮。该项目最终有14只信托募集成功，资金规模达1.8亿元。正是这一项目的开展，为公司资管业务的发展打下了坚实的基础。

从信政合作到房地产信托，从资产管理、财富管理到慈善信托，一个个信托新品种首单从中信信托诞生。2003年，公司成功发行中国第一只资产证券化信托——华融资产处置信托、第一只外币集合资金信托、第一只民营企业融资信托；2005年成为中国第一批企业年金基金管理机构，推出第一只标准化抵押支持债券信托，还有第一只股权投资基金信托、土地流转信托、互联网消费信托、保险金信托、养老信托……一次次创新，一座座奖杯，是行业对中信信托的认可，更是对勇闯新路的开拓者的嘉奖。从5万元的积累，到1.65万亿的跨越，中信信托走出了一条符合社会经济规律、行业领先的发展道路。从年金信托、资产管理业务领域的开辟，到拥有行业最完备的信托产品线、最扎实的风控理念与最具创新精神的业务团队，公司的每一步向前，都离不开中信信托先锋的大胆探索与不懈追求。

执着的追梦者

都说信托是可以与人类想象力相媲美的制度安排。尽管通过档案我大概了解了公司的业务框架，但深入进去才知道具体的业务有多么复杂。因为岗位调动，2016 年 5 月，我开始负责公司的印章管理工作，从交易合同、公证、工商登记，到开户、抵质押、信息披露，再到过程管理中的各类事务性文件、经营管理涉及的无数材料，让我对信托业务的多样性、专业性、个性化有了更深的认识。也因为这个岗位，我与公司各业务部门有了频繁接触，被更多的同事深深感动着。

深耕信政业务的信托部负责人就是其中的代表。2006 年 7 月，他经公司“举手制”批准，带领一名同事成立业务组独立开展工作。结合专业特长和前期市场调研，他选定苏南某市一家平台公司作为重点突破方向，希望与其开展合作。但拜访当天与该公司企业融资部人员谈得并不顺利，于是他想再见一见公司主要负责人，却直接被门卫拦在了大院外。那时正值一月，外面下着暴雪，寒冷入骨。他从早上 9 点半一直站到中午，用真诚和执着打动了那位领导的秘书，经过引荐终于见到了公司负责人。原来该公司融资部每天都要接待好几家金融机构来访，但没有一家达成合作。他详细询问了合作中存在的难点和该公司担心的问题，认真设计了募集方案和推介计划，多次与该公司充分沟通，高效推进尽职调查、评审审批等环节，最终为该企业成功融资 10 亿元。此后，他又带领团队与当地交通投资和城市投资公司开展合作，凭借专业的服务能力，赢得了“靠谱儿”的口碑，逐步打开了周边市场。2018 年，他所负责的部门新增签约手续费已达 3 亿元，人均考核收入超过 2 500 万元。许多年过去了，他依旧保持着每天早上 7 点半准时到公司的习惯，业务忙起来每天睡不到 4 小时。他常说，在中信信托的十几年让他收获了在其他行业一辈子都不会有的宝贵经历和价值认同。

他只是中信信托众多追梦者中的一例缩影。他们中间，有10年前就是银行高管，尽管现在业务压力大、工作多，但“现在让我回去再做行长，还真不愿意”的异地分部负责人；有已经成为两个孩子的妈妈，因为“常能以深入的政策把握、详尽的数据分析说服评审”，而让英国帝国理工学院毕业生无比敬服的团队长；还有十几年伴随客户历经风雨，成为合作典型的业务能手。前段时间，微信朋友圈流行晒“你走过中国哪些城市”的足迹图，我的很多同事去过99%以上的城市。他们中间，有1周飞5个城市的，有为了寻找资金路演50家企业的，有为了配合业务需要深夜时分坚持在工作岗位完成放款的……这些，是他们一天天的日常。每当看到新闻报道“中信信托成为唯一一家多项关键指标连续10年位列行业三甲的信托公司”，除了自豪，除了想到1 300亿元受益分配、30亿元净利润这些耀眼业绩，我还会想到前台业务骨干年均出差超过120天、飞行里程超过6万公里，中台人员平均每人每天加班2小时、处理各类凭证近20万份等看似平凡的数据。

争先的奋斗者

理想的公司是什么样的？制度严谨、自由创新、理想驱动……答案或许没有统一标准。2018年债市、股市、私募寒意阵阵，金融子行业不容乐观，信托业也面临着前所未有的挑战。中信信托却逆势发展，信托业务收入创造了信托业和公司历史最高水平。是什么让公司连续十多年引领行业发展？我想，是独属于中信信托的精神。这种精神熔铸着历史，在岁月沉淀中不断脱胎换骨，演变传承。

作为信息员，每季度我都要协同部门的“啄木鸟”观察员向纪检监察室报送监督信息，为公司的经营管理提意见。监督信息是公司“大

“啄木鸟”观察员交流分享工作心得

监督”机制的具体措施，目的是让各项工作更加精细化，不满足于现状，在有效防范风险的同时追求新的突破。我更是在“被提意见”中成长，切实看到了改进，尝到了甜头。这几年，金融行业多次爆出“萝卜章”等风险事件，因印章管理不善造成严重损失的屡见不鲜。2016 年，我到印章管理岗之后，深感责任重大。特别是公司信托规模动辄上亿元，每年用印文件高达 20 万份、100 万次，既要保证效率，更要保证质量。我们通过“大监督”收到意见，有的业务人员提出排队时间过长，希望能够改善。经过调研分析，我们增开了 3 个审核窗口，梳理细化各类文件审核标准，制作了服务流程和图示；根据文件的复杂和缓急程度，提供了快速通道、预约和加班申请机制；实施了 OA（办公自动化）线上审批，开展差错通报和精准化培训；重新规划启用了新的文档办公区。经过一年多的改进，文件用印审核效率和审核精度大幅提高，有效为公司把控了风险，员工满意度也有明显提升。

行业竞争激烈，业务规模如此庞大，如何兼顾业务发展和风险管理？中信信托党委书记、董事长陈一松同志多次要求，多一点创新思考，多一点操作规范和风险管理，少一点懈怠和畏难情绪。在公司，“珍惜每一笔业务机会”，奋勇争先是大家的共同遵循。每次接到业务决策会需求电话，办公室总是第一时间安排。为了配合业务进度，会议经常安排在周末。经过双休日两天的热烈讨论，决策通过了，项目可以立即实施了，大家松了一口气，便又马不停蹄地投入到新一周的工作中。这里没人倡导做“英雄”，却人人是先锋；没人倡导做“勇士”，却人人不甘落后。作为一名普通的办公室文秘，我时常凝视着这些先锋，时常从内心涌起一阵感动，感动于这平凡中的奋进、平淡中的坚守和艰难中的担当。

很喜欢京城大厦的小花园，不大，却错落有致。午休时间，常会遇到同事在花园散步，讨论工作、交流生活。每到春夏，微风拂面，走在落满花叶的小径，我的耳边总会响起一句话，“我其实是喜欢这儿的环境，逼得你学习，逼得你进步。慢慢地我觉得，你就会有一种气质，我觉得这种气质应该叫——对，应该叫奋斗”。

从出版到保险的转身

中信保诚人寿保险有限公司　相里闵鹤

2008 年 8 月，北京承办了第 29 届夏季奥林匹克运动会，每个中国人都为之骄傲和激动。作为北京人，我一边看着比赛，一边经历人生第一次换工作。奥运会结束后，我收到了一份 Offer（录用通知），它将我和中信连在了一起。转眼 11 年过去了，我从中信出版社员工转变为中信保诚人寿保险代理人。旁人觉得这跨度太大了，但我相信我能迅速适应，因为我仍是中信集团的一员。走在北京的大街小巷，每每看到红色醒目的 CITIC 徽标，无论是中信银行、中信证券，还是中信书店，我总感到无比亲切。11 年了，CITIC 早已烙印在我心里，融入血液。

一次跨行业的选择

2008 年我入职中信出版社，从一名普通营销编辑成长为营销中心副主任。中信出版社在行业内是数一数二的，出版过《论中国》《乔布斯传》《激荡三十年》等一批优秀的国内外著作，在经济管理、社会科学等图书领域始终保持领先地位，在精英群体也有广泛的影响力。在这个一流的平台上，我接触到了很多世界级的知名学者、企业家、政要、明星，开阔了眼界，提高了格局。"我们提供知识，以应对变化的世界”，这是我在中信出版社几年时间里感受最深的一句话。世界，只有变化是永恒的，因此我们快节奏地捕捉热点，为读者提供有价值的精神食粮。那时的我每天都充满活力、马不停蹄，有看不完的书，做不完的活动，站在巨人的肩膀上展望未来，也形成了一种居安思危的意识——这是一个快速迭代的时代，不学习、不进步只能被淘汰。

我本以为我会在中信出版社工作到老，直到2014年家庭的一次变故，让我重新开始审视自己的职业未来。2014年10月，我母亲体检查出疑似慢性粒细胞白血病，当她回家小心翼翼地把这一消息告诉我时，我彻底吓住了，一时回不过神来。我的父母都是医生，虽然我从小就听惯了生老病死，但发生在自己亲人身上还是难以置信。况且妈妈的病没有一丝症状，会不会是误诊了？爸爸立即带妈妈去医院检查，在经历了骨髓穿刺和多次血液化验后，白血病得到了确诊。不幸中的万幸是，这类白血病是有药可治的，而且生存期很长。得知妈妈不用像其他癌症病人一样化疗、手术，只需吃药就能治病，我们全家都松了一口气。但是，这药名叫格列卫，它的价格令我震惊。格列卫，现在很多人不陌生了，就是2018年上映的《我不是药神》中的神药。妈妈需要终生服药，每月至少花费2.4万元！还好妈妈在16年前买了一份重大疾病保险，她给保险公司打了电话，工作人员很快上门办理了理赔，一切都很顺利。收到理赔款后，妈妈直后悔怎么当时买的保额那么少。也是在那时我第一次感受到了生活的压力，好在爸妈还有退休金、房租、储蓄。爸爸退休后在医院继续上班，我也有能力赚钱，我们都能供妈妈吃药，药对妈妈来说就是生命！

刚结婚时，我给自己和先生买了重疾险。生完孩子后，我又给我们增加了不少保额。妈妈的这次生病让我意识到保险是可以救命的，而且需要持续的规划和补充。爸妈的年龄已经买不了保险了，我们更要先把自己保护好，才有能力为父母撑起一片天空。

这次家庭变故也让我思考未来的生活方式。作为子女，我希望父母需要的时候我能在床前尽孝；作为一个年轻的妈妈，我希望孩子成长的重要阶段都有我的陪伴。我可否换一种方式工作和生活？读过的书告诉我，人生没有什么不可以，只要是积极向上、有意义的，想做就去做！2016 年 7 月，经过慎重考虑，带着依依不舍的留恋，我告别了热爱的中信出版社，选择加入保险行业做一名寿险代理人。

不得不说，保险代理人时间相对自由、能兼顾家庭和工作的平衡，是吸引我做出改变的重要因素。除此之外，保险行业的成长性以及为万千家庭提供保障的价值也是我所看好的。在选保险公司时，我毫不犹豫地选择了中信集团旗下的保险公司——中信保诚人寿（当时的名称为信诚人寿保险有限公司，2017 年 11 月更名为中信保诚人寿保险有限公司）。这不仅因为我曾在中信出版社工作 8 年，更源于我对中信企业文化的了解和认同。因为在出版社工作的关系，我参与过集团企业文化建设的一些工作，协办了如今已成为经典品牌的“中信读书讲坛”。我还在中信出版社担任了 3 年的团委书记。2016 年是荣毅仁老董事长诞辰 100 周年，我荣幸地参加了当年的集团团干部培训班，与大家一起在无锡荣毅仁纪念馆和梅园缅怀荣老，学习老董事长的光辉业绩和崇高风范。中信企业文化是在荣老的亲自培育和倡导下形成的，许多年过去了，荣老提出的 32 字中信风格依旧激励着今天的中信人恪尽职守、拼搏开拓、无私奉献。

有了对中信企业文化的深度认同和对保险行业的亲身体会，当我面临跨行选择时，自然有了清晰的规划。保险是有重要意义的，我身边还有很多人没有保险，也还有很多人对保险的认知停留在错误和不信任阶段。他们需要正确的保险观念，需要有专业负责的代理人帮助做好规划。我也因此下定决心，要踏踏实实、长长久久地做好保险代理人工作。

成为卓越经理人

2016年8月，我正式加入中信保诚人寿，成为北京分公司的一名普通保险代理人。开弓没有回头箭，我做好了背水一战的准备。保险代理人的制度跟我以前的工作有很大不同，更像是创业。没有底薪和五险一金，公司给你提供的是平台、品牌、产品和销售支持，但在市场上你要孤军奋战。保险代理人还需要具备很多跨领域的知识技能：经济、金融、法律、医学、营销、领导力、人际沟通……面对行业的发展、客户的需求和激烈竞争，我能胜任吗?

“不用担心，我们有中信保诚商业学院，它是首家通过ISO认证的行业培训机构，在这里你会学到新人阶段全部的知识技能。”我的主管、总监看出了我的顾虑。学习就是成长，坐在培训学院的教室中，我仿佛回到了学生时代，放空自己，像海绵一样如饥似渴地吸收各种信息。

我的第一课是“走进中信保诚人寿”。中信的故事我已经很熟悉了，而英国保诚集团170年的悠长历史，同样是一部传奇。保诚的形象是审慎女神（Prudence），她手持明镜，身绕灵蛇、箭羽，代表着鉴识自我、慎言敏行、确立目标、勇往直前。1854年，保诚正式推出面向工薪阶层的工伤保险，采用上门推销服务，开了保险营销模式的先河；1856年，保诚率先推出全球第一份儿童保单，这项新业务也使其声誉日隆，从无名小卒成为英国寿险明星；1912年，泰坦尼克号首航沉没，保诚排除万难，进行了快速理赔，使324个家庭在痛失亲人后得到些许安慰；1914年，第一次世界大战爆发，保诚在全球首创废除战争风险免赔条款，共支付了23万人的战争理赔，超过英国战争死亡人数的1/3。随后爆发的第二次世界大战殃及全球，保诚再次主动废除战争免赔条款，全额给付了11万件死亡理赔。

中信与保诚都是勇于创新、敢于承担、低调沉稳的全球500强企业，也因此才能强强联合，提供全球统一的寿险三项免责、100万美元的国际SOS救援，不断创新引领市场的寿险产品，在中高端市场备受认可。在培训中，内外勤授课老师的价值观无不体现着中信风格的“作风正派、谦虚谨慎”，公司的销售服务和理赔故事也于点滴中展现着对客户的尽心尽责。“聆听所至，信诚所在”，我完全被中信保诚人寿的文化折服。

在经理人班三个月的学习中，我每天上午在公司上课，下午奔波于北京各处面谈客户，晚上哄孩子睡觉后再做方案到凌晨一两点。日子充实紧张，充满挑战。我的开局还算顺利，每天按培训班老师的要求拜访两三位朋友，叙旧聊天并调研保障情况。有些朋友会避而不谈，有些朋友会直接说：“我一直想买保险，找不到靠谱儿的人，你来做太好了！”很感激在我入职初期成为我客户的朋友们，很多是中信出版社的原同事和我的同学、好友，出于对我的信任和自身需求，他们愿意听我讲一讲保险。我也带着分享的心态来做销售，无论最后签单与否，我希望能帮助大家合理规划，传递正确的保险观念。三个月很快过去了，功夫不负有心人，我拿到了几乎全部的奖项，成为“卓越经理人8期总保费王”。结业典礼上，我在几百人面前做了5分钟发言。这一天，我的名字在中信保诚人寿北京分公司传开了。

传递信任与责任

如今加入中信保诚人寿三年了，我还没遇到重大理赔，但小意外的理赔我一共做了8件。我的客户能在突发情况下第一时间想起我，那份信任让我倍感珍惜。

第一次意外理赔是在2017年大年初三。一大早我就接到客户电话，她说出门不小心滑倒了。我赶紧问她伤势如何，身边有没有人。她还没去医院检查，只说脚很疼。我让她赶快冰敷，再疼的话就去医院拍片子。她都照做了，所幸没什么大事。我去她家看望了她，同时取走了全部的检查单，快速进行了理赔。

还有一次印象特别深刻。一天凌晨4点多，睡得迷迷糊糊的我突然感到手机震动，在睡梦中接通了电话，一个声音断断续续、微弱地传来："闵鹤，我喝了点儿酒，疼……"我一下子清醒了过来，这可能是一个非常严重的事故现场。我马上问："出交通事故了吗？周围有朋友吗？""不是，半夜肚子疼，朋友正带我去医院，我想起你说的紧急救援……"确认他身边有朋友，正在去医院的路上，我安心了一些。挂断电话后，我拨通了中信保诚人寿寰宇卡的电话，替客户报了案。早上6点多，我接到了寰宇卡客服的回复，说已经联系上了客户，他是结石引起的剧痛，正在医院就诊。那天我给客户打了七八个电话，密切跟进他的检查情况，确认他是否需要帮助。幸运的是，白天他的结石已经排了出来，身体也随之康复起来。

我常常想，客户在剧痛时能想到拨打中信保诚人寿保险代理人的电话，想起我跟他提过的紧急救援服务，这是否说明，我们的电话在客户那儿也等同于急救电话？记得培训书上的一个案例：一位怀孕的客户突然在夜间临产，亲人不在身边，她第一时间想起来的是保险代理人。而那位尽责的代理人也迅速赶到她家，把她送到医院。这也是我喜欢这份工作的原因，用专业和真诚帮助别人，虽然很多时候超出了职责范畴，但收获的是客户沉甸甸的托付和信赖。

两年来，我与几百个家庭沟通保险的意义和功能，很多人摘掉了对保险的"有色眼镜"，意识到保险是一个很好的管理风险的工具，是

作者（右二）与中信保诚人寿北京分公司的同事们参加 MDRT 美国洛杉矶年会

不可替代的。2010 年，北京师范大学出版了《保险伴我一生》初中版、高中版，在学生中普及保险知识，提高全民风险和保险意识。值得一提的是，书中序言唯一参编的保险公司是英国保诚集团，这是保诚积极推动中国保险业发展所作的贡献。两年来，我在传递信任与责任的过程中，自己也收获颇丰，成为美国百万圆桌（MDRT）会员和世界华人保险大会铜龙奖会员。2018 年 6 月，我赴美国洛杉矶参加 MDRT 年会，与世界最优秀的保险代理人一同交流，探讨如何用保险专业知识服务更多客户家庭。

我很庆幸在 2008 年遇到中信，不管是在中信出版还是在中信保诚人寿，认真做事、诚信做人的本质是一样的。一天，我遇到中信集团的老领导，他还为我加油说，“集团鼓励员工调动工作，适应不同的岗位，都是在为集团作贡献，为社会创造价值”。

时代的车轮总是快速向前、永不止息，只有勤勉奋进、不断前行，才不会被抛弃。面对未来，我将继续一步一个脚印，踏踏实实，在中信大平台上学习成长，也祝愿中信集团在新时代创造更多辉煌！

感 悟 传 承

中信保诚人寿保险有限公司 黎 曚

2018年夏，在青年成就（Junior Achievement）事业启航工作坊现场，模拟面试后的答疑交流环节上，一位“00后”学员向我提问：“您工作以来感受最深的是什么？”我将写满点评的个人简历交还她，取下胸前的CITIC徽章放在她手上说，“是传承”。

8年前的我，也像这位大一新生一样，带着懵懂与好奇走进大学校园。为了开阔眼界、锻炼自己，我通过院系选送加入南开大学黄埔团校，在团校组织的系列活动中与中信有了第一次近距离接触。记得那次活动的主题是要求我们寻找改革开放以来具有代表性的企业集团，深入了解其企业文化。而中信集团作为中国经济改革的试点和对外开放的重要窗口，无疑是我们最好的选择。我们还有幸到中信集团子公司中信资产管理有限公司进行了参观学习。彼时，中信集团已走过30载奋斗历程，中信资产管理的领导向我们介绍了中信的历史和为国家做出的贡献，结合一个个生动鲜活的案例阐述了中信集团“诚信、创新、凝聚、融合、奉献、卓越”的核心价值理念，还将全面记录中信30年发展之路的《艰难的辉煌》一书赠予我们。这本书既是一部中信的创业发展史，也是一个从微观角度解读中国改革开放进程的绝佳样本。当时的我，深深被这家企业的传奇历史和发展模式吸引，也为其在变革与创新中散发的魅力所折服。在采访环节，几乎每位中信资产管理员工在言辞中都表现出了对“中信人”这一身份的自豪，这更加深了我对中信的敬佩与向往。

2016年，研究生二年级的我正徘徊在迷茫的人生路口。机缘巧合，我的学校中国政法大学承办了第八期“中信大讲堂·中国道路系列讲座”。中信大讲堂是中信改革发展研究基金会面向全国高校的巡回公益性讲座，旨在探讨研究中国发展问题、践行中国道路。这种正面发声、宣传正能量的公益活动一直很受我们学生喜爱。当时讲座的主题是“金融战与现代战争及我军变革前景展望”，主讲人是著名军事理论家、中信改革发展研究基金会资深研究员乔良少将。在讲座中，他从当今世界金融形势入手，清晰讲述了金融战的性质和意义，分析了中国在金融博弈中可能面临的困难和任务，还结合国际军事及个人经历，对国家、企业、个人的成长提出了建议。对军事一窍不通的我，通过这场讲座树立了居安思危的意识和维护国家金融安全的责任感，同时暗暗下定决心，有机会一定要加入中信这样有担当的企业工作！

一年前，怀着忐忑与兴奋，我正式加入中信保诚人寿北京分公司从事合规工作。公司“聆听所至，信诚所在”的经营理念和企业精神，以及“卓越成长、尊重差异、信任授权、全心关怀、快乐工作”的价值观，让我看到了对中信企业文化的鲜活诠释。我入职后的第一项工作，是参加分公司精细化管理项目追踪启动会。会上，各部门对精细化管理的含义、手段和目标进行了探讨，围绕风险综合评级指标进行了分析，对部门岗位工作流程及操作规范进行了全面梳理。我对其中很多概念似懂非懂，埋头记录了好几页笔记，再捧起来看时却仿佛一个字也看不懂。看着迷茫的我，主管老师画了一张思维导图，串起了保险公司总分公司、前中后台部门，用清晰的框架展示了各条线之间紧密而不可分割的关系，推演了保险业务的全流程和各环节可能出现的风险，帮助初入职场的我迅速摸到了门道。接着，他又拟定了专业书单，带我梳理知识框架、熟悉合规工具。作为一位与中信保诚人寿共同走过十余年的老员工，他毫不吝啬地将自己的经验和心得传授给我。正是有了他的传帮带，我顺利度过职业生涯初期那段从“无”到“有”的时光。

作者（右一）向主管老师学习业务知识

此后，我有幸去中信保诚人寿总公司借调学习。到岗第一天，我就为交接工作的同事整齐有序、细致充分的材料梳理所打动。她将手头的工作按项目工作、日常工作和临时工作归类成14项，制作了详尽的交接清单，将每项工作的性质、内容、进展、存档方式和联络人都记录在工作交接表中，一一提供了便捷可查的支持性资料。我默默感叹，作为职场新人，相比之下我的工作是如此缺少系统性和规划性。于是，我也仿效这种整理清单的方法，将之后工作中可能遇到的问题归纳出来，与她实现了高效的工作交接。在借调的三个月里，我利用工作交接表、审核台账和其他工具，使繁杂的合规工作渐渐有了清晰脉络。待她假期结束后，我以同样的方式将已完成的工作交接给她，同时加入了一些自己对工作的理解和建议。我的迅速成长，得到了这位前辈的肯定。也正是她认真负责、严谨细致的作风，言传身教地带我从工作中的“有”走向了“精”。

回到北京分公司后，在日常的合规管理工作中，我的思维方式和工作思路有了明显变化，分析和解决问题的能力也有所提升。面对工作中遇到的新挑战，我不再怯懦、不知所措，而是敢于迎难而上、攻坚克难。一个月后，我的同事因个人原因离职，将公司的反洗钱工作交给我。离开前，她毫无保留地与我分享多年来收集留存的国内外监管信息和实用工具，以及她对进一步提升反洗钱工作效率和水平的思考，帮助我以最快速度熟悉并接手这项全新的工作。

接手反洗钱工作后，我不断学习摸索，在形成较为稳定的工作模式下，总结经验，编写具有可操作性的工具。后来根据公司统一安排，反洗钱工作的部分职能需要移交给营运部门。这一次我自己操刀，梳理了反洗钱工作的相关流程，按照不同工作项目制作了反洗钱工作交接清单，尽可能将工作内容、时效要求、操作流程和注意事项交代清楚。我也像曾经的主管老师、总公司前辈和离职的那位同事一样，将工作中形成的成果、经验、心得全部传递给营运部门。这一次，我成了那个画思维导图的人，那个列出详细清单的人，那个毫无保留分享的人。

记得刚参加工作时，听见同事们称呼领导为“老师”，我还惊讶于在学校之外仍能听到如此亲切的称呼。而通过工作中的相处，我意识到这些兢兢业业的前辈，当之无愧于“老师”二字。工作一年以来，在许许多多老师的帮助指导下，我渐渐成长为能够统筹开展合规检查、独立完成监管报告、自信讲授合规课程的合规人、中信人。一年后，北京分公司与青年成就公益组织合作，举办了事业启航工作坊开放日活动，来自北京林业大学、对外经济贸易大学和首都经济贸易大学的 31 名学生来访公司。我作为志愿者参加活动，向大家分享职业规划与人际交往方面的心得，并作为模拟面试环节的面试官，参与点评了学生们的简历和表现。他们青涩、稚嫩的面庞看起来是如此熟悉，而他们口中唤我的一声声“老师”，有些陌生，却十分动听。

回首我与中信点点滴滴的记忆，其中感受最深的不正是这一路走来的传承吗？而我，也终于能够自豪地以一名中信人的身份，对即将迎来成立 40 周年的中信，说一声“感谢”，道一声“生日快乐”！

中信财务的逐梦路

中信财务有限公司　常化朋

2012 年末，我留学归国，怀揣激情与梦想加入中信，成为当时刚刚成立的中信财务有限公司的一员。时光荏苒，弹指一挥间，从党的十八大召开之际，中信财务成立，到党的十九大召开之后，集团明确财务公司定位并实施全面深化资金集中管理改革，6 年多来，中信财务迎难而上、屡创佳绩，开创了一条具有中信特色的财务公司发展之路。其间，我全程参与了中信财务的创业与发展，深深感到，中信财务走过的历程，彰显了中信人勇于探索、艰苦创业、追求卓越的精神；中信财务人在逐梦道路上的思想和行动，诠释了创新、创业和解决实际问题的企业家精神。

筹建开业　破题开局

成立财务公司，是集团由来已久的想法。作为中信金融板块的新兵，中信财务是中信集团整体改制后成立的第一家一级子公司。2012 年 11 月 29 日，中信财务正式开业，开始着手推进公司治理、管理制度与内控机制建设，进行资金集中管理试点的前期论证，顺利开展了业务经营。

2013 年是公司真正意义上的开局之年。5 月 2 日，中信集团董事长常振明同志专门听取了中信财务的工作汇报，同意在集团非金融子公司范围内正式启动资金集中管理工作。10日，中信集团召开了京内子公司资金集中管理工作动员会，集团财务部下发了《中信集团关于进行资金集中管理试点的通知》，时任集团副总经理兼中信财务董事长居伟民同志出席会议并作重要讲话。14日，中信财务召开第一届董事会第二次会议，批准了资金集中管理工作的推进方案。这三次会议，分别在集团和公司董事会层面统一了认识，为公司推进资金集中管理工作提供了政策支持。

此后的具体实施工作，虽然没有想象中的顺利，但取得的实际效果还是要好于预期。2013年末，公司按照中信集团和银监会要求，加速推进资金集中管理，积极做好各项经营管理工作，全面完成了经营计划目标。开局之年的亮眼成绩来之不易，相比其他企业集团的财务公司，中信财务在发展定位和业务模式上面临着更多挑战。关于财务公司的定位，究竟是视为战略管控工具（成本中心）还是利润增长点（利润中心），不同的企业集团会做出不同的定位安排；不同的定位安排，又会深刻影响财务公司的发展模式和业务经营。对于中信集团而言，内部成员单位多具有市场化程度高、经营管理较为自主、金融意识和理财能力突出等特点。在这样的背景下推行资金集中管理，其困难、挑战和复杂性不难预见。中信财务领导班子在2013年度中期工作会议上提出，关于公司的发展定位和业务模式问题，破题开局固然重要，接下来仍有一个持续思考和艰难探索的过程，短则两三年，长则三五年，绝非坦途，全体员工要有相应的准备。

公司破题开局阶段，也是我个人转变角色、融入中信的阶段。作为一名海归青年，初入公司时面对与校园内截然不同的组织文化，我一度感到迷茫和不适。再加上工作节奏很快，每天难以理清的头绪、不知如何化解的问题接踵而至，我的想法建议也常常说不到点儿上。公司领导敏锐地看到我们青年员工的问题，开展了“告诉大伙儿我在干啥”岗位职责交流、《公司金融》专题培训、“管理者的成长之路”主题讲座、战略管理头脑风暴等活动。针对我的困惑，领导从培养“抬头看路”意识、优化工作流程、合理安排任务时间等方面与我沟通交流，释怀我心中压力，激发起工作热情，为我接下来的成长进步夯实了根基。

固本培元　寻求突破

除了自身功能定位问题，中信财务创业初期也面临着其他很多困难。从宏观经济层面看，我国经济回稳的基础还不稳固，经济下行的趋势尚未得到根本性逆转，公司服务的集团非金融子公司多面临“转方式，调结构”的压力。从微观层面看，财务公司的金融服务对于成员单位而言，是对原先外部银行服务的一种替代，成员单位必然存在一种比选心理。在推进资金集中过程中，也不免存在一些缺乏集团意识、热衷于打自家“小算盘”的成员单位。

然而这些困难并没有挫败中信财务推进资金集中管理的决心。《左传·曹刿论战》有云：“夫战，勇气也。一鼓作气，再而衰，三而竭。彼竭我盈，故克之。夫大国，难测也，惧有伏焉。吾视其辙乱，望其旗靡，故逐之。”公司上下深刻认识到，做企业好比是一场长跑，远非“一鼓作气，再而衰，三而竭”那么简单，也无法只靠“勇气”就能解决问题。在这一漫长的过程中，状态总有起起落落。顺意时自然可天地皆同力、一鼓作气地做一些事情，稳稳当当开好顺风船、行好康庄道；但遇到低潮时，也不能“辙乱”“旗靡”，此时更需具备定力、韧性和眼光，经得住考验，耐得住寂寞，即便是三分力只能做一分事，也要从容度过困顿艰难时期，蹚过急流险滩。

2014 年至 2015 年，中信财务着力在自身能力建设上下功夫，逐步完善结算、流动性管理和会计核算系统，加强全面风险管理和制度化管理，落实“两个责任”和全面从严治党要求，努力探索培育符合自身特点的企业文化。这一系列着眼于公司长远发展的基础性管理工作，为公司的后续健康发展奠定了基础。

在经历了成立初期推行资金集中的种种困顿后，中信财务抓住各种机会，多次向集团领导汇报沟通，并主动与成员单位开展深入的业务交流，争取就财务公司的功能定位和与资金集中管理改革相关的制度、机制设计等问题，在集团上下达成共识，寻求与主要成员单位建立业务互信基础。许多成员单位从最初的不理解、观望甚至有抵触情绪，到逐渐适应财务公司的存在，形成一些共识，转而积极主动地与中信财务对接，开展业务合作。

2014 年，中信财务顺利完成集团境内非金融、非上市子公司的资金集中管理工作，赢得了制胜一仗。公司存贷款规模稳步增长，融资顾问、委托投资、债券承销等数项创新业务取得实质性进展。这一年，中国经济发展进入新常态，监管机构明确财务公司具有集团“资金归集平台、资金结算平台、资金监控平台、金融服务平台”的四大功能，我们对自身业务发展和商业模式的认知更加清晰。

2015 年 7 月 22 日，中信集团副董事长兼总经理王炯同志来中信财务现场调研时指出，“中信财务要对集团深化改革多作思考，从中寻找业务创新的机会。中信集团作为国内最大的综合性企业，与其他大多数企业集团的‘同质化’经营有着本质不同。中信财务对此要作分类、分级和差异化分析，探索适合自身的商业模式”。集团领导的高度重视为公司发展指明了方向。中信财务主动融入集团全面深化改革浪潮，坚持客户至上的义利观，积极培育客户关系，巩固并提升资金集中的范围、深度和质量，不拘一格地推进创新业务，进一步丰富商业模式和盈利结构。公司吸收存款能力再上新台阶，资产规模大幅增长，在客户基础、业务规模和盈利模式上均取得不小的进步，为集团整体盈利的提升做出了实实在在的贡献。

作者（左二）参加中信财务党支部党建活动

这两年也是我个人思想认识极大提升的两年。“打铁还需自身硬”，公司注重培养人才，特别看重员工品行方面的表现。领导鼓励我积极参加公司领导人员专题党课、集体学习研讨和读书活动，接受革命传统教育，学习党的优良作风和高尚品格。在此期间，我担任了公司团支部书记，递交了入党申请书，成为一名光荣的预备党员。思想上的进步对我工作能力的提升有很大促进作用，我连续两年年终绩效考核获评 A 级，在工作岗位上的表现也得到公司上下的认可。

众志成城　勇闯新路

在中信财务借集团改革东风寻求自身发展突破之时，全体干部员工始终保持着清醒的头脑。“生于忧患而死于安乐”，公司领导在 2016

年度工作会议上用这句古训来警醒大家。检视现状并展望未来发展，中信财务自身仍存在不少问题。其中最突出的是公司客户群基础还很薄弱，存在不少资金集中没有真正覆盖的成员单位。客户结构不均衡，吸收存款的来源仅限于少数几家大户，发放贷款的对象更是基本限于房地产行业。对此，公司要求全体干部员工增强忧患意识，既然能经受“十二五”的诸多挑战，也必然能以底气、自信和激情走好未来的“十三五”发展之路。

公司领导在工作会议上的讲话余音未了，中信财务便又迎来一次全新的考验。集团于 2016 年初决定将整合后的境内房地产业务整体出售给中海地产，重组方案的彻底程度和时间进度都大大超乎预料。重组实施后，中信财务日均存款减少 40 亿元，自营贷款减少 85.2 亿元，当年中间业务收入减少约 2 000 万元。原本高度依赖中信地产的业务模式受到颠覆性冲击，严峻的形势倒逼中信财务不得不开始“二次创业”。

正当大家彷徨之际，习近平总书记《在庆祝中国共产党成立 95 周年大会上的讲话》给我们带来了莫大鼓舞，“历史总是要前进的，历史从不等待一切犹豫者、观望者、懈怠者、软弱者。只有与历史同步伐、与时代共命运的人，才能赢得光明的未来”。彼时的境况，落实到我们这样一家小企业，就算是眼前遇到一道难以逾越的沟坎，又算是多大一件事呢？公司领导要求全体干部员工积极面向未来，面向挑战，务必要抛弃犹豫、观望、懈怠、软弱的消极情绪，就像总书记强调的那样，不忘初心、继续前进，努力通过新一轮“大考”，开辟一番全新天地。

为此，中信财务主动对接集团全面深化改革和“十三五”战略布局，努力适应监管部门和行业协会的评级与分类监管要求，积极应对集团整体出售房地产业务给公司经营带来的巨大冲击，在几乎全部失去中信地产业务的严峻考验下，化危为机、绝地反击，成功实现了客户结构和业务结构的重大调整，迎来了公司“二次创业”的崭新局面。

同事们主动发掘客户需求，优化金融服务方案，创造性地为中信环境、中信戴卡、泰富中投、中信城开等多家成员单位提供了有针对性的融资服务。通过这些举措，不仅成功弥补了集团出售重组地产业务带来的经营缺口，而且有效丰富了公司客户结构，大幅扩大了成员单位的覆盖面。

2017 年，公司继续发扬“二次创业”精神，落实集团“转方式、促升级、谋发展”的总体要求，敢于担当、勇闯新路，主动争取监管部门的理解与支持，克服诸多困难加大信贷投放力度，不断丰富业务模式和结构，全力协助集团降杠杆的专项任务，大力培育各类新兴业务。依靠自身努力，公司各项存贷款指标创下历史新高，我们也终于安然渡过了难关，重新进入一条健康快速发展的轨道。求人不如求己，成就决定地位。中信财务以经营业绩和财务数据证明了自身的存在价值，以真诚态度和实际行动践行了成为集团“四个平台”的初心和使命。经过近五年的艰苦奋斗，在公司成立五周年之际，我们迎来了豁然开朗、别有洞天的气象格局。

这一阶段的工作经历对我个人来说也弥足珍贵。为了更好地发挥青年员工专长，公司以跨部门小组的形式，给予有潜质、有想法的业务骨干一个小平台，允许试错，鼓励大家大胆实施自己的想法。我报名参加了跨部门小组，每天与大家在会议室热火朝天地讨论，与同事们一起开展行业调研和案例分析，与集团、主要成员单位进行深入沟通，举行了多轮次头脑风暴和战略务虚会，并参与起草了《中信财务有限公司“十三五”发展规划纲要》。通过参加跨部门小组，我对公司业务有了近距离接触，也从宏观上对公司的整体战略导向有了深入理解。2017 年初，为进一步激活人才的创新潜能和创业激情，公司首次尝试开展中层岗位的内部竞聘和干部横向交流。我也有幸成功竞聘了部门总经理助理的岗位，职业生涯迈出了重要的一步。

回归本源　新的征程

2017 年 7 月，习近平总书记在全国金融工作会议上指出，必须加强党对金融工作的领导，坚持稳中求进工作总基调，遵循金融发展规律，紧紧围绕服务实体经济、防控金融风险、深化金融改革三项任务，促进经济和金融良性循环、健康发展。总书记特别强调，回归本源，服从服务于经济社会发展是做好金融工作的重要原则之一。中信集团 2017 年度工作报告随即提出，各金融子公司要回归本源，防止出现不顾风险、片面追求规模和利润的倾向；要专注主业，提升服务实体经济的质量和水平，防止资金“脱实向虚”。

财务公司是一个兼具管控和经营双重属性的非银行金融机构，其最大的本源，就是做好资金集中管理。监管部门要求财务公司必须做好资金集中，积极转型成为所在企业集团的司库。这种由集团赋能的管控职能，对于财务公司而言，是生存和发展的根本前提，是一道“护城河”。中信财务自 2012 年成立起，梦寐以求想建设的正是这道“护城河”。2017 年下半年，集团调整了中信财务定位，将其确定为集团资金管理和降杠杆的重要平台；同年 11 月，集团成立了库务部，明确以库务部和中信财务为双主体、双平台，共同推进集团库务体系建设；2018 年 5 月，集团推出了深化资金集中管理改革方案，为中信财务回归本源扫除了最后的政策障碍。长期困扰公司发展的功能定位问题得到了初步解决，中信财务迎来了自成立以来最重要的发展机遇。

2018 年是中信财务发展中具有里程碑意义的一年。公司以有效降低集团负债水平和整体杠杆率为根本任务，全力推进集团深化资金集中管理改革方案落地，努力提升集团整体价值。全体干部员工大胆创新，拼搏奉献，突破了长期困扰业务发展的瓶颈，各项主要经营数据再创新高，实现了公司发展质的飞跃，真正释放出了财务公司的能量和价值。

公司领导多次叮嘱我们，一家好公司，不仅要有突出的综合能力，更要有过人的情商和“韧商”——大局意识和核心能力。具体说来，就是学会深耕自己的生态系统，明白哪些是机遇，哪些是挑战；要富有情商，懂得换位思考；富有“韧商”，受得了挫折，耐得住寂寞，能够基于长远和全局决定利益取舍。在经历了多年的艰辛探索后，中信财务凭借自身源源不断的生机和活力，践行了“遵纪守法、作风正派，实事求是、开拓创新，谦虚谨慎、团结互助，勤勉奋发、雷厉风行”的中信风格，彰显了中信人勇于担当、多作贡献的情怀。

6年多的时间，于我们的生命只是短短的一段旅程，却也是一个重要的段落。习近平总书记曾指出：“只有回看走过的路、比较别人的路、远眺前行的路，弄清楚我们从哪儿来、往哪儿去，很多问题才能看得深、把得准。”

6年来，我亲身经历了中信财务从无到有、从小到大的发展历程，从中信各级领导的言传身教中受益颇丰。我从中揣摩中信优秀的文化和价值观，明白了许多做人的道理，理解了企业家精神的真谛。中华民族的伟大复兴，公司的健康持续发展，个人人生价值的追求，都不是轻轻松松、敲锣打鼓就能实现的，需要我们时刻准备付出艰苦的努力。我相信，在习近平新时代中国特色社会主义思想的指导下，在集团党委坚强有力的领导下，借集团库务体系改革的东风，中信财务一定能走好下一阶段的腾飞之路。我个人也将在与公司休戚与共、携手奋斗的征程中，收获更大的进步，积淀更多的智慧和经验，开创出人生新的天地！

烙上“中信”标签

中信财务有限公司　张乐一

人的一生总有很多标签。4年前，我是一名银行客户经理，我的标签是“建行人”。在国有银行工作了近十年，我自认为是合格的。我业务能力还算不错，与客户沟通良好，能承受高强度压力，也获得了领导和同事的认可。在一个地方待久了，难免会产生一种发自内心的归属感。一度认为“建行人”的标签我会戴一辈子，直到机缘巧合遇到中信财务有限公司，才发现这个团队如此令我向往。

远　观

在我每天接触的大量客户中，中信财务的业务团队有些与众不同。他们专业知识丰富，办事规则明晰，不仅熟悉银行产品、一点即通，还经常与我交流其他业务；他们年轻、有活力，从前台到后台、从普通员工到公司总经理都很亲切，充满干劲儿，作风高效。作为银行客户经理，我的职责之一是为客户报同业存款价格。一般企业收到报价，我的任务就完成了，但中信财务却总是“紧追不舍”，不仅要知道同业存款价格，还要了解上海银行间同业拆放利率、企业存款价格、理财价格、其他金融机构的存款价格……“追使”我不得不想方设法收集资料，提供更多信息。我还得详细了解企业财务公司这类机构的需求，提前准备好各类可能会被问到的问题，把功课做足。不知不觉中，我工作更加主动，业务能力有了大幅提升，我也因此对这个积极向上、充满正能量的团队产生了向往。

初　识

入职中信财务时，总经理问我想要什么岗位，我说想做结算。一直在外远观的我，彼时对中信的印象就是特别大、特别高端，但具体“大”和“高端”在哪儿，却说不清楚，更别提对中信历史和文化的了解。当同事们兴致勃勃地聊起中信公司老董事长荣毅仁先生的故事时，当大家谈论中信早期创业的经典案例时，当听说中信旗下的哪个公司与哪个公司合并时，那种插不上话、一时无法融入的感觉让我颇感失落。我明白这需要时间的积淀，我要求自己尽快了解中信、融入这个集体。从了解公司资金管理的成员单位开始，我至少先搞清楚各成员单位的行业、历史、现状及资金充裕与否，有什么需求。我主动申请从事结算工作，为成员单位账户办理开销户。2013 年 5 月至 6 月短短两个月的时间，我们结算条线在仅有 4 人的情况下，除了保证日常结算工作正常开展，还为 200 多个成员单位办理了开户。经过这番“磨炼”，我了解了中信集团的业务领域和重点板块，了解了集团资金分布和重要子公司的经营情况。随着对集团情况的愈发熟悉，我对中信的融入感也越来越强。

实　干

刚进入公司，领导就给予我极大信任，让我负责直连银行的对接及账户授权工作。中信财务有直连银行 11 家，在行业内数量最多。除了最早上线的两家，其余上线及账户授权均由我与银行商谈办理。我利用自己熟悉银行业务的优势，梳理了每家直连银行的授权流程和材料。在领导的指导下，在IT人员的大力支持下，我在三个月内完成了几百个账户的授权，确保了公司的资金集中管理得以顺利进行。看着自己的工作成果，想着领导对我说的话“选你来中信是个正确的决定”，我的成就感油然而生。

2014年，国家外汇管理局开始推行跨国总部资金集中试点工作，我受命学习和准备资料。不到10页的制度我逐字逐句研究，向银行产品经理打电话咨询，打到我自己都不好意思。经与部门领导连续加班讨论后，我们分别向公司总经理办公会、集团财务部、集团领导进行了汇报。电脑里各种汇报版本的PPT满满占了一屏。董事长汇报版V1—V10，财务部汇报版V1—V3，办公会汇报版V1—V5……在大家的共同努力下，中信财务成为国家新政策颁布后第一家获得审批的企

作者（右二）参与调研中信财务资金管理成员单位中信月东油田

业，批文号码是1号。

汲　取

在工作取得成绩的同时，我的差距也慢慢体现了出来。虽然银行与财务公司同属金融行业，但二者实有本质区别，工作方法十分不同。银行业历史悠久，组织结构复杂，人员队伍庞大，内部已经形成了非常明确、细化的制度和岗位职责，员工各司其职，整个机构如机器般良性运转。在国有银行，产品种类众多且随时更迭，每周都有业务培训，讲产品、政策、市场，员工能够被动接收到大量信息灌输。此外，还有产品经理、法务团队、放款中心等强大的后台部门提供专业的技术支持。对银行客户经理的要求是有良好的业务驱动力，要知识面宽、善于发现业务机会，使客户产生兴趣。后续事宜则由其他业务条线分工负责：产品经理会审查客户准入资质，为客户讲解产品，梳理流程；法务部门负责合同的修订；如果是贷款，放款中心则负责控制提款及贷后支用。客户经理要做的是整合银行最好的资源，与客户对接，争取把项目做成。

而财务公司不同，业务种类相对单一，人员少而精练。业务经理集客户经理与产品经理于一身，除了要对接客户需求，自身还需通晓产品结构及相关制度，判断业务是否合规，能否经受住监管部门审查，能否代表公司回答外界询问。业务经理还要兼具法务人员的职责，拟定和修改合同文本。加之公司一般没有系统性的业务培训，业务经理必须经常主动自学，以保持知识更新。如果说银行是通过一个团队来体现专业性，那么财务公司可能通过一人一岗即能完成。这对我以往的工作习惯是不小的挑战，也让我意识到自己的业务能力还需要更加扎实。感谢中信财务的领导，不但对我的工作提要求、压担子，也传授了我很多工作方法，给我学习调整的时间和空间。我仿佛刚刚毕业入职的学生，发现了一个新的世界，不断从中汲取养分，充实自己。

2018 年 9 月，我荣幸地被公司选中参加集团中青班学习，得以更加系统、全面地了解中信历史和业务知识。课上，听姚进荣同志讲荣毅仁老董事长的思想和人格风范，感受中信早期创业者的敏锐洞察，深刻体会到中信在改革开放进程中的特殊使命和卓越贡献；听集团企业文化部原主任杨林同志讲中信的历史和企业文化，学习集团企业文化的体系、脉络和传承，从心底生发出对中信的情感和认同；听集团战略发展部领导讲中信“十三五”规划，了解到了集团业务现状及未来发展方向；听库务部总经理兼中信财务董事长张云亭同志的授课，更让我钦佩于年轻领导的知识底蕴、格局和胸怀。原来中信的高端源自中信宝贵的品牌形象，源自一辈辈中信人的用心耕耘和守护。我深深认可中信企业文化，为周围有一群如此优秀的同路人感到庆幸，为身在中信感到自豪，更为能烙上“中信”标签而倍感骄傲。

如今，我个人的成长故事已与中信发展融为一体。我如愿加入这个当初向往的群体，一步一步地向那些优秀的人看齐。中信是一所学校，我学习着、成长着、汲取着、收获着，愿能成为更好的自己，为中信事业发展做出新的贡献！

中信的魅力

中信财务有限公司　全佩灵

在我成长的记忆中，中信是一个遥不可及的传奇。2015 年秋天，我从意大利辞职回国，此时的中信已发展壮大为一家金融与实业并举的大型综合性跨国企业集团，经营范围覆盖了国家行业目录中 98 个行业的 60 多个。我充满了敬意和好奇：这是一家什么样的企业？中信人又是一群什么样的人？我想认识中信，加入这样的团队。满怀期待，我有幸成为中信财务有限公司的一员，得以感受、领悟中信的魅力。在这个大家庭中，我学到了很多、成长了很多，更重要的是，我慢慢找到了答案——那些融在中信人血脉里的理想与追求，是中信盛名之下的精华所在。

一

或许刚入职场的年轻人都是意气风发的，初来乍到，眼高手低，自信心爆棚。当年，我在联合国第三大金融机构实习，机构中只有三个中国人，公司上下对我的表现都很肯定，我亦是自我感觉良好。然而，进入中信财务没两天，我就开了眼界——这里不仅“大牛”云集，而且还都在努力地挖掘潜能、超越自我。追求卓越的价值取向激励着每个人夜以继日、争分夺秒地学习和工作。

古人常将追慕圣贤作为修身的重要途径。《论语·子路》中提到:“其身正，不令而行；其身不正，虽令不从。”公司带头人、董事长张云亭让我见识了什么才是真正的全能型领导。他强调学海无涯，不仅阅历丰富，而且能将所学内化于心、外化于行，把深厚的专业功底、丰富的实践经验作为解决复杂问题的手段，无论在工作还是生活中，他都是我们学习和效仿的榜样。

作为人力资源经理，我阅览过不少领导的简历。在工作之后，特别是担任重要领导职务之后，由于业务繁忙、压力倍增，很少有人再去追求学术上的造诣了。而张总却不同，他虽已过了不惑之年，但依然在繁重的工作之余完成了清华大学五道口金融学院博士研究生的学习。其实，硕士学历已经不低了，清华五道口又是金融学院的顶级殿堂，是国内最难考、最难取得博士学位的院校之一，单是这种勇气就令人佩服。尽管他与我们聊天时也调侃自己“是高龄学生，读下来脱了一层皮”，但仍然凭借顽强的毅力和坚韧不拔的精神攻下了博士学位。张总还经常参加各类培训，每次学成归来，都把培训中的重点要点或所学所悟讲给大家，让我们深受启发。公司每年推荐的阅读书目，大半是他在读后悉心精选出来的，书籍内容不仅限于专业知识，还包括哲学、文化、历史、科技等很多方面。

在领导的带动下，中信财务的学习氛围格外浓厚。在这个研究生学历占比 73% 的团队中，有的员工报考了清华大学金融学博士学位，有的员工取得了清华、北大双硕士学位。公司还特别批准员工享有考试复习假期，引导大家在 CPA(注册会计师)、CFA(特许金融分析师)、FRM(金融风险管理师)以及各类职称的考取深造中提升业务技能，完善自我。

与此同时，张总经常告诫我们，身体才是革命的本钱。他以身作则，坚持长跑，几乎每天都能跑上 10 公里。招聘新员工时，每每都能听到他发问："平时有什么兴趣爱好？喜不喜欢体育运动？"若是看到哪位员工的衬衫紧了，也会委婉地提醒："该锻炼锻炼身体了！"他常说："年轻人加班加点很正常，希望你们珍惜岗位、发奋努力，但不希望任何一位同志倒在工作台上。"只要有公司员工参加的足球赛、篮球赛，他总会到现场加油鼓劲儿；若是有同事在朋友圈发出正在运动的信息，也会看到他点赞或是鞭策勉励的留言。

在领导的号召下，公司组织了丰富多彩的体育活动，强健大家的体魄，如足球比赛、篮球比赛、健步走、登山、拔河、瑜伽、羽毛球训练等等。大部分小伙伴儿成功避免了办公室肥胖的"工伤"，曾经身为短跑健将的我，在这个身体素质一级棒的团队中，也算不上突出了。

二

"财务公司成立时间不长，但充分释放潜能和优势，解决了长期困扰公司发展的功能定位问题，落实了集团降杠杆要求，成功渡过了集团重组地产业务后的难关。"公司取得的亮眼成绩离不开同事们的拼搏奉献。在公司负责统计考勤的我，发现业务部门的下班打卡时间基本保持在晚上9至10点。一份报告甚至在半夜还能转三四个人检查审阅，保证第二天一早交出令人满意的答卷，这样的敬业精神让我为之震撼。

记得有一次统计考勤，我发现业务部门好几个员工下班没打卡，问他们原因，都回答"肯定打卡了"。于是，我前前后后检查了考勤机，询问了电路修理工，请教了电脑统计软件的客服端，都没有查出是什么问题，甚至一度怀疑是集体没打卡却相互佐证。后来，终于发现了问题所在，原来是我把当天打卡的最晚时间设置为23:59分，而这几位同事都是加班到凌晨一两点才走，完全不在上下班打卡的时间范围内，因而没有记录。这个习惯性的时间设置没有考虑到员工会加班加点到这么晚，我既为他们任劳任怨的奉献感动，也为自己的武断猜疑惭愧。后来还听说，有的同事为了不影响考勤统计，特意赶在下班时间先下楼打卡，再回到办公室继续加班。

还有一位年轻女同事给我留下深刻印象。她从怀孕开始就没主动休过假，一直在坚持上班，每次拿着请假单找我核定产检假期时，都是一脸为难。常听她说：“产检耽误了自己的工作，也影响了大家的进度，总觉得不好。”哪怕在政策规定孕后期每天可以休息一小时的情况下，领导嘱咐她好好休息，她也从没停下手边的工作，直到临产前直接去了医院。我相信以她的生活条件，绝不是迫于生计压力才这么做，而是出于责任心和对工作的担当。在中信财务团队，每个人都是高标准、严要求、实作风。他们热爱本职、热爱中信，一腔赤诚、忘我工作的精神在日常的一点一滴中得到充分体现。

三

记得来公司报到的第一天，张云亭董事长就提出了要求，“虽然有的员工年纪小，但是来公司早、做得好，也是你的前辈，要虚心学习和请教”。这句话我一直铭记在心。满招损，谦受益。我建立了台账，将周围老师们对我的提点都记了下来，时常翻看，感到收获很大。公司文化倡导传、帮、带，我从公司新人一路走到今天，最直接的感受是领导们总是不厌其烦地教诲和指导，耐心讲解某件事应当怎么处理更为妥当，某篇报文用什么语气、词汇才更为准确……手把手将我这个职场“小白”带上了轨道。同样的耐心、同样的指导，他们向公司新人重复了一遍又一遍。这些方法和经验是很难在学校、书本上学到的，若是无人指引，我们真的可能摸爬滚打很久都找不到方向。

公司对青年员工的培养，更多的是给予信任，让我们从内心深处认同公司文化，继而自发自主地传承下去。近年来，中信财务加大年

作者（左一）代表青年员工在公司中期工作会上发言

轻干部培养力度，开展竞聘上岗，大胆起用人才；注重发掘集团内外资源，创造更多、更有针对性的培训及挂职锻炼机会，拓展我们的视野，提升素质能力。从成立初期的十几人到如今近五十人，细数公司每位员工的履历，都是非常出色的。大家因为共同的目标和价值观走到一起，在工作中相互学习、精诚合作，工作之余也时常交流、互相帮助。集体是个人成长的摇篮，因为遇见你，我变得更好，因为遇见我，你变得更好。正是有了这样步调一致、互促共进的文化氛围，公司的凝聚力才日益强大。大家在中信这面旗帜的引领下，同心同德，同舟共济，战胜了前进路上的很多困难。

每年的招聘季，我都会去学校校招，与学生们沟通交流时，我总能滔滔不绝地介绍很久，还都是没有“剧本”的有感而发：中信集团的核心价值理念是“诚信、创新、凝聚、融合、奉献、卓越”，毫不夸张地说，中信人每分每秒都在用行动践行这六个词；而我的家——中信财务有限公司，是受银监会监管的持牌非银行金融机构，是秉承“义重于利，与成员单位共创价值”、努力成为中信“完善管控模式、推动业务协同、实施战略性资源配置和提供差异化金融服务”的平台，虽然成立时间不长，但发挥着助力集团深化改革的重要作用；在这里，每位员工不是流水线上的“钉子”，而是在新时代承担光荣责任与使命的“发动机”。

好领导、好同事、好环境，是可遇不可求的。在这么优秀的团队中，每个人都能加速成长。展望未来，我们对公司充满期待，我们对中信抱有梦想，我们对明天充满信心！

特钢事业的情怀与故事

中信泰富有限公司副总裁、中信泰富特钢集团董事长　俞亚鹏

1973 年，我入职江阴钢厂，从学徒工做起，先后担任过班组长、分厂厂长、总工程师、常务副总等职务，1998 年 1 月接任中信泰富有限公司（简称中信泰富）旗下江阴兴澄特种钢铁有限公司（简称兴澄特钢）总经理，2008 年组建中信泰富特钢集团（简称中信特钢）任总裁，2012 年中信特钢领导班子换届时任董事长。从业四十多年，我一辈子奋斗在钢铁行业，见证了中信特钢事业超越发展的辉煌历程。

一

中信特钢事业起步于江阴。1993 年，中信泰富与江阴钢厂合资成立兴澄特钢，开始涉足钢铁业务。江阴钢厂前身是 1956 年成立的手工业社，1959 年建为农具修配厂，主要生产锄头、镰刀、钉耙、木桶等产品，1970 年靠仿制的 1.5 吨工频炉炼出了第一炉钢，1972 年更名为“江阴钢厂”。经过 20 余年的艰难探索和艰苦创业，虽然企业得到了一定的发展，但终因当时行业客观条件和企业资金、技术等因素所限，到 1993 年江阴钢厂还只是一个资产不足 3 亿元、生产规模仅年产 20 万吨螺纹钢的小企业。历史转折源于与中信泰富的合资。金融资本的注入给企业带来了良好发展机遇，通过改革创新、精益管理和持续投入，

20 世纪 70 年代的江阴钢厂

兴澄特钢用三个五年完成了“普转优、优转特、特转精”的战略转型，产能达到 600 万吨，工艺、技术、装备和管理水平显著提升，迅速成长为我国特钢行业的一面旗帜，步入了全球先进特钢企业前列。

兴澄特钢的发展成果不仅得到各方肯定和赞誉，而且增强了中信泰富投资钢铁业务的信心。2004 年，中信泰富收购了原冶钢集团钢铁主业资产，组建了湖北新冶钢，并控股了大冶特钢。大冶特钢起源于清代湖广总督张之洞创办的汉冶萍煤铁厂矿有限公司，历经百年，被誉为“中国钢铁摇篮”。毛主席曾两次亲临视察，留下了“办大办好”的殷切嘱托。因体制机制僵化、管理不善以及投入不足，到 20 世纪 90

年代末，这个历史悠久的企业亏损严重，经营非常困难。收购后，我们从兴澄特钢派去精干的管理队伍，融入了兴澄特钢的管理及文化，调整了发展战略和经营策略，加强了业务协同，投巨资实施了特钢升级工程项目。通过有效举措，迅速扭转了大冶特钢的亏损局面，产能也增加到300万吨，翻了一倍多。大冶特钢竞争实力显著增强，经济效益和社会效益显著提升，发展步入良性轨道，有力推动了黄石这座资源枯竭型城市的产业升级，成为中信集团与湖北省成功合作的“代表作”。

为了完善特钢产业链，支撑主业发展，2008年，中信泰富在安徽铜陵循环经济园设立了铜陵新亚星焦化有限公司（2015年11月更名为铜陵泰富特种材料有限公司），先后建成了220万吨焦化及配套干熄焦、

青岛特钢全景

万吨级长江专用码头及仓储物流、煤气综合利用发电等项目。为了与中信澳洲铁矿进行产业对接，支撑中信澳洲铁矿发展，2008 年，中信泰富在扬州市江都区设立了扬州泰富特种材料有限公司，先后建成了 600 万吨氧化球团、提铁降杂、年吞吐能力达 2 000 万吨的长江高标准干线港以及仓储物流等项目。为了满足国家产业政策要求以及特钢业务发展需要，中信泰富在 2008 年组建了中信特钢，专业化管理旗下的特钢产业。随着两大制造基地和两大原材料基地的陆续建成，中信特钢沿长江流域产业链战略布局也基本形成。

在我国推进供给侧结构性改革和支持钢铁企业战略重组的新形势下，中信特钢不断寻找机遇，壮大产业，完善布局。2017 年 5 月，中信特钢择机收购了青岛特钢。青岛特钢是“十二五”期间因环保搬迁、

经国家发展改革委批准在青岛西海岸经济新区新建的企业，一期项目产能300万吨，2015年11月投产。由于青岛特钢过去主要生产普钢，特钢开发生产技术和经验积累少，产品结构调整难度大，而且还需要承受巨额投资所带来的资金成本压力、解决产线调试和市场开拓难题、化解搬迁矛盾、转换体制机制、实现文化融合等，收购后的工作面临着重大挑战和考验。面对困难，我们积极探索，科学决策，调集内部各种资源，大力推进技术装备改造，及时导入先进的工艺技术、研究成果、管理理念和企业文化，竭力推动青岛特钢转型升级，只用了3个月的时间，就实现了青岛特钢扭亏为盈，打赢了“翻身仗”。2018年6月，通过区域性重组整合，中信特钢收购了华菱锡钢，更名为靖江特钢，实现了产业互补，提升了整体优势。青岛特钢和靖江特钢并入后，中信特钢形成了“沿海＋沿江”的战略发展新格局。

二

回顾中信特钢厚重的历史，总结来之不易的成绩，背后也有一种炽热的特钢事业情怀需要抒发，有一些精彩的创业故事或宝贵经验值得分享。

创新改造“四位一体”生产线。与中信泰富合资以后，兴澄特钢于1995年在滨江开发区建设了新厂区，投资16亿元人民币，从德国引进100吨直流电弧炉炼钢、精炼、连铸、连轧“四位一体”短流程特钢生产线。1997年11月，炼钢连铸生产线投产，1998年5月，连轧生产线投产，这条开创中国特钢行业历史先河的生产线贯通，标志着中国特钢生产工艺有了历史性突破。当时引进的设备硬件是世界一流水平，但管理和技术软件仍是“短板”，国内又没有经验可以借鉴，如何“驾驭”这条世界先进水平的生产线，当时公司领导心里也没底，认为经营风险很大，担心长期亏损，于是向中信泰富请求寻找国际合作伙伴。经过多方比较，最后拟与美国铁姆肯公司合作。但多轮谈判下来，对方提出的条件仍然苛刻，要价很高，有些条款也违背了中信泰富的发展战略，合作进程受阻。此时，我刚刚接任兴澄特钢总经理，考虑再三，力主依靠内部力量解决问题，并向中信泰富董事局提出了一个大胆方案，核心就是调整“普优兼顾”的产品线定位，放弃当时效益相当不错的普钢生产，专攻特钢，按照“集约化、专业化”的原则进行技术改造。方案一经推出，立即出现反对声音：“改造一条全新并具国际先进水平的生产线，有必要吗？有能力吗？失败了怎么办？”面对质疑，我和盘托出方案，耐心解释，说服了公司管理层和中信泰富董事局，一场攻坚战就此在“滨江厂区”打响。最终，花费了1.5亿元的改造费用，给生产线带来脱胎换骨的改变。当初投资16亿元的整条生产线产能提高了50%，生产作业率和劳动生产率大幅提升，工序成本降低了30%，产品档次实现了飞跃；更为重要的是，促进了发展理念转变，显著提高了公司治理水平，奠定了“优转特”的坚实基础。这一改，公司不仅迎来了超越式发展的黄金期，而且走出了一条“国外一流技术引进消化吸收”的特色路子，由公司担纲的“特殊钢生产工艺装备引进技术消化吸收”项目后来入选了国家首批27个“十五”国家科技攻关计划项目，也是全国冶金行业第一个被列入的项目。项目成功完成后，带动了我国自主开发特殊钢关键工艺技术与装备能力的提升。

引导参与国际竞争。20世纪90年代末，兴澄特钢的影响力日益提升，销售市场已经向全国铺开，“如何开创经营新局面、快速超越国内同行、争取早日步入国际先进行列”是摆在我面前的优先议题。我深入分析，认为“漂洋过海、走向世界”才是最佳答案。虽然凭公司当时的条件、产品档次和品牌影响参与国际市场竞争仍存在诸多困难，但我还是力推出口贸易战略，以利用国际化运营的标准和要求来考量管理水平、产品品质、技术和服务能力，全面提升市场竞争力。1998年，兴澄特钢产品开始走出国门，当年出口873吨。随后，我们在推进国际化发展上动作频频，如设立海外代表处、与瑞典斯凯孚集团（世界轴承科技与制造的领导者）等国际知名客户战略合作、与德国巴登钢厂进行管理咨询合作、与日本住友金属工业公司小仓厂合资、聘请国际一流外籍专家做顾问等。成立中信特钢后，我们进一步优化了境外布局，加强与全球知名、领先企业合作，提高了客户的国际化和高端化程度；我们积极与国际先进同行对标，持续改进，建立了能融入国际市场的经营和技术开发体系。今天，中信特钢的战略、管理、运营、人才和文化的全球化程度已经越来越高，2018年产品出口将超过160万吨，其中70%的产品供应欧盟、美国、日本等发达国家，连续多年出口量占我国特钢长材出口的50%以上，持续以绝对优势领先同行企业。

用诚信感动“上帝”。1999年11月，千禧年即将来临，我国第一汽车制造厂进行下一年度原材料采购招标，标的是：按最低价选择供应商，收货后支付三个月的“银行承兑汇票”。在当时企业资金极其紧张的情况下，这种条件十分诱人。招标时，我带领公司销售班子前往，国内同行担心兴澄特钢这个“实力派”低价竞标，为了获得这个大订单，大多把投标价格压到了成本线以下，现场弥漫着紧张气氛。但结果出乎大家的意料，我们的报价比同行均高出10%以上，一汽这次19个标，我们一个也没中。事后，一汽分管副总经理找到我，希望兴澄特钢也按照其他中标公司的报价签订部分供货合同，我婉言谢绝了。我认为，如果是开发新产品，暂时的亏损值得，但批量供货亏损，企业无法承受，也非正常经营之道。当一汽分管副总经理再次找到我时，我依然谢绝了。仅仅两个月后，市场发生了急剧变化，钢铁企业原辅料价格大幅上涨，与一汽签订供货协议的同行企业因严重亏损纷纷要求提价，部分企业

世界领先的转炉炼钢生产线

还中断了供货。这种变化给一汽生产经营带来严重影响，为了解决危机，一汽供应部门的主要领导带队前来兴澄特钢求援，请求在半个月内供应2 000吨汽车关键零部件用钢，以解燃眉之急，价格由我们定。面对焦急的一汽领导，我果断答应，“及时供货，执行当初我们的投标价，不涨一分钱”。时值春节，我们加班加点生产，一诺千金，如期供货。一汽被深深感动，对我们信赖有加。就在当年，兴澄特钢一跃成为一汽最大汽车特殊用钢供应商，至今仍保持着这种殊誉和良好的合作关系。这个从“零”到“最大供应商”的故事也被传为佳话。市以诚为本、诚以信为基、信以德为源，我们从创业开始就恪守这种理念，在成立中信特钢之后，自然把“诚信”之本发扬光大，写进了集团的核心价值观，并竭力践行。

回顾过去，值得提炼和书写的事例还有很多，正是依靠这些长期积淀，中信特钢才在潜移默化之中逐步形成了“诚信、高效、创新、超越、融合”的核心价值观，以及富有特色的发展模式、管理风格和企业文化，成就了中信特钢今天的行业地位。

展开26年的历史画卷，可以说中信特钢的发展是辉煌和极不平凡的。在中信集团和中信泰富的领导下，通过我们富有成效的工作，中信特钢事业从无到有、从小到大、从弱到强，在残酷激烈的竞争中不断突破，目前总资产已达700亿元，产能规模1 300万吨，年实现利税超80亿元，位列全球特钢企业第一。中信特钢重点发展的特钢生产技术、关键品种等已在国内起到引领作用，是我国高端制造、重大工程建设以及国防军工等重要领域所需关键特殊钢产品的主要生产商，是我国特钢市场的主导者和行业标准制定者。中信特钢已步入全球先进特钢企业之列，品牌被美、欧、日等国家和地区高端客户广泛认可和接受。对于中信特钢发展的指导思想、方向、定位以及实际做法，社会、行业和国家是认可的，中信特钢在中国钢铁协会和特钢企业协会的突出作用也获得了各方好评，为地方和国家经济建设做出了重要贡献，支撑了中信事业发展。

今天，中信特钢开始步入第二个“三个五年”的攻坚期，正在积极响应我国“2025制造强国”战略，积极践行中信集团金融和实业双轮驱动的发展战略，着力打造“双千亿”特钢强企，力争到2023年建成全球最具竞争力的特钢企业集团。为此，我将初心不改，以人为本，团结带领中信特钢全体员工，认真落实中长期发展规划，走“品种、质量、效益型”道路，加快由要素驱动向创新驱动转变，加快专业化、国际化和绿色环保发展，不断优化产品结构，大力推进产业升级，持续提升竞争实力和品牌价值，努力实现中信特钢可持续发展的新突破，浓墨重彩书写中信特钢的新篇章，为中信事业的蓬勃发展再作新贡献！

兴澄特钢三期工程项目建设的峥嵘岁月

中信泰富特钢集团　孙秀军

1993年，我刚满10岁，尽管生活在农村，但对于钢铁世界的认知，却比同龄人有着更深的领悟。自打记事起，家门前便有一个村里唯一的铁匠铺子，村里用的锄头、钉耙、铁锹、菜刀全部出自这里。随着年龄增长、时代变迁，铁匠铺那响彻百年的“叮叮当当”声，也慢慢消失。但不曾想到，我此生与钢铁的缘分却就此深种。

1993年，深处江尾海头的江阴钢厂和中信泰富成功牵手，开启了一幅气势恢宏、大气磅礴的特钢创业画卷。从1993年国内第一家炼钢、精炼、连铸、连轧“四位一体”短流程特钢一期生产线全面开花，到2007年以实现高档次汽车精品钢替代进口的二期线材生产线拔地而起，兴澄特钢的发展日新月异。然而，时移势异，兴澄特钢品种结构略显单一、规模效益难以持续的劣势逐渐显现，迫切需要转型升级。经反复论证、科学决策，实施附加值较高的三期板材项目的计划很快提上日程。

而我，则有幸参与了该工程项目建设的全过程，从方案论证到立项规划，从破土动工到联动调试，从打下第一根桩、冶炼第一炉铁水到轧制第一块钢板……

一

兵马未动，粮草先行。2007 年 10 月，兴澄特钢正式成立三期项目指挥部，时任总经理俞亚鹏亲自挂帅担任总指挥，总经理助理姜仁才任常务副总指挥，下设项目管理小组，协助常务副总指挥开展各项工作，我有幸被抽调到了项目管理小组。

项目管理小组只有 6 名同事，组长由原装备部部长卢玉樵担任。我负责项目投资控制和项目预验收以及资产结转等工作，另外 4 名同事分别负责前期规划施工许可证办理、安全管理、工程进度、合同管理等。但由于种种原因，在项目建设过程中他们有的退休、有的离职、有的调任其他部门，只有我一个人一直坚持到了全部项目投运完成。

如此浩大的工程，在兴澄特钢的历史上前所未有。不但体量大、投资大，而且子项目众多，规模更是一期、二期的总和。千丝万缕，千头万绪，所有参与项目建设的人都倍感压力。

但时间不等人！所有工作都在紧锣密鼓地进行中。

2007 年 11 月 28 日至 30 日，该项目炼钢、连铸、轧钢、炼铁、料场技术方案评审会在上海虹桥迎宾馆举行。时任中信集团顾问刘玠，原武汉钢铁公司总经理黄墨滨，国内著名炼钢技术专家、原武汉钢铁公司副总工程师陆祖廉，原武汉钢铁设计研究总院院长顾德章等国内众多权威专家悉数到场。与会专家一致认为，兴澄特钢三期方案切实可行。12 月 16 日，中冶京诚工程技术有限公司时任董事长韩国瑞、副总裁谭雪峰，带着一份 1 万多字的可行性研究报告赶赴兴澄特钢。

正所谓万事俱备，只待吉时。2007 年 12 月 23 日，随着一阵炮响，3 200 立方米大高炉项目完成第一根桩基试桩。常务副总指挥姜仁才在开工仪式上宣誓：“三期项目正式进入基建阶段，我们这一批人有信心、有能力在规定时间内，完成再造一个兴澄特钢的壮举。”

兴澄特钢三期项目高炉点火仪式

这也是继老厂“开天辟地”、花山厂区炸山铺路、滨江一二期拔地而起后，兴澄特钢第四次大刀阔斧“搞大建设”。短短3个月时间，从高炉到原料场，从炼钢连铸到中厚板等19个项目全面开花。所有人各司其职，催图纸、忙洽谈、赶进度。

兴澄特钢建设效率太快，以至于设计院根本来不及出图纸。兴澄特钢从最初的等图纸，到派人去北京钢铁设计研究总院常驻催图纸，再到后来干脆就把设计院的人拉到现场进行办公。

现场桩机更是披星戴月24小时作业。由于施工密度大、工期紧，施工单位不断从外地协调桩机进场，最远的甚至从陕西调拨而来。

土建施工最紧张的时段恰逢2008年春节，指挥部经过慎重研究，最终决定春节不放假！在这个看起来似乎不太人性化的决策背后，是所有人的甘于奉献和热情高涨。每位参与者都全身心投入，义无反顾地选择加班加点，保证工程进度。

二

2008年是三期项目进展最关键的一年，也是跌宕起伏、极不平凡的一年。

受全球金融海啸的影响，钢铁行业经历了从“春暖花开”到“一夜寒冬”的骤然转变。面对钢铁供大于求、钢材价格断崖式下跌的局面，是全力以赴保生产，还是马不停蹄赶项目，成为摆在项目组面前的艰难抉择。

2008年12月2日，中信泰富特钢集团在上海紧急召开临时董事会，商讨三期项目后续实施方案。当晚9时许，我接到项目常务副总指挥姜仁才的电话，让我通知项目部成员召开紧急会议。会上，我注意到一个细节，平时工作生活中从不抽烟的姜总，这次不但自己点了一支烟，还给与会人员每人发了一支。当时压力之大，可见一斑。

姜总在会上艰难宣布董事会决议：“因金融危机影响，董事会决定暂缓推进4 300毫米宽厚板项目及后续配套项目！”

听到这个消息，大家的心里都很不是滋味。为了三期的早日建成投产，项目部所有人都在全力以赴。我们可以一个礼拜工作七天不休息，可以春节期间坚守工作现场不放假，可以舍小家顾大家，但却很难接受项目暂缓这个事实。

回到家已是深夜，但我却没有一丝一毫倦意。

项目暂缓，不代表工作停止！为了把金融危机带来的损失降到最低，我们项目管理小组和各个项目组主动出击，与所有合同供应商商讨下一步方案。经过艰难的谈判博弈，供应商同意对已经签订的合同办理暂缓协议。而对于闭口合同，则协商按当时市场价格执行，仅此一项就较原合计价格节省资金 1.56 亿元。

三

2009 年 10 月，期盼已久的转机终于出现，中信泰富特钢集团旗下 2.9 万名员工的信心被重新激起。

时任中信集团副董事长、总经理常振明对媒体说："中国钢铁行业总体产能过剩，但是特钢是朝阳产业，在中国整个钢铁产量中占比不到 10%，而在西方国家这一比例都在 22%～25%。未来我们将大力发展特钢业务，加大特钢板块的建设和投资力度。"

时任中信集团总经理常振明视察兴澄特钢三期项目生产线

2009 年 10 月 20 日，常总来到兴澄特钢视察指导工作。他参观了三期炼钢生产线和刚刚点火热调试的 3 200 立方米大高炉项目，倾听了 3 500 毫米中板项目的建设情况和 4 300 毫米宽厚板项目的规划汇报。

常振明总经理的到访，给兴澄特钢注入了一针强心剂。紧接着，4 300 毫米宽厚板项目于 2009 年 12 月 16 日正式宣布重新启动，12 月 20 日桩机到场，12 月 23 日正式开打；2011 年 4 月 26 日，4 300 毫米宽厚板项目一次性热调试成功。这也是继三期炼钢项目于 2009 年 7 月 15 日开始第一次全线热调试、大高炉项目于 2009 年 9 月 25 日成功点火送风、3 500 毫米中板项目于 2010 年 4 月 19 日进行热负荷试车后的又一个里程碑。

4 300 毫米宽厚板项目的投产成功，标志着兴澄特钢三期工程的全面竣工。中信集团董事长、党委书记常振明，中信集团副总经理张极井，中国工程院院士、时任中信泰富特钢集团董事长刘玠，以及省市两级相关领导悉数到场，共同见证了这一重大历史时刻。

2007 年到 2012 年，19 个子项目、总投资 111.416 亿元的兴澄特钢三期项目建设，从原料场到高炉，从炼钢连铸到板材项目，在有限的空间里，在短短 5 年的时间里，实现了无数个不可能。在建设过程中，所有项目均一次性热调试成功，单体项目建设速度同行业第一。在短短 5 年时间里，兴澄特钢人实现了“再造一个兴澄特钢”的壮举。

2007 年到 2012 年，也是我人生中最美的年华、最好的青春。我和众多兴澄特钢的同事们一起奋斗着、奉献着、快乐着，并随着这个项目一同破茧成蝶、绽放新生。

如今，兴澄特钢也已经从特钢行业的追随者，发展成特钢行业的领跑者和多种标准的制定者，成为一家享誉国内外的现代化特钢企业、世界特钢巨头之一。兴澄特钢人正矢志把兴澄特钢打造成为全球最具竞争力的特钢企业，用实际行动践行着钢铁强国梦。

这是兴澄梦，也是我的梦。而我，此生与钢铁的缘分注定仍将继续，与兴澄特钢的缘分仍将继续。

钢 铁 传 承

中信泰富特钢集团　黄丽苗

站在岁月的边缘，看季节在年轮中变化。当繁花落尽，在我的生命中，有一种风景却从不谢幕，那就是钢铁凤凰涅槃的颜色，那永不褪色的钢铁红。

那红色，深深浅浅、起起落落，热情奔放、激情澎湃；那红色，是炉前呼啸的炉火，是连铸缓缓的钢流，是模铸满盆满钵的金，是烘烤器煤气烧嘴上吐出的那束收放自如的妖娆。

一

父亲是湖北新冶钢有限公司东钢厂的一名焦炉工。从小钢铁给我留下的最深刻印象，就是父亲身上那深蓝色的工作服，那浓浓的机油味，还有脚上那双打着补丁的黄色翻毛皮鞋；是那高高的烟囱耸入云霄，悠闲地吞云吐雾，慢慢飘黄一片湛蓝的天空；是那盛夏的正午，钢铁工人们推着上料板车，喊出的一声声号子，洒下的一颗颗汗珠；是炉门工们用钢钎打开炉门，在滚烫的炉光照耀下，脖子上突起的条条青筋……

刚熄火不久的炉体像火炉一样滚烫，炉壁像铁一样坚硬，风镐钻下去也只是泛起星星点点的浇铸料。从后面只能看到风镐的颤动和打风镐者跟着摆动的身体，如一个个倔强的开垦者。

每一块炉砖都带着烫手的余温，伴着磨破的一双双加厚手套和耐高温鞋踏在炉壁支撑点上燃起的淡淡油脂味。一块块炉砖被剥离出炉体，风一吹过，扬起满炉的黑灰，顺着父亲安全帽和挡风镜流下的是黑黑的汗水……

炉子越拆越低，交叉作业也越来越多，父亲和他的工友们在深深的炉膛里，抬头是焊花闪烁的天空，低头是深不见底的炉底。整个炉洞里只听到风镐扑扑的声音和铁锹铲砖摩擦的金属声。站在炉顶往下看，只看见灰蒙蒙的窑洞里忙碌的身影，分不出是初生牛犊般的年轻勇士，还是锐力不减当年的老将。

慢慢地，炉子里没有了早期的热浪，留下的是带着砖灰味的干冷。夜间所有的协作单位都下了班，只有我们自己的队伍，仍然奔走在一片静寂中，汗湿的内衣紧贴着身体，走出炉体，迎来的是一股透体、透心的凉。

很多同事都病倒了，但他们依然挺直钢铁般的脊梁骨，坚持让风镐独有的旋律在深冬的夜里欢快地回放。连续五个白天和黑夜的轮流作战，没有一个人退缩，虽然他们一个个手麻木到失去知觉，肿得握不紧拳头，但在几百多吨的炉砖面前，父亲和他的工友们还是开心地笑了。

20 世纪 80 年代，父辈钢铁工人的工作是辛劳的，日子是清苦的。那时候，我们一家几口挤在父亲单位的宿舍楼，宿舍楼坐落在钢厂中间的一个小山包上。站在两层红砖宿舍楼里，可以清楚地看到四周林立的厂房和时刻都在移动的焦炭堆，废钢铺叮叮当当的声音彻夜响个不停。

宿舍楼住了不少人，每天清晨，楼里的水管前都会人满为患，忙着上学的、上班的，吵吵嚷嚷，热热闹闹。宿舍楼的四周种满了蔬菜，那是工人家属为了减轻家里负担，将长满杂草的荒山开辟出来，倒也能满足小小一家的蔬菜供给。

父亲在钢铁厂奉献了他的全部青春。几十年如一日地握钎掌锹，让父亲宽大的手掌布满厚厚的老茧，坚硬厚实。炉门炙热的温度把父亲的脸熏成了古铜的颜色，质朴刚毅。

我一直不明白，在那喧闹枯燥的钢厂，在那弥漫汗水的车间，父亲是凭着什么样的意念乐在其中。直到父亲退休前夕，我和弟弟在父亲的欣慰中接过了接力棒，回到他工作过的地方，才慢慢了解、慢慢释怀。

父亲所在的东钢厂，曾是国内企业学习的榜样。1985 年，东钢厂累计产铁达 100 多万吨，占整个黄石同期铁产量的 81%，创造了首个“第一”。

而父亲所在的东钢焦炉，则是整个炼钢系统的命脉。焦炉煤气控制着东钢厂区的每一条线，为了保供，焦化厂的每一个人都将焦炉当作自己的家来精心维护、经营。在那个炼钢自动化程度不高的年代，父亲和他的工友们用钢铁人特有的奉献精神和攻坚克难精神，创造了焦炉超期服役 21 年的奇迹。

那是父辈们创造的奇迹，也是父亲这辈子引以为傲的荣耀。

如果说父亲的钢铁年代，是靠体能和意志开拓出来的年代，那我们的钢铁年代，则是富有挑战性的钢铁年代。从当年的人工炼钢到自动化炼钢，管理的创新，资源的整合，设备的进化，都让新冶钢的产能不断迈上一个又一个新的台阶。

二

2004 年，中信泰富正式入主湖北新冶钢，而我则接过父亲手中的接力棒，站在新冶钢崭新的起跑线上，开始了属于我的钢铁人生。

新冶钢生产现场

一转眼 15 年过去了，回首自己这些年来的钢铁生活，除了成长，更多的则是对父亲引导自己当钢铁女工的感恩。

刚进厂时，我被分配到配料岗，负责竖炉冶炼的第一道工序。那时的工作强度远远高于现在。正常情况下，一个班就要到皮带现场来回跑个十趟八趟。遇上雨天，料子过湿，不仅需要频繁去捅那个硕大的料斗，更多的时候是堵料、停料带来的恐慌。一遇上堵料，小皮带上的料子瞬间就会压死大皮带，形成一个个小山堆。那场面，现在每每想起，还是会紧张不已。

还有那黑红色的除尘灰，灰管泄漏时，四处弥漫、铺天盖地，厂房内灰黑如夜、伸手不见五指，只听得见皮带运转的声音。每次遇上这样的突发情况，都是班长拿塑料袋套住脑袋，以最快的速度摸到那个靠墙的总阀前，熟练地把阀门关掉。

回忆是苦涩的，也是快乐的。班组的温馨陪我度过了一个个漫长的夜班，迎来了一个个崭新的黎明。

后来，我被分配到天车岗位，那是一个我曾经十分向往的岗位。我喜欢一个人坐在悬在半空的驾驶室里，在天车的移动中欣赏远远近近的风景，喜欢听天车抓斗开合和钢丝绳上下升降的独特声音。

记得刚学天车那会儿，由于人员紧张，还没有足够时间去实习我就开始顶岗了。虽然平时操作没什么问题，但真的开始独立顶岗，没有师傅在身边，心里还是有些紧张。

记得一天晚上七八点钟，我在操作完毕停好车准备下车的时候，突然发现车上一处失火。从没见过这个场面的我，心猛地提到嗓子眼。我按照安全操作规程，迅速拿起灭火器，但手却抖得厉害，根本不听指挥，半天都拉不开灭火器栓套。我急忙跑到通廊打电话求救，一紧张电话又给按关机了。六神无主的我跌跌撞撞跑到操作室，打电话到主控室求救。跟在一群闻讯抱着多个灭火器赶来的同事后面，再看看拿一块抹布就可以覆灭的线包火苗，我尴尬又自责，同时也被同事们深深感动。

三

2013 年 5 月 20 日，新冶钢百年庆典上，东钢厂退城入园项目被列上日程。

2014 年 9 月 8 日，东钢厂 100 毫米无缝钢管机组关停；9 月 13 日上午，大冶特钢 90 万吨优质特殊合金钢棒材生产线工程项目吊装第一根立柱。

2015 年 11 月 30 日，时任新冶钢总经理李国忠正式宣布：东钢厂区钢铁产业整体退出！新上钢铁产业项目迁往西塞工业园，东钢厂区全面关停！这个运行了 57 年的东钢厂，成功实现绿色转型，为新冶钢特钢升级、为黄石市打造千亿元黑色金属产业做出了重要贡献。

随着 1 780 立方米高炉的竣工、120 吨转炉的投产，凤凰涅槃后的新冶钢以让世人惊叹的速度飞速发展。在日新月异的新冶钢里，我也用自己的成长，见证着在中信集团新管理模式下，新冶钢人素质和新冶钢产品质量的一步步提升。

一座座新型炉台机组拔地而起，一批批落后产能淘汰更新，一个绿色的钢城巍然挺立于西塞山脚下，引白鹭在西塞山前翩飞，黑天鹅在钢城人工湖里戏水。

我被这里发生的每一个变化深深触动！为那几十米皮带通廊悬空而架的智慧构思和大胆制作所触动，为那造球盘点水成球的神奇与先进所触动，为那废气利用改善所有操作室环境的科学、节能、环保所

新冶钢厂区俯瞰

触动，更为那金融危机下新冶钢人众志成城、甘苦与共、永不言弃的钢铁品质所触动。

当第 15 届湖北省运会的圣火在新冶钢点燃时，当“新冶钢造”撑起港珠澳大桥的脊梁时，当“新冶钢造”支撑“鲲龙”AG600(大型水陆两用飞机) 水上首飞成功时，所有的新冶钢人都为之欢呼雀跃，那是他们最大的骄傲。

四

2018 年，儿子大学毕业，面临人生的重大抉择。我带他又一次登上了熟悉的西塞山，看山前山后白鹭齐飞，看山下新厂房错落有致，看绿化带郁郁葱葱……儿子被眼前这个他从小长到大、熟悉而又陌生的地方所发生的巨大变化深深震撼，被新冶钢这个花园式工厂深深吸引。我知道，当站在汉冶萍文化广场前那一刻，儿子已经下定了决心，有了自己的选择。

当穿上新冶钢的工作服，走进日渐智能化制造的钢铁冶炼车间时，当火红的炉火映红儿子稚嫩的脸庞时，他也和我一样、和我的父亲一样，选择了把根在新冶钢深深扎下。

我仿佛看到了自己年轻时的影子，那是年轻人的血气方刚，也是伴随钢厂一起成长起来的钢铁儿女对钢铁独有的情怀，就如同父亲当年看到我穿上工作服时一样。

父亲将老一辈钢铁人的钢铁精神传承给了我，让我在钢筋铁骨的钢铁世界里体验到了与别的女孩子不一样的人生。如今，我也牵着儿子的手，看着儿子走上我们曾经工作过的一线岗位。那份信念，一如父亲当年一样的坚定，我想这就是父亲所说的钢铁传承。

而今，在跌宕起伏的钢铁市场中，中信旗下的新冶钢正依靠过硬的产品质量、先进的冶炼技术、雄厚的人才队伍，毅然决然地走进了智能制造新时代。

当一批批高学历的年轻人踏着铿锵的脚步向新冶钢走来，当身穿工作服的他们用嘹亮的声音唱响那《新冶钢、冶钢新》，我依然会轻轻地跟着哼唱，依然会心潮澎湃、热血沸腾。

进退之间天地宽

中信兴业投资集团有限公司副董事长　张　坚

2019年是中信兴业投资集团有限公司[①]（简称中信兴业）成立31周年，也是我在中信工作的第16年。在这段时光中，我有幸见证了公司乘中国经济崛起之潮因势而兴、因时而变的发展历程，目睹了公司跨越式的成长——2017年，中信兴业利润突破30亿元，是2003年我入职当年的30倍。“进退之间天地宽”，公司凭借独特的经营理念和企业文化，经营业绩长期位居中信集团非金融业务前列，成为集团利润的稳定来源，更为中信在产业投资布局领域探索出一条前进的道路。

一

其兴也勃焉，其亡也忽焉，这两句中国古语中蕴含的历朝历代盛衰的规律，也同样适用于企业的兴替。中信兴业自成立伊始，即凭借集团强有力的支持和自身的努力奋斗，实现连年快速增长。2002—2006年，公司利润额从“7位数”、“8位数”到“9位数”，连上3个台阶，时任集团领导在2006年视察公司时也给予高度评价。中信兴业更

① 中信兴业投资集团有限公司前身系成立于1988年的中信上海信托投资公司（简称中信上海公司）；1997年12月重组为中信上海（集团）有限公司；2001年12月中信集团在中信上海（集团）有限公司和中信大榭开发公司的基础上，成立了中信华东（集团）有限公司；2012年6月公司更名为“中信兴业投资集团有限公司”。

是在此后12年间，在历任领导的带领下发展势如破竹，利润额至2017年增长30倍，呈现出“其兴也勃焉”的盛世景象。更多和公司处于同时代、拥有类似业务的公司则陷入“其亡也忽焉”的命运，只留存在历史的记忆中。是什么因素造成这样的结果，其中的原因值得我们每一个中信兴业人认真总结和思考。

回顾公司发展历程，我认为有以下三条经验值得铭记和总结。一是对中信集团优良文化的良好传承和遵循。现任集团总经理王炯曾参与中信兴业筹备工作，并在之后长期担任公司领导。在工作中，他经常引用荣毅仁老董事长的经典名句教育广大职工，做生意要“有利可图，但不能唯利是图”“只做投资，不做投机”，更将“不求最大，但求最实”的理性态度注入公司的核心理念，让公司价值观入脑入心。二是对主营业务的专注力和执行力。公司30多年来所有的战略制定和运营，事先必经周密研究和部署，同时强调过程中的坚持不懈和结果导向。三是历任公司领导审时度势、进退有序、有舍有得的经营理念。公司始终坚持上述的先进理念和优良传统，近年来主动适应市场情况变化，将自身定位转变为从事产业投资的资本运营型公司。在国家“十五”至“十二五”时期，中信兴业新增投资项目近40个，累计投资额超过108亿元；其间退出投资项目超过20个，全部安全收回本金，并实现近30亿元的收益，为中信资本投资管理业务的发展奠定了坚实基础。

在此期间，我所参与的“一岛一路”两次重大产业调整对公司经营理念的体现尤为明显，也成为资本投资市场上的经典案例。“一岛”指的是宁波大榭岛项目，“一路”指的是1999年收购的重庆成渝高速公路项目。这两个项目有不少相似之处。从行业所属领域来看，两个项目都属于大型基础设施板块，建设周期长，从项目启动到退出历经近20年；从资产规模及盈利角度上看，项目回报较为丰厚，在相当一段时期内成为公司的主要利润来源，项目退出前年盈利额都超过3亿元；还有就是在充分考虑政府、合作伙伴利益的基础上实现了多赢和适时退出。

二

开发大榭岛是荣毅仁老董事长在中信期间决策的最后一个重大项目。以国务院批复同意中信成片开发大榭岛、实行经济技术开发区政策为标志，中信公司于1993年正式启动大榭岛的开发。荣老为大榭岛开发制定的目标是“建成世界一流港口的经济贸易区”。大榭岛是隶属于宁波北仑的一个农业乡，岛屿面积为30.84平方千米，开发前一年财政收入不到3 000万元。中信公司启动开发项目后，先后成立了管委会、党工委和大榭开发公司，全方位负责该地区的各项管理工作。在经历了8年较为艰苦的起步和拓展期后，大榭公司于2001年并入当时的中

绿色大榭

信上海（集团）有限公司，通过确立基础设施先行、优化产业结构、提升土地价值、保障环境及民生工程的战略思路，以及对领导班子的调整，借区域经济发展的东风，大榭岛开发建设驶入快车道。

到2011年，大榭岛开发区成为浙江省首个，也是当时唯一一个财政收入破百亿的开发区，年度工业总产值近500亿元，形成了港口物流、临港石化、能源中转三大主导产业。一批世界500强企业落户，形成了万华工业园、中海油大榭石化生产基地等规模效应突出、竞争优势明显的产业园，成为环杭州湾产业带石化产业的重要组成部分和宁波三大石化产业基地之一。大榭港区成为浙江首个、全国第五个“国际卫生港口”，利用优越的岸线条件，累计建成并投用码头泊位40个，年设计吞吐能力近亿吨；建成各类专业储罐近400万立方米，形成以油品、液体化工品和集装箱为主要货种的港口运输体系，进口原油接卸量占全国海运原油接卸量的1/6。在地区经济高速发展的同时，大榭开发区始终把绿水青山和民生工程的建设放在重要位置。开发区累计造林面积超过8 000亩、扶育幼林数万亩，空气质量优良率也连年位居宁波市前列。万华工业园区获批全国首批、浙江省唯一的国家工业循环经济重大示范工程，全国石化行业唯一一个“国家环境友好工程”。

到2012年，大榭岛开发建设工作基本完成，中信历史使命也基本实现。考虑到国际国内形势发生了很大变化，为推动大榭岛更好地向前发展，通过友好协商，中信将其成片开发建设的行政管理主体移交给宁波市人民政府，相应的成片开发成果、进一步开发建设的任务也一并整体移交。

19年的时间给开发大榭岛的建设者留下了深刻记忆，体制的调整也使得当事人感慨万千。2012年5月17日，大榭开发区召开局以上干部大会宣布体制调整事项，中信集团总经理王炯在讲话中深情地说，“现在的大榭岛就像十八九岁的姑娘，已经亭亭玉立。但姑娘长大了，终究还是要回到母亲的怀抱”。

受益于大榭岛移交过程中与浙江各级政府建立的良好合作基础和信任关系，中信兴业宁波公司、梅山整车进口物流中心、中信戴卡杭州湾工厂等新投资项目陆续设立，受让中信戴卡股权、投资养老产业、宁波西店围涂等新业务快速布局。正所谓进退之间天地宽，中信兴业战略的调整，在合作共赢基础上为公司带来了全新的、极具中长期增值潜力的产业布局，其中彰显着中信兴业长期以来进退有序、有舍有得的经营理念的光芒。

三

从 2016 年上半年开始，中信兴业决定退出成渝高速公路业务。以 1999 年参股投资重庆成渝高速、开重庆高速公路领域引入社会资本之先河开始，中信兴业联合系统内企业，先后以控股方式在重庆又投资了渝黔高速和沪渝高速。这 3 条路是重庆连接四川、贵州、湖北的主

成渝高速公路

干道，总里程接近300千米。经过不懈努力，公司各条高速公路的业务指标均在当地同类型公路中名列前茅，获得了地方交通管理部门和合作伙伴的高度认可。同时，业务的整体效益也达到了较好水平，尤为可贵的是，每年能为公司带来与其账面利润相当的现金回流。公路的重组是在经济效益和社会声誉俱佳的背景下悄然进行的，其动因也在于对内外部形势变化的判断，以及自身战略调整的需要。

与此同时，公司开始与招商局集团所属招商局公路网络科技控股股份有限公司（简称招商公路）接触。招商公路前身是隶属于交通部的华建交通经济开发中心，其所投资的收费路桥项目遍布全国，投资里程居国内行业首位，此时正积极筹划整体重组上市。对招商公路而言，重庆的3条路无疑属于优质资产，如能将其纳入怀中，将进一步巩固自身的行业领先地位，提升企业规模和价值。对中信兴业而言，与兼具资金实力和行业地位的国有上市行业龙头开展合作，从政策导向、商业价值、战略方向、经营理念等多方面的契合度来讲都可以说是最优之选。因此，双方在接触一段时间后就建立起较高的信任度，商业磋商也进展得较为顺利，各项准备工作密集地开展起来。其间，虽然因为政策方面的原因一度停顿，但双方合作的意愿并未消退。

到了2017年二季度，双方合作的时间窗口再次打开。对于第二次握手，中信集团总经理王炯、副总经理蔡希良都给予明确指示，开弓没有回头箭，必须抓住机遇确保成功。由于有2016年洽谈的基础，这一轮谈判在对有关内容进行针对性调整后，很快形成了新的意向方案，并迅速进入实施阶段。其间，两方总部领导不仅直接过问项目的进度，而且亲赴重庆与地方政府领导沟通，为项目重组的审批打下基础。经过前期较为充分的磋商和安排，合作事项得到了政府和相关利益方的理解和认同，尤其是几家项目公司的管理层和骨干顾全大局，全力配合重组工作，基层员工也对这样的市场化重组表现出理解和支持，保

上海中信广场夜景

证了重组的顺利实施。2018 年 5 月上旬，随着最后一笔转让款项入账，3 条高速公路的重组工作宣告完成。

这次重组，不仅使公司资产负债率下降了 10%，极大地优化了资产和财务结构，而且还实现了投资周期内超过 20% 的收益率，为公司今后的转型发展提供了必要的资金储备。

常言道，三十而立。对中信兴业而言，30 年的风雨兼程和不懈追求铸就了今天的良好局面。从最初属于非银行金融机构的中信上海信托，到业务重整后的实业类企业中信上海集团、中信华东集团，再到 2012 年更名为中信兴业，其间公司名称和业务重心几经变化。在大踏步的进退之间，公司业务规模和盈利能力不断踏上新的台阶。目前，公司新的产业投资布局已经纷纷落子，公司上下正在为“十三五”时期的转型发展积极努力。

于我而言，16 年的工作经历让我获益良多，希望未来能以自身菲薄之力助中信兴业迈向更为美好的未来！

中信上海公司[①]筹建往事

中信兴业投资集团有限公司　孟正观

2018年11月26日，中信集团在上海举行“中信公司进驻上海30周年纪念大会”，常振明董事长、王炯总经理等集团领导，以及集团在沪各子公司及分支机构领导与员工代表、退休老同志都出席了大会。集团副总经理李庆萍和集团原副总经理姚进荣为荣获“忠诚服务奖”的干部员工颁奖。大会上播放了专题纪录片，向中信在上海30年光辉历程的开拓者们致敬。作为中信上海公司筹建的参与者，看到此情此景，我心潮澎湃，眼前浮现出公司成立之初的情景。

乘“风”入沪

20世纪80年代末，上海进入了一个经济腾飞的新时期。随着改革开放进程不断加快，国家希望尽快把上海建成国际经济、金融、贸易中心之一，带动长江三角洲和整个长江流域地区经济的新飞跃。快速发展的上海，对资金、技术、人才需求迫切，市委、市政府向中信公司发出了邀请。《关于上海产业政策的研究报告》特别建议“欢迎中信公司到上海投资开发”，时任上海市委书记的江泽民也表示欢迎中信

① 中信上海公司是中信兴业投资集团有限公司的前身，成立于1988年。

公司到上海设立机构。

上海欢迎中信的到来，看重的正是中信的开拓与创新精神，第一次海外发债、建设北京第一座涉外写字楼“国际大厦”、完成中国第一笔融资租赁业务、编辑出版《中国投资指南》……上海市相信，中信人的开拓创新精神，将会有力推动和服务上海实现经济外向型目标的转型，助力上海的振兴与发展。

1987年，乘改革开放和上海经济腾飞的“东风”，中信公司决定在上海这个中国经济中心筹建子公司。时任中信公司副总经理的魏鸣一同志兼任中信上海公司总经理，邀请时任上海化工局副局长的姚锡福同志担任副总经理，具体负责筹建工作。中信上海公司的筹建得到上海市委、市政府的大力支持，鼓励中信“将上海的优势与中信公司的优势结合起来”，为发展上海的外向型经济作贡献。

中信上海公司筹备办公地点

艰苦初创

中信上海公司初创时期各方面条件都比较艰苦。首先，在人员聘用方面就有不小的困难。中信公司派出当时的中信贸易公司和中信兴业公司及中信人事部的有关人员，协助负责组织考试、审核及确定录取人选等招聘方面的工作。当时第一批经笔试和面试后录取的有6个人，我是其中之一。时任中信公司党组书记唐克同志亲赴上海接见了我们，欢迎我们加入中信大家庭，鼓励我们好好工作。30年前，人员要流动是非常困难的，如果要调到另外一个单位去工作必须获得原单位的批准同意才行。结果6个人中最后能来的只有我和何凌两人。我在1987年9月接到录取通知，直到1988年2月才被批准来公司报到。当时公司里已经有十多位同志参加筹建工作了。王炯同志就是第一批参加筹建工作的人员，时年27岁，是一位意气风发的青年才俊。

中信上海公司的办公条件非常简陋。在时任上海市委书记江泽民同志的关怀下，市政府外事处帮助公司租借了位于太原路160号的太原宾馆（现为瑞金宾馆太原别墅）的小礼堂和5号楼作为办公地点。当时办公区由小礼堂改建而成，分为东西两厢，一共有16间。每间里面只有一张小办公桌和一把木椅子。在大厅的东端还隔出一个小间，中信公司李宝生同志和朱铭同志作为公司襄理来协助工作时就在这里办公。

我来报到时，还有好多位置空着，可以随便挑。当时一起办公的同事有王炯同志、荣德载同志、何凌同志，还有赵文峰、余启明、姜德迈三位年轻的名校硕士研究生。公共活动区里放了一张乒乓球桌，两边各放了一排木椅子。不要小看这张桌子，这里还是公司的会议区。重要会议、全体会议、上级领导来公司等活动全都用这张桌子，连我们的老董事长荣毅仁来公司视察时，也在这里给全体员工讲话。

作者（前排右一）在中信上海公司时与王炯同志在一起工作

小礼堂东面的外墙，是当年中信上海公司的最佳摄影地点。凡是有重要领导或外宾来公司，都要到这面墙下摄影留念。我们的老董事长荣毅仁也在这里和当时的全体工作人员合影，这里被大家戏称为公司的“一号景点”。

在小礼堂大门外，是一道很高的围墙，围墙里面才是太原宾馆的主体建筑所在。有一栋主楼和四栋辅楼及一个很大的花园，建于20世纪20年代，为法国文艺复兴时代后期风格的花园住宅。解放后，这里归上海市政府外事处管理，用来接待中央首长或重要外宾。那时，只要没有客人来居住，围墙的大门是敞开的，我们被允许进入散步和参观。有时有外宾来访，我们会带他们进去看看，以显示我们公司高大上的格调和实力。

当时公司只有一辆小汽车，只在重大活动时使用。大家无论是上下班还是联系业务，都是骑自行车或坐公交车甚至步行，但是没人抱怨条件艰苦，反而工作得十分起劲。后来为了开展业务的需要，才增加了一辆汽车。

公司当时的工资待遇也不高，每人每月只发 100 元人民币作为临时工资。除此以外，没有任何其他补贴和奖金。中午在太原宾馆职工食堂搭伙，需要自己购买餐票买饭菜。总之，一切是相当艰苦的。

在正式举办开业典礼之前，大约在 1988 年的年中，中信上海公司就开始试营业，逐步开展了贸易、金融、咨询、投资、房地产等方面的业务，为正式开业做了充分准备。

谱写辉煌

中信进驻上海已历 30 年，在自身发展的同时全力服务当地经济建设。中信在沪子公司累计为上海提供贷款、信托等形式的融资支持总金额近 1.3 万亿元，开发房地产总面积近 500 万平方米，累计为上海贡献税收 296 亿元；中信在上海的 30 年，始终坚持开拓创新，中信泰富首创性地采用了 BOT（建设—经营—转让）模式投资建设“三桥两隧”、泰富中投精心打造的陆家嘴滨江金融城，成为中信与上海合作共赢、开拓创新的典范；中信在上海的 30 年，认真履行社会责任，中信兴业投资、泰富中投等践行精准扶贫战略，多年来持续投入大量资源，助力帮扶对象脱贫脱困……

30 年过去了，中信上海公司筹建的往事仿佛在昨日一般。当年参加公司筹建的二十多位同志中，王炯同志已经成为中信集团总经理。其余人有的退休，有的调离，有的出国，有的过世，已经全部离开了中信的工作岗位。当年我们这一代人，艰苦奋斗，努力工作，就是希望尽快把公司创建起来，为改革开放贡献自己的力量。中信上海公司经过多次改制后，演变为现在的中信兴业。中信上海公司的工作，已经由第二代、第三代的中信兴业人担当起来。乘“风”入沪三十载，苦尽甘来谱新篇！中信的未来，寄托在新一代中信人的肩上，相信在他们的努力奋斗下，中信一定会走向更加辉煌的明天！

身在他乡如故乡

中信国安集团有限公司　尹霄云

我是中信国安信息科技有限公司(简称国安科技)的一名普通员工。受公司委派，于2009年正月十五来到安哥拉，幸运地成为安哥拉凯兰巴·凯亚西社会住房项目（简称K.K.项目）的一员，同时也是国安科技首批赴安哥拉工作队伍的一员。晨钟暮鼓，朝霞夕落，我生命的年轮在这个陌生的国度里画上了一抹美丽的弧线。

一

虽然来到安哥拉之前，对这个饱受战乱的国度有一些肤浅的了解，可当时眼前显现的一切还是让我这个“外来客”感到有些意外。坑洼不平的道路，陈旧凌乱的街面，诉说着的似乎不只是这个国家的创伤，还有这里的人民百废待兴、重建国家的迫切希望。

初到这片荒芜土地的日子里，眼前似火的骄阳威严地欺凌着无垠的红砂，寂寞的天际流浪着孤单的飞鸟。四季如夏，也许是对这片古老土地的真实写照。

对于我这样一个习惯了四季轮回、冷暖交替的人来说，总感觉此地犹如一只鸟笼，桎梏着很多美好的希望。

但有一种东西永远不会被时间冲淡，它会在岁月的轮回中延续，

国安科技安哥拉项目部为庆祝新中国 60 华诞举行升旗仪式

那就是对故乡的深深眷恋。

故乡，对每一个人来说，都是那样的亲切、舒适、温暖。作为中信人，作为安哥拉 K.K. 项目第十二项目部的一员，在这里我同样感受到了仿佛身在故乡的舒适和温暖。这些都不是上帝的恩赐，而是源于中信国安领导的关怀和与同事之间的融洽相处。

二

当我初次来到安哥拉，第一次踏进营地的那一刻，心情是震撼的。仅仅一排活动板房和两个集装箱，四周没有一块围挡。不到 10 米处便被深深的杂草包围着，几株粗大的灌木交错其中，凌乱的枝叶张牙舞爪地伸展，毫无规则。这就是我们在非洲的新家。

当晚，项目部领导和同事们做了一大桌丰盛的菜肴，欢迎我的到来。这在当时条件和仅 5 个人手的情况下，令我感动不已。初到安哥拉，便感受到家人般的温暖，品尝到了人间最可口的美食，同时也度过了平生最幸福难忘的元宵佳节。

也正是从那一天开始，新的生活拉开了帷幕。

由于当时是靠仅有的一台 120 千瓦发电机供电，为了保养发电机，每天都要停电几小时。在罗安达酷热的环境下，在没有空调的简易板房内，大家感觉仿佛就要被融化一般难耐。

在井还没打好的情况下，项目部用水也成了老大难问题。我们几个人每天只有在工余时间，开车载着 3 只塑料大桶去别的项目部拉水，我们的饮用水和生活用水使用，必须要做到精打细算。盛满水的大桶相当沉，两个壮实小伙子一起抬都很吃力。但每次去拉水，几个人都是争先恐后，无不体现着相亲相爱一家人的温暖亲情。

在那段难忘的日子里，还有一件不得不提的事情，也是时常被我们拿来当笑话讲给后来人的故事。由于当时营地没有建好卫生间，因此每次都要扛着铁锹，走到营地外的荒野丛里寻找自己的“根据地”。这也成为那段“非常时期”中，每天都会出现的“一道靓丽风景线”。

当时的生活，真的可以用丰富和精彩来概括。

由于人员有限，我们每个人都必须身兼数职，在每天保证完成工程量的前提下，解决好一日三餐就成了首要任务。

当地的物价奇贵，蔬菜和水果价格更是超越了美国这样的发达国家。比如一个西瓜要 1 000 多宽扎，折合成人民币就是 100 多块钱。新鲜蔬菜相当匮乏，土豆和洋葱是我们每天饭桌上必有的菜肴。至于水果那样的“奢侈品”，就只能望尘莫及了。

做早饭我们采取每天轮岗制，午饭和晚饭则是分工责任制。每天收工后，在食堂里我们各展手艺。尽管经常手忙脚乱，但每次的餐桌上都会诞生出某某风味的“新杰作”，被大家不断品评调侃，也算是给我们枯燥的生活增添了许多乐趣。

三

由于当时我们的工人还没进场，为了工程需要，从当地雇佣安哥拉籍工人就成了解决劳动力紧缺的唯一之道。安籍工人均出自 K.K. 项目营区附近村里居住的农民家庭，他们年龄不大，家境贫穷，生活都非常艰苦。

由于交通不便，当时每天早晚接送他们便成为我们的工作之一。为了安全，项目部规定接送安籍工人必须两人一起。每次接到这个任务，我都会觉得非常荣幸。因为它不仅可以使我更多地了解当地的人文风俗，而且还可以亲眼一睹非洲特有的美丽热带风光。

第一次送安籍工人回家的经历使我永生难忘，以下内容摘自于我 2009 年 2 月 15 日的日记。

昨夜狂风骤雨，呼啸的风一波接一波地席卷，咣咣作响的屋子仿佛就要被掀起来，黑夜中半梦半醒的我也被这股激情带回到了昨晚……

我们现在每天雇 10 个安籍工人，每天工作 8 小时，他们的家都不在建设营区范围内。同宿舍的田家泉工程师每天早上 5 点多就要起床接他们，到了下班时间再把他们送回去。安哥拉的危险性我们早已有所耳闻，在听说了其他中国公司被当地人抢劫并打成重伤的事例后，我们变得格外谨慎。昨天由于项目部的其他同事有事，田工叫我和他一起去，看看安籍工人住的地方，顺便了解这路上有多恐怖！于是我带着强烈的好奇心开始了这段冒险旅途。

田工告诉我，一出咱们营区范围，就到了荒无人烟的“鬼道”了。果然，出了营区往南，只有一条蜿蜒崎岖的小道，两侧没有一盏路灯。

而且有意思的是，这条路一直都是波浪式的“黄土高坡”，很有规律，坐在车里感觉就像是在游乐场玩“疯狂老鼠”。田工说由于只有一条道，又是单车道，一旦会车就非常困难。所以当地人的抢劫方式一般都是后边跟一辆车，然后前面再来一辆车，把你夹在中间就走不了了！听着这些，我的心一路上都揪着：千万别有车过来！

天色早已阴暗，伴着漆黑的大朵阴云，辽阔的原野上贯穿着一条细长小道，这也许是只有在非洲才能看到的独特景象吧！车在永远看不到头的小路上行驶着，死一般的寂静，好像再往前就到了鬼门关一样！两侧的野生树木很密集，有的规律排列，有的歪七扭八。它们虽然不是很高，但在黑暗中、在车灯的照射下，像是一堵堵的高墙，而我们就仿佛在山洞中穿行。

终于，树少了，依稀看到了亮光，并且有了几个小建筑和房子。这时有安籍工人从这里下车了，剩下的还要往前开一段。大概又开了5分钟，终于全部送到了地方。透过汽车玻璃，我可以隐隐约约看到一片像是纸糊的房子，有少数亮着光，大多数都是漆黑的。田工告诉我，他们就住在这里，很多人家里都没有电器。安籍工人一个个从后边跳下车来，再绕到车前冲我们竖起大拇指，说着“Good night”，我也竖起大拇指回应他们。顷刻间他们便消失在了黑暗中……

由于刚刚结束内战，安全是这里工作和生活要面对的最大挑战。在一次送安籍工人返回营地的途中，我们的车就不幸遇到了当地劫匪。司机许斌和随行的项目部管理人员李春林在不见寸光的黑夜中，勇敢、快速地离开现场，避开了危险。既保护了自身安全，也维护了公司财产。他们以大无畏的精神和机智果敢的表现，为我们谱写了一曲令人感佩的英雄赞歌。

四

时光荏苒，一年之后，我们的队伍不断壮大，我刚来时项目部仅有6人，后来达到60余人。与此同时，通过项目部领导和所有同事们的共同努力，我们的工程建设进展顺利，生活条件也在不断改善。从打出井水到建成卫生间、美滋滋地冲上淋浴，从新食堂开伙到车棚竣工、新宿舍拔地而起，从枯燥单调的业余生活，到晚间灯光球场上演一场场精彩比赛、在投影大荧幕上播放新潮电影，还有玩棋牌、打扑克、唱卡拉OK和中秋佳节的篝火晚会等等。

当然，最独具匠心的设计当属那极具中国色彩的八角凉亭。庄重的中国建筑风格与在安哥拉土壤下茁壮成长的菜苗交相辉映，四周是

国安科技员工工作之余与安哥拉当地工人踢足球

与世无争的花儿静静绽放，微风徐徐吹来，散发出令人陶醉的清香。菜地旁翠绿的腰果树，撑起了一片深远的苍穹。这样的美景，令每一个餐后来此小憩的人都心旷神怡。

公司领导和同事们对大家的关怀无微不至，整个大家庭之间的交流、沟通、互助无处不在，一切都是那样的和谐，每一天的心情都是那样的舒畅。

所有这些因素的汇集，造就了国安科技安哥拉 K.K. 第十二项目部这个和谐的家园；这个和谐的家园，孕育了一支和谐的团队。这份和谐根深蒂固，这个团队无坚不摧。

沐浴在这样的环境下，从项目部领导到每一位管理人员，都以满腔的热忱，把全部精力投入到工作中，为确保安哥拉 K.K. 项目的圆满完成，贡献出自己最大的力量。而我，也将见贤思齐、顽强拼搏，不辜负国安科技领导及上级公司的殷切期望，将中信国安“永远争第一”的企业精神在非洲大地上发扬光大。

我们是中信国安的“京外漂”

中信国安集团有限公司　王吉超

外地人在北京叫“北漂”，用地道北京话说还要加个“北漂儿”的儿话音。那么北京人在外地，又该叫什么漂呢？深谙个中滋味的他们都戏称自己是“京外漂”。中信国安里就有这么一批在北京之外漂着的群体。随着中信国安的不断壮大，投资项目的日益扩展，“京外漂”的群体也在不断扩大。

我就是这个群体中的一员，从1998年进入中信国安就在外地做项目，算得上是资深“京外漂”啦。1998年，中信国安投资河北省有线电视项目（简称河北项目），这是其投资的第二个有线电视项目（第一个是沈阳有线电视项目）。这也标志着中信国安吹响了进军信息产业领域的号角。现在想来，当时中信国安敢于进入广播电视这个行业，是需要很大决策魄力的。我有幸成为河北项目管理部的一员。

一

河北项目管理部当时有4个人，负责人姜凤岗是北京国安电气有限责任公司的资深元老，在项目管理上经验丰富，对我这样的年轻人要求也十分严格。负责财务的是李庆鑫经理，也是当时联通一分公司的财务权威，讲话慢条斯理，戴个眼镜，十分儒雅。另外一个是跟我几乎同时进公司的聂建航，有点聪明绝顶，我们都习惯喊他“聂老”。聂老在来公司前已经在北京二轻局工作了很多年，工作经验丰富，交际广泛，在石家庄有很多朋友，帮了我们不少忙。在这个团体中，我是最年轻的，也是最没有工作经验的。但在这几位领导和前辈的悉心提携下，那也是我成长最为迅速的阶段。

对我来说，广播电视是一个完全陌生的行业，一切都要从头学起。作为项目管理者，不但要能说会道、长袖善舞，还要能够迅速与当地人打成一片，要懂技术、会管理，遇到什么问题都能与人掰扯几句。而我这个职场小白就这样懵懵懂懂地入了行。可以说，正是在河北项目历练的这段经历，为我以后的工作奠定了扎实基础。

河北项目当时属于草创阶段，到了石家庄后，衣食住行，一切都得自己动手。

首先要解决住的问题。记得当时为了节省经费，节约上班路途时间，我们在河北省广播电视局附近的方北村租了一个两居室，项目部的四个人挤在一起住。虽然条件简陋，周边环境嘈杂，但因为到河北有线办公的地方走路只需 15 分钟，上下班比较方便，所以我们还是毫不犹豫地选择了那里。

解决了住的问题后，我们又与河北有线交涉，在 12 楼要了一间十几平方米的小办公室。就这样，河北项目管理部就算在石家庄正式安营扎寨了。

项目初期，需要协调的工作很多，经常加班加点，常常是几餐并作一餐吃，熬夜到凌晨更是常事。但是大家都凭着对工作的执着、敬业和热情而坚持了下来。

虽然北京到石家庄的距离只有 300 多公里，虽然每个人家里都有妻儿老小需要照顾，但是在项目部筹备初期，往往一个月都不能回北京一次，需要全身心地扑在工作上。尤其是几位老大哥，总是带头示范、以身作则。从他们身上，我深深地感受到国安人勇于奉献的可贵品质。

二

河北项目是中信国安进军信息产业的标志性项目，没有现成的项目管理制度可以借鉴，于是，项目部就虚心向沈阳项目的张纪同志讨教，与公司本部的技术、财务商讨，逐步建立了相对有效的项目管理体系。这些在办公室那台 386 电脑上捣鼓出来的资料，最终成为中信国安后续投资广电项目的宝贵经验。

河北有线电视网络建设是一项非常复杂和艰巨的工作。当时河北大部分平原区域要建设当时国内最先进的 2.5G SDH 光纤传输网络，北部承德、张家口等山区，因考虑到光缆架设施工困难、成本高，在经过充分技术论证后，都采用了数字微波技术进行传输。数字微波建设，就涉及微波塔选址和建设工作。

微波发射需要在高山设台站，大都在崇山峻岭之间，条件艰苦。为确保选址科学、可靠，我与河北有线网络中心的郭晓峰一起走遍了所有 7 个微波台站进行选址，那段行程至今还历历在目。

第一站是承德的 05 发射台。发射台位于号称京东第一峰的雾灵山上，海拔 2 000 多米，是北京东北部最重要的一个信号发射台站。从北京开车过去，几乎全程都是崎岖的山路。其中很多路段是沿着山体开凿出来的，又窄又颠簸。车子一侧是陡峭的石壁，另一侧就是深不见底的悬崖。会车的时候，最怕遇到大卡车。一会儿紧贴到石壁上，一会儿又几乎悬空，车体就像是在走钢丝一样。幸好当时给我们开车的司机经常跑山路，熟悉路况，经验丰富，才算是一路有惊无险地到了雾灵山脚下。

05发射台是河北省海拔最高的一个发射台站，山上人员平时吃用都要靠山下的三轮车运上去。遇到冬季大雪封山，十天半个月都不能通行。每次有人上山，都会习惯性地在山下买些蔬菜、水果等物品带上去，给山上的人打牙祭，久而久之就成为一条不成文的规矩。我们这次也不例外，买了很多蔬菜上山。

上山路上，郭晓峰悄悄跟我讲，山上条件很艰苦，但是他们很热情好客，无论看到什么，千万不能表现出嫌弃的表情，否则会让他们很伤心的。到了山上，驻守发射台的人员果然十分热情，跟见到亲人似的，把平时舍不得喝的茶叶拿出来待客。泡茶的搪瓷缸已经完全看不出搪瓷的本来面目，只能勉强瞧见杯身上“为人民服务”的红色字样，应该是已经使用了很久，杯子里面攒了一层厚厚的茶垢。但看着他黢黑的脸上洋溢出来的发自内心的笑容，我默默地喝了一口茶，涩涩的，入喉滚烫。

三

相对于05发射台的高海拔，张家口市怀来县的微波发射台海拔不高，但因那里植被稀疏、风沙大，生活也非常艰苦。而且由于山上常年大风不断，飞沙走石，对长期裸露在外的发射天线和发射塔破坏较大，需要经常进行养护。发射台台长给我们讲起他们在十几级大风中，要攀爬几十米高的铁塔去调整天线的经历。风吹得睁不开眼睛，沙石打在脸上生疼，人在风中摇摆凌乱的时候，仅靠系在腰间的一条安全带保持平衡。说到这儿，他的眼圈微微泛红，狠狠地喝了一大口酒。

就是在这样艰苦的条件下，我们顺利完成了河北全省有线电视网络的建设工作，并在1998年12月举行了河北有线电视网络的开通仪式，时任中信集团董事长王军等领导出席仪式。河北项目管理部顺利完成

王军董事长参加河北省有线电视市际干线网开通庆典

了第一阶段的工作使命。

人生讲缘，能够与中信相遇，能够加入中信国安工作，并被委以重任，亲自参与、体验不同的项目，这是我人生难得的宝贵际遇，也是中信国安留给我最难忘的人生回忆。都知道“在家百日好，出门一日难”，但作为中信国安的“京外漂”，为了中信国安、为了中信集团更加美好的明天，我们愿意一直在路上。

闪耀A股市场那一抹“白银”色

中信国安集团有限公司　刘春阳

2017年2月15日上午9时30分，上海证券交易所清脆而响亮的锣声震动了资本市场，开启了白银有色集团股份有限公司（简称白银有色）转型发展的新时代。白银有色正式进驻沪市A股，成为全国有色冶金行业在A股市场整体上市的第一家企业。自此，地处祖国西北

白银有色举行整体上市仪式

戈壁，有着一颗金子般的心的白银有色人，凭着铜一样的坚韧和铅锌一样的淳朴，孜孜以求、精心铸就的白银有色，跃然进入公众视线。通过改革促发展、上市促转型，白银有色实现了从破产重组的传统老国企到现代公司制企业的华丽转身。

回首 8 年的上市历程，艰辛而漫长。面对有色金属市场的持续低迷、自身顽固复杂的历史遗留问题、证监会多次停牌以及入市门槛不断抬高等诸多困难，白银有色人“千磨万击还坚劲”，咬定上市不放松，爬坡过坎、滚石上山，务实做好副业剥离、债转股公司合并、股权多元化、系列境内外资源整合并购项目实施、获取批文等工作，走出了一条艰难曲折的上市之路。作为上市工作的参与者，我有幸亲历、亲见、亲闻了这个特别的过程。

濒临绝境

白银有色前身为成立于 1954 年的白银厂有色金属公司（简称白银公司），堪称共和国有色工业“长子”，曾创造了连续 18 年铜、硫产量及利税全行业第一的辉煌业绩。但是 2000 年前后，白银公司长达 10 年处于困难时期，资产负债率一度高达 114%，企业一直挣扎在生死存亡的边缘。

2008 年，经过汶川大地震的洗礼和北京奥运会的震撼后，我的家国情怀愈加浓烈，可自己赖以生存的企业却很不景气，薪水一降再降。妻子每每购置柴米油盐，都要在价格和质量之间纠结良久；孩子经常因为贪好玩具和零食，频繁遭到我和妻子的无理训斥和蛮横体罚；家庭矛盾一波未平一波又起……

夜深人静时，我常常不能入睡，回想当年自己为青春梦想披星戴月、秉烛夜读的付出，回想刚刚踏出大学校园时的意气风发、踌躇满志，再看看经济拮据、家境贫寒的现实，心灵深处苦涩酸楚、五味杂陈。

难道自己的身躯真的单薄，不能像一个男人一样撑起这个家？难道年少时造福大众、报效祖国的远大理想实现不了吗？

黄土高原漫长的冬季寒冷而干燥，漫天飞舞的黄沙此起彼伏，记不清多少次我独自走进厂外的大山深处号啕大哭，歇斯底里地发泄。那时的我一筹莫展，迷茫凄凉无助。

希望之火

2008年11月24日，白银公司一所会议室里，明媚的阳光透过锃亮的玻璃洒满会场，会场内外人头攒动、喜气洋洋，白银公司引进中信集团投资，增资扩股改制后“白银有色集团股份有限公司”揭牌成立。身临会场，我深深地被感染、被感动。

在全球爆发金融危机之际，中信集团战略投资白银公司，给予白银公司强有力的支持和信任，好似给贫血枯瘦的肌体注入新鲜血液，点燃了白银公司上市及转型发展的希望之火。

清晨，我推开窗户尽情呼吸新鲜空气，一下子又能看到太阳从远处地平线升起时的霞光万丈，浑身充满了力量。我扛起狭小厨房旮旯里积满灰尘的28自行车，一口气从6楼跑下去，神清气爽地骑车赶往新的工作岗位。许多停薪留职人员开始纷纷回厂上班，各个厂区锈迹斑斑的门头陆续粉刷后已崭新如初，进进出出满载原料和产品的大小车辆又汇合成川流不息的车流。悦耳的设备运转声格外响亮，员工们的心情格外振奋，脚步格外激昂。工厂处处呈现繁忙景象，企业恢复了久违的朝气与活力。

街头巷尾、邻里之间，三五成群的老人们津津有味地议论着中信投资的话题，整座城市苏醒了、沸腾了。

艰辛之旅

2009 年 7 月，应编写上市初步方案之需，我带上装满资料、鼓鼓囊囊的行李箱，乘坐着老旧的绿皮火车，赶往北京中信集团总部。

座谈期间，业务领导按照时间节点清晰地介绍推进上市工作中的重点事项，业务主管详尽地按工作流程说明每项工作的具体内容，业务助手细致地介绍了这里的工作环境和作息情况。不知不觉就过了 12 点，所有人一起匆匆赶往地下餐厅，一边吃午饭，一边不忘接着谈工作，兴致盎然。

2010 年开始，为响应国家政策，白银有色准备“走出去”。然而，回想长长的海岸线和那渺无边际的海洋，不免令人心生畏惧。中信集团帮助白银有色和中非发展基金携手，组团出海，大手拉小手，成功实施了南非第一黄金公司并购项目，迈出了“走出去”的第一步。

以此为起点，白银有色“走出去”的铿锵步伐遍及非洲、南美，以及中亚的“一带一路”沿线国家，用步履的深度和广度展示着转型发展、搏击海外的决心和信心，有效拓展盈利能力和发展空间，同时彰显了中信集团作为世界 500 强企业的雄韬伟略和不凡实力。

2013 年 6 月，公司历经 4 年多的精心准备，正式向证监会上报上市申报材料。不料证监会调整了新股发行政策，入市门槛抬高、审核趋严。2015 年 7 月 4 日，证监会第 9 次暂停 IPO 发行。其间，中信集团不离不弃、鼓劲打气，中信建投证券领导频繁赶往证监会探听发行启动时间，掌握最新消息，第一时间反馈给白银有色。白银有色根据最新消息及时更新资料、调整方案，大大提高了跟进报会效率。

2016 年上市关键阶段，我驻守北京，和中信建投证券人员通宵达旦、并肩作战。中信同事翔实罗列各项资料清单，并逐条讲解格式要求及操作规范。从会计报表、律师鉴证到文字叙述，每一项都逐句推敲、一丝不苟。碰到会计或法律问题，立即电话沟通咨询，关键重大事项，往往要坐地铁赶往会计师事务所或律师事务所当面澄清，每项工作都力求做到完美。

深夜，每当我们准备离开凯恒中心办公楼时，放眼眺望，毗邻的大厦都已熄灯，唯有绚丽的霓虹灯围绕醒目的大字闪耀着……

南非第一黄金公司厂区一角

所有的苦和累，都在2017年2月15日，上海证券交易所那一声清脆而响亮的锣声之后，化成了最醇美、最甘甜、最醉人的酒。

远大前程

2017年7月，我参加境外融资项目尽职调查，同中信负责人一道乘坐中国国际航空公司航班赶往南非。过境途中，透过机窗远望清晰的云朵和深蓝的海洋，强烈的爱国情和无比的自豪感同时迸发。在参观调查过程中，我深深被眼前的现代化国际企业感染。

在中信集团的指导帮助下，白银有色依托南非第一黄金公司及南非斯班一黄金有限公司平台，成功并购了美国静水矿业公司。而白银有色在南非投资的两个黄金企业所控制的黄金资源金属量超过 4 000 吨，储量超过 1 000 吨，年产矿金规模超过 50 吨，已成为国内乃至全球黄金优势企业。

2018 年 3 月，初春时节的北京乍暖还寒，为了争取上市后的第一个重组项目尽快通过证监会审核，我多次陪同中信建投证券的领导前往证监会，反复汇报、沟通、申请。2018 年 6 月 21 日，终于如愿拿到了证监许可 [2018]1003 号批文……

岁月如梭、光阴似箭，转眼之间中信集团助力白银有色已逾十年。这是改革创新的十年，也是砥砺前行的十年，更是和衷共济的十年。在中信集团的鼎力支持下，白银公司从一个破产重组企业恢复元气，凤凰涅槃、浴火重生，已发展成为具有国际竞争力的现代化企业集团，正朝着“国内一流、国际知名”的宏伟愿景高歌猛进、豪迈进发。

是白银有色给了我机遇，让我实现了人生价值；是中信集团给了白银有色平台，让白银有色有了更大的发展空间。而那一抹我曾为之伤心、为之落泪、为之奋斗、为之骄傲的闪亮的“白银”色，早已成为我的底色，扎根心灵、渗入骨髓、融入血液。

我与中信金属同生共长的岁月

中信金属股份有限公司副总经理　王　猛

2019年是中信金属股份有限公司（简称中信金属）[①] 与中信美国钢铁公司北京办事处重组的第20年，也是我加入中信金属的第16年。回望过去，我在公司实现了最好的成长，获得了最宝贵的经验；展望未来，我愿与公司一道共迎新时代，共创新可能。

入职中信

日本学者中松义郎在《人际关系方程式》一书中谈到："处于群体中的个人，只有在个体方向与群体方向一致时，个体的能力才会得到充分发挥，群体的整体功能水平也才会最大化。" 与书中观点相印证，我在中信金属的16年实现了快速成长，其根本原因在于我对职业的目标追求与公司发展方向在某种程度上近乎一致。2002年，我从对外经贸大学国际贸易专业毕业后，进入普华永道会计师事务所工

① 中信金属公司名称经过一系列变更：1988年，中信金属股份有限公司的前身中国康华金属开发公司成立；1990年，中国康华金属开发公司并入中信公司，名称变更为中信金属开发公司，后更名为中信金属公司；1999年，中信金属公司与中信美国钢铁公司北京办事处进行整合重组；2009年，中信金属公司更名为中信金属有限公司；2014年，中信金属有限公司与中信国际商贸进行业务整合；2016年，中信金属集团有限公司在香港注册成立，整合了中信金属有限公司与中信裕联投资有限公司的全部资产、业务和人员；2018年，中信金属有限公司改制为股份公司，更名为中信金属股份有限公司。

作。知名外企、相对较高的收入和按部就班的工作没有让我安于现状，反而让我开始思考人生的意义。一年后，我找到了这个答案：就是要基于专业所长，在对外贸易和经济等方面发展自己、实现价值。2003年我去中信金属面试，中信历史、中信金属的业务和使命深深打动了我，如果能在中信集团这家中国经济改革试点和对外开放窗口单位工作，我会感到无比自豪。中信金属开展铌铁业务的愿景让我感受到公司对国家建设强烈的使命感、责任感。我第一次了解到，铌元素是钢的“维生素”，只要在冶炼过程中加入万分之几的金属铌，就可以大幅提高钢的强度、韧性、焊接性能、耐蚀性等，从而减轻产品的用钢量和整体重量，进而提升整个国家的工业化基础和国际竞争力。中信金属通过与巴西矿冶公司（CBMM）开展铌铁战略合作，确立了“开展铌铁业务，做实做大铁矿石业务和其他贸易业务”的发展战略，开中国铌铁市场技术开发工作之先河。带着对中信历史的尊重、对中信金属使命的敬仰，我期望在中信这艘巨轮上实现我的职业梦想，与公司同生共长。随即我于2003年底加入中信金属，成为这个大家庭的第27名员工。

同生共长

如果说入职中信是我确定了和公司同生共长的愿景，那么在入职后3次重大战略调整的经历，则让我的命运和公司紧密相连。

2003—2004年，中信金属业务以对外贸易为核心。当时公司依托铌产品和铁矿石业务实现快速发展。但随着我国加入世界贸易组织，国家对贸易业务的政策由过去政府主导型的对外开放，向市场主导型的对外开放转变，公司经营的外部环境发生了急剧变化。中信金属主动对接和积极适应入世后的市场环境，逐步由代理贸易业务向自营贸易业务转型。这时期，我担任公司贵金属部业务助理。为了适应公司业务转型，我从头学习研究贸易战略、战术打法、实施路径；同时参与了公司 ISO 9000 管理体系[①]建设、ERP 管理系统[②]建设、考核激励体系市场化改革，以及贸易业务品种多元化发展等工作。通过这些工作，我紧跟公司调整的步伐，及时收获了相关经验，获得和公司的同步成长。

2004—2011 年，由于贸易利润进一步压缩，中信金属对发展战略进行主动调整，确定了“贸易为主，兼有投资”的发展思路，先后投资西部超导材料科技股份有限公司和中博世金科贸有限责任公司，通过实业投资抵御单一业务的系统性风险。在此期间，我先后担任有色金属部业务主管、铌产品业务部销售经理、铌产品业务部副总经理等职务。2011 年，我参与投资 CBMM 项目，对投资业务的本质、核心关键点、工作流程和步骤逐步熟悉。这一时期，既是公司改革发展中的重要时期，也是我重要的人生成长阶段。伴随着公司转型，我对公司贸易、投资业务有了深入了解，逐步成长为可以独当一面的业务骨干。

2011—2017 年，中信金属实业投资业务猛增。在此期间，我们先后投资收购了天津贵金属交易所、秘鲁邦巴斯铜矿等项目，完成了由“贸易为主，兼有投资”向“贸易与实业并举”的战略转变。这一时期，我的工作重心也从铌产品业务逐步扩大至公司贸易领域，逐渐成长为公司管理层的一员。2018 年，公司正式批准并在新加坡设立了全资子公司中信金属国际有限公司。作为新加坡子公司董事，我在中信金属集团副董事长、总经理孙玉峰的指导下，与其他两位董事一起推动新平台建设，组建了冶金煤、船运、特殊矿三大业务团队，配齐了新平

① ISO 9000 管理体系，是企业的质量管理体系，是企业站在顾客的角度对其本身提出的质量管理要求，目的是为了更好地使顾客满意，从而使企业获得更好的经济效益。

② ERP 管理系统，是一个在全公司范围内应用的、高度集成的系统，覆盖了客户、项目、库存、采购和销售等管理工作，通过优化企业资源达到资源效益最大化。

台创业阶段人力、财务、风控、行政的关键人员，使新加坡子公司初具规模。在公司的大踏步前进过程中，我得到了极大的锻炼，也收获良多。

回望过去，我与公司共同走过了16年。其间，我见证了公司战略的重大调整、业务领域的全面发展、贸易布局的多点开拓，以及净利润从不到200万元到近14亿元的突飞猛进发展。在这个过程中，我也从青涩稚嫩成长为分管一域的管理干部。

分享成长

分享成功，共享成长。在多年的工作中，公司对我的成长给予高度关注和大力支持。中信金属高度重视人才选拔、培育、使用和管理等工作，积极对标岗位素质模型，开展具有系统性、针对性的教育培训，我便是其中的受益者。2007年，我通过中信集团申请获得英国志奋领奖学金后，公司选派我赴英国爱丁堡大学进行MBA（工商管理硕士）专业学习。通过系统学习商业战略、组织行为、金融财务、人力资源、品牌建设与企业管理等知识，开拓了我的国际化视野，增长了我的见识。2012年，公司推荐我参加中信集团第12期中青班，在清华大学进行1个月的脱产学习，增进了我对集团发展战略的理解，丰富了我对其他兄弟公司业务领域、业务模式的了解。2018年，公司又选派我参加中信集团第2期卓越培训班，全面深入学习习近平新时代中国特色社会主义思想、中信企业文化、领导力、工业4.0、人工智能+创新发展、集团及各兄弟公司最新发展理念战略，走访国际国内先进企业，提升了我的格局，增进了对科技引领的理解，开拓了跨界竞争视野，提高了领导能力和管理水平。

中信金属对人才的培养，在内部形成了良好的“传帮带”机制。多年来，孙玉峰、吴献文、刘宴龙等公司领导都如“师傅”一样，给予我多方面的工作指导、生活关心，使我有机会近距离学习、观察和体会他们的工作作风和经验，从而使我个人的知识、能力和经验得到快速提升。记得2011年，在投资CBMM项目过程中，孙玉峰同志就如何有策略地推进与各重大利益相关方的谈判工作，如何做好项目管理工作，对我口传心授，甚至一字一句地指导我修改项目可行性报告。2012年，在公司首次推行“三年滚动”规划工作时，孙玉峰同志就如何突破原有思维惯性、以长远战略目标为导向来规划业务发展路径、管理资源需求，如何设计和管理好各部门“三年滚动”规划的制订，如何做好与业内领军者的对标等问题，多次对我进行讲授指导，让我有效掌握了从理念、策略的确定到工作规划的制订，再到对员工绩效考核激励的管理闭环和方法。2018年，在中信卓越班的学习中，中信集团副总经理蔡希良担任我所在的第八组导师。他在刚结束中央党校学习的当天即飞赴杭州，为我们讲授集团战略，针对“如何更好促进中信重工制造服务业转型”的课题做了高屋建瓴的指导，使我们每个人都领会到一个企业在第四次工业革命、人工智能时代大背景下，怎样实现“弯道超车”，从跟随进步到引领发展，极大地拓展了学员们的视野和格局。

对于集团和公司的培育，我心怀感恩，并积极贡献自己的智慧和力量，助力公司的改革发展。2007年，由于贵金属价格的剧烈波动，我所在的贵金属业务部频繁出现供应商违约情况，这给业务经营带来诸多风险和挑战。在公司领导指导下，我承担了公司第一个关联方管理体系建设工作，设计了“初次评审—二次评审—年度评审”加“特别评审”的关联方评审思路，建立了相应制度。该管理体系和制度机制被公司采用，得到不断完善并沿用至今，为公司业务的风险防控贡献了力量。2008年，在英国MBA学习完成之后，我制作了5个专题课程，自觉将学习成果转化为工作实践。如在制订战略规划时，各部门积极运用 PESTLE 分析模型[①]、SWOT 分析法[②]、BCG 矩阵[③]、差异化战略定位等工具；在研究业务发展时，各部门经常借用安索夫矩阵[④]；在分析具体工作时，大家较好地应用金字塔原理和结构化思维方式。这为提高公司各部门战略规划能力、管理水平和沟通效率提供了有益帮助。2013 年，在孙玉峰同志指导下，我和铌铁技术团队及 CBMM 专家顾问一起创建了 CMS（内容管理系统）技术推广工作体系[⑤]，获得了 CBMM 公司乃至国内领先钢铁企业的高度认可，现已成为技术推广的核心工作方法。2015 年，CBMM 邀请我就 CMS 系统为其全球各子公司作全面介绍，宝钢集团原董事长徐乐江对该系统给予高度认可。多年来，由于公司的信任，我还有幸担任了公司内部导师，使我有机会和公司很多年轻同事进行深入交流，为他们介绍我在公司成长的心路历程和经验教训，为他们在工作和生活上的问题答疑解惑、提供帮助，为年轻人才的成长、成才助力。

携手共创新可能

美国著名管理学者托马斯·彼得曾说，一个伟大的组织能够长期生存，最主要的条件是信念的精神力量以及它对组织全体成员所具有

① PESTLE 分析模型，又称大环境分析，是分析宏观环境的有效工具，不仅能够分析外部环境，而且能够识别一切对组织有冲击作用的力量。它是调查组织外部影响因素的方法，其每一个字母代表一个因素，可以分为 6 大因素，即政治因素 (Political)、经济因素 (Economic)、社会因素 (Social)、技术因素（Technological）、环境因素 (Environmental) 和法律因素 (Legal)。

② SWOT 分析法，即态势分析法，就是将与研究对象密切相关的各种主要内部优势、劣势和外部的机会与威胁等，通过调查列举出来，并依照矩阵形式排列，然后用系统分析的思想，把各种因素相互匹配起来加以分析，从中得出一系列相应的结论，而结论通常带有一定的决策性。

③ BCG 矩阵，即波士顿矩阵（BCG Matrix），BCG 矩阵又称市场增长率 – 相对市场份额矩阵、波士顿咨询集团法、四象限分析法、产品系列结构管理法等。

④ 安索夫矩阵，即以产品和市场作为两大基本面向，区别出四种产品 / 市场组合和相对应的营销策略，是应用最广泛的营销分析工具之一。

⑤ CMS 技术推广工作体系，即中信与 CBMM 共同创立的关于促进铌技术在不同下游应用领域的管理体系，以细分市场和对标国际最先进水平的方式来确定优先工作的领域，并在选定的领域分析应用瓶颈来设计、设定每年具体的工作项目。

的感召力。我深刻感受到，只有文化共鸣，才能激发职工深层次的情感共融和行为共振，用激情创造更多新可能。2014 年，孙玉峰同志指出，“正直、责任、荣誉是公司改革发展的精神追求，专业、协作、创新是公司干事创业的方式方法”。正是基于正直、责任、荣誉的精神追求，在 2006—2008 年和 2018 年以来国内铌铁市场两次出现供不应求的情况下，铌产品业务团队秉持“信”的理念，合理处理好利己和利他的关系，优先保障了国家重点工程的需求，稳定了价格，维护了市场环境，赢得了良好的业内口碑和信誉。在专业和协作精神指引下，我们通过与高校研究院所一起建立联合实验室、与国际顶尖专家一起做好产业链技术服务，与钢厂客户及其下游一起建立全产业链联盟来开发推进技术研发、应用项目，使铌产品技术推广不断实现突破，业务规模和效益不断提升。发扬创新精神，煤炭团队抓住中国煤炭行业供需要依靠大物流关键节点的核心本质，创造了业内首创的“站—路—港”业务模式，在两年多的时间里实现了贸易量从 0 到超过 360 万吨的突破。

党的十九大后，中信集团提出了全新的发展使命和发展目标，对

中信金属与马鞍山钢铁集团签订“三年战略协议”（前排左一为作者）

处于实业领域的中信金属提出了更高要求。中信金属为此确立了成长为“国际一流的大宗商品贸易商和矿业公司”的目标愿景和“大宗商品贸易和矿业投资并举”的发展战略。

为了更好地实现集团对中信金属在新时代的各项要求，2018 年，我们召开了战略规划研讨会，并在公司执委会的指导下，中信金属董事长吴献文同志作为分管贸易领域的主要负责人，牵头成立了贸易发展工作小组，对公司未来贸易发展战略、路径和具体工作进行了顶层设计。我们选取了新加坡托克集团（Trafigura Group）这一大宗商品行业国际一流企业作为标杆，从十多个维度分析了当前差距和改进方向，制订了未来三年的工作计划，向中信金属提出了组建贸易委员会，建设和强化上游资源获取能力、中游仓储物流关键节点、下游销售渠道服务能力，提升衍生品业务竞争能力，扩展国际化网络布局能力，以及积极拓展基于金属矿产一族族内品种发展（如铬矿、锰矿、国际冶金煤）、基于跨界轮动发展的能源类和基于支撑性增益类（船运）的新业务品种等多项建议和重点任务，获得公司的批准。与此同时，中信金属总经理刘宴龙同志牵头的内部管控工作小组和中信金属副总经理马满福同志牵头的实业投资工作小组也分别围绕如何提质转型进行了顶层设计和工作规划。中信金属广大干部职工正在燃烧自己的精力和智慧，携手创造更多新的可能。

光阴荏苒，岁物丰成。站在岁月坐标上深情回望，我深感作为中信金属人的幸运，更感恩公司对我的培养。时序更替，梦想前行。站在新的起点上勇敢前瞻，我为中信金属的发展前景感到振奋。今后，我将传承和发扬中信金属筚路蓝缕、以启山林的精神，继续保持严谨务实、勤勉奋发的作风，为将中信金属建设成为国际一流的大宗商品贸易商和矿业公司，贡献自己的智慧和力量。

蓝天下的家园

中信金属股份有限公司　祝玲玲

周日休息的时候，我又登上我家北面的后山，人称“小华山”。从住宅楼出发到攀上顶峰，大约需要一个小时。虽然每次登山我都累得气喘吁吁，额头冒汗，但站在山巅、置身于天地间、放眼远望的感觉，是那么快慰心怀，那么惬意悠然。

站在山巅，不但空气清新，还能眺望到周围的景色：几十里外的锦城隐隐约约、高楼林立、风姿绰约，好似海市蜃楼；附近的锦凌水库波澜起伏，点缀在连绵的群山间，仿佛是一块耀眼的碧玉；山脚下不远处，则是我生活和工作了多年的中信锦州金属股份有限公司（简称中信锦州金属），那些高耸的烟囱、翠绿的树木，及错落有致的厂房，在蓝天白云下交相呼应，既生机勃勃，又美丽祥和，宛如一个世外小桃源。

世外小桃源，是的，如今我已经能够理直气壮地这样称呼我的家园，心中既有骄傲，也有历经风雨后那份由衷的认可和深深的眷恋。

一

时光荏苒，抚今追昔，感慨万千。我是 1985 年 4 月进厂的，那时的中信锦州金属还叫锦州铁合金股份有限公司（简称铁合金厂），那一年我只有18岁。或许是花季女孩的特殊属性吧，那时我总喜欢在憧憬中编织美丽梦想。所以，当我迫不及待地离开窗明几净的校园，第一次被师傅领进厂房时，真的被“吓到”了！

幽暗的厂房里，几台电炉正冒着大烟大火，两名头戴安全帽、身着工装的工人，正用大铁耙子往炉里推料。其中一名工人工装的后背被汗水湿透了，脏脏腻腻的，早已看不清颜色。几缕阳光透过厂房的窗户和房顶瓦板的缝隙斜射进来，浓密的粉尘在这几缕光线中肆虐地飞舞着……

这就是我梦想里无限向往及以后工作的地方吗？干净整洁的环境在哪？想象与现实的天壤之别，让我的心中充满了后悔和失望。然而别无选择，我的职业生涯开启了。

我走上了第一个工作岗位——电炉配电，一干就是二十多年。在烟尘弥漫中，多少个春夏秋冬，多少个日日夜夜，从最初的无奈到慢慢适应、习惯，从青春年华到成家、生子，从曾经的豪情满怀到逐渐的心灰意冷，心路历程艰辛而漫长。

其间，我的第一个工作单位出问题了，我又调到别的单位，但大同小异，一样生产不景气，一样环境脏乱差。那时，人们的环保和自我防护意识薄弱，电炉都是敞口冶炼，低产高耗，效益不好。更没有严格的除尘设施，那些厂房顶部烟囱上的浓烟滚滚成了“好”的特征，象征着没有停产，生产繁荣。很多时候，厂区的天空用灰色形容恰如其分。

厂内的环境条件间接也影响了厂外居民的生活质量。碰着稍大些的南风天，即使在家中也能嗅到刺鼻的氯气味，令人苦不堪言。此时如果登上小华山眺望，就会看见整个铁合金厂都被白色的雾霾笼罩着，仙境般若隐若现，飘飘忽忽。只不过此“仙境”非彼“仙境”，只会令人烦躁、茫然。

记忆中印象最深的一件事，是夏季的某一天，我乘公交车从市区回来，在距离铁合金厂还有好几里路程时，公交司机就发话了，“快把窗户关好，加些小心，别让铁合金厂的‘毒气’和‘毒烟’进来”。那一刻，身为铁合金厂的一名员工，我羞愧地低下头，无地自容。

二

大厦之将倾，不破不立。

“铁饭碗”再也不铁了！但铁合金厂员工越来越认识到，改革可能会死，不改革就是等死，一定会死！终于，铁合金厂的新一届领导班子开始破釜沉舟，重组并轨，进行了一系列大胆改革。2006 年，中信裕联投资有限公司收购锦州铁合金股份有限公司 71.1% 的股权，组建中信锦州铁合金股份有限公司。后股权增持至 82.82%，2011 年，更名为中信锦州金属股份有限公司。

铁合金厂浴火重生，中信锦州金属诞生了。

6S 管理和精益管理来到了我们身边。拿起搁置多年的笔墨，启动锈迹斑斑的大脑，培训学习，重塑自我。在学习中，我知道了什么是整理、整顿、清扫、清洁、素养、安全。我也知道了什么是标准操作法，如何规范简化我们的操作使工作效率提高、工作轻松愉快。我还知道了什么是精益生产、改善提案，如何避免浪费、降本增效才能使生产效益最大化。我们在学习中提升，在提升中不断前进。

之前，操作现场犄角旮旯的积尘都是厚厚的，一踩一脚灰。每次交接班时，勤快点儿的人还能用些力气好好清扫一下，遇到懒人，也就象征性地用扫帚在积尘上留下一些印迹。如今，员工的精神状态饱满了，积极性提高了，干劲儿足了。由于交接班制度严格了，现在卫生死角没有了，积尘没有了。之前，设备点检不到位，经常缺胳膊少腿，螺丝掉了、少润滑油的、钢丝绳断股的、污迹斑斑的、带病作业的比

工人们在车间奋勇拼搏

比皆是，设备使用寿命低。如今，通过紧固、清洁、润滑等一系列措施，设备旧貌换新颜，热停减少了，运转效率提高了。之前，作业现场摆放凌乱，操作工具随手扔，一不小心就会绊个跟头，安全隐患多。如今，定置摆放，各就各位，取拿方便，现场规矩美观。之前，员工劳保着装不规范，对危险源辨识理解不透，习惯性违章操作时有发生。如今，人人都是安全员，人人负安全之责。之前，员工仪容仪表不整、随地吐痰、大声喧哗等不文明行为时有发生。如今，当文明人、做文明事、行文明路蔚然成风……

在先进管理理念的学习中，中信锦州金属发生了天翻地覆的变化，不但人的精神面貌大变样，生产效益大幅提高，生产环境也得到了极大的改观。那些冒烟、冒火、低产高耗的落后产能被淘汰了，公司更加注重节能减排，加大环保管理力度，新增了很多环保项目，使生产现场无尘、无烟常态化。

拿我个人来说，虽然我还在配电，但属退休后返聘，拿着双份工资。而且现在工作的厂房高大宽敞、设备先进，除尘设施到位，配电室整洁舒适，空调、暖气一应俱全，冬暖夏凉，早已告别了“小小鸽子窝”“室外30℃，室内40℃”“一摸一手黑”“一呼吸一嗓子尘土味”的年月了，而且操作的是3万千伏安全封闭大型硅锰电炉，“密封好，产量大，能耗低，拿着工资笑眯眯”。

三

可能是女人的缘故吧，我天生就喜欢花花草草。以前，只能在家里摆弄摆弄，想在厂内看到鲜花绿草美丽的风姿，基本属于奢望。

现在公司致力于绿化、打造花园式工厂，通往各分厂道路的两旁，都被草坪和各种品类的树木覆盖，那些精修过的草坪绿油油、软绵绵，似一块块柔软的绿色大地毯。那些树木也是婀娜多姿、形态各异，有玉兰花树、杨树、柳树、银杏树、松树，以及修剪成各类形状的景观树。走在路上，赏心悦目。

我最喜欢的还是员工食堂东面的那片果树林。春天来临，桃树、梨树、枣树、李子树、苹果树等各种果树的花应时开放，铺排出一片花的海洋，白的、粉的、红的，美丽怡人，仪态万千，满树芬芳，直惹得蜂儿鸣、蝶儿舞，徜徉其中，醉了人，更醉了心。

而秋天来临的时候，果树林就迎来了丰收的季节。此时，坐在员工食堂里，吃着可口的饭菜，透过明亮的大玻璃窗，就会看到那些让人垂涎欲滴的鲜美大桃、甘脆大枣、酸甜李子、金黄梨子和红彤彤的苹果，沉甸甸地挂满了果树、坠弯了枝条……

此情此景，恍如梦境，今天却真真实实地看到了。蓦然回首，那

中信锦州金属厂区

曾经的暗淡萧条，已经变得生机盎然。那昔日刺鼻的毒烟毒气笼罩的地方，已经变成了满园春色。

是的，是我们，是“自强不息，言行合一”的中信锦州金属人不停地拼搏、奔跑着，用忠诚和责任诠释自己，成就企业；是勇于开拓、勇于创新的中信集团指导、引领着我们，“严细实恒”，致力于“国际化、高端化”发展。

十年磨一剑！十余年间，中信锦州金属早已浴火重生，发展成为中国最大的铁合金生产基地之一，是中国冶金行业的骨干企业。作为

曾经饱尝艰辛、饱受质疑的中信锦州金属人，我们该是多么自豪、多么欢欣鼓舞。我爱你们，勤劳质朴的中信锦州金属人！我更爱你，那蓝天下美丽的家园！

布局哈萨克斯坦

中信资源控股有限公司副董事长　孙　阳

1995年仲夏，我满怀景仰从国防部外事局转业加盟中信公司，先后担任中信贸易公司业务部经理、中信国际合作有限责任公司总经理助理。2005年深秋，辞职离开中信开始个人创业。当时我无论如何也想不到，不久后，我又作为中信人奋战在哈萨克斯坦，为开拓海外市场积极努力。

一

2006年6月，刚从中国建设银行重回中信的常振明总经理找到我，说中信正在洽谈收购哈萨克斯坦一个油田项目，希望我协助安排中信与哈方的谈判。在1996—2004年常总担任中信副总经理期间，我有幸多次担任其出访和会见的翻译，因此与常总比较熟悉。而我辞职离开中信后，还能受到常总的信任，倍感激动。

经过几个月的精心组织和艰苦谈判，中信于2006年底，以19.1亿美元正式完成了对年产200多万吨原油的哈萨克斯坦第八大石油公司卡拉赞巴斯（简称KBM）的收购，剩余合同开采期为14.5年。

2007年1月23日，伴着破五的鞭炮声，常总率中信代表团正式访哈，拜访哈总理和相关部委、企业领导，看望KBM的中信和哈方员工。

我再次获邀负责此次访问的组织和翻译工作。

访问期间，常总对我说，“哈萨克斯坦是中信一个新的战略市场，除经营好油田外，还需要与哈政府和相关部门建立良好的信任与合作关系”。当问我是否愿意重新归队担任哈油田项目的副总经理时，我表示，个人创业刚刚起步，已与合作伙伴搭起几个平台，不想放弃；还有自己孩子小，当年5月夫人还要生二胎，需要协助夫人照顾孩子。问能否以顾问身份为油田做些力所能及的工作？常总对我说：“你在国防部为党和国家、军委领导人担任参谋、翻译很多年，说明是有一定觉悟的，希望你能在油田正式任职。”至于个人创业和照顾孩子问题，他表示会与孔丹董事长和相关领导商量一个办法。

回京后不久，常总通知我，集团领导已研究同意按职业经理人聘用我担任油田商务副总。个人创业方面只要不与本人在中信负责的业务冲突，就可以继续保留，每月可以回国探望孩子。坦率地说，中信这样的决定完全出乎我的意料。尽管我听说在哈经营困难重重，原股东也是知难而退，但中信如此看重我，我只能义无反顾地迎难而上，接受邀请，回归中信，再为中信事业尽些绵薄之力。

二

2007年4月初，我获得工作签证后的第二天立即飞赴油田上任，除接手商务工作外，也按照常总的要求展开相关公关工作。

经原来在国防部工作期间合作过的一个俄罗斯朋友介绍，我很快与时任哈萨克斯坦萨姆鲁克—卡泽纳国家主权基金副主席、曾在莫斯科读大学的哈总统二女婿库里巴耶夫见了面。据说此人当时在哈的影响力非常大。我向库里巴耶夫介绍了中信的情况及其在哈投资计划，代表孔丹董事长邀请其访华洽谈合作。他欣然同意，表示将邀请哈政府分管油气工业的副总理穆辛一同访华。

6月中旬，库里巴耶夫和穆辛成功实现了访华，与中信领导进行了热情友好的会谈，还与曾培炎副总理见了面。此次访华给哈方留下深刻和美好的印象，为中信后来在哈业务合作打下了良好基础。

然而，访问结束后不到两个月，油田就遭遇了两个足以让中信血本无归的突发事件，一是超额利润税诉讼，二是资本利得税纠纷。

2007年下半年，哈萨克斯坦税务委员会在全国性例行税务大检查中认定，KBM在2004—2006年期间，累计少缴超额利润税约1.2亿美元，加上罚款、罚息共计2.2亿美元，要求KBM补缴。

同时，哈萨克斯坦总检察院、税务委员会9月下旬约谈时任中信集团分管KBM的总经理助理张极井，告知由于哈政府批准中信收购KBM的条件之一，即卖方支付约3.4亿美元资本利得税未得到履行，要求中信协助联系卖方尽快支付上述款项，否则哈政府将收回批准，KBM由哈政府先行收回，待原股东缴纳税款后再退还给中信，除非中信代替卖方支付该款项。

当年，为进入油气领域，中信在收购KBM的竞价过程中已出到了极限对价条件，如再支付上述两笔款项，中信将面临永远收不回投资的风险。而如果不解决这两个问题，尤其是资本利得税问题，中信收购KBM的投资就可能全部打水漂，因为再找到KBM原股东并追回收购资金的希望非常渺茫。

集团领导对此高度重视，一方面指示KBM聘请专业律所对两个纠纷进行认真研究、应对，另一方面启动危机公关，通过我们已建立的各个渠道寻求哈政府层面支持。

三

在集团领导的统一部署下，哈总统纳扎尔巴耶夫应中信邀请于2008年1月赴海南三亚休假。

根据与哈驻华使馆和哈总统事务局协商的结果，总统1月2日晚抵达后先休息一天，4日中午胡锦涛主席特使唐家璇国务委员宴请，下午总统打高尔夫球，请孔丹董事长陪同，晚上以中信名义宴请总统。

然而好事多磨，总统身体出现不适。3日早晨，总统受凉感冒，带着浓重的鼻音沮丧地对我们说，“期待了好多年的海南之行，没想到刚来就感冒，看来这两天既不能跟孔董事长打球，也不能参加宴请了，等我恢复以后再约吧”。这几句话对我不啻为晴天霹雳。孔董事长率中信相关领导此时已在来海南的飞机上，如不能尽快见到总统，后面几天能否再见有极大的不确定性。而总统病情如加重，随时可能提前回国。我们精心策划的总统休假可能泡汤，通过总统协调解决油田税务纠纷的计划也就落空了。

在保健组给总统望闻问切的过程中，我与主治医生李教授积极沟通，询问总统病情、有无秘方确保尽快痊愈，能否下场打高尔夫球。李教授称，总统只是轻微受寒，通过气功、针灸和按摩再配合中药可很快改善症状，5日中午以后应该就能打球了。我半信半疑，十分忐忑，恳求李教授一定尽全力治疗。

经过李教授近一个小时的治疗，总统果然说症状明显减轻，鼻子也通气了，竖起大拇指称赞李教授医术神奇。我借机按照跟李教授的约定，以李教授的名义建议总统在5日下午到人少、空气流通的地方做些轻微运动，有助于身体恢复。总统说，如果5日上午症状缓解，下午就下场打球。听到这里，我一直悬着的心总算是平静一些。但由于我此前对中医了解甚少，对总统5日能否跟孔丹董事长打球还是心存疑虑。

3日晚上10点，我再次陪同李教授前往总统别墅为其治疗。总统笑容可掬地迎上来握住李教授的手，表示白天喝了两服李教授开的中药，现在的确好很多了。看到总统的状态，听到总统这番话，我的疑虑开始逐渐消除。

又经过4日和5日三次治疗，总统已经基本痊愈，确认5日下午可以打球，我也终于长出了一口气。

四

5日下午，总统及相关人员抵达三亚红峡谷球场。由于我已把孔董事长本人和家庭的背景事先向总统做了介绍，总统作为原苏共老党员和政治局委员，对孔董事长有了天然的亲切感。下车后，他紧紧握着在球场等候的孔董事长的双手，感谢孔董事长的周到安排和热情接待。尤其感谢中信安排的医疗保健组给予他的精心诊治，让他能够迅速康复。

孔董事长与总统寒暄几句后，便在中哈双方警卫的簇拥下开始打

孔丹董事长会见哈萨克斯坦总统纳扎尔巴耶夫

球。我与总统和孔董事长同组，并为总统开车。

总统十分热爱高尔夫运动，哈萨克斯坦第一座高尔夫球场就是根据他的指示于 1996 年建成的。

在球场上，总统和孔董事长就像久未谋面的老友，交谈甚欢，兴致盎然。从企业经营到高尔夫文化，从战争年代到改革开放，无所不谈。根据总统的说法， 球场上所有球手一律平等。因此按规则，前一洞成绩领先者先发球，因此这一洞由总统先发球。总统观察了一下果岭，流畅地把球击了出去。球直奔旗杆飞去。孔董事长带头喊了一句“Good shot(好球)”，我们其他人也都一起跟着叫好。球稳稳地落到了旗杆正后方两三码左右的位置。这时奇迹发生了，原来这个洞的果岭是个龟背果岭，总统球的落点在坡上，而旗杆在坡下，球落地后开始顺着坡往旗杆的方向滚。所有人已经开始期待地大喊起来：“Hole in one(一杆进洞)！ Hole in one！”球慢慢悠悠滚了几码后，居然真的撞到旗杆，落入洞中。现场一片沸腾，除了我们这一组的球手、球童、警卫等十多个人，后面一组的其他球手、球童也闻讯跑了过来。总统激动地像个孩子一样，拿着球杆兴奋地跑向旗杆。同时，我们也按照高尔夫的礼仪邀请球场负责人和相关人员赶到果岭进行登记。总统亲自把球从洞里捡出，一手拿着幸运球，一手拿着球杆拍照。其他球手、球童也纷纷拥上去合影，分享总统的喜悦。总统说，这是他从 1996 年开始打球以来的第一个一杆进洞，兴奋之情溢于言表。

在随后的两个洞总统兴致更加高昂，不但球打得更稳定，而且主动询问起中信在哈油田的经营情况，有没有什么问题需要他协调处理，同时也希望中信作为多元化投资公司研究在哈投资一些非资源领域的项目。孔董事长顺势向总统介绍了 KBM 油田的经营情况和遇到的税务纠纷，请求总统予以关注。对总统关于投资非资源领域的建议则表示将积极研究，并指定我以中信集团驻哈总代表的身份负责协调落实。

总统随后要求我提供一份税务纠纷问题书面材料，表示会指示其女婿库里巴耶夫负责处理。

五

结束了愉快的高尔夫活动后，孔董事长晚上设宴款待纳扎尔巴耶夫总统。孔董事长在祝酒辞中对哈独立以来取得的各方面成就给予高度评价，称赞总统在哈萨克斯坦人民心中的伟大领袖地位就像毛泽东、邓小平等老一辈革命家在中国人民心中的地位一样。总统祝酒时动情地说："您把我和毛泽东、邓小平两位伟人相提并论让我受宠若惊。尽管我没有机会亲身领略两位伟人的风采，但深深了解他们和包括您父辈在内的那一代人，付出了鲜血和牺牲进行革命事业的丰功伟绩，今天和平时期我和您这一代人需要付出汗水进行经济建设。"

总统特别强调与中信的渊源。他说："当年是胡锦涛主席推荐我与中信合作的，今天我能跟孔董事长一起打了我有生以来第一个一杆进洞，说明我是在正确的时间、正确的地点和正确的人在一起。本来约定是昨天下午打球，因为我身体原因才改到今天。很多职业选手一生都没打过一杆进洞，是中信、孔董事长带给我的好运。"我按字面翻译后马上意识到总统说的是天时、地利、人和，我就问总统是否对中国文化也有研究？总统回答说："是啊，中国文化博大精深。老子、孔子、孟子等中国古代思想家对全世界影响深远，我当然也读过一些他们的著作。"我翻译给孔董事长后，孔董事长看着我说："总统还称呼我为孔丹同志，你怎么没有翻译啊？"我顿时惊出一身汗。原来，孔董事长在北京四中读书时因俄语成绩优秀曾获得免考资格。他不但俄语功底深厚，语音语调优美，而且至今还能用俄语精准地演唱《莫斯科郊外的晚上》、《喀秋莎》和高难度的《伏尔加船夫曲》等苏联经典歌曲。此时我对孔丹同志的敬重之情油然而生。

晚宴结束后，总统再次紧紧握着孔董事长的手说，“今天是个难忘的日子，是您给我带来了好运。我邀请您在方便的时候访问哈萨克斯坦，也会亲自陪您打高尔夫。希望您也能在哈萨克斯坦打出一杆进洞”。孔董事长愉快地接受了邀请。

11 日，常振明总经理赶赴海南，设宴为总统送行。席间，常总向总统赠送了特别定制的一杆进洞奖杯，表示还将与球场老板协商，按照高尔夫运动的最高礼仪，在总统一杆进洞的地方种植纪念树、立纪念碑。同时，邀请总统当年 8 月来北京参加奥运会开幕式，并下榻中信国安第一城酒店。总统为中信的热情周到而感动。第二天晚上，总统在机场告别时拉着常总的手真诚地说，“这次没能看到你们介绍的国安第一城，但奥运会开幕式期间我一定要住在那里，中信在哈萨克斯坦遇到任何事情你们也尽管找我”。常总回答说：“总统的健康是最大的事情，我们祝愿总统永远健康。”

六

总统回国后不久，库里巴耶夫就约我赴哈协商处理前述两个税务纠纷。2007 年底，中信按哈政府批准收购 KBM 交易的条件之一是向哈国家石油天然气公司（简称哈石油）转让 50% 的股权，而库里巴耶夫担任副主席的萨姆鲁克—卡泽纳国家主权基金是哈石油母公司。经与哈石油领导及 KBM 聘请的法律顾问研究，并征得库里巴耶夫同意，KBM 决定就超额利润税纠纷起诉哈税务委员会。资本利得税纠纷以中信集团名义致函哈政府说明情况，并请求妥善解决。

随后半年，经过各方积极配合、共同努力，两个税务纠纷于总统来北京参加奥运会开幕式之前最终获得圆满解决。关于超额利润税诉讼，哈最高法院裁定，KBM 不但没有少缴超额利润税，而且还多缴了约 3 400 万美元，需在当期税务年度中予以抵扣。关于资本利得税纠纷，哈政府确认向卖方追缴是哈税务机关的责任，与中信无关。

2008 年 8 月 5 日下午，纳扎尔巴耶夫总统如约下榻中信国安第一城大安宫酒店。这是一栋 5 层高独立的宫殿式酒店。孔董事长在酒店门前为总统举行了隆重的欢迎仪式。在欢迎晚宴上，总统充满深情地说，“今天我特意把女婿和外孙带来参加这个晚宴，想让他们也亲身感受一下中国人民对我们的深情厚谊。希望我和江泽民主席、胡锦涛主席建立起来的个人友谊和两国人民之间的传统友谊能够代代相传”。

孔董事长席间向总统报告了两个税务纠纷的处理结果，对总统的鼎力支持表示感谢。总统表示，哈萨克斯坦是个年轻的国家，独立只有 20 多年，很多法律法规还不够健全，但哈政府和他本人都致力于建设一个法治国家，不断改善投资环境，以吸引更多的国外投资者来哈投资兴业。在非资源领域投资方面，总统说哈地广人稀，有 9 万多千米的公路年久失修，再加上新建的过境公路，每年需要大量符合哈萨克斯坦气候条件的优质沥青，但市场上的沥青数量和质量都不能满足需要，希望中信和哈石油共同投资，在哈建设一座现代化沥青厂。同时，受全球金融危机影响，大量西方企业和金融机构从哈撤资，希望中信与哈主权基金共同设立一个中哈投资基金，提振哈经济发展的信心。孔董事长允诺将立即组织团队积极落实。

之后一年多的时间里，中信信守承诺，先后与哈石油、哈主权基金共同投资了里海沥青厂、中信卡森纳直接投资基金两个项目。目前，沥青厂项目已连续 4 年顺利运营，基金也已完成一期投资。2016 年以来，在王炯总经理的直接领导和积极推动下，中信在哈业务全面铺开。中信先后在哈参与投资了中哈友谊苹果园、阿尔金银行、欧亚光明投资基金、KBM 污水处理厂、阿斯塔纳同仁堂医院等项目，与哈相关企业就种业、农牧产品深加工等领域签署了合作协议。哈政府也通过议标方式将 1 000 余千米的两个公路改造 EPC 项目授予中信，合同总额约

2015 年，纳扎尔巴耶夫总统视察中信参与投资的里海沥青厂

18 亿美元。此外，哈政府还通过修改税法、矿产开采法，给予 KBM 矿产税减免优惠，无偿延期 KBM 开采合同 15 年并原则批准扩大海上和陆上合同面积，批准 KBM 在沥青厂开展原油加工业务以提高收益，给予沥青厂税务优惠等支持，价值数十亿美元。

至此，在过去十多年中，在集团领导的关心和集团职能部门的支持配合下，经过各方面的共同努力，中信协助 KBM 打赢了税务诉讼，挽回了数亿美元的损失，化解了油田被收回的危机，还通过与总统每年的数次会晤结下了不解之缘，与哈政府和相关部门、企业建立起友好合作关系，完成了在“一带一路”首倡地哈萨克斯坦的业务布局，为中信未来在哈项目经营和业务发展奠定了坚实基础。

抚今追昔，感慨万千。12 年前，背负着中信的信任，我只身一人单枪匹马独闯哈萨克斯坦；12 年后，中信在哈硕果累累，兵强马壮，被哈总统称为“在中国最可靠的合作伙伴”。国内的央视、新华社、人民日报，以及哈萨克斯坦的央视、哈通社、哈萨克斯坦真理报等主流媒体多次予以宣传报道。我本人也荣获中信集团二等功、哈萨克斯坦总统授予的独立奖章、友谊勋章等荣誉。这首先得益于中国的改革开放政策和不断增强的国力，也与中信的多元化和高度的国际化、市场化，以及与众不同的融合包容的企业文化密切相关。

展望未来，中哈战略合作在习近平主席“一带一路”倡议和哈萨克斯坦总统“光明之路”计划全面对接的背景下，一定会百尺竿头，更进一步。中信集团作为中哈企业家委员会主席单位和中哈合作的领头羊，也必将继往开来，发挥好示范和引领作用，不断取得更新、更大成绩。

开辟绿色矿业新模式

中信矿业科技发展有限公司常务副董事长[①] 赵 德

2008年10月24日，中信集团和甘肃省政府签署了战略合作框架协议，中信集团及中信国安集团公司[②]出资32.6亿元人民币对白银公司增资扩股，成功实现了中央企业与地方骨干企业的战略合作。双方签订了《设立矿产资源开发公司合资协议》，决定共同出资设立以中信集团为主导的矿产资源开发公司，开启了中信在矿产资源领域奋发图强的新征程，同时为促进甘肃省内矿产资源的整合、为白银有色的持续快速发展提供了资源保障。我有幸作为主要策划人和推动者参与其中，对能够为集团实业布局添砖加瓦倍感兴奋和光荣。

初创奋力前行

2009年2月17日，中信集团正式批准设立中信矿业科技发展有限公司（简称中信矿业科技）。中信矿业科技是在中信集团党委和董事会深入研究当时国际资源市场形势、综合分析国家资源战略布局的基

① 作者在写这篇文章时任中信矿业科技发展有限公司常务副董事长，现任中信投资控股有限公司专员。本文相关数据等统计截止至2018年底。

② 中信国安集团公司其前身是1987年4月成立的北京国安宾馆，1999年9月更名为“中信国安集团公司”，2011年11月更名为“中信国安集团有限公司”。

础上设立的，未来将负责集团有色金属领域风险探矿等工作，进而实现进一步做大做强集团旗下资源能源板块的目标。公司定格为中信集团一级子公司，由时任中信集团副董事长、总经理常振明兼任公司董事长，我从国安集团副总经理的岗位调任中信矿业科技副董事长，负责公司筹建工作及日常运营工作。

到中信矿业科技之前，我先后在银行、法院系统以及国安集团工作，经过了近30年的职场风雨历练，内心有着浓重的实业情节，坚信实体经济是大国经济发展之本，振兴实体经济是推动我国经济持续健康发展的必然选择。这次调任中信矿业科技，我由衷感谢集团领导给予我实现人生梦想的机遇。但我也清楚地认识到，这也是我的又一次人生挑战和重大抉择，一旦做出选择便别无退路，只能排除万难，接受挑战，不辜负集团领导对我的信任。

公司创立初期面临很多困难，最大的问题就是人员极度紧缺。在这种情况下，我精心组织、周密安排，科学谋划、努力工作，团结带领大家高效地完成了前期筹备工作。集团人力资源部也在人员团队配备方面给予我们大力支持，委派了经验丰富、能力突出的人才充实董事会和经营班子。团队成员齐心协力，高效、专业地确定了公司定位、发展思路、运营模式等治理核心问题，建立起公司的基本运营制度，为项目开拓和业务开展迅速打开了局面。在人才引进方面，公司经营班子十分注重专业技术和公司管理人才的招聘，精心设计测试环节，认真对待每一个应聘者。经过一段时间的严格筛选，公司逐步建立并拥有了一支专业结构齐全、人员年轻、知识结构合理的员工队伍，越来越多的青年才俊选择加入中信矿业科技施展才华，为公司战略实施努力奋斗。

在领导班子和业内精英逐步到位后，公司于筹建期内即选派专业人员奔赴甘肃、内蒙古、河北、山西、云南、新疆等地对矿产项目进行实地考察调研。在那段艰苦岁月里，无论是领导还是普通员工，大家都勤勉奋发，凝聚奉献，周末和节假日从不休息。从高山荒原到沙漠戈壁，从炎热的酷暑到低温的寒冬，足迹遍及西南、西北、华北，考察调研矿产项目数百个，认真研究大量项目资料，选择矿种优质、投资效益较好的实体项目进行实地考察论证；加强与重点矿区政府部门的沟通协调，争取政府支持和政策优惠。在全体员工的努力下，公司主持收购并运营了一批金矿、铜金矿等实体矿山项目，摸索出了矿山自主经营和合作经营两种经营模式。2010 年，通过优质矿产资源的收购和改造，公司实现当年收购当年盈利，为中信矿业科技的发展迅

作者（前排左一）在矿业项目现场勘察

速打开了局面。

“三大战役”树立业内口碑

鹰咀山金矿首战告捷。2009年底，公司经过实地勘探和缜密研究，完成了对甘肃省肃北县鹰咀山金矿的调研、论证、谈判工作，进而推动在2010年初完成该矿55%的股权收购。鹰咀山金矿地处祁连山深部，平均海拔2 500米，高山荒漠环绕，环境条件恶劣，工作生活极为艰苦。然而，恶劣的生存环境并没有击垮中信矿业科技人的激情和锐气，大家积极调整心态，努力克服困难，通过实际行动不断打开生产建设新局面。在中信矿业科技前后方人员的共同努力下，逐步推进矿内基建技改、地质探矿、矿权整合工作，为扩大生产经营规模和持续发展奠定了基础；同时，建立完善的内部管理机制，极大地提升了生产经营管理水平。矿山发展随即进入良性循环，收入、利润稳步增长，在2010年即实现当年收购当年盈利。在首战获胜的同时，公司拥有了该矿完整的采矿权和探矿权，采选系统、安全系统、生活设施均实现重大改进，矿山资产进一步增值；青年同志也成长迅速，一批熟悉矿山经营、技术、管理的专业化人才经过锻炼脱颖而出，为公司积累了运作实体矿山的宝贵经验，也为公司可持续发展打下了基础。

沙漠瀚海中的胜利。2010年，基于初期发展实际，公司采用项目合作开发的发展模式，联合招金矿业股份有限公司（简称招金矿业）对新疆若羌县三峰山铜金矿开展收购。该矿地处号称“死亡之海”的罗布泊戈壁沙漠的无人区腹地，干旱缺水，多风少雨，温差悬殊，距附近城市哈密、敦煌皆约400公里，生存、生产条件极为艰苦。面对恶劣环境和诸多困难，中信矿业科技毫不退缩，基于专业的价值分析和判断，坚持投资该项目。三峰山铜金矿于2011年初收购完成并开始生产运营，中信矿业科技和招金矿业紧密合作，在工作中秉持尊重、诚信、多赢的理念，各自选派精良团队，发挥优势，互相理解、支持。三峰山铜金矿在双方的合力推动下，逐步推进了基础设施改造和生产流程安全规范。截至 2018 年，三峰山铜金矿销售收入累计达 9.6 亿元，实现净利润 2 亿元。这些经历锤炼出了一批在极度艰苦环境下坚持工作的生产管理和科研队伍，为公司在戈壁滩盐碱水环境下的矿山采选技术和生产管理积累了丰富经验。

成功开发优质煤矿。2011 年，中信矿业科技实施煤炭项目勘查合作，践行以风险探矿掌控资源的发展思路。通过不懈努力，公司获得甘肃省政府准许和中信集团批准，作为唯一一家非煤炭行业企业，获准参与宁县付家山勘查区煤炭资源的合作勘查。2012 年 5 月，中信矿业科技与甘肃省煤炭资源开发投资有限责任公司签署了付家山煤炭合作勘查合同，约定中信矿业科技派驻现场工作人员参与付家山煤炭勘查项目实施管理工作。煤炭勘查野外作业流动分散，作业时陡峭的地形、复杂的地质结构对勘察人员构成很大威胁。中信矿业科技派驻人员与现场施工人员一起克服各种困难，推动项目按质保量顺利实施，中信矿业科技人员的专业素养和敬业精神获得了当地政府及合作方的认可和赞扬。目前，付家山煤炭项目详查报告已通过甘肃省国土资源厅专家组评审，详查探明资源量 19.16 亿吨，煤质优良，发热量可达 6 500 千卡 / 千克，属于较高品质的电力用煤和民用煤。在振兴陕甘宁革命老区、建设陇东能源基地等国家政策背景下，宁县付家山煤炭资源具有较好的开发前景，煤炭资源的开发利用对地区经济发展也将会产生积极影响。

放眼未来求发展

积极探索创新模式。中信矿业科技一直将科技兴矿、贯彻循环经济理念作为培育核心竞争力的重要战略措施，不断加大矿业科技、资源综合利用、绿色环保类项目的研究力度，打造高科技、专业化新型矿业公司，探索优势明显的产业资本与金融资本相结合的业务组合模式，促进业务结构调整和转型升级。中信矿业科技积极与甘肃、新疆、内蒙古、安徽、贵州、福建等地矿产资源管理部门紧密联系、推进合作，考察项目百余个，储备了意向项目十几个；加强与中国地质大学、中国矿业大学、有色金属矿产地质调查中心等科研机构的交流合作，与中国黄金集团有限公司、山东黄金集团有限公司等百余家业内矿企建立了合作关系，业内声誉和影响力日益增强。

树立良好企业形象。在集团党委和董事会的关心和指导下，中信矿业科技严格执行落实集团批复的各年度生产经营计划。面对多年行业低迷、产能过剩的不利条件，全体干部员工通过辛勤劳动，克服种种困难，生产经营连年取得较好成绩，产品产量、营业收入逐年均有较大幅度增长。经过全员共同努力，公司资产状况良好无负债，并始终保持整体盈利状态，最大限度地为集团和股东做出应有的贡献，多次向集团上缴分红及其他款项共 1 700 万元，较好地完成了集团下达的各项经营绩效考核指标。中信矿业科技自成立以来始终如一，严格按照集团制度及职能部门要求，做好党的基层组织建设、内控制度建设，加强战略、财务、人事、风险、法律、协同、文化等职能管理工作，依法合规、有序推进，取得较好成效。在投资鹰咀山金矿、三峰山铜金矿、付家山煤炭等项目过程中，秉承诚信、合作、共赢的理念，与当地政府、合作伙伴均建立了良好关系。积极履行社会责任，上缴税费达 2 亿元，救灾、扶贫等公益捐助达 200 万元，解决就业人数 300 人，社会贡献总额超过 6 亿元，获得广泛认可和赞誉，充分维护了中信集团的诚信品质和品牌形象。

优先投入绿色项目。中信矿业科技立足公司在资源行业所处的位置，树立创新、协调、绿色、开放、共享的发展理念，主动适应和引领产业发展趋势，推动新型风险探矿运作模式，着力应用和推广矿业新技术，探索进入绿色矿业、科技矿业、互联网+矿业及其他科技环保战略性产业。经过长期考察研究，我们从储备项目中优选出6个前景较好的项目开展论证开发工作。一是推进与招金矿业共同投资开发莱州三山岛北部海域金矿。该矿是国内目前单体最大金矿，现已探明黄金储量470吨，是世界上少有的特超大型金矿。二是推进整合收购广东长坑金矿——富湾银矿项目。长坑金矿现已探明黄金储量30吨、银储量2 485吨，金银储量均位居已探明矿藏前列。三是推进与甘肃省甘南州政府及相关企业共同投资开发甘肃省夏河县加甘滩金矿项目。该矿具备优异的资源禀赋，已累计探明资源量百吨以上，具有超大型矿床规模、良好的开发建设条件和盈利能力预期。四是探索开展铁矿石、消费品贸易保税物流中心建设项目。鉴于我国钢铁企业铁矿石原料来源分散、运输成本高、议价能力弱等现状，为集团中澳磁铁矿项目铁矿石原料拓展销售渠道，公司与国内多家大型大宗商品物流公司洽商，建立铁矿石及其他进出口消费品的保税物流中心。建成后，可拓宽铁矿石贸易渠道，协同集团金融子公司开展高附加值物流金融服务，为开展国际贸易、服务"一带一路"建设筑牢基础。五是推进矿山生态治理与修复项目。中信矿业科技践行"绿色中国"战略，认真考察论证矿山环境综合治理的储备项目，借助中信集团协同综合优势以及与国家生态环境部等部委的合作关系，依托合作单位构建公司矿山环境治理、矿山生态修复工程的产业体系，加快推进公司产业结构优化升级。六是推进可降解塑料技术产业化应用项目。该项目拥有国内首创的氧化生物双降解生态塑料应用技术，研发的氧化生物双降解生态地膜具有降解性能优良、综合使用成本低、产品使用性能好等优点，已在新疆、甘肃、黑龙江、吉林、安徽等地试验示范推广，取得良好效果。

中信矿业科技成立以来，获得了集团的高度重视和关怀，公司四任董事长均由集团领导兼任。经过全体干部员工的努力拼搏，我们在项目投资开发、公司制度化建设等方面取得一定成效，形成一支品德好、素质高、年轻具有潜质的员工队伍。公司现有员工 32 人，研究生以上学历的有 21 人，占员工总数的 66%；党员 19 人，占员工总数的 59%；具有专业职称的有 17 人，占员工总数的 53%，其中高级职称 4 人，中级职称 9 人，初级职称 4 人，公司人员结构梯次日趋合理。中信矿业科技全体干部员工热爱事业、热爱公司，有着强烈的责任心和荣誉感。面对行业低迷和暂时的困局，广大干部员工没有退缩和逃避，坚守初心和干事创业的信心，积极寻求生存之道，积极拓展新的业务，积极谋求可持续发展。

在新时代的新征程中，我和全体员工将坚持追梦，砥砺前行，把握国家政策，抓住行业机遇，使中信矿业科技发展成为资产规模与业务结构合理，成长势头良好，具有较强竞争力的优质公司，为中信集团资源能源板块做出积极贡献。

深化改革的信心之路

中信重工机械股份有限公司董事长　俞章法

历史的长河奔流不息，奋斗的足迹踏石留痕。1993 年 12 月，洛阳矿山机械厂（简称洛矿）加入中信大家庭时，我刚满 26 岁，才到厂销售处做了一年多的业务员。时光如白驹过隙，转眼 25 年匆匆而过，从老洛矿到新重工，在中信集团这支庞大的“舰队”里，在中信重工这艘承载着新中国工业使命的航船上，我从当年的营销业务员成长为如今的企业负责人，不管是当“船员”还是作为“船长”，不论时空如何转换，在我的心中，献身中信事业的情怀却是历久弥新、历久弥坚。

值此中信集团成立 40 周年之际，回顾洛矿加入中信 25 年来的步履征程，特别是进入新时代以来，中信重工直面危机、深化改革、创新发展、成功迈入高质量发展快车道的峥嵘岁月，总有一种信念在我的脑海中升腾，那就是“信心比黄金更重要”。

一

2016 年，历经 60 年的风雨兼程，中信重工迎来了建厂 60 周年。也正是在这一年的春天，我迎来了自己职业生涯的又一个重大挑战。2016 年 4 月，集团党委任命我为中信重工党委书记、董事长。

熟悉中信重工历史的人都清楚，承袭于洛矿的中信重工，曾经在经济转轨时期一度资不抵债、濒临破产。熟悉中信重工发展的人都了解，进入新世纪后，中信重工人以“卧薪尝胆、励精图治、艰苦奋斗、开拓创新”的二次创业精神，通过建设以 18 500 吨自由锻造油压机为核心的“新重机工程”，打造了全球稀缺的高端装备制造平台，实现了一个老国企的浴火重生，一度创造了被业界称道的“中信重工速度”和“中信重工现象”，一跃成为我国重型装备制造行业的“明星企业”，成为河南省的工业名片，被誉为“中国工业的脊梁，重大装备的摇篮”。据统计，2006 年至 2016 年 10 年间，就有习近平、胡锦涛、李克强等 17 位中央政治局委员以上的党和国家领导人先后视察中信重工；人民日报、新华社、中央电视台等中央媒体播发中信重工的报道就有近 200 篇，中信重工的发展备受各界关注，一路伴随着鲜花和掌声。

“60 年大庆”之年，历史的接力棒交到了我的手中。

当时，按照原计划，一些有关“60 年大庆”的活动已处于紧锣密鼓的筹备之中，然而作为新“船长”，我心如明镜，此时的中信重工正在经受前所未有的经济下行压力，公司的业绩从 2012 年的历史最高点已经连续下滑了 3 年多，而且丝毫没有一点儿触底反弹的迹象。在一些竞争伙伴中，已经出现了唱衰中信重工的声音；在公司内部，有相当多的人浑然不觉危机来临，也有一部分人开始信心动摇……

这个“大庆”究竟要怎么“庆”？无疑成了上任伊始，我和新班子需要郑重面对的首要问题，也是我和新班子必答的一张考卷。

记得那时，2016 年一季度的财务报表已经出来，中信重工真的亏损了！而且亏损的“毒瘤”还在进一步蔓延。按照中国文化一贯的传统，遵循老国企固有的逻辑，“60 年大庆”该是何等的吉祥和喜庆，我们要在这个时候来说问题、查不足，直面危机、深化改革，员工们会怎么看新班子、上级领导会怎么看我们、投资人会怎么看中信重工……

就在这艰难的抉择时刻，习近平总书记的重要指示精神为我们指明了前进的方向，坚定了我和大家的信心。2016 年 7 月 4 日，全国国有企业改革座谈会召开，习总书记对深化国企改革做出重要指示。他强调，“要坚定不移深化国有企业改革，着力创新体制机制”，“按照创新、协调、绿色、开放、共享的发展理念的要求，推进结构调整、创新发展、布局优化，使国有企业在供给侧结构性改革中发挥带动作用”。

回忆那段日子，我至今还记忆犹新。班子成员在一起深入学习习总书记对深化国企改革的重要指示精神，反复研究中信重工的改革该如何“破题”。大家都有一个共同的感受，那就是越学习越觉得改革等不得、拖不得，越讨论越认为发展慢不得、缓不得，中信重工的发展永远处于第一位。面对眼前的困难和挑战，我们新一届领导班子要把企业生存发展作为最大的政治责任，一刻也不能再停留在以往的鲜花和掌声中。要以“归零”心态回归初心，坚定地扛起改革发展的使命和责任，带领全体员工直面危机、深化改革，重整行装再出发，让大家在困难面前看到希望。

万事开头难。方向确定以后，我迅速组织召开了新班子上任后的第一次干部大会。也正是在这次干部大会上，我向同志们表露了新班子的决心和意志，那就是“中信重工所面临的发展问题，必须通过深化改革来解决”。

2016 年 8 月 11 日，中信集团总经理王炯到公司视察工作，我向他汇报了新班子的改革方案和行动思路。作为分管中信重工多年的集团领导，王炯同志语重心长地说，“中信重工要应对外部经济形势变化带来的种种挑战，就要直面危机、深化改革、创新发展，但无论是直面问题还是直面危机，都不能丧失信心。要坚定信心，增强定力。这个信心不仅是领导班子和一把手的信心，更是下属中层和基层领导干部的信心”。

是的，人心是最大的政治，也是最大的力量。无论是直面危机，还是深化改革，最需要的就是坚定信心。因为有信心才会有动力，有动力才能排除万难向前进。

信心不会凭空而来，一人不成众，独木难成林。要引领中信重工这艘巨轮坚定信心向前进发，不仅需要我和班子成员坚定信心领着干，更需要全体干部员工坚定信心一起行动。2016 年 8 月 20 日，经过三个多月的思考策划，我主持召开了公司中层干部专题会议，做出了面向全体员工开展"直面危机、深化改革、创新发展"大讨论活动的决定，吹响了中信重工深化改革的集结号。

从 8 月 22 日开始，全体公司领导纷纷到各自联系点单位参加大讨论活动，面对面为基层干部和员工作主题宣讲，把直面危机的压力传导到每一名干部员工，将深化改革的部署动员到每一名干部员工，将创新发展的信心传递给每一名干部员工。

一石激起千层浪。坦率地说，大讨论活动开始之前，我还有些许担忧，我担忧把这么严峻的形势毫无保留地告诉每一名干部员工，大家能不能"扛得住"。但大讨论活动开始不久，这一顾虑就被彻底打消了。大家的主人翁意识空前高涨。在大讨论中，同志们居危思危、直面危机，秉持强烈的危机意识、改革意识和发展意识，纷纷"举刀""亮剑"进行自我革命，向自己存在的问题"开炮"。仅公司生产部就收到讨论报告 30 多份，查摆出 69 项问题，并逐一制订了有效措施。全公司直接参与大讨论活动达 3 000 多人次，找出了 200 多项制约公司发展的问题。大家谁也没有怨天尤人，更没有丧失发展信心，大家都有一个共识，那就是我们的深化改革，符合中央改革精神、符合集团改革要求、符合公司发展实际；大家都有一个共同意志，那就是直面危机不容回避，深化改革势在必行，创新发展刻不容缓！

危机之下，中信重工人以前所未有的决心，拉开了深化改革的大幕；以前所未有的信心，按下了创新发展的“快捷键”。

二

2018年6月，习近平总书记在山东考察时指出，“谁说国企搞不好？要搞好就一定要改革，抱残守缺不行，改革能成功，就能变成现代企业”。中信重工能够走到今天，正是坚持问题导向，深化国企改革，加快转型发展的结果。

我清醒地认识到，大讨论活动只是找准了问题，仅仅是改革的“序曲”，解决问题才是根本。员工们的危机意识已经被唤醒，改革热情已经被调动起来，凡事不怕慢、就怕站，我们要趁热打铁，让大家参与到改革行动中。

说干就干，我带领大家迅速行动。一个多月里，编制完成“十三五”规划初稿，初步确定中层干部绩效考核办法、营销体系改革、技术体系改革等一揽子改革方案，并将职业经理人制度、薪酬体系改革等也

中信重工组织发展战略研讨会

纳入议事日程。

那是2016年的盛夏时节，在集团党委的指导下，我主持召开了公司首次战略发展研讨会。大家一起着眼公司发展实际，面向“十三五”，以新视野、新思维、新角度全方位精准梳理企业面临的机遇和挑战，对公司未来发展的路径和方略进行思考、谋划和研讨。

多年以来，中信重工形成了高度集权化的管控模式，战略问题一贯都是公司班子考虑和谋划的事情。中层干部们大都习惯了听命领导安排，等待领导作决定。第一次组织公司战略发展研讨会，让大家来讨论战略问题，据我了解，有不少参会的干部一开始还真的有点不知所措。

那时很多干部可能还没有意识到，这样安排就是在向以往高度集权化的管控模式“开刀”，就是在为调动“两级积极性”埋“伏笔”。在这次大会上，我首次提出了公司改革创新的发展导向、市场导向、价值导向和结果导向等“四大导向”，旗帜鲜明地向大家表示，应对新常态、引领新常态，中信重工要进行发展方式的重大调整。

两天的研讨会，满满当当。一些起初还抱着来听会心态的干部，也都被会议深刻思考、激烈讨论的氛围所感染，从默不作声到滔滔不绝，大家广开言路、集思广益，秉烛夜谈、通宵达旦，一起构想着我们赖以生存的中信重工如何在新时代焕发新荣光。

这一切，也让第一次应邀参加公司战略发展研讨会的时任集团战略发展部总经理严宁同志深受感染，一连用“三个非常”来表达自己的感受。他说:“中信重工是个很优秀的公司，在进入新的历史阶段后，召开战略发展研讨会非常及时、非常必要，意义非常重大。相信以此为新起点，一定能够让一个全新的中信重工展现在世人面前。”

正如严宁同志说的那样，以那次会议为新起点，公司专门成立了深化改革领导小组，以我为组长，班子成员靠前指挥，带领大家聚焦战略落地、细化改革措施。伴随着喜迎党的十九大的东风，一个全新发展姿态的中信重工呼之欲出。

改革，没有教科书，一切都要靠自己编排。全新的中信重工究竟应该是什么样的，事关我们深化改革的成败与否。特别是当时，面对主机产品订货增量空间不断锐减的局面，打造制造业服务业，实现“离散型制造 + 连续化生产”并存和互促生态已成为我们的必由之路。也正是基于此，在对公司改革进行顶层设计时，根据集团领导提出的“核心制造 + 综合服务”的全新商业模式，我和班子成员认真研究，确立了打造具有全球竞争力的一流先进装备制造企业和具有投资价值的上市公司的目标愿景，明确了坚持传统动能和新动能“双轮驱动”的发展方式。

全新的商业模式、全新的目标愿景、全新的发展方式，如何落地、如何实现、如何发挥它的生命力、核心竞争力？不仅急需改革的四梁八柱做支撑，更急需搭建改革四梁八柱的急先锋。

政策决定以后，干部就是决定性因素。优化干部队伍年龄结构和知识结构，推进干部队伍年轻化、专业化、知识化和精干化已经迫在眉睫。然而，在中信重工这样一个有着 60 多年历史的老国企，一些干部和员工一家三四代都曾在或正在企业工作，各种内外部社会关系非常复杂。不要说大刀阔斧地调机构、动干部，就是动一动员工，也会引来一帮说情打招呼的。在改革过程中，确实遇到了一些方方面面的阻力。

阻力面前，压力之下，我们把坚持党的领导，加强党的建设，发挥党组织的领导作用，坚持党管干部原则，作为攻克一切阻力、战胜一切困难的重要法宝。事实证明，只要我们坚持党管干部原则，只要我们是为了企业发展，就一定能赢得各级干部和广大员工的支持。从 2016 年初到 2017 年初，怀着对企业发展负责的一颗公心，我们把公司中层干部职数从128人精简到了104人，平均年龄从48.64岁下降至45.86岁，并首次面向全员推行中层干部、营销总监、财务总监公开竞争上岗。公开竞聘中，一位已经40多岁的公司财务部基层干部参加了财务总监的竞聘并成功上岗。事后，她在谈起自己的感受时说："感谢公司党委组织竞聘上岗，如果不是有这样的竞聘机会，按照公司以往的惯例，我这样年龄的女同志，估计这辈子也就在下面'趴窝'了，怎么可能有这样的机会在新的平台上为公司发展多作贡献！"

2017年10月，举世瞩目的党的十九大胜利召开。在十九大报告中，习近平总书记旗帜鲜明地提出："加快建设制造强国，加快发展先进制造业"，"深化国有企业改革，发展混合所有制经济，培育具有全球竞争力的世界一流企业"。

改革，要和时间赛跑。以十九大精神为统领，我第一时间撰写并在公司报纸上发表了《不忘初心，牢记使命，奋力谱写先进装备制造新篇章》的学习体会，带领大家打响了深化改革的"攻坚战"和"主动仗"，致力"五个并重"发展新业态，推动生产经营、资产经营、对

"牡丹号"盾构机总装现场

外合作、资本运作“四措并举”落实见效。2017 年 12 月，我组织召开公司深化改革领导小组会议，一次性推动实施了《技术系统改革方案》《国际公司改革方案》《备件服务公司改革方案》《信息管理中心改革方案》《员工个人绩效改革方案》《巡察制度改革方案》《干部竞聘改革方案》等八个深化改革实施方案。

改革，步步为营，步步为赢。通过实施一揽子改革，中信重工初步形成了“5+1”产业板块，构建了“五院一中心”创新体系，对北京科佳信电容器研究所有限责任公司进行国企混改实践，合资成立中信铁建重工掘进装备有限公司，“牡丹号”盾构机在建功洛阳地铁项目中闪亮出彩……

改革，辛勤耕耘、玉汝于成。作为公司多年来的亏损大户、“板凳常客”，铸锻厂率先改革，明确了“打造独立的商品厂、市场主体及经营主体、独立的利润中心”的定位，从全体基层干部“集体起立”开始，把实现扭亏和高质量发展当作价值追求，成功实现了扭亏为盈，创造了鲜活的“铸锻经验”。矿山机械设计研究院创新实施业务与“官”分离，让这个有着 60 年历史的研究机构焕发新活力。运输公司开三位一体全员全社会精准营销的先河，普通司机郭迎辉从南阳防爆电机厂拿下订单，让公司进入每年近 2 000 万元的电机运输市场，一度成为具有轰动性的大新闻。

得道多助、失道寡助，人努力、天帮忙，上下同欲、无坚不摧。2017 年，中信重工实现营业收入 46.21 亿元，同比增长 22.52%，当年实现扭亏为盈，一个崭新的中信重工重新展现在世人面前。

不要人夸颜色好，只留清气满乾坤。面对改革的生动局面，我经常会思考，是什么力量在支撑我们的战略定力？是什么力量在推动我们改革创新？那就是对党的事业高度负责的信念，对中信重工事业赤诚热爱的情缘，对打造世界一流先进装备制造企业的坚定信心。

三

2012 年 12 月，习近平总书记在广东考察时强调，“实践发展永无止境，解放思想永无止境，改革开放永无止境，停顿和倒退没有出路”。

历尽天华成此景，人间万事出艰辛。2018 年 3 月，作为全国人大代表，我第一次参加全国“两会”。置身人民大会堂，聆听着党和国家领导人的谆谆教诲，我的心情久久不能平静。两年多来，中信重工改革发展的历程在我的思绪中蔓延。是啊，如果不是深化改革，现在的中信重工将会是一个什么样子，如果不是创新发展，取得了高质量的崭新业绩，这庄严的人民大会堂里哪来我们的位置？！

新时代需要新作为，改革发展需要更出彩。经历两年多的改革发展历程之后，在公司中层干部会上，我又一次向大家响亮地提出，要以改革创新为主题，推进企业迈向高质量发展快车道！

迈向快车道，需要大动作。2018 年春节期间，我和班子成员提前谋划，连续召开营销突破天花板、矿研院深化改革、信息化和大数据建设规划以及“三去一降一补”四个专题会，把订货总量不足和公司迫切需要发展之间的矛盾确定为公司当前发展的主要矛盾，并聚焦主要矛盾提出了全年“三大核心任务”，以深化改革全面推进中信重工在 2018 年乃至“十三五”时期的高质量发展。

为进一步调动全体干部员工参与改革的热情，从 2018 年 1 月开始，公司全面切换到新的薪酬体系，并实施新的薪酬办法，建立起了基于岗位价值和业绩表现、具有市场竞争力的规范化薪酬体系。此举也一度在媒体报道中被描述为中信重工健全现代企业管理制度、持续夯实创新发展基础的又一标志性事件。

追求最大公约数，凝聚最大力量，就是要干最难的事情。2018 年 7 月，我组织全体中层干部召开公司深化改革研讨会，对推进重装板块

18 500 吨油压机锻造直径 7.8 米加氢反应器管板锻件

一体化管理、做大做强备件服务产业、深化职能部门“放、监、服”“三大改革”进行深入研讨。和两年前那次战略发展研讨会不同，我明显感觉到这次会议从一开始每名干部都做了精心准备。大家在讨论中体现了很多深刻思考，提出了很多卓有见地的意见，其中部分意见最后被写进了“三大改革”的《实施方案》。

2018 年 9 月，经过近半年的反复调研、两个月的持续讨论，公司正式成立了重型装备事业部和关键基础件事业部，为推动实现重装板块和关键基础件板块的一体化管理向前挺进了一大步，有力提高了各事业部、各单位的主体意识和市场意识。同时，我们还组建了新的备件技术服务公司，并对职能部门机构进行调整，把原有的23个职能部门精简至14个，减少了9个职能部门，精简占比39.13%。

发展是第一要务，人才是第一资源，创新是第一动力。2018年10月，金秋时节，创新工程、人才工程、体制机制改革这“三大工程”继“三大改革”之后全面启动实施，为2018年秋天的中信重工镀上了一层希望的金色。

致力创新工程，我们组织核心营销、技术人员“第三次创业”，全面构建多维和立体化的技术创新体系，通过打造“五大创新平台”、聚拢“五个层次科技人才”来支撑“五大产业布局”，让公司在提升创新创造力和综合竞争力上迈出重要一步。致力人才工程，我们全面打造高质量的人才供应链，让人力资源与业务发展相适应，从根本上解决高层次人才短缺等结构性问题，让公司人力资源的效能指标走在行业前列。致力体制机制工程，我们在新产品新产业的工程化、产业化上，积极发挥品牌和能力优势，采用事业部、全资、控股或参股的形式，打破单一全资模式，并探索甚至复制中信重工开诚智能装备有限公司的混合所有制模式。

“三大工程”凝心聚力，势如破竹。可以预见，在高质量发展之路上，中信重工将行稳致远，走出一条具有自身特色的世界一流先进装备制造企业发展新路，努力擦亮、打响“中信制造”和中国制造的金字招牌，展示更多新作为，呈现更多新精彩。

不忘初心、牢记使命。在集团党委领导下，从2016年改革元年全面播种，到2017年关键之年击楫勇进，再到2018年攻坚之年立柱架梁、纵深推进，中信重工的改革发展步伐只争朝夕、日夜兼程、风雨无阻，正成为公司贯彻落实党的十九大精神，理直气壮做强做优做大国有企业的生动实践。

追溯近三年来中信重工的改革足迹，我和同志们比以往任何时候都更加充满战略自信、改革自信和发展自信。展望中信重工的美好未来，全体中信重工人也比以往任何时候都更加信心坚定、充满力量，我们将在打造具有全球竞争力的世界一流先进装备制造企业的新征程上，携手奋进，共创辉煌！

为中国机器人产业刻上 CITIC 徽标

——中信重工机器人产业发展纪实

中信重工机械股份有限公司　张　宝

从 2015 年 5 月并购唐山开诚电控设备集团有限公司（简称唐山开诚），12 月创立中信重工开诚智能装备有限公司（简称开诚智能），进入特种机器人产业以来，2016 年、2017 年、2018 年连续三年，中信重工的机器人及智能装备产业板块实现了爆发性增长，已经成为公司新的、最大的利润增长点。短短三年，中信重工已成长为中国特种机器人行业领军企业，国内最大的特种机器人研发和生产基地，为中国机器人产业刻上了闪亮的 CITIC 徽标。

“国”“民”联姻，强强联手，改变的不仅仅是两家企业的命运，还有很多人的人生轨迹。

转型——时间和抉择

2017 年冬天那个寒意料峭的深夜，当我被洛阳中州路上忽然尖叫的警报声惊醒时，我那个在洛阳市摄影界小有名气的朋友孟岩成已经在火灾现场紧张忙乎上了。

不同的是，这一回他不是去抢拍失火镜头，而是在参与救火。很快，微信图片便传到了我的手机上——失火的那个物资仓库火已熄灭，画面上最显眼的是一个拖着湿淋淋的水龙、闪耀着“CITIC”徽标、昂首挺胸的“小精灵”——中信重工研制的消防灭火侦察机器人。

直到此刻，我才知道，作为摄影发烧友的孟岩成已悄悄转了行——离开了他所熟悉的中信重工重装厂装配车间调度岗位，“考”进了公司刚成立的机器人营销部。

“哎哟喂，你一个搞重型装备制造的，去玩高精尖，行吗你？”我在电话里“充满挑衅”地质疑。

孟岩成跟我一样，刚过不惑之年。离开投身近 20 年的岗位进入一个充满挑战的新产业领域，确实是一个有待拉直的问号。想着他会跟我诉诉苦、矫情矫情，或者说点不痛不痒的正确废话，不想他还引经据典，动了感情。

“你知道刚毅仁厚的集团老董事长荣毅仁最喜欢的名言是什么吗？”老孟自问自答，“是‘发上等愿，结中等缘，享下等福；择高处立，就平处坐，向宽处行。’”

“你知道‘敢于第一个吃螃蟹，做前人没做过的事’这句话是谁说的吗？”老孟继续说道，“是集团元老王兼士评价荣老董事长的。作为一个中信人，我要把自个儿的后 20 年交给中信重工的机器人产业！”

那个晚上，我想了很多很多，尤其是对我们中信重工刚刚兴起的机器人产业。

时间回溯到 2015 年，我所在的中信重工还在传统的重型装备制造业内艰难打拼。身处“新常态”、身为制造业实体，中信重工人在用共和国长子企业特有的那股精神、那份荣誉、那种责任和担当，支撑着大国重器应有的风采。这一年，虽然在传统市场领域，以矿用磨机为代表的中信重工重型装备在“一带一路”沿线依旧很火，但从产品结构、产业结构到发展模式和增长模式来看，公司上下面临的压力很大，挑战也很多。

这一年，提前感知到市场冷暖的中信重工人已经在悄悄进行着“中原突围”。其中就包括当年9月9日，中信重工在老挝的技术服务公司正式挂牌，这是时任中信重工总经理俞章法同志坚持了多年的“发展备件和服务产业”构想，在海外落地成为现实。

只是一切似乎还远远不够。船大难掉头，说来说去，中信重工的发展格局还是没有走出“重”和“大”的传统路子，更谈不上“跨界”发展、创新发展。

也是在这个当口儿，一些兄弟企业的发展已明显乏力，且问题积重难返。不着力转型、创新、高质量发展，不迅速在新产业领域实现质的突破，中信重工来之不易的发展局面就难以为继。

箭在弦上，不得不发。机遇总是青睐有准备的人。

聊着聊着，我和孟岩成的话题又转到了1993年，原洛阳矿山机械厂加盟中国改革开放的窗口企业——中信公司，成为“中信重机公司”这个标志性事件。

因为加盟中信公司，因为中信在管理理念、企业文化、管控方式和手段等方方面面的“潜移默化”，让传统的“洛矿”一点点建立起了现代企业制度，并夯实了向公司化、国际化发展的基础，进而又催化中信重机向现代化、外向型上市公司一步步迈进，最终实现了从传统国有企业到中信重工机械股份有限公司的华丽转身。

作为有20多年工龄的老员工，我们都觉得，成为“中信人”是“老洛矿”发展史上最重要的事情。因为从“洛矿”到“中信重工”，本身就是一次转型和跨越。尤为关键的是，由于融入中信大家庭，中信重工的发展理念和体制机制更灵活，也更务实了。

“没有体制机制搞活这个基础，没有中信集团的支持，就没有我们2015年通过资本运作并购唐山开诚。”孟岩成和许多中信重工老员工都这样说。

不管怎么说，历史再一次选择了中信重工，并在不经意中让中信重工的一只脚自河北唐山，先人一步地踏入了方兴未艾的中国机器人产业市场。

发轫——洛阳和唐山

因为加盟中信，因为机器人，坐落于河北省唐山市高新技术产业园区火炬路 183 号的中信重工开诚智能公司现在很火。

作为 CITIC 机器人事业的开创者和掌门人，年过 70 的许开成董事长现在依旧干劲十足。按照他的说法，是中信让他圆了年轻时的梦想。

说起来有点悲壮，煤矿工人出身的许开成迷上机器人，并矢志做第一个吃螃蟹者，全是因为他见够了惨烈的煤矿事故。最让他揪心的是，在唐山某煤矿一次瓦斯爆炸事故后，由于井下情况不明，救援队不敢贸然下去，就这样，宝贵的黄金救援时间在等候中和许多生命一起流逝了。

那时，在事业上正处在黄金期的许开成刚刚在美国巴尔的摩工业展上看到了机器人，并萌发了自己组建团队研发矿用机器人的想法。

“当时我只想做个可以到危险环境下代替人、提高救援效率的机器人，免费提供给矿山用，没太多想挣钱的事。”许开成回忆说。

只是因为种种原因，许开成的机器人梦想却跟厂里的枫树叶子一样，绿了又黄，黄了又绿。

尽管始建于 1991 年的唐山开诚早在 2007 年就研制出了中国第一台“矿用井下机器人装置”，但在加盟中信重工前，许开成掌舵的唐山开诚，其主打产品却还集中在传统的传动、传感和自动化领域。

最大的问题是市场和品牌影响力。许开成后来说，市场似乎天然不相信小企业的机器人制造技术和实力，更别说品牌。这就跟坐绿皮车和坐动车的区别一样，再好的产品也需搭载优势品牌……

但许开成天生就是个执着的人。他相信他的团队研制的矿用探测机器人是早晚会发光的金子，只是差一个机缘。

事情在 2014 年真就发生了变化。

这一年，按照中信集团将制造业板块作为重要一翼的战略构想，中信重工开始致力打造矿业全流程装备产业。通过对相关行业的全方位考察，擅长矿业井下装备的唐山开诚进入了中信重工的视野。

很快，双方领导就进行了实质性接洽。基于中信集团的实力与品牌，不管是开诚还是唐山市，对此次合作都充满了期待。

更让许开成没有想到的是，当他坦诚地谈及自己的机器人梦想时，不论是中信集团还是中信重工，都一致表示将全力支持，把新开诚打造成中国具有核心竞争力的智能装备领军型企业。

中信重工特种机器人集中亮相中国国际工业博览会

2015 年 12 月 16 日，中信重工完成收购唐山开诚 80% 股权的转让交割；12 月 18 日，中信重工开诚智能装备有限公司正式成立，宣告特种机器人产业正式纳入中信的业务版图。

自此，“养在深闺人未识”的开诚机器人家族依托中信强大的品牌和平台，开始闪亮登场。第一次亮相就阵容齐整地参加了在上海举办的中国国际工业博览会，与世界排名前四位的机器人产业巨头同台比拼。开诚智能参展的三大系列 19 种机器人产品，一亮相就成为“黑马”和“明星”。

中信重工开诚智能研发部副经理张树生说：“对我们的技术，国家工业和信息化部委托有关组织评审验收后，给出了‘填补国内空白，国际领先’的结论。中国由此成为继美国之后，第二个掌握该技术的国家。”

布局——落子和井喷

开诚智能的加盟，不仅使中信重工一举获得机器人、自动化、传动、传感器等产业的互补、延伸性技术以及市场，而且与原有的服务领域形成了完整体系，也助推中信重工快速形成了以“核心制造+综合服务”为内容的全新商业模式和竞争优势。

从 2016 年开始，中信重工以“传统动能+新动能”为标志的“双轮驱动”发展新模式备受业界瞩目，并让中信重工的品牌内涵和市场价值得以大幅提升，由此开始进入高质量发展的快车道。

短短 3 年，闪耀着中信徽标的中信重工特种机器人产业捷报频传。继唐山和洛阳本部以及江苏徐州、山东东营后，中信重工机器人产业接连布局江西共青城、广东台山、浙江柯桥、陕西渭南、湖南永州、重庆、浙江宁波、新疆甘泉堡、浙江余姚、湖北襄阳等地，营销版图不断扩大。2018 年 5 月 8 日，由中信重工、中信建设、白俄罗斯昂克多控股集团三方投资设立的中信阿姆智能装备有限责任公司，正式入驻中白工业园。

中信重工机器人进军白俄罗斯

中信重工特种机器人走出国门，布局白俄罗斯，加快国际化发展步伐。

与此同时，“CITIC”机器人的社会影响力持续攀升，先后列装江苏、广东、重庆、浙江、湖南、江西、河南、河北、四川、山东、新疆、湖北等全国 30 多个省、市消防系统及石油石化企业，并多次参加重大火灾、突发事故现场救援，为灭火救援工作保驾护航。尤其是在应对“人不能近、人不能及、人不能为”的有毒、易燃、易爆的高危复杂环境时，有越来越多的“CITIC”消防机器人替代消防人员冲在了火场第一线，成为各地灭火救援的重要力量。

连续 3 年，特种机器人产业订货实现爆发性增长，成为中信重工重要的利润增长点。面对国内机器人产业蓬勃发展新态势，积淀深厚的中信重工避开竞争红海，以独特的技术优势，成功找到了一条独具特色的差异化发展之路。

时至今日，中信重工特种机器人已形成“应急救援、特种作业、军民融合”三大领域、30 余种特种机器人产品，广泛应用于消防、应急救援、反恐、矿山、石油石化、电力、海工作业、铁路、市政建设、军民融合等众多领域，为社会各行业提供多种系统解决方案。多项技术成果填补国内空白，达到国际先进水平，成为国产自主品牌特种机器人产业的一大亮点。

目前，开诚智能已拥有“危险环境特种机器人国家地方联合工程研究中心”“国家企业技术中心”“院士工作站”三大研发平台，拥有 210 余项授权专利、50 余项软件著作权，并主持、参与编写多项国家及行业标准，已发展成为国内领先的集研发、生产、销售、服务于一体的智能装备制造企业。在 2017 年、2018 年《中国机器人产业发展报告》中，中信重工开诚智能连续获评“中国智能特种机器人产业第一梯队代表企业”。

迭代——延伸和拓展

进入 2018 年下半年，当业界和公众的视线还停留在中信重工琳琅满目的特种机器人，并惊叹款型众多的特种机器人产品已成为中信重工高质量、可持续发展的“新动能”之际，秉承“双轮驱动”战略，不断超越自我的中信重工已“重整行装再出发”。

这次，中信重工将战略目光盯在了更具创新价值和市场潜力的“重载工业机器人”领域。

全方位依托国家重点研发计划——“智能机器人”重点专项“液压重载机械臂关键技术研究与应用验证”，中信重工牵头并整合相关研发和客户资源，力求在最短的时间内让“重载工业机器人”成为公司新的增长极！

时间在 2018 年 7 月 10 日定格。

当天上午，“智能机器人”重点专项“液压重载机械臂关键技术研究与应用验证”的项目启动暨实施方案论证会在中信重工隆重举行。除了重机协会、知名高校和科研院所的专家云集，科技部高技术研究发展中心责任专家组组长刘成良和河南省科技厅、洛阳市科技局相关领导也悉数出席。

这一专项由中信重工牵头，联合山东大学、天津理工大学、北京科技大学、中信重工自动化公司等8家单位共同承担，旨在推动我国在液压重载特种机器人领域的研究和应用达到国际先进或领先水平。

作为项目总体组组长，中信重工董事长、党委书记俞章法在致辞中掷地有声：“秉承开门办企业的理念，中信重工将以国际化、绿色化、智能化、服务化为着力点，全面、系统地推进传统产业的转型升级，大力培育以机器人为代表的新产业，以‘双轮驱动’让企业在高质量、可持续发展之路上行稳致远。公司竭诚希望各位业界专家和用户持续关心和支持中信重工的创新发展，助推中信重工在国家重点研发项目上尽快取得新成果！”

其实，早在2015年，中信重工便介入了工业概念机器人的研发。公司研发的重型磨机换衬板智能机器人作为智能磨机的关键设备之一，可以轻松实现使用智能手机和平板电脑进行控制，操作更加简单便捷，可大大提高衬板的更换效率和整个工厂的自动化水平，同时大幅度降低给一线人员可能带来的操作和环境伤害。

中信重工首个重型磨机换衬板智能机器人最长可伸展23米，借助智能控制终端，可实现对最大单重2吨的磨机衬板进行7个自由度的取卸和夹装。该产品在2015年11月初的中国国际工业博览会上一亮相，就引发业界极大的兴趣和关注。其成功研发，在一定程度上为中信重工担当和主导国家重点研发计划——“智能机器人”重点专项“液压重载机械臂关键技术研究与应用验证”，打了“前站”，奠定了基础。

2016 年 8 月，“中信重工特种机器人制造智能化工厂项目”获国家立项。该项目总投资 2.5 亿元，旨在建设国内首创、国际先进的机器人制造智能化工厂，打造消防机器人、码垛机器人、重型磨机换衬板智能机器人等装备的专业化生产基地，实现产品设计、工艺、制造、检测、物流等全周期各环节的智能化管理，让制造过程整体实现自动化、信息化和智能化，并达到国内领先水平。

该项目的建成投产，彰显了中信重工以自动化、信息化和智能化提升核心制造能力，打造智能化产品新增长点的实力和战略定力。而随着首台重型磨机换衬板智能机器人在客户现场投入运行，以及中信重工开始具备批量生产重型磨机换衬板智能机器人的条件，中信重工致力延伸、拓展“重载工业机器人”产业也水到渠成。业界专家指出，从重型机械到“重载工业机器人”，中信重工的新产业布局与既有产业具有密切的关联性和持续性，充分体现了“智能 +”思维，充分体现了公司领导的战略眼光，值得传统重型装备市场和新兴增量市场期待。

站在新时代、新征程的起点上，已年过 40、人生不惑的我也同样期待，期待中信重工的特种机器人产业能够不断壮大，期待中信重工的明天越来越美好，期待喜迎成立 40 周年的中信集团事业蒸蒸日上、更加辉煌，期待所有中信人的幸福愿望都能实现！

“微”时代的中信重工“简史”

中信重工机械股份有限公司　薛伟堂

四十载砥砺奋进，四十载波澜壮阔。

伴随改革开放的铿锵脚步，中信重工勇于创新、锐意变革，走出了一条具有自身鲜明特色的转型之路，成功实现了从传统装备制造业向先进装备制造业的华丽转身，被誉为“大企业双创的鲜活样本”“国有企业转型升级的成功典范”。

自2014年中信重工官方微信创办以来，小编团队充分发挥新媒体的优势，讲好中信重工故事，传播中信重工好声音，塑造中信重工好形象。点击一个个“关键词”，翻开一篇篇“火帖”，串联起日光流年里的奋进脚步，我们分明触摸到了中信集团蓬勃发展的脉动，感知到了泱泱大国崛起的点滴进程。

关键词：第一

在举国上下庆祝改革开放40周年之际，我们“中信重工官微”小编团队，自然不能“缺席”，精心策划了一系列纪念专题。其中一个选题就是：致敬改革开放40年！定格中信重工40个“第一”。我们想通过梳理中信重工改革开放40年来的一个个“第一”，铭记中信重工人开拓创新、敢为人先的历史性“大事件”，时刻提醒我们认清明天的方向、不忘昨天的来处。

于是，我们开始搜集资料，翻开厚厚的公司志，循着时光的脚步，一个个“第一”扑面而来：

——公司总承包的国内第一套具有完全知识产权的、最先进纯低温余热发电生产线，在辽源金刚水泥（集团）有限公司正式投产；

——公司设计制造的澳大利亚SINO铁矿项目、世界最大规格直径7.93×13.6米球磨机通过工厂试车验收；

——第一个海外公司中信重工澳大利亚公司在悉尼揭牌成立；第一单海外并购顺利完成，成功收购西班牙甘达拉公司；

——中信铁建重工为洛阳地铁建设提供的首台盾构机“牡丹1号”正式下线；

……

据不完全统计，40年来，闪耀着“第一”“首台”“首创”标签的新技术、新产品、新“里程碑”，竟然多达100多项。它们或填补国内空白，或打破国外垄断，或引领行业发展，或开创出了一片新市场、新领域。可以说，每个“第一”，都是民族工业的一次跨越；每次“首创”，都是中国制造的一次跃升。

最终，我们只能忍痛割爱，精选出40个最有代表性的“第一”以飨读者。而我们的精心之作，也获得了公司员工和客户的连连点赞和热烈反响。

关键词：大国重器

2017年3月，我们制作的微视频《锻造大场面还得看中国，18 500吨油压机锻造两百吨钢铁大饼》被“机械头条”转载，点击量超过40万次！

当我把这个消息告诉小编团队时，大家群情振奋、倍受鼓舞。这不仅仅是因为我们的微视频受到广泛关注，更是因为国之重器的荣耀和骄傲。

党的十八大以来，习近平总书记在多个场合都曾强调过科技创新的重要性，并明确指出“核心技术靠化缘是要不来的，只有自力更生”，“核心技术受制于人是我们最大的隐患”，“把核心技术掌握在自己手中”。

作为大型国有骨干企业，中信重工一直致力于核心技术的创新与突破，致力构建以18 500吨自由锻造油压机为核心的现代重型机械装备制造业高端工艺体系，就是要有效缓解我国航空、航天、国防、冶金、船舶、电力、石化及机械制造等行业对大型铸锻件的急需，强力支撑我国战略性新兴产业的培育和发展。

事实上，18 500吨自由锻造油压机投产后，也是不负众望，先后锻造400吨级特大钢锭、加氢筒体、海工锻件等高端产品，全面提升了我国大型铸锻件、高端装备制造的产业形象、能力和水平。

我们一直有一个愿望，想用时下火遍网络的微视频，将大国锻造的宏大气势展现在世人面前。但是要想出有影响力的作品，就必须以有影响力的产品作为“猛料”。正因如此，当得知要锻造国内直径最大管板锻件时，我们异常兴奋。视频采编人员立即投入，全程跟踪拍摄，加热—锻造—回火—锻造，如此反复。不论白天还是夜晚，我们都仔细拍摄记录每一个环节，前后持续了一周多的时间。当管板锻件最终锻造成型时，我们顾不上接连熬夜的疲惫，立马投入微视频制作，并于当天在官微发布。

微视频《锻造大场面还得看中国，18 500吨油压机锻造两百吨钢铁大饼》，真实呈现了直径6.8米钢铁大饼从钢锭到锻造成型的全过程，制造强国的形象呼之欲出，“中国制造”的力量鼓舞人心，18 500吨油压机的先进性能震撼业界。这不仅引来业内人士围观，而且许多网民也被“国之重器”的先进性能和锻造威力圈粉，纷纷留言和点赞。

关键词：超级工程

2017 年 4 月 26 日，举世瞩目的国产航母下水。消息传出，全国沸腾。相关新闻报道瞬间刷屏。

作为共和国工业的长子企业，中信重工在国防建设中一直发挥着重要力量，首艘国产航空母舰自然也少不了中信重工的参与，其为航空母舰舰载机的起降和回收系统提供了重要配套产品。

此前，我们小编团队一直跟踪、关注国产航母进展，这次果断抓住时事热点，列为重大选题进行策划。

制作上，小编颇动心思，不仅将国产航母下水的动态喜讯报告给大家，还将世界各国航母数量进行了对比；不仅指出中信重工在国产航母建造中的贡献，还将中信重工参与航空航天、武器装备、核电等领域的贡献进行了整合，全面展示中信重工在国防建设方面的实力和业绩，让人看起来更加有料、有味。编排上，航母雄伟壮观，我们就言简意赅、多放图片、夺人眼球；为了让人更直观、全面地一睹航母风采，小编还将央视的新闻报道视频一并附上……

一番运作后，微信《自豪！国产航母下水，中信重工拉起“生命线”！》于航母下水当天推出，立刻“霸屏”，点击量迅速超过 15 000 次。

10 天后的 5 月 5 日，我国首架国产大飞机 C919 在上海浦东国际机场首飞成功！这意味着中国人有了自己的干线客机，不再依赖欧美进口！为了这一刻，中国人足足等了半个世纪。

C919 的成功首飞，同样有中信重工人的汗水和付出。为了给大飞机穿上世界上最好的铝合金“外衣”，中信重工、中国重型院、西南铝业、重庆大学等 9 家单位共同研制出国内首台具有世界先进水平的“12 000 吨航空级铝合金板材张力拉伸机装备”。正是这台关键设备，给国产大飞机“编织”出了“钢筋铁骨”和“闪亮外衣”，确保了大飞机一飞冲天。当天，我们就制作发布了微信《快讯！国产大飞机首飞成功了！洛阳中信重工人参与！》，再次让广大粉丝看到了一个大型央企的责任与担当。

官微铁粉智风林豪情迸发、乘兴赋诗一首：国产大飞机，国人争气机。十年磨一剑，一飞冲天宇。世界来瞩目，国家添重器。举国聚智慧，重工来参与。长子来担当，更显咱实力。鼓咱员工劲，增长咱志气。转型征途上，定创新奇迹！

中信重工人纷纷附和、点赞，欢欣鼓舞之情溢满屏幕。

关键词：“一带一路”

作为国家首批确定的50家国际化经营企业之一，中信重工伴随改革开放的步伐，已深度融入国际经济的分工与合作体系，着力打造全球化的营销与服务网络体系。

国家发出“一带一路”倡议后，中信重工积极响应，2015年7月31日即举办“践行‘一带一路’实现合作共赢”新闻发布会，携手国内外产业巨头，在矿山、建材等优势产业领域持续发力，与沿线国家和地区实现共赢发展。

在创新、协调、绿色、开放、共享的理念指导下，中信重工不断提升内外联动，在“一带一路”沿线建设了多个叫得响、数得着的典范工程。“一带一路”、国际化，自然也成为我们官微选题的“富矿”。

除了及时反映重大建设节点之外，我们还精心策划了“一带一路”故事系列，寻找项目建设背后的精彩故事和不一样的异域风情。

《在世界“地雷”密度最高的国家施工建设，是何种感受？》讲述了在当地蛇多、地雷多、蚊子多、温度高的“三多一高”严酷工作环境下，柬埔寨CMIC（集茂Insee水泥公司）项目团队如何以最快速

缅甸 MCL 项目场景

度和最优质量，树立了中国品牌的故事。

《在缅甸，除了老干妈，还有诗和远方！》讲述了缅甸 MCL(泰国暹罗水泥集团缅甸毛淡棉水泥有限公司)项目现场，一群身穿印有 CITIC 工装的中国人，给当地人带去新生活的希望，赢得当地人的好感，看到现场生活条件艰苦，路边的餐馆老板专门从仰光为他们买来爱吃的“老干妈”的中缅友谊。

《靠实力赢得尊重！致敬老挝“国家项目”上的中信重工人》讲述了中信重工人依靠出色、真诚的服务，赢得当地人的信任，以至于矿区保安放心地把真枪实弹借给我们的员工“炫耀”。

《你们怎么敢用中国的立磨？！》讲述了中信重工凭借过硬的产品、技术、服务，在激烈的国际竞争中赢得巴基斯坦 GCL 公司(加里伯瓦尔水泥公司)2×250TPH 粉磨站 EP 项目的艰辛和不易……

“一带一路”故事一共推出 5 期，每一期我们都尝试从不同侧面展示中信重工人建功“一带一路”的至诚奉献与家国梦想。

一个个故事，一个个传奇，一台台优质设备，一个个典范工程，一群群中信人在“一带一路”沿线国家和地区树立了中信重工制造、中信重工创造、中信重工速度、中信重工品牌的金字招牌。

2018 年 8 月，“一带一路”倡议提出 5 周年之际，我们还特别策划了官微《“一带一路”5 周年，中信重工海外业绩不凡！》，对国际化之路做了全面回顾。

正是通过官微的一系列推广宣传，我们让更多的人了解了中信重工进军国际市场的风雨历程，看到了中信重工作为共和国长子企业的家国情怀。

时间是最好的刻度，见证着奋斗者的足迹。翻看以往的中信重工官方微信，我们总能看到个人与企业共成长的足迹，触摸时代发展的脉动，感知时代奋进的脚步。智能制造、高端高压变频器、特种机器人、“牡丹号”盾构机、工业 CT 等每一个关键词，都在记录着中信重工深化国企改革、加快转型升级的铿锵步伐。

世界历史的中国时刻已经开启，沿着改革开放这条创造历史的道路不断奋进，我们必将走向更加光辉的未来。中信重工官微小编愿与所有中信人一道，让自己的“微”努力，汇聚成“重工梦”“中信梦”“中国梦”大步向前的力量。

在柬埔寨CMIC高擎党的旗帜

中信重工机械股份有限公司　齐　钊

位于柬埔寨贡布省的CMIC（集茂Insee水泥公司）日产5 000吨水泥生产线，是该国目前单线规模最大、现代化程度最高、节能环保效果最好的水泥生产线，也是中信重工在“一带一路”沿线倾力打造的海外总包工程新标杆。项目实现了工期提前，比合同规定提前85天点火；实现了成本可控，降本增效约2 000万元；工程建设期间零伤亡、零重大安全事故，无重大质量事故，被誉为国际工程成套项目执行的标杆工程和示范工程。

2017年10月1日，正值国庆节和中秋佳节，中信重工董事长、党委书记俞章法到柬埔寨CMIC项目现场视察慰问，对项目建设和执行情况给予高度评价，并要求中信重工工程技术有限责任公司认真总结柬埔寨CMIC项目的先进管理经验，尽快形成可复制、可推广的模板。

随即，我被抽调到柬埔寨CMIC项目管理经验总结小组，负责收集整理、全面总结CMIC项目管理经验。怀着忐忑心情，我逐一访问项目参与者。经过细心梳理，柬埔寨CMIC项目之所以能够建设好的原因，在我心中逐渐清晰。除了与国际成套项目管理接轨，结合项目实际创新项目管理方法之外，还有一个至为关键的因素，就是把党建与项目建设有机融合，从项目一开始就抓好党建工作。

树旗——成立海外项目党支部

近年来，中信重工积极响应国家“一带一路”倡议，致力开拓海外成套市场，目前，海外成套项目已分布到柬埔寨、印度尼西亚、越南、菲律宾、缅甸、印度、巴基斯坦以及多米尼加等国家和地区。

这些国家和地区大部分气候炎热，基础设施不完善，医疗卫生和环境条件差，加上语言不通，水土不服，海外党员及员工远离家乡和亲人，业余生活单调，工作压力大，思想、情绪极易波动。

面对海外成套业务发展的新形势，中信重工党委积极响应海外成套业务发展需求，发扬我党“把支部建在连上”的光荣传统，积极尝试并探索在海外成套项目现场建立党支部或党小组，切实加强海外成套项目党建工作，实现党的建设与企业发展的双赢。

柬埔寨 CMIC 日产 5 000 吨水泥生产线工程，是中信重工继总包的柬埔寨 KCC2 日产 2 500 吨水泥生产线顺利投产后，在柬埔寨总包的第二条水泥生产线，也是中信重工持续践行国家“一带一路”倡议的重要工程。

2016 年 3 月 21 日，柬埔寨 CMIC 日产 5 000 吨水泥熟料生产线工程举行了盛大的开工仪式。柬埔寨参议院主席赛冲亲王亲临项目现场出席开工仪式并致辞。他在致辞中指出，该水泥厂非常重要，将有助于满足柬埔寨蓬勃发展的建筑领域的水泥需求，对中信重工参与柬埔寨重点项目建设表示欢迎。

该项目由柬埔寨集茂集团（CMG）和泰国京都水泥公司 (SCCC) 在柬埔寨合资兴建，总投资 2.63 亿美元。项目地处海外，环境恶劣，地质复杂，土建工程量大，设备多，国际运输及通关手续烦琐，且项目建设工期紧、设备安装要求高，任务重、难度大，挑战空前。

中信重工 CMIC 项目团队共有 35 名员工，其中党员 5 名。为加强党的领导，充分发挥党组织在海外成套项目建设中的战斗堡垒作用，确保项目的顺利实施，中信重工党委决定在项目现场成立党支部。

2016 年 7 月 26 日，中信重工党委副书记、总经理王春民和副总经理乔文存专程赶赴柬埔寨 CMIC 项目现场，组织召开 CMIC 项目党支部成立会议。会上，乔文存副总经理宣布中信重工 CMIC 项目党支部正式成立，王春民总经理向党支部书记姚斌授牌，标志着中信重工第一个海外党支部正式成立。

CMIC 项目党支部成立当天，业主方项目 CEO 艾登先生和施工经理钦·帕克先生来到项目部，无意中看到"中信重工 CMIC 项目党支部"的牌子，他们先是很惊讶，在了解了党支部的主要工作后，十分赞赏中方的做法。

在他们看来，成立党支部不仅意味着中国企业对项目的高度重视，而且意味着项目部的组织纪律严明、管理规范、团队执行力强。

CMIC 项目党支部从一开始就严格执行"三会一课"和党员民主生活会等制度，党支部书记姚斌每月组织召开一次党支部民主生活扩大会议，党支部所有党员以及所有项目成员均参加，就项目建设重大事项广泛听取意见建议，集思广益，凝聚共识，激发向心力。每周四晚上 7 点，全体党员在会议室集体学习党章党规以及党的会议、文件精神等，相互交流党的理论知识学习心得体会，为项目的顺利实施提供了可靠的政治基础和思想保障。

亮旗——让员工感受党组织关怀

柬埔寨是世界上公认的地下地雷密度最高的国家之一。项目所在地更是以毒蛇多、地雷多、蚊虫多、温度高"三多一高"的严酷环境而知名。

严酷的工作环境，不仅影响人的情绪，而且动摇人的思想，对每名员工的精神意志和忍耐力都是极大考验。特别是建设初期，陌生的环境、封闭的空间、单调的生活，让项目部的员工们倍感内心孤独，再加上高温以及蚊虫叮咬等带来的生理上的不适，很多人水土不服、情绪低落。

党支部成立后，首先把加强思想引导，稳定员工情绪作为一项重要工作。一方面，加强人文关怀，充分利用工余时间，组织党员、群众开展谈心、座谈等活动，倾听员工心声，及时了解员工思想动态，做好心理疏导。通过建立谈心交流长效机制，有针对性地加强思想引导，使员工逐步打开心结，放下思想上的包袱。另一方面，聚焦为党员、

王炯总经理慰问中信重工柬埔寨CMIC项目员工

群众办实事，全心全意服务员工。如采购防暑降温用品和驱蚊虫药物，聘请国内厨师做可口的家乡饭菜，安装无线 Wi-Fi 方便员工与家人视频聊天，建设篮球场、羽毛球场和职工之家，购置文体活动器材丰富员工业余生活……

海外项目员工常年在国外，家里一旦遇到一些棘手的事情，就会非常着急，背上思想包袱，不能安心工作。为此，柬埔寨 CMIC 项目党支部积极与公司党组织和工会建立联动机制，专门为海外项目员工建立家庭档案，除节假日组织看望慰问外，还设立帮扶热线，指定联系人，第一时间为遇到困难的员工家属提供帮助。逢年过节，党支部还会组织员工家属到项目现场和不能回国的员工团圆小住。这一切，都让员工切实感受到了组织的关怀和温暖，解除了后顾之忧，让他们能够全身心地投入工作。

举旗——党员要敢于向苦难叫板

党支部的成立，使项目部的员工在异国他乡有了主心骨和精神支柱。就像在黑夜里有了明灯，在陌生的环境中有了引路人，有了战胜一切困难的精神力量。海外党支部的政治核心、战斗堡垒作用和党员的先锋模范作用更加突显。

CMIC 项目党支部书记姚斌，不仅是 CMIC 项目总经理，还是中信重工工程技术有限责任公司主抓成套项目执行工作的常务副总经理。为保证项目顺利实施，在项目建设的关键期，他带领员工一起吃住在现场。白天不是和业主方、施工单位开会沟通项目建设情况，就是到现场协调解决施工中存在的问题。晚上还要加班处理国内发来的各种工作邮件，常常工作到深夜才能休息。他的身先士卒、率先垂范，极大鼓舞和带动了项目部员工的工作积极性。

现场项目经理潘武生，充分发挥一名党员的先锋模范作用，在项目建设中总是冲锋在前。遇到困难和危险，他说得最多的一句话就是，“这儿不安全，你们退后，让我来”。

党员陆铁纯，是项目安全管理员，不小心被毒虫叮咬，当时并不在意，一直坚持工作。后来病情加重，伤口肿胀、流脓，领导和同事都劝他休息。但他在治疗的同时，依然穿着厚厚的劳保鞋，冒着40多摄氏度的高温坚持在现场来回奔波，检查现场安全工作。

青年党员郭深，为了项目建设多次推迟婚期，直到项目建设基本完成，才抽空回国结婚……

在CMIC项目现场，每名党员都是一面旗帜！

在急难险重任务面前和关键时刻，榜样是最好的示范，表率是无声的命令。党支部的战斗堡垒作用和党员的先锋模范作用，为柬埔寨CMIC项目建设插上了腾飞的翅膀。

“有了党组织，就有了精气神！”正是党员在项目建设中发挥的先锋模范作用，让党支部的凝聚力、号召力不断增强，团结、组织项目部全体员工齐心协力、顽强拼搏，克服种种困难，保证了项目顺利实施，确保了项目重要节点！

2017年2月18日，水泥库2号和3号库滑模完成；6月27日，设备调试开始；9月30日，回转窑点火；10月6日，熟料入库；10月23日，水泥入库；11月2日，生产出第一袋水泥……

CMIC水泥生产线项目提前两个月点火，提前两个月生产出第一袋水泥。与国际同类项目相比，缩短了至少四个月的工期。

项目团队在项目执行中呈现出的“中国速度”和“中国质量”，赢得了柬方的高度尊重和一致好评，业主专门拿出150万美元对中信重工CMIC项目团队进行奖励。

赞旗——海外项目建设的最大优势

全面加强项目党支部建设，不仅为项目建设有序推进提供了可靠保障，而且让业主和“一带一路”沿线国家感受到中信重工值得信赖。

柬埔寨 CMIC 项目建设半年之后，柬埔寨 CMIC 执行总裁黄良明先生高度评价中信重工 CMIC 项目团队，称赞团队组织纪律严明，吃苦耐劳，凝聚力、执行力强，很好地保证了项目建设。他由衷地表达对中信重工的赞许和信赖：“经过半年多的观察，中信重工用实际行动证明了自己是最棒的，证明了我们选择中信重工合作是正确的！”

面对业主盛赞，CMIC 项目党支部书记、项目总经理姚斌深有感触地说，“项目建设到哪里，党的工作就开展到哪里，党员的作用就发挥到哪里。把党建与项目建设紧密融合，使党的组织优势转化为项目的建设优势，是国企在海外成套项目建设中的最大政治优势”。

正是在各级党委的领导和大力支持下，柬埔寨 CMIC 项目党支部书记姚斌带领项目部全体党员职工艰苦奋斗，顽强拼搏，保证了项目顺利建设。

2017 年 11 月 10 日至 12 日，中信集团党委副书记、副董事长兼总经理王炯莅临中信重工柬埔寨 CMIC 项目现场视察指导工作，亲切慰问奋战在项目现场的公司员工，对 CMIC 项目团队取得的突出业绩给予高度评价，对中信重工设立海外党支部、以党建带项目的做法和经验给予充分肯定。

11 月 11 日，在王炯总经理的见证下，柬埔寨 CMIC 公司又与中信重工签订 CMIC 日产 5 000 吨水泥生产线配套纯低温余热发电 EPC 总包合同。这是继 2015 年 12 月 5 日，双方签订的柬埔寨 CMIC 日产 5 000 吨水泥熟料生产线合同顺利实施并成功投产运营后，柬埔寨 CMIC 公司再度选择与中信重工合作。

柬埔寨 CMIC 公司与中信重工签订 CMIC 余热发电 EPC 总包合同

2018 年 2 月 8 日上午，柬埔寨 CMIC 水泥厂举行隆重的开业典礼，柬埔寨首相洪森亲自剪彩并致辞。他高度肯定了 CMIC 水泥厂正式投产的重大意义和作用，表示柬埔寨需要这样的项目，这座现代化水泥厂无疑会为柬埔寨的经济发展贡献力量。

集茂集团董事会主席黄良昆由衷感谢中信重工为项目倾注的努力和汗水。泰国京都水泥公司总裁保罗说，自己从事水泥行业 40 年，建设了 3 500 万吨产能的水泥厂，CMIC 项目是迄今最好的，这只有中国企业能够做到！

柬埔寨 CMIC 项目不仅是中柬建交 60 周年战略对接、两国企业深化合作的又一丰硕成果，而且成为“一带一路”的又一精品工程和标杆工程。该项目的成功实施，进一步强化了中信重工作为世界最大水泥成套装备供应商和综合服务商的竞争优势，进一步提升了中信重工在东南亚的品牌影响力，树立了中国制造的良好品牌形象。

中信重工CMIC项目党支部被评为中信重工“先进党支部”，成为基层党建工作先进典型；柬埔寨CMIC项目部荣获河南省重点工程建设劳动竞赛先进集体、洛阳市“工人先锋号”；项目总经理兼党支部书记姚斌荣获河南省“五一劳动奖章”；“柬埔寨CMIC日产5 000吨国际水泥成套项目技术与管理创新”，荣获中信重工科技进步一等奖……

乘着“走出去”的东风，中信重工的海外成套项目越来越多。在总结提炼CMIC项目党支部党建工作经验的基础上，中信重工党委决定，在所有成套项目现场成立党支部（或党小组），把党的建设贯穿到成套项目建设全过程，做到项目承建到哪里，党的组织就建到哪里，党旗就飘扬到哪里。把抓党建与抓项目执行有机结合起来，充分发挥基层党组织和党员在成套项目建设中的战斗堡垒作用和先锋模范作用，为成套项目的顺利实施提供坚强的政治保证，为建设“一带一路”做出积极贡献。

“中信红”傲然飘扬拉丁美洲

——中信重工开拓多米尼加市场纪实

中信重工机械股份有限公司　郭　峰

作为中信集团制造业板块重要一环的中信重工，近年来在海外市场开拓方面积极布局，出口业务涉及成套、主机、备件、服务四个领域，实现了产品、技术、服务的国际化，打造了一批海外精品工程。

其中，在拉丁美洲多米尼加，中信重工经过六年、三期建设，从无到有、披荆斩棘，建成了被业主誉为“拉丁美洲最好的水泥工厂”的伊斯特瑞拉集团 PANAM 公司水泥生产线项目，结束了该国一直以来依赖欧美水泥熟料进口的局面，让“中信红”傲然飘扬在万里之遥的大洋彼岸，彰显了“中国制造”的实力。

不远万里，寻找中国水泥制造商

中信重工与多米尼加伊斯特瑞拉集团的合作，颇具传奇色彩。伊斯特瑞拉集团是多米尼加最大的建设集团，作为建筑企业，水泥是其日常最大的消耗品。2007 年，该集团准备投建一条日产 1 000 吨的水泥熟料生产线（简称 CMD 项目），随即在全球进行了设备供应商的选择与招标。

2018 年 5 月中多两国建交后，与两国经贸合作持续升温、数百家中国企业进驻多米尼加市场的一派繁荣景象不同，当时的伊斯特瑞拉集团对中国企业了解较少，加之其水泥行业的技术标准受美国影响较大，最初他们打算选择欧美企业的设备。但欧美厂商设备价格高昂，且交货期较长。

一次偶然的机会，伊斯特瑞拉高层了解到，国际上一些来自美国、德国的水泥设备供货商，其核心设备、零部件都是由一家中国公司制造的。而这家名为“中信重工”的公司，当时已经是一家具有全球竞争力的矿业装备、水泥装备供应商和服务商。

这引起了伊斯特瑞拉高层的兴趣。他们多方打听后，聘请了一名美国工程师专程到中信重工进行实地考察。正是这次考察，让他们对中信重工、对中国制造在认识上有了“颠覆性转变”。

CMD 项目负责人、中信重工工程技术公司营销总监吴智刚回忆，当时公司上下高度重视，并结合已有的海外项目案例，详尽展示了中信重工各方面的优势。同时，考虑到 CMD 项目也是中信重工水泥立磨等新设备首次在海外应用，为打消业主顾虑，公司向前来考察的工程师和业主方全方位展示了为其“量身定做”的技术方案。

经过分析，并与欧美企业方案对比，业主方认为：中信重工的产品优于欧美企业，完全可以满足需求！

然而，好事多磨。正当双方的合作积极推进时，当地的项目用地却因环保问题迟迟难以获批，该项目因此被搁置了近两年时间。

业主方着急，中信重工更着急。

中信重工积极行动：一方面，与业主联络，为其做项目选址、投资估算及效益分析，并形成可行性报告，为业主取得政府批文不遗余力地提供各种支持；另一方面，积极与业主联手，对拟建水泥生产线的先进工艺、环保措施、经济效益、社会效益等进行广泛宣传，获得各方支持。最终，在首都圣多明各附近小镇博卡奇卡拿到了项目用地。

2011 年 4 月 12 日，中信重工与伊斯特瑞拉集团在洛阳正式签订 CMD 项目的 EP（设计、采购）总包合同，分三期建设：一期为年产 50 万吨水泥粉磨站暨码头设施 EP 合同；二期为日产 2 500 吨水泥熟料线及配套余热发电 EP 合同；三期为年产 50 万吨水泥粉磨站暨熟料装船设施 EP 合同。

精心组织，展示中国企业新形象

项目的成功签约，只是“万里长征走完了第一步”。当时，摆在中信重工项目团队面前的，还有几大难关。

第一，CMD 项目作为中信重工首个在拉丁美洲总包的工程，虽然做足了项目前期的各项考察与测量准备工作，但项目团队对当地的情况仍缺乏具体了解。同时，在项目的执行、管理等方面也没有任何成熟经验可以借鉴。

第二，由于现场距离遥远，设备由上海港运输到当地，需要横跨整个太平洋，船期 40 余天，运输距离创公司总包工程之最。

第三，项目协调难度极大。项目建设中需要与来自英国、德国、哥伦比亚等十几个国家的分包商或工程技术人员合作，协调、衔接都存在一定难度。

此外，项目以欧美标准来建设，设备技术规格要求特殊，对首次在拉丁美洲开展工程总承包的中信重工来说是严峻的挑战……

2011 年 11 月 15 日，CMD 项目一期工程正式开工。2012 年 6 月 6 日，公司第一批建设者到达现场。

旖旎的热带自然风光、圣多明各高大的椰子树，当地人独特的默朗格舞曲（Merengue）和巴恰塔舞曲（Bachata），以及发达的旅游业和西班牙式的热情……在多米尼加迷人风光的背后，是对 CMD 项目建设者们严酷的考验。仅仅三天，强烈的阳光就让大伙儿晒脱了一层皮；

蚊子、毒虫肆虐，卫生条件差，稍有不慎，就有感染登革热等热带致命性疾病的危险；当地允许私人持枪，项目所在地又处于治安较乱的区域，对员工人身安全造成威胁……

针对重重挑战，项目部迅速完善安全、卫生制度，建立了一整套快速响应机制，还在驻地配备了24小时荷枪实弹的安保人员。

在CMD项目建设期间，中信重工一流的设备质量、高效的技术服务、先进的生产工艺、领先的环保技术，受到当地媒体、政商界的高度关注，先后迎来多米尼加总统、工业贸易部部长等政要亲临现场观

CMD 项目设备安装现场

摩考察。项目部还代表公司接受了当地多家媒体的采访，介绍中信重工最新发展状况，为中信重工在美洲地区赢得了市场信誉。

碰撞交融，收获业主认可和信赖

在6年建设期间，由于与业主在理念、习惯、认知方面的差异，双方经历了从疑虑到肯定、再到信赖的过程。而转变的关键，正是中信重工现场服务人员过硬的业务能力和拼搏奉献精神。

在项目建设初期，业主方由于多年的使用习惯，他们仍然信赖欧美企业的设备及服务人员的售后支持力量。

在项目一期由德国公司生产制造的板链输送机安装中，业主为避免签证办理等烦琐手续，就近联系了其美国分部，派遣技术人员到场服务。美国工程师到场后，业主对其寄予厚望，并支付了昂贵的技术服务费。孰知其刚到场便对业主表示：设备安装没有在我们公司的全程指导下进行，安装不合格，给你们一个月时间，拆掉重新安装！

在业主的再三请求下，美国工程师才到安装现场进行了检查。然而，他非但没有指出任何安装问题，反倒提出其住宿条件需要改善、三餐标准、出行必须单独配车等一系列要求。

伊斯特瑞拉集团高层紧急召开会议讨论后决定：立即送走美国工程师，与中信重工协商，派遣中方工程师负责安装调试。

中方工程师王超在抵达现场后，不顾12个小时的时差，顶着40多摄氏度的高温，连续十几个小时坚守现场，一刻不停，仅用一周时间就完成了设备的全部安装、整改和调试，并对业主的相关人员进行了全方位培训。这一切，与美国工程师形成鲜明对比，感动了业主和在场的所有参建单位。

业主方现场负责人感慨地说："以后的技术服务，能让中国工程师完成的，绝不再请欧美工程师！"

2015 年 9 月，项目二期正在紧张调试中。9 月 2 日凌晨，突然发生了煤磨车间燃爆事件。在场的中方工程师们快速反应，开启灭火装置，冷静处置，及时科学地关停相关设备，并指挥工人对车间部位进行生料粉覆盖，封锁相关区域，在燃爆后的第一时间处理了险情。

这个事件，让伊斯特瑞拉集团 CEO 对何时能够生产出高品质的熟料信心不足。由于担忧二期生产线不能正常投用，他又紧急预定了 500 万美元的熟料备用。

面对其他参建单位的沉默，以及业主方高层对公司产品和声誉的严重质疑，项目经理王二位在平静地叙述完事情发生经过及处置方案后表示，“第一，燃爆事件的发生，是在原材料挥发分达到 38% 的情况下发生的意外事件。其发生后，整个车间只有防爆阀爆开，其余设备

中信重工技术人员与项目工作团队共同进行现场安装检验

完好无损，灭火装置自动开启，等等，恰恰证明我们的设计及产品是没有问题的。第二，中信重工从8月5日接手调试至8月31日成功投产、生产出合格熟料，仅用了不到一个月时间，这速度在全世界水泥行业内能够排进前十。第三，给我们在座人员一个星期时间，我们保证能让您节省500万美元的费用，用上自己的熟料”。

听完中信重工的汇报，伊斯特瑞拉集团高层初步打消了疑虑。

立下“军令状”后，王二位与项目部的技术人员连续四天四夜坚守在现场，甚至三餐都在设备旁边解决。他们仔细查找、分析问题原因，从设计、设备和程序编程三方面入手，对整个系统重新进行了梳理整顿。最终，在燃爆事故发生后的第六天，顺利生产出了合格的熟料，并且迅速达标、超产，与业主方签订了竣工验收证书。

在庆功晚宴上，伊斯特瑞拉集团CEO拉着王二位的手激动地说：“Michael（王二位的英文名），你是对的，中信重工的产品质量值得信赖！感谢你们的团队！我已经取消了那500万美元的熟料订货，感谢你，我的朋友！”

收获满满，彰显中国制造硬实力

作为中信重工在拉丁美洲的首个成套项目，CMD项目是典型的“双赢”项目。

项目的顺利建成，极大地缓解了多米尼加基础设施建设对水泥的紧张需求，推动了该国的基础设施建设，促进了当地经济的发展和居民就业。

随着水泥厂的建设，项目所在地博卡奇卡从2012年之前一个不起眼的小村庄，逐步发展成为拥有学校、教堂、警局、体育场的现代化城镇。后来，由于小镇的迅猛发展和生活上的便利，当地军队还专门在此建设了家属区。

水泥厂的建成还加快了业主方伊斯特瑞拉集团的转型，由多米尼加最大的建筑商成功转型为集医疗、建材、建筑施工、桥梁、广播以及房地产开发为一体的综合性企业。建材板块已经占到其年利润的35% ～ 40%，为企业的发展提供了稳定的现金流。

中信重工也是收获颇多。一是通过项目建设，掌握了当地的市场环境、客户需求等拉丁美洲水泥行业的第一手信息。目前，中信重工已与业主方建立了良好的合作关系，赢得了 CMD 项目主机备件、设备维保等一系列服务订单。二是业主方组织的多国总统等政要和行业厂商参加的现场推介会，很好地在当地和拉丁美洲宣传了中信重工的品牌形象。三是整个项目按照欧美标准建设，公司海外团队学习到了先进的管理经验，得到了锻炼成长。

经过 CMD 项目的洗礼，公司海外服务团队锻炼了一批具有丰富经验的服务人员，并将学到的先进经验总结消化、发扬光大，进一步提升了公司海外项目建设管理水平，也为后来在巴基斯坦先锋水泥、柬埔寨 CMIC 等海外项目建设中的“典范化管理”打下了基础。

未来可期，以实力赢得尊重和市场

CMD 项目建成后达标超产，设备运行平稳可靠，在多米尼加国内，乃至整个拉丁美洲水泥建材行业打响了中信重工的品牌，彰显了“中国制造”的实力，对公司进一步开拓拉美市场具有重要意义。

据 CMD 项目负责人吴智刚介绍，目前，多米尼加水泥公司、圣多明各水泥集团和哥伦比亚超级水泥公司等多家当地和南美洲大型企业，已主动与中信重工工程技术公司接洽，并就即将上马的牙买加年产 50 万吨粉磨站、多米尼加日产 2 500 吨水泥熟料线、年产 100 万吨熟料线等项目的技术方案、环评，以及原有生产线升级改造等方面进行了深入交流，达成初步合作意向。

值得一提的是，凭借在业内树立的良好形象和集团内部协同，中信重工还联合上海康恒环境股份有限公司，与波多黎各瓜伊纳沃市签订了城市生活垃圾处理项目的合作协议，在拉美市场拓展了新的业务领域。

雄关漫道真如铁，而今迈步从头越。今天，在中信集团发展战略的引领下，中信重工正进一步聚焦主业、聚焦核心，瞄准先进装备制造业，深植三大领域、六大产业，力争实现经营模式、发展模式的根本转型。

作为一名企业宣传工作者，虽然没有亲自到多米尼加现场参与CMD项目建设，但有幸通过采访，耳闻目睹了项目执行者所经历的种种艰辛、磨难。他们百折不挠的大无畏气概，为开拓海外市场经历的风风雨雨和无怨无悔的顽强拼搏精神，深深地感动、激励着我，为实现中信重工的高质量发展贡献自己的一份力量。

我的“建家大业”

中信重工机械股份有限公司　韩平均

改革开放40年，党和国家历任领导人带领全国人民承前启后、砥砺前行，取得的成绩举世瞩目。作为一名企业员工，我亲历并见证着改革开放的艰辛与浩大，分享着改革开放的实惠和便利，也更加深刻地体会到“国家强则企业兴，企业兴则员工幸”的真谛。这其中变化最大、印象最深刻的，无疑是我四次乔迁的“建家大业”梦。

一

20世纪80年代末，我结婚时，曾提前半年向当时供职的洛阳电石厂厂办提出住房申请。当时厂里的生产经营已处于半停产状态，既无建房资金，又无建房空间，递交申请的报备意义大于实际意义。

申请迟迟不见批复，婚后，通过熟人介绍，我和妻子在七里河租了一套民房，筑起了爱巢。新房位居二楼，面积大约15平方米，一张箱式床，一张写字台，以及一个妻子娘家陪送的橱柜，便是我们的全部家当。至于那台手提式的煤球炉，只能屈居在门外的廊檐下。好在我们的早餐和午餐都在各自的厂食堂解决，它所肩负的煎炒烹炸任务并不繁重。

房东是个满脸络腮胡的中年汉子，性格豪爽、颇为健谈。可令我疑惑的是，每天早上我上班时，他还在屋里酣然大睡，而当我下班进门时，又见他仰躺在院中央石榴树下的躺椅上，摇头晃脑地哼唱着当时颇为流行的《李豁子离婚》曲调。他全职在家的妻子端茶倒水、殷勤服侍，一副人生大赢家的派头。

通过交流我才得知，他的“职业”就是游弋在七里河的摩托大楼周边，倒腾当时大行其道的各类债券。我恍然大悟，眼前的这位仁兄就是民间雅称的“黄牛党”了。他可能捕捉到了我的讶异，颇为自豪地说：“你还别小瞧我这个倒卖债券的小贩子，我入行 4 年，瞧，这栋楼就是去年盖起来的！”最后还不忘调侃我：“听说你们厂快关门了，别怕，失业了跟哥混，保你 4 年之内也变成房东，哈哈哈……”

他的调侃令我无地自容，因为当时的电石厂的确面临着关门重组的境况，“生存还是毁灭”这个曾经令哈姆雷特百般纠结的人生难题，此刻正深深地煎熬着电石厂上上下下的 200 余名员工。

好在政府并没放弃我们！ 1990 年初春，电石厂整体并入曾让我们“羡慕嫉妒恨”已久的洛阳矿山机械厂。并入洛矿，对我们电石厂人来说无异于一次凤凰涅槃般的蜕变，脱困向好，前景恢宏！

二

并入洛矿，让我一度搁浅的“建家大业”重新看到希望，我再度向厂办递交住房申请。不久，幸运女神便眷顾了我。当我接过那一纸薄薄的住房证时，喜悦之情溢于言表，平时烟酒不沾的我，竟然有了一醉方休的冲动。晚上，在二楼平台，我和妻子邀月小酌，畅想未来，信心满满。

我人生中的第一套单位分配住房位居电石厂东院，此前是单身职工宿舍，并入洛矿后，单身职工统一调整到厂集体宿舍楼，腾出的两间空房，便成了我和另一名同事的过渡房。

据老职工说，这排平房是建厂时的自建房，砖混结构、木质门窗，内部设施极为简陋，面积大约18平方米。在同事的帮助下，我借住室的西墙私搭了个3平方米左右的厨房。经过简单的墙体粉刷和电源走线，新家具备了入住条件，选了个“黄道吉日”，我便开始搬家。

掐指一算，在房东家租住堪堪一年。搬家时，妻子厂里派人派车，将房东的小院挤了个密不透风，房东大哥悻悻地说：“还是你们‘吃公家饭’的好啊！”

床和书桌都是现成的，搬进后，显得空空落落的。我又请南方木匠量身打造了一排组合柜，板材是当时颇为新潮的宝丽板，平整光滑，十分养眼。那年的“五一”国际劳动节，我通过朋友购进了一台当时十分抢手的21英寸彩电。闲暇时，品着香茗，看着电视，我也有了房东大哥的闲情雅致。

然而，当最初的新鲜感随着日子流逝渐渐淡化，一种不安现状的情绪像春草般野蛮萌生。

这实在不是一个让人能够安居的场所。房子是1968年建厂时职工自建的，密闭性极差。加之年久失修，逢雨必漏。屋外是一棵棵连荫成片的泡桐树，泡桐的枝杈相交互补，十分默契地将我们的住房遮挡得严严实实。加之住房南北走向、坐东向西，一年之中难有阳光能照进陋室。入住半年后，组合柜靠近东墙的侧面便出现大片霉斑，电视机也开始出现打火现象，送到厂家维修，症状往往不治自愈。反复几次后，厂家也十分恼火，主动上门维修。工作人员摸了摸几乎沁出水珠的墙面，十分权威地说，“电视没问题，还是想办法搬家吧！”

搬家？你以为搬家是过家家呀？我当时很不以为然，但没曾想，竟然被他一语说中。在一年后的住房普查中，我们的住房被认定为危房。

至此，寻找宜居房源，成了公司、厂方和我们住户共同的课题。最终，公司决定集资建房，因为现住房为危房，我们东院住户凡符合条件的，都搭上了福利建房的末班车。

1993 年 12 月 18 日，女儿在公司医院出生。出院后，因为不适应住室阴冷潮湿的环境，成宿成宿地啼哭。我常常在狭小的房间里，一边不停地晃悠着、一边坚定地对啼哭着的幼女承诺：楼房会有的、面包会有的、一切都会有的……

等待是焦灼的，也是幸福的。1995 年 9 月，我们终于等来了集资房交割的日子。拿到住房钥匙，我便迫不及待地开始装修。那是我人生历程中最为繁忙也最为快乐的时光。与此同时，一个词儿也在我内心深深地扎下了根——人生归宿！

三

经过装修，1996 年元旦我便搬进了新家。新房位于谷南，距厂区较远。搬家前，岳父大人叮嘱我，一定要买挂 5 000 响的鞭炮放一放。有家了，以后就安安稳稳地把小日子过得红红火火。

当 5 000 响的鞭炮化作一地绚丽的碎屑，落红般铺满整个房间的角角落落，我的眼角湿润了。成家立业，安居乐业，我认为，我的人生已经达到巅峰。今后我人生唯一的追求就是心无旁骛地干好本职工作，回馈社会。

生活虽然安逸了，但因为厂里产品单一、高耗低能，经常陷入被供电局限电拉闸的窘况，我的工作依然处于波动状态。当电石炉限电停产时，我先后转岗到厂里的车队及服务公司，从事维修和划线工作。

2004 年 8 月，为了响应洛阳市构建节能环保型旅游城市的发展战略，电石厂被取消建制，200 余名职工经转岗培训后，尽数被中信重工大家庭吸纳。当年底，我和另外两名伙伴在采购部得到重新安置，新岗位是搬运工兼设备维修。

我也因此有幸见证了中信重工凤凰涅槃的过程和化蛹成蝶的奇迹。

伴随着改革开放的深入，中信重工的生产经营步入快速发展的快车道，效益翻番，员工收入不断攀升。10 年间，我不仅更换了彩电、冰箱、洗衣机，还相继添置了空调、热水器、光波炉等物件，居家环境也由安居型逐步向舒适型过渡。

这期间，我们小区的住户属性也开始发生变化，以前那种“衣着多工装，开口说厂事”的大格局慢慢被蚕食。陆陆续续有人迁出，到更为舒适、更为宜居、配套更为奢华的中心区域安家了。楼上楼下、左邻右舍，生面孔多了起来。遥想当年上班时结队出发、下班时蜂拥而归的盛况，我有一种深深的落寞感。

2014 年春节，在南方求学的女儿放假回家，其间难免和初高中同学聚会、联欢。曲终人散时，女儿常常因为没有直达的公交车回家而

作者全家乔迁新居

恐慌。每逢女儿外出未归，我和妻子便陷入没着没落的不安之中。

因为关心而揪心，因为揪心而下决心，搬家的念头一发不可收！

四

2014 年正月初五，我上网浏览新闻时，发现某楼盘春节期间推出特价房活动的信息，便告诉了正在逛街的妻子和女儿。上午 10 点，妻子的电话打了过来，告诉我房子交了定金，春节过后签合同。

我一下子愣住了，这也太任性了吧？！

晚饭后，我和妻子盘点了一下家产。这些年国家政局稳定，中信重工经营红火，我和妻子的薪金除了家用开销外，也略有盈余，首付应该够用。公积金还贷缺口也不大，生活质量不会受到大的影响。看来，妻子的任性是有底气的。

新的住宅小区位于涧西区的繁华地段，交通便利，周边生活设施配套齐全，小区内道路平整有序，立体绿化新颖别致。

2015 年 10 月，我完成了人生中的第四次搬家经历。新房位居顶层，因为有电梯直达，搬家反而显得“举重若轻”。客厅是大开间，视野宽阔、光线充足、和风通透。因为冬季供暖充足，“高处不胜寒”的顾虑大可抛在脑后。

如今，我已入住新居近四年了，闲暇之时，我喜欢站在客厅落地窗前举目远眺，居高临下的大视野，让我见证着周边目力所及范围内日新月异的沧桑巨变。

我坚信：相信美好，美好必定发生！

在戴卡制造中镌刻青春符号

中信戴卡股份有限公司　孙洪岩

2015 年初春，我和刚刚大学毕业的几位同学一起加入中信戴卡股份有限公司（简称中信戴卡），进入生产制造模块之一的铝车轮二号线工作，开启了属于我们的戴卡生涯。

这是离开校园的第一份工作，我们倍加珍惜，但也心怀忐忑。在这个全新的起点上，新一代中信戴卡人开启了与“中信制造”共奋进的故事。

戴卡制造——中国符号

初到中信戴卡，最先映入眼帘并给我们留下深刻印象的是矗立在公司铝车轮二号线办公楼前，那个由数字“1”和一个铝车轮组成的“中国大陆铝车轮发源地”的纪念牌造型。在新员工入职培训中，我们更进一步了解到中信戴卡的发展历程，特别是关于铝车轮发源地的深刻含义。

1988 年，当中国大陆铝车轮行业还是一片空白之时，中信集团老领导荣毅仁同志、王军同志高瞻远瞩，以敏锐的市场洞察力，引进海外技术和设备，在秦皇岛投资组建第一家铝车轮制造企业——戴卡轮毂制造有限公司，带动了中国汽车零部件产业追赶世界的脚步。

作者（右二）与同事在“中国大陆铝车轮发源地”纪念牌前合影

30 年来，一代代戴卡人埋头苦干、真抓实干，铸就了中信戴卡全球最大铝车轮和铝制底盘零部件供应商的行业地位；30 年来，中信戴卡完成了全球销售网络布局、全球研发技术布局，开启了全面的全球生产制造基地布局，收购了德国 KSM 铸造集团、建设北美铝车轮绿地工厂、筹建摩洛哥铝车轮工厂，输出中国制造技术及轻量化零部件解决方案……

中信戴卡作为“中信先进制造”的代表，创新和变革速度让每一个身处其中的戴卡人感到惊讶和自豪。我和我的同学在各自岗位上，深切地感受到了它的巨大变化，并希望通过自身的努力，在把“戴卡制造”打造成“中国符号”的使命中，打上属于我们自己的时代印记和青春符号。

参与改造——老线焕发新生机

铝车轮二号线是中信戴卡于1988年最早建成的铝车轮生产线，荣毅仁老董事长曾到这里参加中信戴卡的创立庆典。王军同志在该条生产线运营之初，多次到现场指导工作。2012年以后，随着中信戴卡产业升级，这条中国大陆最早的生产线正式更名为铝车轮二号线。

曾几何时，这条生产线承载的不仅是中信人开辟汽车零部件制造产业的希冀，更肩负着中国人以“铝车轮”在全球汽车市场占有一席之地的梦想。国内多数的铝车轮生产企业最初的生产技术和工艺布局，也都是复制了中信戴卡这条生产线的原型。然而，随着制造技术升级，铝车轮二号线不得不面对设备老旧、物流滞后等现实挑战，面临着再不升级就要被时代“淘汰”的危险。

我初到铝车轮二号线时，正值升级改造伊始，处在边生产、边升级、边改造阶段，老设备与高劳动强度作业，以及新自动化设备、机器人与智能化作业，在同一条生产线上形成鲜明对比，这让戴卡人更加深刻地认识到升级改造势在必行。

在这个边生产、边改造、充满挑战的复杂过程中，铝车轮二号线团队共同战斗在最前线。大家克服高温酷暑、冰冷寒风保证生产交付，全员上阵转运产品保证物流流转，加班加点安装调试新设备保证改造进度，挑灯夜战、彻夜探讨论证保证技术方案最优……

所有奋斗的时光和辛勤的汗水，汇聚形成大家执念前行的信仰，指引着每一个拥有相同目标的人，加入这个奋进的队伍，推动铝车轮二号线系统升级改造及扩产工作快速开展。

功夫不负有心人！如今，我们已完成全线改造升级，实现了产能提高 30%、人员减少 40%、产值提升 50% 等技术指标，攻克了高柔性涂装技术、PVD（镀膜）技术、精铣精雕、激光雕刻、特殊漆、套色等多项技术难关，大大提升了中信戴卡高端差异化铝车轮产品的利润率，代表着铝车轮行业的世界最高水平。戴卡人用实际行动证明了自我革新的力量，老线焕发新生机，创造了超乎寻常的价值和无限可能。

先进的二号线涂装智能物流系统

创新驱动——打造“未来工厂”

时值2016年中，中信戴卡先后建设铝车轮一号线、宁波工厂、北美工厂，制造技术始终保持行业领先。作为行业领头羊，戴卡人创新的步伐并没有停止，充分利用“制造+互联网”，全力打造引领制造技术升级和行业未来发展的“未来工厂”。

瞄准“中国制造2025”，聚焦高端智能制造，凭借着在制造技术及数字化、信息化上深厚的技术积累与沉淀，中信戴卡自主开发数字制造系统，并将最新研究成果运用于“未来工厂——铝车轮六号线”的建设与规划，确定了“环境像电子工厂一样安静整洁，过程像涓涓流水一样欢快顺畅，产品像古典诗词一样优美浪漫”的升级目标。

公司要求铝车轮二号线作为“母工厂”，全力支持六号线建设，并抽调骨干力量成立建设团队，我有幸成为团队一员。

为了实现既定目标，项目团队从管理者到一线工作人员，多方对标，搜集整理意见。其间，共收集内部建设建议近600条，戴卡人近30年的制造技术经验得以汇集。与设计院、成员公司、优秀跨国公司等进行前期交流30余次，前后绘制30余版布局草图，成立关键技术验证攻关小组50余个……从项目筹备到全线贯通，我们只用了不到300天，刷新了“戴卡制造”建设的速度。

值得一提的是，铝车轮六号线中自主设计、制作设备达到70%，实现了全数字化装备、DMS（数据库管理系统）3.0智能管控、高端定制化生产和非接触式及节能环保绿色制造。凭借在大数据、“互联网+”和智能化应用上的先进理念及突出表现，获评国家首批21家“智能制造”和“人工智能应用”双试点示范项目，展示了中国车轮制造的全新形象，彰显了戴卡人的非凡智慧。

这是中信戴卡全球首条具有完全自主知识产权、具备个位数差异化定制生产能力（行业传统生产线目前均为批量化、标准化制造）、年产300万只铝车轮的全自动智能化生产线，整体制造水平领先行业5～10年，再次丰富了中信戴卡多元化发展可能。铝车轮六号线受到中信集团常振明董事长、王炯总经理，以及河北省市各级领导和海内外客户的高度评价，成为制造业转型升级的典范。

在已知中探索未知，中信戴卡已进入行业“无人区”。车轮行业“未来工厂”的建设，没有现成经验可循，是担当、凝聚、创新的精神和信念，激励着戴卡人不断跨越突破。正如中信戴卡徐佐董事长激励我们的话语：每一次创新，可能只是一缕微弱的光芒，但无数的光芒汇聚在一起，就能照亮我们前进的道路。

探路国际化——青年人更有作为

2011年底，中信戴卡成功收购德国KSM铸造集团100%股权，标志着中信戴卡进入第5个发展阶段，即全球化、多元化发展阶段。自此，中信戴卡的国际化发展骤然提速。

2016年5月，北美戴卡铝车轮工厂第一批产品向美国通用汽车公司发货；

2018年9月，在中信集团的大力支持下，中信戴卡摩洛哥工厂正式开工建设，在“一带一路”发展平台上，再一次迈出走向国际化的坚定步伐；

2019年，KSM全球管理中心稳步搭建，进一步提升中信戴卡国际化管控能力……

2015年和我一同来到中信戴卡的几位同学，如今已经随着中信戴卡的国际化奔赴全球各地、四散开花，身处不同的地域、岗位，为中信戴卡事业继续奉献着美丽青春和创业激情。

曲林，奋斗在北美戴卡铝车轮工厂，作为中方技术支持工程师，与美国同事一同碰撞交流，改善现场管理；争分夺秒，每天工作12小时以上，保障生产稳定；不知疲倦地解决技术问题，彻夜坚守在生产最前线。

王子兮，奋斗在摩洛哥工厂建设现场，作为项目建设成员，积极推进土建进度，协调施工单位、工程车辆、原材料、动力供应。与项目团队一同克服连续阴雨天气，推动加人、加机械、加时间保证工期和节点；直面当地卡车司机罢工、钢结构混凝土无法运输等困难，全力促使施工单位和政府协调解决。

而我与王佶，则分别坚守在秦皇岛本部制造系统和工程技术研究院，组织开展技术创新项目研发、摩洛哥员工培训、降本增效、智能升级改造等工作……

虽然身在世界各地，相距千里万里，但大家一直都在努力绽放自己的青春，发出自己的光亮。

当身处秦皇岛的戴卡人结束一天工作，轻轻地合上电脑、关闭灯光，在大洋彼岸的美国同事们又开始了新的一天，北非摩洛哥建设团队则刚刚完成一上午紧张而忙碌的工作，正在短暂休息……

在不同地域、不同时间维度、不同岗位上，无数奋斗、拼搏的戴卡人，正在把一项项不可能变为可能，让产品和服务承载着我们的理想和信念，把“戴卡制造”做成“中信符号”“中国符号”，传播中国文化，提升中国制造的世界形象。

在与中信戴卡同行的4年多时间里，在作为中信人的1 400多天中，我看到的是这个时代提供给企业快速变革和创新的机遇，看到的是中信人抢抓时代机遇、赶超时代、为民族制造创造更多新可能的伟大力量。作为与这个时代和一家伟大企业同行的一员，也许我们每个人的力量很微小，但却能够以涓涓之流汇聚成河，汇聚成推动变革中不可或缺的磅礴力量。

未来已来，路在脚下。我和我亲爱的小伙伴们，愿和所有胸怀梦想的戴卡人、中信人一起，与时俱进、不懈奋斗，在不断的创新变革中砥砺前行，用激昂青春共同追寻更加美好的明天！

铁甲雄风铸辉煌

——追忆中信机电首台 W653[①]开发之路

中信机电制造公司　牛润科

历史是昨天的新闻，新闻是明天的历史。作为中信机电制造公司（简称中信机电）的一名新闻工作者，让我自豪不已的，就是跟踪记录了我们公司开发生产首台 W653 的全过程。

记得那是在 2000 年，6 月的中条山阳光灿烂。在中信机电，首台 W653 的精湛表演，令观礼台上的军方首长、中信公司王军董事长、山西省薛荣哲副省长，以及所有到会的军地领导都发出了阵阵惊叹！

这不能不说是一个奇迹。“五四一”厂（中信机电前身）整体移交中信后，研制生产的首台 W653 在鉴定会上一炮打响，令同行刮目相看。

思路造生机

依然记得当时在采访中，中信机电的员工深有感触地告诉我：“正是由于中信公司领导的点拨和支持，我们公司才以超常的胆略拨起了军品市场经济的‘铁算盘’。谁也不曾想到，这一拨就‘拨’回了一大

① W653，中信机电某工程装备代号。

批 W653 订单。”

提起 W653，我们就要把历史的镜头拨回到 1997 年。当时，中信机电党政一班人响亮提出了“为改善和提高职工的生活水平而奋斗”的目标。这一关乎几千名职工家庭生活幸福的奋斗目标，摸准了职工跳动的脉搏，理顺了广大职工和职工家属的情绪，公司上下齐心协力、一头扎进了产品结构调整的实践当中。

在党政联席会上，公司领导班子更是发出了“我们为什么非要在艰难求生中去做那些无为的内耗呢”“我们为什么不去发挥自己生产工程装备的优势呢”等等一串连问，提出了“今后军品生产也不是铁板上钉钉，它蕴含着激烈的市场竞争”的观点和思路，并一致形成高度共识：创名牌、树形象，苦练内功，杀进军品市场这块“计划禁地”，拨起了军品市场经济的“铁算盘”。

思路一变天地宽。

谁也不曾想到，这一拨就“拨”出个“步步高”的跃进曲来：从 1998 年到 2000 年，中信机电开发军用产品数量年年翻番，首批几十台 W653 更是给中信机电和全体机电人带来了转机，中信机电扭亏有希望了！

求生铸辉煌

激烈的市场竞争，促使中信机电人爆发了一种势不可挡的求生欲望，而这种求生欲望，又激发我们用青春和生命再铸辉煌。

是的，中信机电也曾有过属于自己的辉煌。早在 20 世纪 80 年代初期，就成功研制生产 WZ621，填补了我国国防建设的一项空白。但随后十几年连连遭遇的挫折和失败，一点点地折磨着他们的自尊和骄傲。重振公司雄风，像一座随时爆发的火山，压抑在每一个中信机电人的心中。

2000年，当世纪钟声敲响时，当全世界都在喜迎千禧年的时刻，中信机电人的心情却久久不能平静。面对来之不易的W653订单，他们分外警醒：市场不相信眼泪，更不会同情弱者，一切都要靠结果和业绩说话！既然我们能从市场上抢回这块“肥肉”，市场也就有可能再从我们的手中把它抢走。

市场经济的不断洗礼，使逐渐精明起来的中信机电人爆发出了一种势不可挡的求生欲望——誓与W653项目共存亡。公司领导当即立下“军令状”：坚决保质、保量，按进度完成这项命运攸关的政治任务！

后退无路，就不给自己留后路！

军方首长和时任中信机电总经理刘万林深入一线指导工作

万事开头难。大批量 W653 任务能否按期完成，关键看首台。2 月 10 日，承担研制任务的红山机械厂厂长下达一号令，成立军品生产指挥部，下设计划及现场调度组、技术准备及保障组、质量监督组、物资及设备保障组、资金筹备及成本管理组、经济政策组、思想政治工作组，七大组形成严格而周密的保证体系。同时，厂长授权军品指挥部，对不能按网络进度执行、推诿扯皮，不能严格控制产品质量的单位和个人，可给予行政、经济处罚。生产、技术、供应配套、质量部门和各生产分厂，纷纷制定措施、严格执行。行政手段、思想政治工作和舆论宣传三位一体、形成合力，确保走活首台 W653 按期生产“一盘棋”。

大战旋即拉开帷幕。该厂生产处、技术处、科技处、产品研究所和质量部门主动出击，打响了完善图纸、编制工艺、制订质量保证大纲的攻坚战。

2 月初，时值新春佳节。华夏儿女都沉浸在合家团圆的幸福之中，而技术处和产品研究所，正集中优势兵力编制工艺路线、汇总材料消耗定额、设计工装、核对产品图纸……用他们的话说：“既过了一个非常有意义的春节，又消灭了一只图纸短缺、技术资料不全的‘拦路虎’，真是可喜可贺！”

到 2 月 24 日，第二版工艺路线分别转技档处晒蓝图后，按工艺路线将产品蓝图发到各工艺组，并很快转入各生产分厂工艺室与供应配套处，为首台 W653 研制生产的顺利进行铺平了道路。

旗开得胜，环环紧扣。严阵以待的供应配套处的全体计划、采购人员接到指令后，责任到人，分兵突击。他们在最短时间内分解整理完各种材料、外协外购件和互供件采购供应计划后，就奔赴全国各地订货、催货进厂，为整个生产进度如期进行赢得了最宝贵的时间。

兵贵神速。2 月底，所有材料陆续进厂。大干动员会吹响了首台车研制生产总攻的进军号！

作为龙头的生产处四面出击，做到责任、服务、思想三到位；各生产分厂雷厉风行赶进度。真是八仙过海，各显其能，让人耳目一新。

能否保证任务如期推进，所需机加件的生产进度非常关键。2月底，作为先锋的104分厂，通过“党员保班组、支部保分厂”的党员责任区活动，迅速把多项产品分解，形成网络，层层落实到班组和人头。哪里有困难，哪里就有党员；哪里有问题，哪里就有思想政治工作在闪光。到3月17日，全面完成供103分厂的各类机加件。到4月底，全部扫清供106分厂所有部件。速度之快，质量之高，在全厂引起了强烈反响。

只有装焊进度、质量有保障，总装起来才能心不慌。从3月18日起，首台W653的部分部件陆续转入103分厂。这个素有善打硬仗美誉的焊接分厂的全体职工，个个跃跃欲试，立即组成四个突击队，猛虎下山般投入到“振军威、壮国威、树厂威”的突击战中。爱厂之心、

中信机电红山机械厂103分厂装焊现场

求生之望、为国之情，使全体突击队员们粗中有细、智勇双全。他们闯过了20多道难关，变三道“天堑”为通途，愈战愈勇，进度突飞猛进。到4月21日，装焊告捷。惊人的速度，感人的精神，再次给整个W653生产线注入了勃勃生机。由此，103分厂被誉为生产线上的“小巨人”。

4月21日，首台W653车体转入106分厂开始初装。此时，上级领导和全厂职工的期望在106分厂聚集。军方的技术鉴定迫在眉睫，早已憋足了劲儿的装配工人们，全身心地投入初装。尽管在装配中遇到前所未有的难题，但都被铆足了劲儿的职工们一个接一个地攻克。

5月22日，总装告捷。披红挂彩的首台W653，带着铁甲雄风开出总装车间，迎着灿烂的阳光驶向试车场，转入70公里试车和分项试验。经工厂和驻厂军代室联合验收试车，各项性能指标稳定，产品质量完全达到设计要求。

此时此刻，满含热泪的中信机电人心中，终于涌出了久违的激动和自豪。

同唱政治曲

首台W653为什么能够开发生产成功？时任中信机电总经理刘万林告诉我说：“因为讲政治！我们手中的每道工序，包括每个零件，对于每个操作者来说，都是在讲政治。而讲政治的落脚点就是保工期、求质量，达到万无一失。”

是啊，勠力同心奋战忙，金戈铁马写辉煌！正是思想的高度统一、目标的高度一致，带来了人心所向。在整个过程中，各级党组织通过经济上雪中送炭、生活上排忧解难，如春风化雨沁人心田，把思想政治工作渗透到研制生产的全过程。正是由于操作者的每一双眼睛都是一把高度精密的标尺，每一个岗位都是一个决定命运的考场，每一个零件都是决定自己生存与否的答卷，我们中信机电研制生产的首台W653，才能一次通过技术鉴定。这就是全公司克敌制胜的法宝。

当时采访中最让我感动的是，为了保证研制进度，父子、母女、夫妻、师徒齐上阵，老中青三代人同舟共济，从机加分厂、装焊台前到总装线上，无论我走到哪里，看到的、听到的都是一个个备受感动的热烈场面。

被称为生产线上的铁人——军品指挥部副总指挥鲁文弟，由于长时间连续奋战积劳成疾，眼瞅着一个身强力壮的高大汉子渐渐消瘦。职工们心疼他，劝他休息休息，他却无数次拔下吊针就立即深入一线，和职工们一起拼着干、比着干。供应配套部门的采购人员，长时间奔波在外，风餐露宿，从无怨言。在总装进入最后冲刺阶段时，106分厂的全体职工连续奋战60多个小时不停歇，为首台W653如期出产立下了汗马功劳。所有参战职工、干部和技术人员舍小家、顾大家，每天一干就是十四五个小时。他们吃在一线，住在一线，尽管双眼熬红了，腰累酸了，可是看着披红挂彩的首台W653出产时，一个个脸上都溢满了幸福的笑容……

我知道，这一切都源于爱。这是所有中信机电人对企业、对这片土地深深的爱！对他们为之奋斗一生、奉献一生的事业的深深的爱！这也是我这位老员工对中信集团、对中信机电有着深深眷恋的原因之所在。

因为爱，所以爱。我深深地爱着你，中信机电这片多情的土地。

给母亲的一封信

——一名中信党务干部的深情诉说

中信机电制造公司　王　鼎

亲爱的妈妈：

儿鼎跪禀，叩问金安！自电话、手机普及后，想想至少已有 20 多年没给您写过信了。今天，偶然看到一档电视节目，一位老人把子女多年前写的书信，作为晚年生活的精神慰藉，瞬间触发了我给您写信的冲动，向您袒露这些年来一直想对您说，却又无法开口的、深埋于心的愧疚。

2011 年初，刚过完元宵节不久，正在晋南工作的我接到弟弟从太原打来的电话，说是在给您体检时，发现并诊断出您患了乳腺癌和腹部囊肿，需要尽快同时做两个手术。我急着问弟弟，是早期癌症吗？妈妈知道病情吗？弟弟说，只是让您知道是增生和囊肿。弟弟还说，您想见我。毫无心理准备的我顿时心头一悸，人也蒙了。

我多想立刻驱车赶到 400 公里外的太原，赶到您身边。可是，工厂里还有一件火烧眉毛的紧急事情，让我不能向领导开口请假。为了响应国家节能环保政策，我们三线军工企业自备电厂——“五四一”电厂发电机组自行关停后，很多员工对企业的安置政策不理解，开始晚间在操场自发集会。还有一部分员工对出路感到焦虑，频繁和远在东南亚、非洲几个国家劳务输出的一些工友联络，抱怨、发泄着不满情绪，互联网上也出现了不和谐的声音。生活小区里，几个醒目位置还打出了几条白底红字的抗议标语，事态惊动了省市各级政府。作为厂党委工作部门的管理干部，维护企业大局稳定是我们义不容辞的责任。这个时候离开工厂，无异于临阵脱逃。

员工连续两次集聚，人数也由最初几人、十几人扩大到近三百人。受工厂委派，我和厂工会一位干部赶到了员工集会的操场。所幸参与集会的都是与工厂同呼吸共命运的工友和同事，尽管有个别人冲动之下喊了几句过激的口号，但他们只是流露出对安置初步办法的不满。面对职工的嘈杂声音，我们耐心向大家讲明来意，果断将员工从黑暗的操场就近请到了工厂教育中心的几间灯光明亮的大教室，及时听取并记录大家的意见建议。

此后，一连几天，几间大教室就成为工厂和员工沟通交流的场所。我们白天参加工厂、地方公安部门的维稳工作会议，晚上陪同厂领导向员工做耐心细致的解释，常常忙到深夜。

事后，几位厂领导说，那天晚上幸亏是我们及时果断在现场将职工请到了大教室，稳住了职工情绪，处置得当。否则，黑暗中那么多人在一起，一旦有人出现过激举动，后果不堪设想。

妈妈，您知道吗，每次我趁工作间隙或半夜回到家，给您和弟弟打电话，问候您的病情和手术安排，而您劝我不要担心、安心工作时，我都会蒙上被子，闷头痛哭。

厂领导想员工所想、急员工所急，兵分几路，一部分留在家中包片做思想工作，一部分在中信机电公司领导的带领下，赶到北京向中信集团领导汇报职工诉求。

妈妈，您知道吗，中信集团领导来和职工代表座谈那一天，也正是您进行手术的日子。一想到那天，是姐姐弟弟妹妹紧握着您的手，送您进手术室，也是他们和病房中的病友亲属，把术后身上插满液体管、仍然处于昏迷中的您从手术室门口抬进了病房，一想到那个场景，我就揪心疼痛！这些，都应该是我这个长子做的啊！可是我却只能强忍泪水，在心底一遍遍地默默祝福您，我的好妈妈！为了养育我们，您一辈子受了多大的苦累，您要挺住，一定要挺住！等着您不孝的儿子。

终于，在中信集团党委的高度重视和亲切关怀下，在中信机电公司、“五四一”电厂各级干部职工的齐心努力下，员工诉求得到相应解决，员工安置得到妥善处理，员工利益得到有效保障。为解决员工家属在企业生产政策关停后生活上的后顾之忧，中信集团还斥巨资新建供暖系统，更新改造生活区 20 世纪 70 年代老旧的上下水管道，修

作者（中）到员工家中“送温暖”

缮了职工浴室，等等。这一切，让员工群众看在眼里、感动在心上，几名老工人还专程找到我，让我为他们代笔，给集团领导写封信，表达他们由衷的感激之情……

妈妈，我知道别人会有各种各样的看法，但儿子一直以自己是一名政工干部而感到骄傲。尽管时代在变革，社会在发展，但我想无论任何时候，我们党、我们国有企业都需要思想政治工作。任何事业的进程都不会永远是一帆风顺，每个人的思想、诉求也不可能总是一成不变，这些在发展中伴生出的这样那样的矛盾，就需要我们去认真排查，耐心疏导，直至化解。我们不会总是面对风和日丽、风平浪静，有时候还需要勇于直面疾风骤雨、惊涛骇浪。我们就是要用自己的真诚与热忱，尽心竭力做好员工的思想工作，化解矛盾，维护企业的和谐稳定发展，这也正是我们的价值所在。

妈妈，谢谢您对儿子无私的爱和支持。正是有了您的理解，我才能义无反顾去干好本职工作，才能一次次经受住现实的考验，得到领导和同志们的肯定。身为您的儿子，在急难险重关头，没有给企业抹黑、没有给您丢脸！儿子没有辜负您的教诲，多年来努力工作，连年被工厂评为优秀中层领导干部，多次被上级党委评为优秀党务工作者。

妈妈，还记得那天我去省城肿瘤医院看您吗？危机过后，如释重负而又心中急切的我，赶到了肿瘤医院。就在住院部二层的楼道里，我看到了消瘦得几乎脱形的您，佝偻着身体，在姐姐一手举着输液瓶、一手搀扶下，步履蹒跚地走向卫生间。妈妈，我强忍住了泪，只是轻轻喊了一声妈。听到我的声音，您缓慢转过身来，您的脸依然煞白、毫无血色。

男儿有泪不轻弹！妈妈，记得我刚会说话时，您带我去看电影《卖花姑娘》，我被剧中情节感动得稀里哗啦。您那时就教育我：男儿有泪不轻弹，男人泪，金贵。自那以后，我再也没有在您面前掉过泪。

妈妈，其实儿子没那么坚强，在您生病以后，儿子背着您已经偷偷地哭过了无数次，我放心不下您，妈妈！

陪您化疗的日子里，您告诉我，其实您早就知道自己得的是啥病。相邻病房就有两个同病相怜的病友，时隔几日，就在家属的痛哭声中被送进了太平间。妈妈，您说手术之前其实最想见到的就是我，但一想到我的工作，您就不想让我分心了。您和病友们自豪地说，在国企从事政工工作的儿子，一直是您最大的骄傲！

我听姐姐说，手术前夜，您竟然还将我们平时孝敬您、您却舍不得用的钱物分成几份，并叮嘱弟弟，最大的一份给哥哥。您说“五四一”厂收入低，孩子还在上大学，花费多，多分给他点。今后，你们要替妈妈多帮衬他点儿，妈妈可能再也见不到你哥了！姐姐弟弟当即不能自已，号啕大哭。

妈妈，您知道吗，作为长子，没有在您受难时陪护在您身边，是我这辈子对您最大的愧疚！

妈妈，儿子在此要特别向您和爸爸报告一个好消息！我们中信机电公司自从新的领导班子上任后，带领我们脚踏实地、锐意进取，开展了全面改革，企业的各项管理工作都在走向正轨，焕发出了新的生机与活力。我们的军品生产订单成倍增加，经营效益连连攀升。在前不久的国内军事装备大比武中，我们的军车获得了第一名，中央电视台都做了报道。今天的“五四一”人，终于扬眉吐气了！还有，咱们中信集团已经拨来专款，将爸爸退休前在企业上班时被拖欠了多年的工资和医疗费彻底解决了！

妈妈，我们的收入也在逐年增加，我们的日子一天比一天好，再不用您二老用退休金来接济、“扶贫”了！

妈妈，您和爸爸一定要保重身体。过段时间，我就去接您和爸爸，回来看看你们曾经工作生活过的“五四一”的新变化。同时，也让儿子能够膝下承欢、略尽孝道。

最后，恭祝妈妈爸爸平平安安！健康长寿！

不孝儿　鼎　敬上

2018 年 12 月 20 日

在创新时代打造命运共同体

中信建设有限责任公司董事长　陈晓佳

2018年是我进入中信的第30个年头。工程承包行业每10年一个台阶，中信建设有限责任公司（简称中信建设）从前身中信国华国际工程承包有限责任公司和中信国际合作公司发展至今，我经历了它的每一步成长，我们用自己的方式，擦亮中信品牌，践行中信精神。中国迎来改革开放40周年，中信集团是改革开放的一扇窗口，中信建设又是中信集团践行“一带一路”倡议的使者，推动国际产能合作的行者，创新差异化竞争、实现高质量发展的勇者。我在陪同中信集团常振明董事长拜会白俄罗斯总统卢卡申科时，他说，非常希望在白俄罗斯复制一家类似中信集团这样的“国民企业”，并请中信出谋划策。这是总统先生对中信集团推动当地发展所给予的最高肯定。

一路走来，这份肯定蕴含了中信建设人无数的心血和智慧。从1986年成立，到2006年中标第一个国际超大型项目——阿尔及利亚东西高速公路；从承建北京奥运会主体育场“鸟巢”工程，到连续拿下安哥拉K.K.新城、巴西坎迪奥塔火电厂、委内瑞拉社会住房等多个超大型项目，逐步形成了中信建设独有的海外商业模式，初步实现国内、国际市场并举的战略转型。

终验第一家

2013 年，习近平总书记提出“一带一路”倡议，通过帮助改善沿线国家的基础设施，促进实现互联互通，让更多发展中国家有条件与世界连接，加速参与全球产业链分工，形成更稳固的经济合作关系。这不仅仅是物理上的连接，更重要的是对全球化发展和人类命运共同体的认同。

阿尔及利亚东西高速公路就是这样一个承载着重要历史意义的项目。这条高速公路，不仅是阿尔及利亚经济给养的动脉，而且是连接北非地中海沿岸国家的重要战略要道。

外界只看到拿项目时的风光无限，却罕见项目背后的困苦坚守。这是阿尔及利亚建国以来最大的现汇项目，被布特弗利卡总统称为世纪工程，可见阿尔及利亚政府的高度重视。作为当时世界单体规模最大的高速公路项目，其意义不言而喻，其困难也可想而知。

做工程项目的人都知道，难在项目决策，难在项目收尾。多年市场开发和项目执行的经历告诉我，没有毫无风险的项目，也不存在完美的项目。

2004 年，我们直接向阿尔及利亚总统布特弗利卡提交了连接马格里布①五国的高速公路及相关融资方案的一份项目建议书。虽然后来国际油价上涨，阿方决定用自有资金修建这条路，但正是因为我们做了这些最难的环节，为阿方提供了大量前期服务，才让我们在这场全球顶级的竞标中占据优势。

可以说，每一个超级项目都没有范本。阿尔及利亚东西高速公路项目的施工难点在于地形复杂和地质特殊。滑坡、溜坍地段占全线五

① 马格里布，在阿拉伯语中是“西部”的意思，指埃及以西的阿拉伯国家，是摩洛哥、阿尔及利亚、突尼斯、毛里塔尼亚和利比亚 5 个国家的总称。

分之一，遇水崩解、失水干缩的泥灰岩地质超过半程，施工组织难度大、工期紧等等。面对这些困难我们坚守初心，在施工中实现技术迭代，保持工作界面的协调有效，以降低沟通成本。

然而，行百里者半九十，更难的环节还在竣工验收。项目建设只用了不到4年，却用了8年才实现全部验收，这也是阿尔及利亚当地第一个实现终验的项目。那些在阿尔及利亚干了30年的中资公司开玩笑说，投标时就要把违约金算进去，以后就不要违约金了。也有意大利同业说，他们从没有在阿尔及利亚认真准备过竣工材料，到最后钱拿得差不多，就把人陆续撤走，不了了之。

中信建设非常珍惜信誉，我们以高度负责的心态，不放弃、不退缩，最终成为“终验第一家”。这8年时间我们只做一件事，就是坚守。

2010年下半年，我们负责的标段已经实现全线通车投入使用，但由于种种原因，项目整体一直无法验收。这条高速公路是交通要道，各种大型机械、重型机车都会超出设计时速上路行驶。不当使用、匮乏养护，都会令路面出现损毁。中信作为联合体牵头方，要求各个路段仍然按照总承包商的标准进行维修。绵延几百公里沿线的营地和站点不能撤，各路段都要留足人员和机械，免费为阿方提供路面维修保养，疏导公路沿线的给排水系统，甚至连路边的绿化带我们都会帮着在上面植树。我们在合同没有最终关闭之前无偿地做着高速公路管理局的事。据统计，8年来中信免费整修过的路面达到51公里，比北京三环路还要长。

2018年4月，项目终于得到业主验收，实现全部移交。我们还成功增补了合同额，工程总价超过70亿美元。阿方业主表示，感动于中国企业高水平的职业素质和高度负责的精神，成就了阿尔及利亚工程建设史上的经典。

形成鲜明对比的是，当初与我们一起中标的日本联合体，他们所负责的东标段 84 公里公路，由于内部协作问题以及合同变更等法务问题，2012 年起便已放弃了该路段的施工。该标段也是阿尔及利亚东西高速公路最后未通车的路段。2017 年底，阿方决定将东标段直接授予我们来执行。签约之后，仅仅 3 个月我们便实现了东标段的首爆开工。

15 年磨一剑，我们用实际行动来说明中国人的“一带一路”倡议是认真的，每一个项目都不负重托。因此，我更加在意维护中信的品牌、维护中国企业在海外的形象。我就任中国对外承包工程商会、中国机电产品进出口商会副会长期间，经常强调行业自律，中国企业在海外应自觉维护竞争秩序，兑现合同承诺，确保中国在海外的整体利益。

丹心坚如磐

十多年的“走出去”历程，使中信建设在海外市场全面铺开，但由于市场环境和业务对象不断变化，跨文化沟通问题突出。全公司近 900 名员工，有四分之三常驻经济欠发达地区。条件艰苦、语言不通、背井离乡，是常驻员工生活和工作中面临的巨大挑战。面对多元化的思想文化差异，我们既要保证完成好关系国家形象的重大项目，又要把队伍锻炼出来。中信建设把加强党建工作作为制胜法宝，以提升组织力为重点，全面加强基层党组织建设，打造了一支敢为人先、敢于担当、敢于创新的队伍，确保在海外市场善打硬仗，多作贡献。

中信建设党委提高政治站位，强化责任担当，牢牢把握正确的政治方向，充分发挥公司党委的领导作用，把方向、管大局、抓落实。我们继承和发扬“把支部建在连上”的优良传统，把支部建在海外项目一线，充分发挥党支部的战斗堡垒作用，积极促进生产经营任务的完成。在海外项目部，我们的党支部书记、支部委员都兼任经营管理工作，党支部的第一职责就是保证公司党委对项目的决策部署和要求落地生根。就这样，我们把海外队伍打造成扎根海外市场、报效祖国

作者（中）在安哥拉项目营地讲党课

发展的强大力量。

没有脱离业务的政治，也没有脱离政治的业务。中信建设无论走到世界哪里，都姓“党”、名“国”、字“中信”。各级党组织每年都在“七一”前后，开展纪念党的生日系列教育活动，重温入党誓词。海外项目一线施工现场保持着升国旗、唱国歌的庄严仪式，大力倡导爱党、爱国精神，激发广大员工干事创业的内生动力。

我们以提升组织覆盖力为前提，推动党的组织和党的工作在海外项目以及合作伙伴企业中全面覆盖。要求中信建设海外大型项目“联合舰队”所有参建合作伙伴都要建立党组织，各劳务班组设立党小组，坚持党对“联合舰队”的统一领导，并主导“联合舰队”统一开展党建工作，保持一个步调。

在加强执行力建设方面，公司党委要求各级党员、领导干部把业务工作立起来、把责任担当扛起来、把业绩导向严起来、把正气形象树起来。在全公司范围开展“担当尽责、有用有为、无愧于心”的大讨论活动，理清思路，激发干劲。

2010 年 11 月，时任国家副主席习近平同志在视察安哥拉项目时，称赞中信建设开创了“安哥拉的南泥湾”，充分肯定中信建设海外基层党建工作对确保项目建设发挥了不可替代的作用。他说：“中信建设海外工程的党建经验值得我们注重和总结，加以完善和推广。”2014 年 7 月，习近平总书记在视察中信建设委内瑞拉项目时，对中信建设践行正确义利观的做法给予高度评价。

2014 年 5 月，国务院总理李克强在视察安哥拉项目时，高度评价中信建设“抱团出海”的商业模式，并要求我们认真总结“联合舰队”的海外项目实施模式、做法、经验。李克强总理在了解到中信建设出资兴办中信百年安哥拉职校的情况后，他说，“你们把‘希望工程’的理念带到了非洲，帮助非洲的贫困青年免费培训技能”。

中信建设党委 2012 年被中组部评为“全国创先争优先进基层党组织”，2015 年荣获中央国家机关工委“十大基层服务型党组织品牌”，2016 年被中央授予“全国先进基层党组织”称号。

缔造价值链

“一带一路”倡议不仅能让中国的基建产业走向国际市场，更是通过产能合作，让亚非拉这些最具经济发展潜力的地区，快速提升生产力水平，促进区域一体化程度，缩小发展差异。如果说“共商、共建、共享、共赢”是中国对外合作企业的方法论，那么缔造价值链就是中信建设践行这一方法论的具体路径。我经常思考，在起步初期，中信建设没有特别突出的优势，却有能力成为超大型项目的总承包商，最重要的是我们持续优化自身价值链，以缔造当地价值链为己任。

比如，我们在安哥拉建设 K.K. 新城，同时投资兴建铝合金型材厂填补当地工业空白，兴建农业示范田，激发大农业综合开发需求；在哈萨克斯坦建设沥青厂，不但拓展了哈萨克斯坦石油加工产业，而且满足了我们承建的 1 000 多公里哈萨克斯坦公路建设的需要；在白俄罗斯建设三条水泥生产线，不但扭转了当地水泥依靠进口的局面，而且还可以将剩余产品向周边地区出口；在乌兹别克斯坦建设钾肥厂，开启了乌兹别克斯坦钾肥自给自足的时代。

2018 年，阿尔及利亚总理艾哈迈德·乌叶海亚将该国近 10 年来最大的工业项目——磷酸盐一体化综合开发项目交予中信建设。这个项目将成为中阿两国产能合作的又一里程碑，总投资超过百亿美元，是健全磷酸盐化工业全产业链布局的重要项目。完整的供应链带来价值链效应，这将带动阿尔及利亚东部地区发展，提升整体经济实力。同时，由于该矿产品具有独特品位，将给国际磷肥市场带来重大影响。中信建设将再一次帮助东道国将资源优势转化为经济优势，助力当地经济发展的多元化。

中信建设“走出去”以来，工业产能合作已经硕果累累，但海外农业产能合作还是一片方兴未艾的土地。中信建设充分发挥海外市场平台优势，整合中国优势产能资源。2018 年，我当选为中国农业国际交流协会会长，我们依托中信集团农业发展的大业务，做策划、搭平台，深挖海外成熟市场潜力，加大农业国际产能合作投入，服务国家战略。我们从种业技术研发的高端入手，参与粮食基础设施建设，特别是仓储、物流等产业链的基础设施建设，在海外打造中国现代农业“走出去”的名片项目。

我们携手联合国粮食计划署将在柬埔寨实施整个国家的粮食仓储

项目；我们将在缅甸建立33个粮食储备设施和烘干工厂，帮助提升当地农民收入；我们还将与哈萨克斯坦粮食集团在肉牛养殖及农业灌溉领域合作。在安哥拉，我们成功运营了两个一万公顷的示范田后，安哥拉农业部部长邀请我们为安哥拉农业做整体的产业规划，策划安哥拉国家农业产业园，这其中蕴含着巨大的农业基础设施项目，而这又将反哺主业的发展。

在白俄罗斯，我们正在实施的全循环高科技农工综合体项目，是该国首个以自动化高科技生产方式降低牲畜饲料成本的农工综合设施，是节能减排循环发展的典型项目。项目投产后，将大幅度降低农产品价格，直接让惠于消费者。同时，产品还将向欧洲及欧亚经济同盟国家出口。

后续，我们还将着力于环保工程领域等较为新兴的产业，推动国际产能合作，让传统的工程承包与新兴产业在中信建设的平台上共生共存，推进技术资源、产业优势与境外市场优势互补，谋求“一带一路”沿线国家市场的新突破。

竞争差异化

中国经过改革开放40年的发展和积累，互联互通基础设施建设经验与技术已跻身世界前列，在装备制造方面已经形成完备产业链；在新兴技术应用领域，巨大的市场容量有能力迅速将新技术落地、优化，并进行大规模产业化。“一带一路”倡议不仅能让中国的基建产业走向国际市场，更可通过产能合作、互联互通，让亚非拉这些最具经济发展潜力的地区，快速提升公共产品的生产力水平，激活地区经济，促进区域一体化程度，缩小发展差异。

中信建设深知融资平台、融资模式的创新已成为市场制胜的关键。我们引入优质社会资本，加强与各产能基金合作，尝试参股专项基金，以小的投入引导基金，助推中信建设主业增长。此外，我们更加注重与项目所在国新经济政策、发展规划的对接，做精存量、做优增量，转变过去中国企业在国际市场上低成本、高消耗、低性能的竞争模式，向高端产业、高品质服务、高质量产品、高附加值方案的竞争转型。

2016 年 9 月，中信建设与白俄罗斯政府建立了首只中白投资基金。在中国国家主席习近平和白俄罗斯总统卢卡申科的共同见证下，中信集团副董事长兼总经理王炯代表中信建设与白俄罗斯财政部、白俄罗斯银行签署了《中白投资基金合作协议》。2018 年 5 月，白俄罗斯卢卡申科总统正式颁布总统令批准该基金。这是白俄罗斯对外金融合作的新尝试，以国家法律的形式确定相关优惠政策，是中白经贸合作发展的新里程碑。

同时，为化解中国技术在国际上的“水土不服”，突破中国企业出

2017 年 11 月，白俄总统卢卡申科见证中信建设白俄吉利汽车项目下线

海的技术障碍和转化壁垒，切实提升自身抗风险能力，我们尤为注重技术研发、落地、创新。2014 年，中信建设与白俄罗斯工业设计院共同出资组建了中信—白俄工业设计工程有限责任公司，帮助中国企业高效、优质地完成在白俄罗斯和第三国进行设计转化、标准落地、工程咨询等工作。

不仅如此，我们还秉持开放的态度，积极拓展与发达国家企业和组织进行合作，结成多元化的合作关系，充分利用其较强的融资和市场优势，向他们学习先进经验。比如，澳洲建筑商 Brookfield Multiplex（布鲁克菲尔德）是我们英国皇家阿尔伯特码头亚洲商务港项目的总承包商，世界银行 IFC（国际金融公司）与我们共同在非洲设立投资公司，泰国正大集团是我们在缅甸市场的联合体成员。

我们坚信全球化趋势是不可逆的，尽管目前在全球范围内出现一些分歧的声音，但是这些互惠互利的合作依旧为各方所乐见，因为这些合作既能拓宽在第三方市场上的合作领域，又符合中国对外合作的政策，也能带来合理的利润。作为中国“一带一路”倡议的践行者，我们以行动说话，只有发展才是硬道理。

构筑生态圈

十多年深耕海外市场为中信建设带来巨大的发展空间，积累了优质的商业伙伴资源，锻炼了国际化经营管理团队，但随之而来也有属地化经营的压力、常驻员工回国轮职的压力、项目建设错峰的人员调配压力，更严峻的还有全球经济的结构性风险。之前在国际市场已经赫赫有名的中信建设，在国内却不太为同行所了解，海外业务份额一直高居中信建设整体业务的 90% 以上。

与此同时，中信建设曾经在海外创出的“工程换资源”和“以投融资为先导，取得工程总承包”的商业模式，也越来越多地被同行效仿和运用，发展优势逐渐拉平，经营压力逐日上升，单一倚重工程承包的方式和项目组织模式已经难以适应经济新常态。

就在中信建设发展出现困难的关键时期，中信集团要求中信建设国内、国际市场并举，在深耕国际市场的同时，加大对国内市场的拓展力度，平衡国内、国外两大市场格局。王炯总经理在中信建设年度工作会议上提出，中信要实现非金融与金融发展的“四六开”，希望中信建设为非金融板块的发展壮大做出更多贡献。

为实现转方式、调结构，中信建设提出并积极构建“大建设生态圈”。围绕工程建设这条主线，通过战略性股权投资和战略联盟等方式，将技术、资本、管理、产业、市场、劳动力等方面上下游体系稳定地浇筑在一起，为区域经济发展打牢基石。同时，我们充分利用国内、国外两个市场建立的业务平台，在上下游产业链中汲取更多的附加值。

为更好地利用社会资源，中信建设深入推进混合所有制改革，选择有实力的行业领先企业，通过股权合作、参股、收购等方式，将国有企业实力与民营企业活力进行融合，放大国有资本功能，兼顾市场机制灵活性，实现取长补短，将“大建设生态圈”做实、做强。

三年来，中信建设在国内市场的开拓成效显著。借势 PPP 项目拉动地区经济增长、缓解地方政府债务压力、提高公共服务质量，中信建设在国内项目总量已近千亿元人民币。其中，崇礼冬奥会配套太子城小镇项目是继 2008 年奥运会主会场“鸟巢”之后的又一奥运工程；四川资阳临空经济区项目是资阳未来发展新的最大引擎，建成后将成为临空制造与综合服务等主导产业齐备的现代化国际空港新城。

时至 2018 年底，中信建设的国内市场份额已经达到整体业务的 40%，为缓解全球经济紧缩压力、创新管理模式、实现员工职业长期发展、优化业务结构和利润结构等方面起到重要的平衡作用。

中信发展的40年，见证了改革开放和中国经济的腾飞，见证了“一带一路”让全球连接更加紧密。中信建设作为中信大家庭的一员，将继续在践行国家“走出去”战略中发挥排头兵作用，不断创新商业模式，挖掘对外合作潜力，坚持“共商、共建、共享”原则，努力实现高质量发展，与东道国一起打造可持续发展的命运共同体。

乘“船”远航到世界的中央

中信建设有限责任公司　王浩祯

一个人，渺小而微不足道。但只要乘上船、乘着风、扬起帆，我们就可以跨过江河、跨过大海，远航到世界的中央。

自 2011 年 3 月，我怀着紧张而激动的心情走出大学的象牙塔，有幸登上中信建设这艘船和中信集团这艘巨型航母，我的生活轨迹也从此发生了翻天覆地的变化。

到中信建设工作八年来，我参与并见证了哈萨克斯坦沥青厂和白俄罗斯吉利汽车生产线两个项目的建设和投产。项目现场的敲击声和渐渐耸立起的建筑物，已成为我的生活、我的习惯、我的轨迹。所见所闻，也使我更深刻理解了中信集团“诚信、创新、凝聚、融合、奉献、卓越”的核心价值理念，更深刻理解了中信建设“敢为人先，开拓创新的英雄主义；追求卓越，永无止境的理想主义”的企业精神。

初识篇

毕业后，我就参与到哈萨克斯坦沥青厂项目的工作中。四年的青葱岁月，我与大家一路陪伴着沥青厂拔地而起，一起见证着项目队伍的不断壮大，一同体会着每一个里程碑到来时的心潮澎湃。

工作中，我主要负责英文翻译和现场协调，而工程专业知识则成了我最大的“瓶颈”，很多知识都需要前辈们耐心讲解。纵使如此，因为不了解所翻译词的内涵，初出茅庐的我依然闹出了不少笑话。比如，工程师们经常提到“大小头儿”，我起初十分可笑地译为 “big head and small head”，后来才知道，这个其实是“异径管接头”（reducer），专门用来连接前后两头直径不同的钢管。再比如，现场工程师们把在屋顶起到通风和散热作用的设备称为“风扇”，我便简单地理解为“fan”这个词，在外籍工程师的提醒下，我才了解到它其实指的是“鼓风机”（blower）。

笔译尚有询问的时间，口译根本来不及解释。有时要讨论半天，才能理解彼此的意思，或者达成一致。所幸大学学习翻译的四年，培养出了我踏实沉稳、专心思考、耐心斟酌的性格，我用这种韧劲不断弥补自身的不足。

2013 年 10—12 月，正值沥青厂现场预试车和试车的高峰期，在这难忘的三个月里，我切身感受到海外常驻工作和生活的状态，实地学习了沥青厂建设的工艺流程，并向试车队、设计院专家们和高级工

哈萨克斯坦沥青厂项目实景

程师们请教各种专业问题……这些，已然成为我最宝贵的财富。

2013 年 12 月 20 日，沥青厂项目顺利竣工投产。作为中哈两国在非能源领域合作的第一个成功案例，项目竣工典礼受到《人民日报》、新华网以及哈萨克斯坦当地各大媒体的普遍关注。在兴奋、激动的同时，我深深感到自己的命运和国家的命运紧密联系在了一起。

奋进篇

2016 年，我又迎来一个崭新的挑战。经事业部统一安排，我被调入白俄罗斯吉利汽车生产线项目部，随即开始了新的常驻工作。

由于对白俄罗斯这个国家的一切都感到陌生，我十分忐忑自己是否可以胜任新的工作岗位。因此，在常驻前，我埋头做了两件事：一是把吉利的主合同反复看了几遍，了解合同的背景、对象、工期、支付条件等要点；二是梳理了我在哈萨克斯坦的现场工作材料，总结经验，弥补不足。为了迅速融入团队，发挥新的岗位作用，我只有通过自身努力，用最短时间熟悉厂区和各个子项，与时间赛跑。

前半年，我主要负责协调 10 个当地分包商的施工和付款进度，每天主动到现场查看、跟踪，接触中国企业相应的联系人，熟悉当地的分包负责人，为多方配合创造条件。面对工作面界定不清晰、工作进度相互影响、机械调配冲突等诸多困难和挑战，我及时联系相关方，以最快时间达成一致，亲自督促双方人员和工机具及时就位；面对设计、合同项下的专业问题，我及时向现场的设计和工程部同事反映、请教。经过半年历练，我的组织协调能力和执行能力得到极大提高，对项目采购、施工的工作也有了切身体会，对锅炉房、铁路、雨水处理、玻璃幕墙、消防、地下油库、通风管道等施工子项有了更深的了解。

接下来的一年半时间里，我转手负责项目的合同商务工作，包括现场自签和代签合同审批，存档及合同台账的录入，以及中国企业的施工进度、付款等。

合同商务工作涉及大量文字细节，需要秉持细致严谨的工作态度。在主管领导的悉心指导下，一个月后我便可以独立校对合同文本。从项目实施的源头俯瞰整个项目内容，包括工期、付款和变更等，也让我对项目整体有了更全面的把握，有了更宏观的大局意识。

吉利项目经过两年的建设，最终于2017年10月24日通过性能考核，项目设备正式进入质保期，并实现投产。11月17日，白俄罗斯总统卢卡申科亲临项目现场参加新车下线仪式。卢卡申科总统在热情洋溢的致辞中表示，该项目实现了他本人长久以来拥有国产乘用车生产的梦想，为中白两国经贸合作书写了崭新的历史篇章。在这个特殊的日子里，他要感谢习近平总书记的大力支持，还要向所有参建的中国合作伙伴、白俄吉利合资公司全体员工，以及为项目顺利投产而辛勤付出的所有

作者在白俄罗斯吉利汽车项目焊装车间主焊线二层平台

人，表示衷心祝贺和感谢。

搭着中信建设这艘在国外纵横驰骋的轮船，搭着中信集团这艘巨型的航母，在国外，我们受到了越来越多的尊敬，获了满满的自豪和幸福。

感恩篇

公司于我不仅有知遇之恩，更有救命之恩。

在白俄罗斯度过的第一个春节，便让现场的领导和同事们为我捏了一把冷汗。经过除夕夜一晚的热闹，第二天起床，我突然感到右下腹部位置阵阵疼痛。和执行经理潘小飞说明情况后，他马上安排现场翻译俞向阳陪我去当地一家医院接受检查，很快被确诊为急性阑尾炎。医生督促我尽快回去带一些生活用品立即住院，当天手术。

当听到“手术”这个词时，我还没有任何心理准备。别说手术，我平时连医院都不怎么去，更何况是在这样一个远离父母亲人、几千里之外的异国他乡。听闻消息，潘经理一边安慰我，一边第一时间与我父母取得联系，征求他们的同意。同事们也纷纷要求到医院陪护。

当时，国内已是凌晨，父母早已睡下。经过国内同事的倾力协助和不断尝试，我终于在进入手术室的前一刻接通了父母的电话。我清楚记得母亲反复跟我说的一句话就是：“相信公司，相信自己，我们等你平安回来。”

在被推出手术室的那一刻，我隐约听到耳边传来声声熟悉的嘱托，双手被一双双手交替地紧握着。从阵阵疼痛中醒来，得知领导和同事们都在手术室外静静守候时，我的泪水不由自主地涌了出来。

阑尾切除手术后，恢复需要两周，且不能长时间站立，这就意味着春节期间人手本来就不够的项目现场，还需要有同事额外分担我的一些工作，我感到深深的内疚。公司和事业部的领导来白俄指导工作期间，又特意到病房看望，并一直鼓励我、安慰我。

两周之后，我坚持复工了。虽然走路不方便，但我负责的工作大部分是处理合同和付款文件，在办公室就能完成。我还利用晚上，分批处理了之前积攒的信函和档案文件。那段时间，每天都会收到同事的关心和问候，就连我们现场的厨师，也不时问我需不需要补充额外的营养。

四个月后，伤口早已完全愈合，吉利项目也进入新的调试阶段，我才安心申请了年休假回家探亲。回到家的那一刻，母亲把我紧紧搂在怀里，捧着我的脸说:“儿子真坚强，终于长大了！”

在国外项目现场，感动人心的事情时常上演，因为我们都在同一艘船上，在中信建设这艘有责任、有温暖的船上。作为中信建设的项目团队，大家不放弃、不抛弃任何一位船员。而作为一名身在船上的员工，我们也应该以责任、使命和担当，深深扎根于本职工作，用实际行动表达感恩、诠释忠诚，不辱中信“铁军”之名。

责任篇

由于吉利项目顺利竣工投产，我于 2018 年 1 月起结束在白俄罗斯的常驻工作，回国接手党务纪检工作。

党务纪检工作贯穿于公司所有经营活动之中，是管理国有企业最核心的一环。我很快就感受到这项工作对个人综合素质有更加严格、全面的要求。

在新形势下，我们的党建工作要坚持以党的十九大精神为指导，树牢“四个意识”，坚定“四个自信”，坚决做到“两个维护”，紧跟中信集团和中信建设的发展方向，把党建工作做出活力、做出温度。

2018 年以来，我参与了很多党建活动的筹备和组织工作，也曾到习近平总书记插队的梁家河村参观研学。在村委会大院内，公司领导带领我们重温入党誓词。在那庄严时刻，我们身着统一服装，胸前佩戴党徽，面对鲜艳的党旗铿锵宣誓，一股无形的力量油然而生，激动的泪水夺眶而出。

公司是船，我们都在船上。一旦登上了船，我们每一个人的命运，都和这艘船紧紧地连在了一起，与所有中信建设人、所有中信人同舟共济，也将是我一生不变的信仰。我愿意继续将青春挥洒在各个项目现场，用饱满的热情回报中信集团和中信建设为我提供施展才干的广阔舞台。

在“三国”级项目中践行国企使命

中信工程设计建设有限公司总经理　金志宏

中信工程设计建设有限公司（简称中信工程）是中信集团的新军，在中信集团的战略安排下，由中国市政工程中南设计研究总院有限公司和中信建筑设计研究总院有限公司（简称两院）顺应国家和行业大势，于2013年重组成立。自成立之初，中信工程即担负起带动两院创新发展、实现业务转型升级的重要责任和使命。

作为一名曾经从事16年设计工作的工程师，在经历了14年的地方政府部门锻炼后，我于2014年9月重回中信工程参与这场变革。

到任以来，我一直在思考：在改革大背景下，国家在PPP和EPC领域面临着难得的发展机遇，中信工程转型发展正当其时。我们该如何抓住黄金机遇期，借助中信集团品牌和金融优势，让中信工程在向EPC转型过程中，实现后来居上？

在系统分析中信工程的比较优势——人才和技术密集、处于产业链前端、拥有中信集团“创新驱动”战略的支持之后，我们决定把实现公司高质量发展的创新探索聚焦到“PPP+EPC+基金”商业模式、“综合设计”、“执行建筑师（工程师）负责制”和“智能建造”方面。其中的重中之重，便是顺应中国建筑业未来的发展方向，把集团“互联网+转型”与BIM（建筑信息模型化）技术结合，打造“中信智能建造平台”。

中央重托，承接“三国”级项目

2017年夏天，鉴于中信集团的品牌影响力和中信工程的综合实力，武汉市政府将一个重大而紧急的任务托付给中信工程：打造国内首个网络安全人才与创新基地，并达到国内一流建设标准。

国家网络安全人才与创新基地（简称网安基地）位于湖北省武汉市东西湖区临空港经济开发区，是经习近平总书记批示、中共中央网

网安基地鸟瞰图

络安全和信息化委员会办公室支持，为推进我国网络安全战略而实施的重大项目。

我们称之为“三国”级项目——国家级企业（中信集团）承担国家级开发区（临空港经济开发区）中的国家级项目（网安基地），也是中信工程集商业模式创新、生产方式创新、管理模式创新和带动两院业务转型升级于一身的重大项目。

该项目旨在打造国内首个“网络安全学院＋创新产业谷”基地，弥补我国网络安全产学研一体化的战略空缺，承载着国家网络安全人才培养和创新网络安全产业发展的重任，具有极强的政治意义和战略意义。建设网络安全基地，是中央重托、国家使命。

网安基地一期核心区4平方公里，建设规模包括全区域的市政道路、生态景观、网络安全学院及配套设施共60多万平方米，投资额近百亿元。能够承接到如此具有影响力的国家级重大建设项目，着实令人振奋。

在加入中信集团之前，我曾担任东西湖区政府副区长，对这片土地饱含挚爱之情。如今，遥望这片生机勃勃的创新热土，我感慨万千：中信工程定将肩负历史使命，以落实国家战略为己任，以创新发展为驱动，不惧艰难，撸起袖子加油干，将这片曾经的荒郊之地打造成“百亿工程”“国家名片”，为国家网络安全的未来奠定坚实基础。

创新模式，攻克融资难题

我们的工作在刚开始便困难重重。2017年，集团要求“降杠杆”，新的投资项目不得并表。但网安基地项目进展迫在眉睫，必须攻克融资难题。

我一方面组织公司内部研究产业基金的解决方案，另一方面向集团人力资源部“求援”。集团给予大力支持，选派中信建设业务骨干张庆升同志到中信工程挂职任副总经理，仅仅三个多月的时间，他和

中信集团相关部门调研网安基地重点项目

投融资部便拿出了组建基金管理公司的方案。2017 年 9 月底，集团正式批准公司成立“中信工程股权投资（武汉）基金管理有限公司”，以基金模式向各合作方募集资金，通过基金公司管控项目公司，以少量投资撬动大项目，为网安基地项目的顺利推进提供了融资保证。

然而，网安基地项目的融资道路并非一帆风顺。2017 年 11 月，财政部、国资委先后出台《关于规范政府和社会资本合作（PPP）综合信息平台项目库管理的通知》《关于加强中央企业 PPP 业务风险管控的通知》《关于规范金融机构资产管理业务的指导意见》。连续出台的政策，在规范 PPP 市场的同时，也使政府和有关单位开始观望、等待。

在这种形势下，我们一边及时召集各相关部门共同研究政策，重树大家一干到底的决心，一边立即与国内知名的证券、银行、保险、信托、大型央企的财务公司等金融机构进行沟通交流，确立了全部使用真股权资金投资建设网安基地项目的思路，积极寻找有意向的股权投资者，成功引进上市公司投资网安基地项目。调整后的基金模式完全合规，且符合政策导向。

至此，公司“PPP+EPC+ 基金”的创新商业模式正式形成。这一在国内同行业独树一帜的商业模式，既符合中信集团“降杠杆”的方针，又确保了网安基地项目的有序推进。该项目终于在 2017 年 12 月顺利获得中信集团战略与投资管理委员会的审核批准，并通过了国家开发银行、中国建设银行等主要金融机构的贷款审批。

创新管理，实行执行建筑师负责制

在积极融资的同时，我们迅速展开网安基地策划设计工作。网安基地是名副其实的大项目，包括网安基地公共建筑、网安基地基础设施、国际人才社区和临空港新城基础设施在内的四大类共 44 个子项，涉及建筑工程、市政工程、环境工程等多个专业。如此纷繁复杂的项目，在中信工程 PPP 项目的建设上前所未有。但是我相信，依托中信工程在策划和融资上的创新，以及两院“技术 + 人才”的独特优势，我们一定能够高质高效地建成国内一流的网安基地。

时间紧迫，只争朝夕。中信工程点将中信建筑设计研究总院副总建筑师叶炜为执行建筑师。从 2017 年 7 月接到任务开始，叶炜及其团队 15 个人便加班加点、通宵达旦工作。他们不负众望，充分发挥执行建筑师的核心作用，在短短一个月时间内，高质高效地完成了设计任务，得到东西湖区政府的高度认可：“中信工程做的项目，我们绝对放心！”

大项目，必须要有大思路。在项目设计上，我们以网安基地项目为载体，倡导“综合设计”理念，通过集成创新构建跨行业和跨企业的合作机制，实现项目经济、社会和环境等综合效益最优化。在管理上，实行“执行建筑师（工程师）负责制”，由项目设计的总建筑师担任EPC项目的总建筑师，同时也是项目投资公司的总建筑师。让执行建筑师（工程师）借助EPC管控设计施工全过程，充分发挥建筑师主导作用，简化决策程序，让建筑师（工程师）设计意图一以贯之，并对项目全过程负责到底，大大提升工程建造品质。

创新技术，抢占“智能建造”制高点

打造EPC的智能建造平台，是中国建筑业未来发展之路，是公司顺应时代发展方向的战略抉择。从2017年初中信建筑设计研究总院青年设计师团队提出构想，到10月底完成1.0测试版本，在集团“互联网+转型”领导小组的直接指导下，我和集团“互联网+转型”工作小组张益民、中信云网总经理李凡、集团信息技术管理部副总经理周乐，率领两院及10余家合作伙伴50多人“狂飙突进”，全力抢占中国“智能建造”的“制高点”。

中信工程与中信云网合作搭建的“中信智能建造平台”，被我们称为工程建造行业的“淘宝”。该平台通过对人员、流程、数据、技术和业务系统的有效集成，实现对建筑从设计、采购、生产、施工到运维的全过程、全要素、全参与方的数字化、网络化和智能化管理，有力推动工程建造行业由“建造”向“智造”转型，大大提升工程建造行业的生产效率。值得庆贺的是，在团队努力下，“中信智能建造平台”在2018年11月集团“金点子”创新创效大赛上，获得决赛二等奖。

技术有了，平台成形了，如何让“中信智能建造平台”全面铺开、广泛应用？网安基地的建设，正是“中信智能建造平台”大展身手的时候。

网安基地第一个子项——展示中心，便是基于“中信智能建造平台”设计建造的杰作。展示中心作为对外接待宣传的窗口和重要地标性建筑物，是网安基地的“名片”。如何打造这张“名片”？项目团队反复琢磨探讨，决定利用古代建筑生动轻快的飞檐感来营造自由感，运用抽象网络的形态来表达可信、可控、可管、可查、可靠的安全理念，形成了国内首创的融透明性表皮、自平衡曲面结构和自由灵活空间为一体的网状建筑形态，我们形象地称之为“自由有界”。

“自由网络”的设计贴合主题，十分精彩，但同时也加大了工程建设难度。如果采用传统的图纸交付方式开展设计与建设，很有可能造成信息丢失或错误。而基于BIM技术的“中信智能建造平台”正好满足了展示中心的设计建造要求：运用数字物料跟踪等手段，数字化管理每一根钢结构，使设计信息具有很强的可追溯性，设计师的意图可以分毫不差地传递到每一个环节，使得不同的施工方最后都能交付出同样的工程成果。既保证了建筑设计意图的一以贯之，也极大地提高了施工的精度和效率。

依托“中信智能建造平台”，基于建筑信息模型技术，网安基地实现了设计、采购、加工、建造的数字化与在线化，使数字技术覆盖了工程建设的全生命周期。借助网安基地项目，“中信智能建造平台”也在实战中日臻完善，正在实现从1.0版向2.0版的升级迭代。

如今，“百日会战”正在网安基地如火如荼地进行。随着展示中心、培训中心、国际人才社区等一个又一个子项的拔地而起，国家网络安全人才与创新基地正在由蓝图变成现实！

创新不止，未来“智由我造”

既然选择了远方，便只顾风雨兼程。

近年来，在中信集团的指导引领下，中信工程人凭着逢山开路、遇水搭桥的闯劲和铁杵磨针、滴水穿石的韧劲，秉承中信集团“诚信、创新、凝聚、融合、奉献、卓越”的核心价值理念，在“PPP+EPC+基金”的创新商业模式、“智能建造”的先进生产方式，以及“综合设计”“执行建筑师（工程师）负责制”等先进管理方式的带动下，走高质量发展路线，铸高质量精品工程，在业内的影响力不断增强，经营业绩取得了突飞猛进的发展。

从成立初期的年营业收入14亿元、净利润不足2亿元，到2018年全年新签合同额271亿元，实现营业收入70.5亿元、净利润6.08亿元，其中EPC收入占营业收入比重达72%，真正实现了由勘察设计企业向具有核心竞争力的科技型工程公司转型升级，提前两年完成“十三五”规划的主要目标。

岁月不老，初心不变。今天，当我们推开新时代的大门，回望中信工程在集团的带领下走过的那段筚路蓝缕的创业历程，每一个中信工程人都显得更加从容、更加自信、更加坚定。在与时代同步伐、与集团共命运的新征程中，我们必将开启一个充满希望的崭新未来。

竣工——八年追梦路

中信和业投资有限公司原总经理　王伍仁

早春的北京，晨曦中，中信大厦银灰色的幕墙披着朝霞在天际间熠熠生辉，像是一支巨大的日晷上闪光的晷针，映着五彩的光，唤醒整个城市，让古老而现代的北京在光影中沸腾开来。

在中信集团董事长常振明、集团总经理兼中信和业投资有限公司（简称中信和业）董事长王炯的正确领导下，我们经过艰苦卓绝的不懈努力，于2018年12月14日取得了北京市规划和国土资源管理委员会下发的《建设工程档案预验收意见书》，正式通过了中信大厦建设工程档案预验收。19日，通过了北京市朝阳区消防支队组织的消防验收，取得了国内唯一的超高层建筑竣工前下发的消防验收合格证书，至此，中信大厦如期竣工。在12月28日举行的中信大厦初步接收证书颁发仪式现场，中信集团董事长常振明从中国建筑集团有限公司总经理王祥明手里接过金钥匙，这标志着中信大厦开发建设兑现了2012年项目启动之初，我们向集团党委做出的郑重承诺。

作为参与和见证中信大厦的开发建设者，我更能体尝其中艰辛，体会这份成绩的来之不易和珍贵价值。

不负嘱托

2010年12月,中信集团中标Z15地块(中信大厦建设期的项目名称)后，中信大厦的开发管理模式几经变迁，受到了中信集团党委的高度重视。现在回想起 2011 年 10 月 20 日，从香港九龙仓建设集团有限公司接盘中信大厦开发后的历程，仍然印象深刻。

“伍仁啊，Z15 项目是集团成立以来在国内投资的最大单体项目，各方面关注度极高。你们团队一定要实现三个目标：一是建造一座超高层的经典之作；二是培养一支专业化的超高层建筑开发建设及运维队伍；三是要留存一套翔实的开发建设资料。”初次见到常总，他就称呼我“伍仁”,让我既意外又亲切。他语重心长地对我说:“这个项目万众瞩目，绝不能楼建成了，人倒下了。更不能楼还没有建成，人就倒下了!”我坚定地回答他说:“我们一定心无旁骛地落实集团党委的要求，Z15 项目开发只能给集团增光，令中信人骄傲，绝不给中信抹黑!”这个场景伴随着我走过了中信大厦的开发建造之路，这些要求和嘱托与数万吨钢筋混凝土一起铸就了中信大厦的基础。那是一个庄严的起点，也是必将到达的辉煌终点。我对此感到荣幸，也深知肩上担子的沉重。

Z15 项目开发建设时期，常振明董事长多次带队拜访或致函北京市领导,推动解决了项目建造中遇到的大厦设计方案定案、购地红线南移、大厦坐向调整至与长安街平行、工程提前打桩、大楼顶部优化及电力增容等重大问题，为项目顺利实施起到了至关重要的作用。中信集团副董事长、总经理王炯自 2016 年 2 月担任中信和业董事长以来，带领我们克服重重困难，渡过了中信大厦开发最为艰难的时期。他先后主持召开 24 次董事长办公会，对项目推进中的 36 项重大事项及时决策；先后 15 次亲临施工现场，并于 2018 年 11 月 14 日带队拜会新设立的国家应急管理部有关领导，亲力亲为推动中信大厦的消防验收工作，加快了中信大厦开发建设的进程。中信集团副总经理李庆萍担任项目指挥部的指挥长后，大刀阔斧地调整了中信和业的管理架构，建立了清晰的责任体系，使公司步入规范运行轨道；她在担任中信和业董事长期间，先后3次与市、区领导沟通协调，召开6次董事长办公会，对22项重大事项进行了决策，有力地促进了项目实施。

中信大厦建筑高度为528米，是北京第一高楼。外形经过抽象处理和比例优化，呈现轴对称的中国传统礼器“樽”的特征。这座国际一流品质的超高层建筑，自开发建设起，就面临着工程体量大、建设工期短、技术要求高、运营管理难、施工场地狭小等诸多困难，而这些挑战远比一般工程艰巨得多。为此，我经常把中信大厦的开发建设

建设中的中信大厦

比喻成一场“马拉松比赛”，因为它不仅考验着项目建设前期的筹划能力、长时距统筹管理能力，同时也考验着我们科学的“体能”分配、匀速不间断的“奔跑”能力。在中信集团领导的精心指导和大力支持下，我们从这场漫长“比赛”的准备阶段就瞄准“安全、高品质、造价受控”，如期实现开发总工期目标的“冠军杯”。为实现这一目标，我们经历了风雨八载的艰苦拼搏，经受了各种困难的重重考验，承受了巨大的压力与非议，就是要向集团、向北京、向祖国交上一份被业界高度赞誉的答卷。

紧扣工期

影响中信大厦开发总投资最为敏感的因素是工期。在项目开发建设后期，中信大厦每天的财务成本超过400万元人民币。因此，在确保安全和品质的前提下，实现总工期目标是项目开发建设的重中之重，也是实现公司利益最大化的关键抓手和使命。然而，总有施工单位通过各种方式要求延长工期，甚至直接向集团领导告状，认为我们对工程建设要求脱离实际。我坚定并耐心地开导这些施工单位负责人：“发包方与承包方签订的合同是双方必须遵守的约定，只有如期履约按时竣工，才能实现所有参建单位共赢。延长工期不仅会给业主增加巨额财务成本，而且所有参建方的成本也会相应增加。不能如期竣工，所有参建者和业主团队都将是失败者。”

多年的工作经验，使我非常清楚既不能降低品质，又要缩短开发周期，唯有业主方内部挖潜和对开发管理流程再造，唯有千方百计压缩业主方工程前期的方案设计和审批，压缩政府报批报建的用时，才能达到预期目的。于是我们首先整体谋划，努力压缩项目前期工作周期。比如，按流程申请施工许可证需准备17项办理要件，其中“建筑工程消防设计审核意见书”“超高层建筑结构超高超限审查”“施工图审查”

的审批通常需耗时两年多。在集团领导的推动下，我们积极协调政府相关部门，最终政府主管部门开创性地按施工进度先后给中信大厦颁发了 4 个施工许可证，使得项目在 2013 年 7 月 30 日合法地开始主体结构施工，比常规流程缩短了 17 个月。

作为中信大厦的开发建设与运维主体，我们汲取了“EPC 工程管理”“全生命周期项目管理”“价值工程”“并行建造”“精益建造”等国际上先进、成熟的管理理念，持续创新了 ECPO（规划 / 设计、建造、采购、运营）一体化工程管理模式，使得中信大厦的开发建设速度始终领跑北京 CBD（中央商务区）核心区，领跑中国同类超高层的开发建造。针对超高层建筑开发及特大型工程建设普遍存在的初步设计与施工图设计之间的信息“鸿沟”，我们创新“设计总包联合体”管理模式，填平了第一条鸿沟。创新施工总承包与机电总承包的“双总包”施工管理模式，解决了以土建结构和装修工程施工为核心业务的“施工总包”难以有效协调、管理机电工程的问题，使结构工程与机电工程并行推进，又辅之以推行“交安计划”和“交装计划”的有效措施，实现了工程施工进度均衡推进，总体施工周期大幅缩短的目的。中信大厦开发建设中，我们创造性地设立了工期进度节点奖励机制，促使施工单位严格按计划推进建设，以经济补偿的方式平衡不可抗力造成的停工延误（政府重大活动、恶劣天气等导致的停工），取得了双赢或多赢的效果。自我加压，实行“扁平化”运营体系，同时建立“专业工程师责任制”，辅之以技术和行政“双轨”管理并行，从设计、施工和运维三个维度，对各专业工程质量、进度和造价进行全面管控，使成立的 44 个专业小组在项目建设的快速推进中成了“突击队”和“尖刀连”。

依托有利条件及技术创新来摆脱“瓶颈”制约，也是我们提高施工效率的一个关键措施。利用 CBD 核心区地下公共空间基坑一体化施工的有利条件，通过“借船出海（利用他人的施工许可证）”，与周边施工同步施工的机会，提前展开土方施工和钢平台搭建，使得地下结构工程施工提前了 15 个月。令人惊喜的是，我们创新性地采用地下连续墙替代红线外市政管廊的抗拔桩，既帮助政府节省了综合管廊的造价，又使中信大厦的地下空间扩大了七千多平方米。中信大厦没有裙楼，裙房地下室较轻，在设计单位充分论证和模拟计算的基础上，取消大厦与裙房的后浇带，实现了超高层建筑桩筏基础设计的创新，不仅提前展开了地下室机电与装修工程施工，而且减少了桩基 511 根，节约混凝土约 9 200 立方米、钢筋约 4 200 吨。为解决施工方无周转场地的问题，我们利用土地红线南移的机会，借用北侧 12 米连廊上方的空地，创新性地搭建了 1 800 平方米钢栈桥平台，使得地下结构施工提前展开。在东西两侧搭建约 900 平方米钢平台，借用南侧管廊作为临时堆场拓展施工现场，又解决了施工车辆进出与材料装卸的难题，为推进项目快速施工构建了“生命通道”。使用先进的跃层电梯技术对缩短工期功不可没，解决了超高层建筑施工中垂直运输能力瓶颈制约的世界难题，极大地提升了施工阶段的运输能力和效率。中信大厦建造中使用的临时消防措施与正式消防设施相结合的消防自救系统，是业主方反复推动设计方、施工方、制造方的一项重要创新成果，既避免了系统切换时出现的“消防真空期”，又缩短了临时消防设施的拆除时间，为提前装修施工创造了条件，而且避免了重复投资。临永结合的消防自救系统，在超 500 米的超高层建筑施工中的应用在全球尚属首次。

追求品质

集团领导在公司的各种会议上反复强调：“实现中信利益最大化，如期实现竣工的前提是‘安全和品质’，绝不能牺牲质量抢工期。”经过广泛对标和审慎研究，我们把“竣工时国际一流，竣工后八年内国内领先，十五年内品质不落后”确定为中信大厦的品质目标。

按照“中信大厦在2019年建成之日各项重要性能指标全球领先，2025年前不被同类项目超越”的目标要求，2012年，公司将业界公认的品质典范——上海环球金融中心和香港国际金融中心（IFC）二期确定为品质对标项目；2016年，又将对标目标提升到日本东京虎之门大厦和日本最高楼大阪的阿倍野大厦。同时，公司组织了对全球99座超高层建筑及60多家主要设备和材料厂家的调研，完成了150多份调研报告，使得大厦建设能够及时运用大量新技术，提升建造品质。

2012年8月，正式启动项目初步设计后，我们坚持将品质控制的源头放在设计上，聘请了门类齐全的专业顾问团队对初步设计成果进行两轮审核，提出了1 126项审核意见，被设计方采纳847项，采纳率约75%；2013年12月，完成施工图设计后，再次组织各类专家对施工图设计成果进行4轮审核，提出了7 022项审核意见，被设计方采纳6 556项，采纳率达93%。由于严格审核设计成果，所以大部分技术问题在设计阶段便能消化解决，极大地减少了施工阶段因设计变更导致的停工、返工整改，节约了造价工期，避免了窝工损失，有力地保障了工程品质。

我们将2016年确定为中信大厦的技术开放年。对标超高层建筑的国际先进水平，通过广泛调研、反复论证，科学严谨地优化中信大厦的性能指标，审慎精选设备、材料，再次打磨中信大厦的品质。公司要求设计方、施工方、制造方以及业主的工程师反思、检查5年前开始的设计、技术以及设备材料等有哪些已经落后，哪些将被淘汰，哪些可以确保2019年中信大厦竣工的主要性能与品质指标占据全球领先地位。尽管这些会带来延长工期、增加成本的风险，但为了确保中信大厦的高品质，我们觉得再次冒险也值得。

在工程建设过程中，我们坚持样板先行。通过样板施工及检验，确定设计方案，验证可施工性，确定设备材料、施工工序及工期、质量检验标准等。我们编制了“中信大厦装饰工程检验标准”“中信大厦机电安装工程质量检验标准”等制度规定，为项目高品质建造发挥了重要作用。公司专门设立了品质总监岗位，成立了品质督察部，履行保障工程品质职责，督促和检查监理单位的履约情况。8 年来，我们共发现各种品质问题 1 134 项，完成整改 1 089 项，剩余的 45 项正在整改当中，保证了大厦的施工质量。2018 年 8 月，中信大厦获得了北京市建筑结构“长城杯金奖工程”。

在一系列措施的保障下，中信大厦在健康环保、运力快捷、结构安全、结构舒适度、室内空气质量、温湿舒适度、节能降耗、智能楼宇等方面领跑全球超高层建筑，并刷新了诸多超高层建筑建设重要指标的纪录，为中信大厦安全、稳定、高品质、经济运行奠定了坚实基础。

履责践诺

“工作中痛哭流涕，我那是第一次也是唯一的一次，现在回忆起来好像就在昨天，一辈子也忘不了。”公司造价负责人宋利坡在 2018 年的年会中向我感慨道。“是啊，恍如昨日。”我应和着。8 年来，中信大厦开发建设走出了一条有诺必践的诚信守约之路，让我们真正从每一项工作、每一个细节诠释中信大厦精品工程的定位，也信守了当初许下的诺言。

决定工程开发建设成败的一项重要指标就是造价。造价是否受控，是工程成功与否的重要表现。有人曾经总结，中信大厦开发的总概算由三个三分之一组成，即三分之一土地使用费，三分之一建设安装费，三分之一财务成本（时间成本）。在抓住开发周期这个影响总投资额“牛鼻子”的同时，我们在造价控制上也付出了极大的精力。

项目建设施工前，针对概念设计、初步设计、施工图设计、深化设计四个阶段，我们建立了测算、估算、概算和预算的“限额”控制基数，以及评审流程。紧抓设计这个造价源头，不断复核校对、反馈、修正，以确保总投资额控制目标的实现。

8年来，我们共编制预算43份，其中施工总包项下共编制预算12份，机电总包项下共编制预算31份。审核变更391份，审减比例达62%，其中施工总包变更共审核280份，审减比例达60.5%；机电总包变更共审核96份，审减比例达64%；电梯工程变更共审核15份，审减比例达31.7%。

我们先后共出具进度款审核意见159期，其中对施工总包进度款共审核90期，对机电总包进度款共审核42期，电梯工程供应及安装共审核16期，擦窗机工程共审核11期。

经不间断测算，我们有信心在工程最终接收、结算时能够实现2012年3月12日集团审批的总投资概算不被突破的要求。

8年来，我们始终坚持以问题为导向，大胆创新，以国内同类超高层建筑1.4倍的开发速度（仅用同类项目70%的时间），完成了中国超高层建筑新标杆——中信大厦的开发建设，成为中信集团向新中国成立70周年献礼的经典之作，亦成为中信集团成立40周年发展壮大的代表作。作为首都新地标，北京面向世界的新名片，很多业内人士到中信大厦参观、考察。他们总会感慨道：“只有中信能干出这样典范式的经典工程。”我也总会自豪地回应他们说：“没有哪个超高层建筑的开发建设具备中信大厦这样的条件。中信大厦的优质、快速建造靠的是中信集团肥沃土壤的滋养。”中信大厦安全、高品质、造价受控及如期竣工，是中信集团综合实力的体现，是中信品牌形象的展示，是中信集团党委坚强领导、推动、支持和信任的硕果。

坚实的脚印、艰辛的付出，迎来的是金色的收获。

高耸入云的中信大厦

望着眼前高耸入云的中信大厦，我从没有过这样的震撼。我深切地感悟到，奋斗没有穷期。中信的历史靠所有中信人的奋斗来延续，中信的未来靠大家一起奋斗去缔造。我期待中信事业创新不止，明天更美好！

我把中信大厦“接回家”

中信置业有限公司董事长　胡东海

2019年是新中国成立70周年，也是中信成立40周年，意义非同寻常。这一年对于我这个老中信人来说，还有特别的意义，那就是中信房地产股份有限公司（简称中信地产）[①]“北京CBD项目前期工作组”代表中信集团竞得的中信大厦项目即将投入使用。每当我从长安街远远看到中信大厦挺拔的身姿，或是在繁忙的东三环与它擦肩而过，看着它越长越高挺、越来越壮美，听闻着社会各界的赞叹，作为亲手将其揽入中信怀抱的中信人，内心总是汹涌澎湃。中信大厦，你是命运赐予我的机缘，那些为你思量、为你请命、为你奋战、为你欣喜的日子，今天依然历历在目，铭记在心。

机遇降临

商场如战场，机遇稍纵即逝，有备而来方能赢。

2009年是新中国60周年华诞。在这一年，北京市政府明确提出要“着眼建设世界城市”。CBD作为北京世界城市战略的重点建设区域，承担着窗口的功能，迎来了前所未有的历史机遇。

---

① 中信集团原一级子公司，已于2016年与中海地产集团有限公司整合重组。

中信地产北京公司之前曾有几个项目影响较大，连续取得骄人的销售成绩，比如填补当时海淀区公寓市场空白的中信主语城，植根宣武（北京市原辖区，现已并入西城区）建设的二环内绝无仅有的百万平方米楼盘中信城，在亦庄开发区实现一级二级开发并举的中信新城等。2009年，中信地产北京公司准确把握时机，着力在北京新的区域拓展新项目，推动公司持续稳定发展。

朝阳区一直都是北京房地产热点地区，是各大房地产商云集一显身手的地方，不立足朝阳，就不足以体现一个地产公司的实力和价值。我和公司班子把目光转移到朝阳区，并通过收购嬴嘉中心和光华里等项目，在朝阳区进行战略发展布局。

CBD核心区作为CBD区域中最为完整的成块待开发土地，是区域商务功能的点睛之作，也是朝阳区政府重点关注的内容。

中信集团总部地处朝阳区，有深厚的金融背景和资源，契合朝阳区政府希望邀请极具实力与声望的金融机构进驻、构建金融中心的构想。2009年，我在中央党校学习期间，与朝阳区CBD管委会领导同志见了面，听取了相关情况介绍。当了解到政府方面迫切希望中信参与投资CBD规划建设后，我即刻向中信集团主要领导汇报情况，并取得支持。

迎接挑战

真正的勇者敢于迎接挑战，更要具备毅力、智慧和不拘一格的创新精神。

在充分了解了政府对于CBD地块的发展规划设想后，我代表中信地产接受中信集团委托，在集团主要领导的直接指导下，迅速组建起由前期、拓展、规划、营销等专业人员组成的北京CBD项目前期工作组，建立灵活完善的工作机制，齐头并进开展各项工作。凭借中信优质的信誉度，我们联合中国投资有限责任公司、中国建设银行等大型国有金融企业和林顿股权投资基金等海外投资企业共同参与地块的开发建设，并组织与政府相关部门会谈，为招投标工作做好筹备，力求各个环节细致周全。

我和工作组的每位同志都深知夺标任务是集团赋予的光荣使命，面对空前的压力和责任，我们以强烈的责任意识和使命感、忘我的工作状态和一流的专业水准，满怀舍我其谁、志在必得的信心和勇气，投身于近乎白热化的竞标中。

2010 年 5 月，在 CBD 核心区项目第一阶段招标公告发布之后，我一方面组织专业技术人员对设计单位进行考察，另一方面带领前期及拓展人员与政府相关部门加强沟通，持续深入了解政府对该项目规划实施的思路与想法。

CBD 核心区第一阶段的规划设计方案招标，政府给的时间非常紧迫。通过调研，我迅速整合了包括北京市建筑设计研究院（由该院总建筑师吴晨博士领衔主创设计）、英国 TFP（泰瑞 · 法瑞）公司（由英国国际建筑大师泰瑞爵士创建的世界著名设计公司）、英国 MVA（弘达）交通顾问公司（全球最大的专业化交通运输顾问机构赛思达集团的成员之一）、英国奥雅纳工程顾问公司（全球最成功的工程顾问公司之一）在内的优势资源，高效推进规划方案设计工作。

其间，我带领规划设计团队战斗在一线，通过多轮讨论，最终确定以“融入中国元素、传承中信文化”作为规划设计方案的灵魂，以在核心区创造出一组拥有中国自身文化属性的顶级摩天楼群为规划目标。竞标方案立足整个城市规划，多层次、全方位地把握建筑设计的每一环节，充分考虑应用中国传统文化——“樽”的整体形象、“竹编”的外观肌理、“孔明灯”的顶部形态意象、“城门”的区域空间构思等等，使中华传统文化与现代文明在建筑设计中实现完

作者（中）与设计团队反复推敲设计方案

美结合。

60个日日夜夜，我和工作组同志们常常通宵达旦地工作，最终高效完成了CBD核心区Z8—Z15 8个地块的投标资料，包括共81册约1 500万字的标书（最后封箱53个）、项目单体设计模型8个、总体规划模型1个、A0展板20余块，以及介绍总体方案与8个地块方案的视频短片。

在第一轮方案投标前，工作组组织了CBD核心区Z8—Z15地块的投资决策评审，并上报中信集团，得到了集团主要领导的高度赞扬。

2010年8月2日是第一轮方案全球招标投标的日子。这一天，远洋地产、恒大地产、海航集团、泰康人寿、民生银行、建设银行、中投公司、万达集团、阿里巴巴、安邦保险等62家大型企业赶赴北京昌平区九华山庄进行现场投标，共投出方案263个（其中单体方案201个，总体方案62个）。来自全世界的顶级建筑设计事务所，如美国建筑设计事务所SOM、美国建筑师事务所KPF等均参与其中。

见证辉煌

志之所向，无坚不入。艰苦的付出，必将迎来硕果累累。

2010年11月6日，我们第一阶段规划设计方案取得五个第一、一个第二、一个第三、一个第八、综合成绩第一的傲人成绩。中信大厦的建筑方案在竞标中以专家评审总分第一名的成绩脱颖而出。中信大厦的设计风格突出、理念先进，通过建筑设计诠释了中国文化，使项目本身被赋予丰富内涵和深刻意义。

正如评审专家中国城市规划设计研究院副院长、总规划师杨保军所言：“中信集团领导的这个综合实力超群的联合设计组提交的投标方案，获得了五个地块的第一名，其最大优势在于将城市整体空间、建筑设计、各项工程技术有效地统一起来考虑，形成了一个从宏观、中观至微观的全面城市设计方案。该团队具有极为丰富的超高层建筑设计经验和业绩，解决了城市规划与城市设计的诸多难题，这也是现阶段我国城市设计所需要借鉴的设计模式。”

世界著名结构大师、高层建筑和城市发展委员会主席戴维·斯科特对我们的方案给出这样的评价：“这座大楼的设计外观效果非常漂亮，它以独特、现代、优雅且具中国特色的设计，以及它创造的城市新高度，成为北京的新地标、新象征。”

进入第二阶段，我带领工作组充分了解、深入分析竞争对手的情况，以前期所做的政府沟通工作为基础，创新工作方式，合理拟定投标价格。鉴于投标价格保密，我要求工作组在编撰全套 Z15 地块投标文件的同时，预先拟订了 6 个投标价格方案，以便及时对最终投标价格进行决策。

2010 年 12 月 21 日，是令我们永生难忘的日子！就在这一天，中信集团以 63 亿元的总价成功中标 Z15 地块。

紧张而忙碌的投标现场

中信的强大实力因我们的精益求精而更为凸显，中信的杰出品牌因我们的锐意进取而更加享誉世界。夺标那一刻，我们欣喜若狂，我们喜极而泣！中信人顽强坚韧、锲而不舍的拼搏精神，周密细致的工作作风，无不彰显出我们是一支团结一心、敢打敢拼、战无不胜、英勇豪气的威武之师！

共享荣耀

浩渺行无极，扬帆但信风！

2011 年 9 月 19 日，中信大厦项目启动仪式在北京 CBD 核心区现场举行。我带领大家诵读《创建低碳商务区承诺书》，表示中信集团将本着“绿色、低碳、科技、环保、节能”的宗旨，承诺以最先进的建设理念和最高的建筑标准，进行设计、建造、运营和管理，将中信大厦打造成为北京乃至全球领先的高科技环保地标建筑。

今天，北京的城市天际线再次由中信刷新，正如我们曾经的承诺，中信大厦——一座 528 米高的建筑在 CBD 核心区拔地而起，成为首都最高建筑。这座标志性建筑，不仅将带给中信超赞的品牌效应、丰厚的经济效益和持久的物业升值空间，更体现了中信对北京世界城市建设的最新贡献，成为无可争议的北京新地标、中信新名片。

如果说 CBD 是北京发展的最前沿，那么作为 CBD 核心区中心地标的 Z15 地块，必将吸引具有全球战略、世界眼光的机构聚集于此。中信大厦将为 CBD 区域发展提供长足动力，最终将实现政府、客户、入驻企业的多赢局面。

中信大厦凭借它的中国元素、深厚文化独领风骚，几年来赢得了世界之最和中国之最等诸多美誉。2014 年 6 月 8 日，中信大厦入选“中国当代十大建筑”。一组数据可以证明这些荣誉的获得当之无愧：它是按抵御 8 度地震烈度设防的世界最高建筑（528 米）；全球地下室最深、层数最多的超高层建筑（地下 8 层）；全球底座面积最大的超高层建筑（6 084 平方米）……

这些荣耀的取得，离不开中信人最初对城市、对区域、对 CBD 的准确理解，对项目的精准把握，以及对中信大厦所应体现的价值内涵的挖掘和期许。

尘埃落定。回想中信大厦的竞标过程，回想我们的努力和付出，总是感慨万千。中信人赢了，赢在眼光与气魄，赢在专业高度，赢在优质资源的整合，赢在敢于担当、勇于作为、敢为天下先的精神，赢在对中国历史文化的理解与传承。中信大厦让中信站在了时代最前沿，更让我作为把它接进家门的中信人，今生今世都引以为豪。

破解中信城拆迁难题

中信置业有限公司　田　心

北京市西城区（原宣武区）菜市口路口东南角，坐落着规模近百万平方米、被誉为“城心之城”的中信城。菜市口——这个曾以法场而闻名的不吉之地，也因中信城的响亮品牌而成为首都高品质生活地区的代表。

中信城自开发建设起就备受瞩目，项目地理位置极为优越。小区位于长安街南侧，与天安门广场直线距离约 2 100 米，东至粉房琉璃街，西至菜市口大街，南至南横东街，北至两广大街，南北长约 700 米，东西宽约 600 米，是北京市二环路以内最大的成片开发项目。小区建成后更是获奖无数。2013 年问鼎中国土木系统的最高奖项“詹天佑奖”，2014 年被评为“全国优秀示范小区”。项目一期中信锦园获得“中国土木工程詹天佑优秀住宅小区金奖”，项目二期中信沁园获得首都绿化美化花园式单位称号，还多次荣获宣武区“发展区域经济突出贡献奖”等奖项，为中信集团在房地产开发领域赢得了经济和社会效益的双丰收。这些荣誉不仅源于项目建设者的匠心设计、精心建设，而且饱含着项目拆迁工作人员的艰苦努力。作为拆迁工作的亲历者，回忆起其间往事，我不禁感慨万千。

中信城项目二期拆迁现场

大吉危改“着大急”

中信城项目原系宣武区中心城区“北京大吉片危改开发项目”，总用地面积约43.65公顷，共有街巷、胡同约25条，需拆迁居民约9 800户，拆迁非住宅单位约172处，是北京市由企业主导的最大的一次性货币补偿安置拆迁项目。项目区域面积巨大，居民结构复杂，历史遗留问题很多，导致改造拆迁难度不断升级，被形象地称为“大吉大急着大急”，成为北京旧城改造难啃的硬骨头。自1994年项目立项以来，宣武区政府及十几家开发企业几进几出，皆迟迟未能取得突破。

2002年，本着践行央企社会责任、助力城市发展的目标，中信集团与北京市政府达成共识，由中信地产与有关方面签订《大吉片危改开发项目协议》，并于同年11月成立项目公司，拉开了该地区开发改造的大幕。

不破不立，破比立难。拆迁被国人称为和平时期的“天下第一难”。2005年6月，由中信地产北京公司负责启动中信城项目一期拆迁工作。但由于初涉拆迁，缺乏相关经验，且思想准备不足，加之受当时拆迁大环境的影响，在规定期限内仅完成了应拆迁总量的1/3，初战受挫凸显了拆迁工作的艰难曲折。

2006年底，为了尽快落实与北京市签署的协议，中信集团决定重启拆迁工作。在这个时期，我非常荣幸地加入中信城项目开发建设团队，任项目公司前期部经理，在时任董事长胡东海的直接领导下负责项目前期与拆迁工作。

在重启项目一期拆迁工作后，我们认真总结此前的失败教训，多方学习相关经验。面对艰巨繁难的任务，我们夜以继日、认真分析拆迁工作的特点和规律，本着确保行为合理合法、确保征迁双方权益、有利社会稳定的根本原则，积极在战术运用上创新方法，逆向思维，敢为人先，努力抓好政府部门、协作单位、团队建设三个方面工作。在短短一个月的奖励期内实现了1 278户居民签约交房，占一期待拆住宅总量的70%，创造了当时宣武区的最高纪录。

2007年，按照集团加快项目整体开发改造进程的要求，在之前良好开端的基础上，我们开始全面推进项目二期拆迁工作，同三十余家拆迁、评估、拆除专业机构的近千名工作人员，计划对项目内的其余住宅及非住宅单位实施一次性搬迁。

在搬迁工作方面，区委区政府给予了大力支持，成立了以区政府常务副区长任总指挥、两位主管副区长任副总指挥，区委宣传部、维稳办、区政府办、住建委、房管局、监察局、公安分局、城管大队、街道办事处等21个局委办组成的拆迁指挥部，抽调了近百名政府工作人员进驻拆迁现场配合工作。

为切实解决被拆迁困难群体的搬迁出路问题，借北京市欲构建分层次住房保障新模式的“东风”，在市政府支持下，我们协调市住建委、住保办、宣武区政府，提前在项目所在地陶然亭街道开展了全市的住房基本保障体系建设试点工作。在二期拆迁正式启动时已有500余户居民提前通过了保障房的申请，为拆迁工作做了良好铺垫。

为适应公司发展与拆迁工作的需要，我们招贤聚能，诚邀了一批各级政府的老同志，结合引进的社会专业人才，打造了一支集经验、能力、社会资源于一身的开发建设与拆迁管理的精英团队，为二期拆迁工作的实施提供了坚实的组织保证。

在拆迁补偿方面，我们认真研判拆迁政策，经过细致调查和缜密测算，以市场房价为基础，结合拆迁区域具体情况，按照既保证公平惠民，又不“吊高胃口”的原则，科学实际地制定拆迁补偿政策，得到了被拆迁人的认可。同时，我们还有针对性地制定了非住宅单位拆迁、鼓励公职人员带头搬迁、扶贫济困特殊办法等促迁政策。按照公司经营计划，我们顺利完成一期与二期部分拆迁工作。

打响拆迁攻坚战

项目一号、二号地如期进行销售后，由于房地产市场价格的不断上涨，被拆迁人的期望值越来越高，后续拆迁工作遇到的阻力、困难持续加大。胡东海董事长带领我们统一思想、集思广益、科学谋划，在总结经验的基础上，以全局的视角、系统的眼光、战略的思维理性思考分析形势和问题。既考虑当前，也考虑长远；既考虑项目本身，也考虑项目对全局的影响；既考虑项目面临的困难，也考虑项目存在的有利条件。明确提出了推进中信城项目开发建设是我们实现集团赋予的历史使命之必需，是体现央企社会责任、兑现对政府和业主承诺之必需，是不辜负集团和上级领导寄予的厚望、完成各项经营计划任务之必需的“三个必需”理念；确立了“及早不及晚和全面推进”的工作思路，决定举全体之力、集全员之智、集中优势力量，打响全员拆迁攻坚战。

在具体工作推进上，明确了“全方位取得支持、全方位振奋精神、全方位组织实施”的工作方向，要求以最高标准、最强措施、最佳状态，发扬不屈不挠的担当精神，全力推动各项工作。我们实施了全面创新：一是以推进组的形式，集中力量推动重点工作的组织架构创新，设置综合组、法制组、宣传组、财务组、前期规划组、现场管理组和拆迁组、非住宅拆迁组等 14 个工作组，抽调公司精兵强将，尽锐出战；二是形成了以疑难问题论证会的形式，以及和谐促迁、依法促迁、宣传促迁、激励促迁、服务促迁、帮困促迁、综治促迁、以房促迁 8 个方法为手段的机制创新；三是形成了以正向激励、财务支持、后勤保障等为支撑的管理创新。

我们确立了阶段工作目标并认真落实。第一阶段以“营造拆迁氛围，整饬拆迁秩序”为重点，加强“宣传促迁”力度，大张旗鼓地发起了形式多样的宣传攻势，政策攻心、寓教于情，打破拆迁区凝滞对峙的僵局。第二阶段我们持续开展强制执行、现场清理整治等工作，3 个月内共组织强制执行 22 次。每次执行前我们都悉心周全地进行准备，在做好被执行人的思想工作和全天候看守的同时，积极协调、协助参与执行工作的法院、公安、消防、城管、公证、医护、街道等有关单位，精心组织近 200 人参加执行工作，确保每次执行的安全顺利实施。拆迁区形成的“依法促迁”高压气场，有效消除了被拆迁人的观望思想。第三阶段借助前两个阶段的工作成果，多措并举，不遗余力地全面推进，掀起拆迁工作高潮。

功夫不负有心人。中信城项目拆迁工作在全体工作人员的共同努力下圆满完成。截至 2013 年 9 月底，累计完成住宅拆迁 9 120 户，占应拆迁住宅的 93%；完成非住宅单位拆迁 169 处，占应拆迁非住宅的 98%，切实保证了项目后续建设工程的顺利开展。

化解危难，赢得信赖

中信城项目拆迁，凝聚了中信人的智慧与力量，我们历经坎坷，攻克了一个又一个难关。拆迁工作不仅伴随着社会各种矛盾的爆发，也折射出光怪陆离的众生相。一些人膨胀的预期、非理性的不当诉求、攫取利益的不择手段令人唏嘘不已。其中，不乏有嚣张跋扈，无理取闹，开口就要几个亿的“硬钉子”；有机关算尽，偷奸耍滑，大量囤房，图谋坐地起价的“弯钉子”；更有倚穷卖穷，破罐破摔，软硬不吃的“软钉子”。我们曾多次面对以黑社会分子自居人员的威胁恐吓，也曾屡次被不明真相的群众围攻责难。面对威胁，我们寸步不让、合法依规办事；面对群众，我们用包容大度的态度，通过将心比心、以理服人的对话沟通，化解了矛盾。在与要点燃煤气罐、手持各种凶器，欲以暴力行为或自杀自残相要挟的个别居民面对面时，我们用悉心、耐心、仁心说服劝解，以真情真意感化疏导，避免了极端事件发生。

在长达数年的拆迁工作中，我们的团队始终秉承着中信人诚信、坚毅、勇于担当的处世信条，以解决群众实际困难为出发点，一户一策，积极工作，签约居民无不感动于中信人严谨周到的工作，感念于中信人无微不至的关怀。

雄关漫道真如铁，而今迈步从头越。通过一系列的具体措施，中信城拆迁工作组织到位、管理有序，加上行之有效的各项政策与创新的工作机制，取得了突出业绩，对北京市的拆迁工作产生了积极影响，受到各界广泛好评和借鉴推广。

中信城项目的拆迁历经十余年时间，我们从工作中提炼的经验成为此后推动其他项目的制胜宝鉴，还培育出了一支啃得动“硬骨头”、扛得起“重担子”、遇难题“有办法”的拆迁骨干队伍，为中信新城、四季青等项目的拆迁工作培养了大量优秀专业人才。

在此期间，我除了参与中信城项目的日常组织管理工作外，还圆满完成了国管局、中联部、煤炭部、中国银行等央产房，北京市属数十家企事业单位房产的拆迁工作，受到了领导与同志们的好评，多次被评为先进工作者。

我于 2006 年加入中信工作至今，从拆迁征收工作的学着干，到小有心得跟大伙儿商量着干，再到驾轻就熟、独当一面领着干，中信见证了我的成长与进步、光荣与梦想。

中信城项目实景

回首自己的中信岁月，我奉献了黄金年华，也获得了难得的锤炼。那些栉风沐雨、玉汝于成的艰辛经历，是激励我在未来工作中从容克服各种困难的信心与动力。常怀感恩，不忘初心，我将怀着一往无前的奋斗信念砥砺前行，继续为中信事业贡献力量。

开辟楼宇智能服务新天地

中信资产运营有限公司　石博文

2017 年 11 月 9 日，我加入了中信资产运营有限公司（简称中信资运），开启了人生中新的职业征程。这段经历从一开始就充满惊喜和挑战。半年时间内，我参加了组建中信资运与法国施耐德电气有限公司（简称施耐德）的合资公司、举办合资公司签约仪式两项重要工作。中信集团携手世界巨头开拓楼宇智能服务新天地，我既为集团前瞻性的战略眼光所折服，也为中信团结互助、雷厉风行的优秀企业文化所感染，这些经历和感受让我更加坚定在中信长久发展的信心和决心，也对未来充满兴奋与期待。

联手施耐德

作为中信集团旗下商业不动产投资及运营管理的重要平台，中信资运自 2017 年初正式成立以来，在资产价值提升、客户服务、物业管理等重点工作领域不断推陈出新，在存量资产及增量资产经营上不断提高运营管理水平，致力于打造价值创造能力行业领先的不动产资管商。公司经过充分的市场调研发现，智能楼宇和能效管理市场未来前景广阔、潜力较大。最终，我们选择了能效管理领域的世界级领军企业施耐德作为合作对象。

选择与施耐德合作，中信有着多方面的考量。从企业实力方面分析，施耐德在智能电气领域实力毋庸置疑。公司成立至今已有近200年历史，在世界品牌实验室发布“2018 世界品牌 500 强”榜单中，施耐德排名第 438 位；公司业务遍及世界 100 多个国家和地区，员工数量超过 14 万名；业务领域涵盖能源及基础设施、工业、数据中心及网络、楼宇和住宅市场整体解决方案。

从中法关系和经济发展角度考虑，法国是中国的重要经贸合作伙伴，强强合作意义重大。中法两国领导人和工商界都在努力推动全方位、宽领域、多层次的合作互利格局。中信资运与施耐德实现联合，既能积极响应“促进绿色经济发展和能源产业转型”的国家战略，又可以立足自身发展定位，互补双方各自优势，进一步提升彼此的市场核心竞争力，为推进区域和全球可持续发展做出积极贡献。

从市场竞争层面分析，合资公司未来将打造成为全球领先的智能楼宇整体解决方案服务商，实现绿色智能与节能环保的战略布局。公司业务重点聚焦新建楼宇的智能化、现有楼宇的智能升级改造、城市建筑的综合能源服务等领域，可充分依托中信集团与施耐德的雄厚实力、专业技术、品牌影响以及市场资源等优势，拓展布局智能楼宇服务格局，建立行业优势地位，发挥重要引领示范作用。

让我充满感恩的是，领导对我这个新入职员工给予了充分信任，让我有幸参与到组建合资公司的工作中。在中信集团领导的全力支持和中信资运的努力下，合资公司筹备工作进展顺利。2018 年 1 月初，集团正式批复同意成立合资公司。3 月初，合资公司正式注册成功，名称为“中信施耐德智能楼宇科技（北京）有限公司”。为了给合资公司开局创造良好条件，扩大市场影响力，中信资运经报集团领导同意，计划于 2018 年 3 月 26 日，邀请双方集团高层、法国驻华使馆代表、政府主管领导等各界人士，在京城大厦正式签署合作协议。一场紧锣密鼓的会议筹备开始了……

筹备发布会

成立工作组。签约双方对此次签约仪式极为看重，特意成立了中信集团、施耐德和合资公司三方工作组统筹相关事宜。此次活动正值法国总统马克龙访华后不久，中法战略合作正处于全面深化阶段；同时，施耐德还兼任中法企业家委员会法方主席单位。在这样良好的政治背景和合作环境下，为显示尊重和诚意，中法双方都安排高级别人士出席。法方出席人员包括施耐德公司董事会主席兼首席执行官 Jean-Pascal Tricoire（中文名赵国华）、法国驻华大使馆经济处经济事务公使衔参赞 Philippe Bouyoux（中文名柏尤力）等高级官员。中方除常振明董事长以外，商务部欧洲司司长周晓燕、密云区区长潘临珠等领导也将参加活动。中信资运副董事长兼总经理杨劲高度重视此次活动，亲自拟定签约仪式的环节设置和重要安排。同时，委托公司副董事长陈晓村、副总经理解嵬牵头协调推进各项工作，勉励大家一定要把签约仪式办好，为中信资运增光添彩。在筹备过程中，中信集团办公厅公共关系处副处长张冰、中信资运行政部负责人丁伟、人事部负责人钱陈给予了全力协助；合资公司董事长姜光学、总经理曹文龙给予了大力支持，为工作组顺利开展工作起到了重要作用。作为三方工作组联络协调负责人，我深深感受到中信人在关键时刻迸发出的敬业、互助、专注和奉献精神，让我这个初进公司的职场新人领略到了中信企业文化的力量和风采。

制订详细计划。做过会议组织策划的同志们想必都有深刻体会，活动成败的 50% 在于事先准备工作的周密程度。这次签约仪式准备在京城大厦俱乐部举办，邀请领导和嘉宾近百人，涉及单位多、协调环节复杂。在解嵬同志建议下，我按时间轴，从建立工作组到签约仪式结束，按类别一共制订了 74 项事务分工，包括嘉宾邀请、场地布景、活动彩排、签约材料、摄影摄像、人员引导、媒体接待、现场服务、突发状况处理等。工作计划明确了时间进度、节点和分工，并分项落实到工作组十多名成员身上。大家严格按照工作计划和各自的时间节点进行事前准备，每晚定点召开碰头会核对时间、进度。为了充分发挥签约仪式宣传效果，我们对各类文字材料精心准备，无论是领导发言稿、媒体新闻稿，还是各方背景介绍材料，大家不分昼夜地进行了二十余次反复讨论和修改，对每一处表述都字斟句酌。集团办公厅和中信资运的领导展现了深厚的文字功底和政治素养，稿件经他们修改后，文字简洁，重点突出，内容翔实、情感真挚，对活动成功起到了关键作用。

多轮彩排。此次签约仪式是我职业生涯以来运作的级别最高的活动。这不仅是一场高端商务活动，而且具有外事活动属性。为了让活动稳妥顺利举办，必须确保每一个环节零差错，每一个风险点有预案。为此，工作组先后进行了3次彩排，陈晓村副董事长带领大家反复走场，将行走路线、桌椅摆放、发言与签字、留影纪念等各个细节反复推敲优化。京城俱乐部的接待组组长董铭拥有非常丰富的经验，在助签等环节提供了很多合理建议。我们之前遴选的两名年轻女同事缺乏经验，在引导领导上台、协助签字等环节经常出现不同步等差错，董铭事后单独给她俩“开小灶”，让她们逐步克服紧张并有了默契。

处理突发事件

不可避免的波折。每次活动都不可避免地因为各种因素出现紧急而难以处理的问题，如果每次都能妥善应对处理，对工作经验和人生阅历都是一种飞跃。

在完成第三轮彩排、距离签约仪式仅剩3天时，施耐德方面突然告知，其董事会主席兼首席执行官赵国华先生准备在仪式上用英文演讲，我们顿时有点“蒙”。因为按国际惯例，签约方应使用母语发言，但施耐德坚称他们的业务遍及全球，领导人在出席活动时全部使用英语发言，并表示此次活动也应如此。如此安排对会议组织者来说，最直接的是导致届时签约双方将以中、法、英3种语言签署协议，在3天时间内增加了不少文字确认和核对工作，难度极大。我们为此和施耐德方面各层级进行了紧急沟通，并认为工作人员的惯性模式未必是领导人喜欢的结果。最终，赵国华先生听闻此事后，表示愿意“秀”一下他甚为得意的中文，这才让大家消除了紧张，同时也感受到沟通的重要。

签约仪式顺利举办。3月26日签约仪式当天，天微微亮时，我就按耐不住来到京城大厦进行最后的检查。从早上8点半开始，参会的各方领导和嘉宾陆续到来。我在大厦正门前引导、迎接与会人员，商务部和密云区领导、施耐德代表和法国公使等人也先后到来。让我松了口气的是，法方代表中文都很流利，他们与我热情地交流问候，让我没用上认真准备的法语和英文。

中午11点30分，签约仪式正式开始。常振明董事长、施耐德董事会主席、法国经济事务公使衔参赞分别致辞。常总表示，合资公司将发挥双方股东优势，顺应智能科技发展的趋势，促进中信集团在绿色智能与节能环保领域的战略布局，并积极探索房地产借助智能科技实现数字化转型的路径。施耐德董事会主席赵国华在表示祝贺的同时强调，合作双方强大的品牌、全球化的资源、领先的技术与产品、卓越的创新能力、经验丰富的运营与执行团队会成为合资公司实现高起点启动，并取得丰硕成果的保障与坚强后盾。法国驻华大使馆经济处经济事务公使衔参赞柏尤力代表法国政府为合资公司未来的发展送上美好祝愿。

发言结束后，在常振明董事长、赵国华主席、周晓燕司长以及施

中信资运与施耐德在京城大厦签署合作协议

耐德中国区首席财务官马晓云的共同见证下，中信资运副董事长兼总经理杨劲和施耐德电气全球执行副总裁兼中国区总裁尹正代表双方签约，签约仪式顺利完成。这次签约不仅代表了双方集团对合资公司发展的殷切期望，而且标志着中信和施耐德深入合作的开始，加深了中法两国企业的合作互信，开启了合资公司未来发展的新篇章。

签约仪式在热烈的掌声中结束，人民网、新华网等知名媒体在现场全程见证，并分别进行了专题报道。中信集团也第一时间在内网进行报道，为合资公司扬帆启航送来了东风。

回味着签约仪式前后种种经历，我以能作为一名中信人见证并参与这一历史时刻而深感自豪。现在，我的征途刚刚开始，接下来想要让刚成立的合资公司在激烈的市场竞争中脱颖而出，成为全球领先的智能楼宇整体解决方案服务商，还有漫长的路要走。但是我的内心充盈着力量！因为我是中信人，中信人从不缺乏攻坚克难的坚定决心和钢铁般的意志。

站在京城大厦 50 层，俯瞰京城美景，靓丽的亮马河熠熠生辉，如同天宇谪落尘间的丝缎，连通着历史与未来。遥望即将启用的北京新地标——中信大厦，我心中更升腾起无比的自豪！作为中信的一员，我将尽心竭力为中信的发展贡献自己的力量。

“天鸽”来袭时

中信国际电讯集团有限公司董事会主席　辛悦江

时光荏苒，转眼间，我加入中信集团并在中信国际电讯集团有限公司（简称中信国际电讯）工作已经十多年了。中信国际电讯由创办之初的100多人，发展到现在的2 600多人；由过去单一的长途电话转接业务，成长为产品门类齐全的综合电讯服务商，业务涵盖移动通信服务、互联网服务、国际电信服务、企业通信服务等诸多方面；由当初仅在香港一地，到现在网络和业务覆盖全球；由一家初入资本市场、在香港上市的小企业，成长为多元发展的互联网化综合电讯实体企业。

公司的发展成绩固然可喜可贺，但最令我印象深刻的，还是中信国际电讯团队的同事们。他们富有朝气、充满热情，在困难面前从不气馁；他们忘我拼搏、攻坚奋战，工作精神令人敬佩感动。十几年来，企业走过了不平凡的道路，也留下无数难忘的记忆，比如2017年超强台风“天鸽”吹袭澳门期间的真实故事……

一

在中信集团的支持下，我们分别在2010年和2013年累计收购了澳门电讯有限公司（简称澳门电讯）99%的股权，成为澳门电讯的控股股东。中信国际电讯的公司规模与业务种类，就此踏上了新的台阶。

我和同事们明白，公司规模的扩大也意味着责任的增加。作为澳门的主导电讯运营商，不仅要有收入与效益，更要有服务“一国两制”的大局观念，要为澳门社会服务、为澳门人民有所担当。为此，在董事会的支持下，我们在加强澳门电讯团队建设的同时，也增加了对澳门电讯的资金投入，升级网络，优化覆盖，提升服务质量。全面收购后近六年的时间里，无论是澳门电讯的团队精神面貌，还是技术能力水平，都发生了巨大变化。

2017 年 8 月 20 日，一个新的热带气旋在西北太平洋生成，按照世界气象组织的规则，它被命名为台风“天鸽”。在香港和澳门，台风是夏季常见的自然现象，但是“天鸽”却是70年来从未遇到过的超强台风。8 月 22 日，“天鸽”进入南海北部，并快速移向珠江口。23 日早上，“天鸽”进一步增强为超强台风，中央气象台发出了最高级别的红色预警信号。香港和澳门也在当天上午先后发出 8 号、9 号和 10 号（最高）台风信号。

二

按照香港、澳门两地颁布的指引，发出 8 号或更高级别的台风信号后，市内多数活动基本停止。学校停止上课，企业停止上班，居民留在家中确保安全。在这种情况下，我更是放心不下公司在香港和澳门的各项工作，在 23 日早上紧急赶回了办公室。

天色阴沉，黑云在天上飞过，耳边不时传来狂风呼啸的怒吼声。街上已经看不到行人和车辆，只有路旁的大树在风中甩来甩去。行进中，司机紧紧握着方向盘，但我仍感到车在狂风中左摇右摆。慢慢地，风雨和黑云交织在一起，路旁的树在狂风吹袭下，开始拦腰折断，有的竟连根拔出。

来到香港的公司总部，值班的同事已经关闭了大厦的全部门窗。大门后面堆着沙袋，迎风的大玻璃窗也贴上了交叉形状的胶带进行加固。总部网管中心的同事也早已就位并做好各项准备。他们紧张地关注着天气变化与网络情况，如有任何异常，就会按事先计划好的各种预案立刻采取行动。

外面的天色更加阴暗了。狂风暴雨铺天盖地，搅在一起变成团团水雾，扑向高高矮矮的建筑物；海面上波涛滚滚，连绵不绝的巨浪，不停地拍打着防浪堤，弹起冲天的水柱。据天气预报预测，台风“天鸽”将在澳门、珠海附近登陆。此时，我赶快拿起电话向澳门电讯行政总裁潘福禧询问情况。话筒中传来潘总镇定而自信的声音，澳门电讯的抗台风通信保障应急团队已经部署到位，并全力展开救灾和通信保障工作；各部门、各地区的应急设施已经准备就绪；他本人也已到达澳门电讯网管中心进行现场指挥。随后，我又接通了澳门电讯网络服务副总裁梁沛雄的电话。此刻，工程技术团队已经开始紧张的现场工作。澳门电讯商务副总裁湛宝仪亲自带队顶着狂风、冒着大雨、不顾危险地逐个查看澳门电讯的各处门市，并指挥各店的防灾、救灾工作，尽快为受灾市民提供手机充电及维修服务。

当日中午，新闻中突然出现澳门大面积停电的消息，“澳门电网全黑、全澳停电，超过 25 万户受影响”。电力供应是电讯服务的关键支柱。电讯，电讯，没有了电，其破坏性可想而知。如果全城断电时再发生通信中断，那将是怎样的灾难啊。此时，我正在和公司行政总裁林振辉一起研究如何应对这突如其来的、严峻的巨大挑战。受风灾影响，前往澳门的水陆交通都已中断，我们只好再次联络澳门的潘总。电话接通，潘总镇定地报告，“澳门电讯的全体员工正在按预案进行紧急处理，核心网络设备工作正常，后备电源及发电设备工作正常，移动电话网络覆盖正常”。

这是多么激动人心、令人振奋的消息！在严重自然灾害的打击下，全城停电、停水、交通瘫痪的危急关头，移动电话网络覆盖没有中断。

在这人命关天的紧急时刻，每一次通话、每一句平安，缓解了多少亲人的忧虑；通畅的移动通信网，保障了多少灾情信息与抗灾指挥工作部署的即时传达！

这背后，是澳门电讯管理团队和各级员工的奉献与担当。

同事们为保障基站设备的持续供电，在台风“天鸽”吹袭期间，靠人力将70公斤重的后备发电机及足够的燃油，由地面搬到位于某大厦18层顶楼的设备机房，有力保障了移动电话网络对大厦附近区域的持续有效覆盖。

在灾情不明、低洼地区广泛积水、到处都是倒塌树木、公共交通完全瘫痪时，同事们收到指示后毫不犹豫地出发前往卫星地面站和海缆登陆站检查后备电源与通信设备运行状况。道路阻断、车辆无法通行，他们就冒着风雨徒步爬上龙爪角山，于24日凌晨4时许，成功到达卫星地面站和海缆登陆站，现场检测设备并持续值守，有力保障了

澳门电讯同事奋力抢修被台风破坏的通信设施

澳门电讯对外通信联络的畅通无阻。

我无法在此逐个点出每位同事的名字，但他们已经留在澳门电讯发展的史册中。同事们在向我介绍这些英勇事迹时还带着一丝腼腆，似乎不好意思讲出他们无畏奉献的高尚精神，但他们无一例外都很自豪。我知道，这是与大自然的搏击，这是生与死的较量。听着他们质朴的语言，我已经看见，在暴雨倾盆的夜晚，在狂风怒吼中，在漆黑一片的楼梯间里，年轻人奋力抬起沉重的备用发电机，咬紧牙关向楼上搬去。黑沉沉的楼梯间里，是他们无数次的挑战。一次次，他们将发电机抬起来，大声喊着号子，沿着狭窄的楼梯，一个台阶、一个台阶地向上，向上，继续向上。他们心里，只有把发电机搬上去这一个信念；他们心里，险情就是命令，救灾就是使命，早已忘却了自身的疲累与安危；他们心里，没有比确保通信畅通更重要的事情。

另一边，在风雨交加的山路上，几位同事在急匆匆地走着。他们时而抬起头，望着远处黑影里的卫星地面站、海缆登陆站，时而小心翼翼躲开被大风吹起的树枝，绕过积水的泥塘。道路被倒塌的大树阻断了，不怕，他们绕过去、钻过去、爬过去！天气闷热，汗水和雨水湿透了他们的衣衫。他们脱去上衣，全然不顾。黑暗中，他们自己鼓励自己，毫不气馁；困难重重，他们却从未放弃；他们的眼神坚毅无比，他们的脚步坚定不移。

他们再次胜利了，他们再次成功了！备用发电机正按计划有序启动着，并且开始发挥关键作用。

几台 70 公斤的发电机搬到楼顶，基站设备有电了。卫星地面站、海缆登陆站到了，所有的设备都在正常运转。此时此刻，因为他们，澳门还在与世界保持着不间断的联系；澳门并没有成为一座孤城，而是受到世界的关注。

三

香港到澳门的水陆交通已因台风中断。我只能在风势稍稍减弱之后立刻前往澳门。在澳门现场，我慰问了仍坚守在阵地上的全体同事，并即刻组织灾后的恢复工作。灾情是严重的，恢复工作是艰巨的，面对的困难和压力都很大，但包括后勤保障部门在内的所有同事都在继续努力。很多同事舍小家、顾大家，忘我地战斗在第一线。不少同事家里的门窗都被台风破坏了，正漏风漏雨，老人和孩子处在恐惧和惊吓之中，但他们只能抽空打个电话问候安慰一下，仍然坚守在自己的工作岗位上没有离开。

这次“天鸽”风灾是澳门自 1953 年有观测记录以来的最强台风，打破了多个水文观测站过往 20 ～ 50 年的风速记录；台风叠加风暴潮后的潮汐水位高达 5.58 米，这是自 1925 年有潮水记录以来的最高一次。

国家减灾委专家组莅临澳门电讯视察指导

广泛地区都出现了严重破坏及水浸，全城停电、停水、交通瘫痪。尽管澳门全社会顽强面对自然灾害，但仍然遭受到10人遇难、244人受伤的惨痛损失，是澳门几十年来造成人员伤亡最严重的自然灾害事件。

风灾之后，澳门特区政府、澳门邮电局、警察局、澳门机场和社会团体发来了感谢信、表扬函，澳门各大媒体多次正面报道，及时传达社会各界及民众的赞扬。国家减灾委员会澳门考察团在专程到澳门电讯实地考察后，给予澳门电讯高度评价，“这样大的灾害，通信没有中断是很少见的。国家队在关键时刻发挥了关键作用”。

澳门特区政府的部门领导对我说，在这场大灾难中，澳门电讯表现出了大公无私的精神。在这紧急时刻，如果通信中断，澳门的损失将会更加惨重，不可想象。

在这场历史上罕见的台风灾害中，澳门电讯管理团队和员工奋不顾身，以智慧和勇气战胜了台风灾害给澳门带来的重大挑战，尤其是保障了通信网络的正常运行，给社会和民众提供了关键时刻的通信保障服务，同时为政府救灾工作提供了有力支持，受到国家、澳门政府和各界民众的赞誉。这充分体现了澳门电讯的大局意识、质量意识、责任意识和服务意识，也考验了我们团队在关键时刻能上得去、顶得住。我相信，这种无私无畏的精神，一定会在中信国际电讯和澳门电讯的史册上增添新的光彩！

当前，中信国际电讯正在茁壮成长。在中信集团领导下，我们确立并实践着“以中国大陆市场为基础，以港澳为基地和桥梁，加快向国际市场拓展和覆盖”的企业发展战略目标。产品方面，我们率先推出“DataMall（自由行）”新型跨境漫游数据服务，迈出领先一步；网络方面，率先在中资电信运营商中实现对中东欧和中亚“一带一路”地区的直接网络覆盖；业务方面，在新加坡、马来西亚、泰国等东南亚国家实现了转型与突破，新的东南亚业务板块正在逐步形成。中信国际电讯现在可称得上是一家国际化的电讯企业。

这支国际化的团队成员或黄皮肤、或白皮肤，或黑眼睛、或蓝眼睛，但无一例外有着共同的理想，就是传承中信优秀文化，创造和发展中信事业。每当我想起和团队员工们在一起相处的点点滴滴，想起他们工作中的每一点进步，就由衷地感到高兴。这份工作情谊就像冬日里的阳光，时刻温暖我心，鼓舞我更加努力工作，为团队、为公司奉献我的力量！

中信环境十年成长路

中信环境投资集团有限公司总经理　郝维宝

10年，听似漫长，回首却如白驹过隙。感谢“我与中信”征文活动的约稿，让我能够坐下来静心梳理此前10年的记忆。10年间，“中信”二字已扎根我心中，为我的生命打上烙印，潜移默化地改变着我、造就着我，成为我人生重要的一部分。

一

2008年4月，我加入中信集团旗下的中信投资控股有限公司，担任总经理助理。当时，国家正在提倡创建和谐社会、倡导绿色可持续发展。中信集团抓住国家调整产业结构、转变经济增长方式的历史性战略机遇，抢占节能环保产业的市场先机和价值高地，由时任集团副总经理王炯同志统筹搭建中信环保业务板块。我有幸作为筹建组的成员参与了相关工作，并被任命为负责日常具体工作的副总经理。

工作伊始，我就被现实“泼了一盆冷水”。我认为环保行业是重资产行业，凭中信的实力，初始投入几个亿是毋庸置疑的。孰料，当2008年5月集团正式批准中信投资控股有限公司和原中信华东集团有限公司共同设立中信环保股份有限公司[①]（简称中信环保）时，批复的出资额仅有5 000万元人民币（首期注资仅3 000万元）。我当时感到既诧异又难解，产生了“巧妇难为无米之炊”的畏难和失落情绪。此前，我在英国伦敦从事国际油品贸易工作期间，单笔合同金额过亿美元比较常见，年营业额几百亿美元的公司屡见不鲜。不曾想在中信搭建一个行业板块的投资平台，注册资金才几千万元人民币。队伍组成只有三四个兼职人员，既没有环保专业人员，又无相关投资经验，我当时对业务该如何起步感到很茫然。

思索再三，我还是鼓足勇气向当时兼任中信环保董事长的王炯同志提出了我的顾虑和担忧，同时也想获得一些指点和帮助。至今，我仍清楚地记得他答复我的第一句话：“维宝啊，你认为中信能够有今天的成就，是凭借等、靠、要吗？”他耐心向我讲述了自己在中信的亲身经历以及他对中信发展的感悟和经验。自此我才清楚地认识到，中信与很多拥有垄断性资源的央企不同，它从成立之初就是个“创业”型企业，始终是在竞争性领域开展业务，走的不是“长安大街”而是“煤渣胡同”。

那段时间，我在工作之余认真研读了《荣毅仁》《我与中信》等书籍，感悟中信成长发展的精神力量。一有机会我就向“老中信”请教工作经验，交流学习体会，增加对公司的深入了解。通过对中信企业文化的进一步领悟，我感到中信集团以及旗下一个个知名的子公司从无到有、从小到大、从弱到强的发展之路是被“逼”出来的。32字中信风格和积极开拓、勇于创新、敢为人先的精神是成功的内在原因。我首次认识到企业文化在一家国企具有如此重要的作用。

于是，在以前15年职场实践的基础上，我又把自己当作一名中

① 中信环保股份有限公司，2015年更名为中信环境投资集团有限公司。

信新兵，以积极开拓的心态，虚心求教、刻苦学习，慢慢地从一名环保行业的门外汉“进化”为可以和业内专家一起“论道”的经理人。2011年，中信环保已经在污水处理、合同能源管理、余热发电、污泥处置等领域进行了富有成效的探索和尝试，并落地了一些具体项目，锻炼出了一支精明强干的队伍（中信环保专职员工从2008年的2人增至5人），不仅立稳了脚跟，而且增加了自身和股东的信心，达成了新设公司“从零开始”到“活下来”的初步阶段性目标。

二

时间到了2013年，中信环保资产总额达到1.75亿元，年度净利润达到1 046万元，ROE（净资产收益率）超过8%。但随着在环保领域的深入发展，我们遇到了新的问题。环保产业如果按照技术处理对象的物理属性分类，可分为“水、固、气”三大类，但其中具有一定产业规模的细分领域却多达十几个，而且该行业具有技术和资金门槛高、总体投入大、回报周期长和盈利非暴利等特点。公司成立5年了，探索和尝试阶段的既定目标已经达成，我们也在思考未来公司的发展定位是什么？具备了什么样的发展基础？优势和瓶颈是什么？该制订怎样的战略规划和实施路径？是继续“小步慢跑”还是跨越式发展？

当我们还在酝酿思索、准备头脑风暴的时候，7月的一天，我接到中信环保董事长王炯同志的通知，指示我们联合集团计划部[①]、业务协同部共同组织一个集团层面的节能环保业务战略发展研讨会，会议时间定在8月19日至21日，在大连召开。他要求我认真准备发言材料，从集团业务板块发展的角度对中信环保以后的发展方向、发展模式和战略定位进行深入讨论。更出乎我意料的是，会议有王炯、窦建中两

① 这里指集团原计划部，现更名为战略发展部。

位集团领导，多个职能部门领导以及子公司参加。我今天依然记得当时参加会议的子公司名单：中信银行、中信证券、中信信托、金石投资、中信产业基金、中信国际资产、中信资本、中信重工、中信戴卡、中国市政工程中南设计研究总院、中信白银集团、国安盟固利、中信建设、中信泰富特钢、中信地产、江苏新广联等。除此之外，会议还邀请了中国节能、中国建材、光大集团等在环保领域居领先地位的公司领导出席，帮助我们出谋划策、分享经验。

当我回忆起这段历史，看到这些兄弟单位熟悉的名称时，我内心仍然是充满感激。为了一个子公司的发展，两位集团领导花费3天时间，聚集了十几家子公司领导，在一起总结经验、建言献策、探讨可能、畅谈未来，这在其他企业极为少见！这既体现了集团对环保业务的重视，也体现了集团领导谨慎、科学和务实的作风！

会上，我汇报了中信环保的发展沿革和现状，提出了打造集团环境产业平台的愿景、公司定位和实现跨越式发展的商业模式。参会子公司代表也都结合自身业务特点、资源优势和对环保行业的认识，积极建言献策。从国家节能环保战略、市场分析、商业模式和投融资模式探讨，行业内细分领域梳理，到国内外同类公司案例分析，既包罗万象、面面俱到，又抽丝剥茧、入木三分，拓宽了我们的视野，给我们极大的启发和鼓舞。我也再次深切感悟到，金融和实业并举、共生互哺：既横跨多个行业，又擅于发现各种业态之间的内在逻辑关联，并通过集团层面进行产业梳理和整合。这正是中信环保和中信每一家子公司真正核心、独特的优势。

集团领导在会上对公司未来发展做出了重要指示。窦建中副总经理要求我们，应尽快选定一两个细分领域，通过兼并收购方式实现中信环保的资产快速发展。王炯总经理进一步明确指示：一是要从集团层面对节能环保公司进行重新定位，职能部门和子公司通力配合，优化内部资源配置，尽快搭建中信集团的节能环保战略产业平台；二是要结合产业特征，围绕节能、环保和再生资源利用三个业务板块，以 3 ～ 5 个细分领域为重点突破口，树立和明确切实可行的短中期战略业务发展规划；三是要以开放的思维和手段，谋求多种方式的外部合作，通过优势互补实现共赢；四是要利用集团综合资源优势，着力推进兼并收购以及地方政府合作，迅速形成规模化优质资产；五是要发挥集团内部资源整合协调机能，以技术和资本的结合，进一步做大做强；六是要创造先进的机制和模式，吸引优秀的市场人才，打造过硬的团队。

三

今天回想起来，正是这次大连会议成为中信环保发展的分水岭，为日后中信环境的快速发展奠定了坚实基础。是集团领导高瞻远瞩的决策能力和高效务实的作风，为中信环保从一个蹒跚学步的幼儿迅速成长为脚踏实地、健步如飞的青年提供了厚实的地基和充足的养分；为中信环保 2014 年控股收购新加坡上市公司联合环境技术有限公司、以第二大股东的身份参股重庆三峰环境集团股份有限公司（简称三峰环境）等战略投入指明了方向。

通过成功收购联合环境技术公司，中信环保在水处理领域真正拥有了以 MBR（膜生物反应器）为主导的世界一流的核心技术、业绩和团队，水务平台的搭建初步完成，在国内的市政污水和工业污水领域进入了第一梯队。之后，中信环保升格为集团一级子公司，而我本人也很荣幸地被任命为公司副董事长兼总经理，同时公司名称也改为现在使用的“中信环境投资集团有限公司”。通过成功参股以垃圾焚烧设备研发、生产和投资运营为主业的三峰环境，中信环境成为其第二大股东，步入国内固废领域行业前五，在固废领域平台搭建初步成形。

10 年来，中信环境始终牢记创业的初心，在并不平坦的道路上砥

作者（右五）参加中信环境技术美能美国公司投产仪式

砺前行。从2008年一家资产规模3 000万元、人员不足10人的初创企业，培育成为资产规模近200亿元、员工数千人、复合增长率连续三年位居集团第一的子公司。

这10年，既是公司成长壮大的10年，也是我逐渐认同中信价值、融入中信文化、为中信事业不断拼搏奋斗的难忘历程。“江湖夜雨十年灯。”10年的时间，可以让一棵小树长成参天大树，也让我的一头黑发变得两鬓微霜。最后，我想用几句改编的歌词作为结语：“当你老了，头发花白、韶华不再，倦坐在炉边，想起中信来，会和我一样，想起当年的那些梦想和情怀！”

种业梦开始的地方

——中信入主隆平高科侧记

中信农业科技股份有限公司总经理　毛长青

2014年9月底，中信集团签署了入主袁隆平农业高科技股份有限公司（简称隆平高科）协议，开启了中信种业梦。尽管随后遇到过种种挑战，但中信种业梦一直坚定地延伸着，并不断接近实现。到2018年底，中信农业科技股份有限公司（简称中信农业）俨然已成为中国本土规模最大的种业集团，涵盖植物、动物、微生物三大板块，国家农业农村部主动与中信集团签署了全面战略合作协议，要求把中信种业梦实现成为中国种业梦。

然而，梦开始的地方，还有很多偶然、幸运和曲折。

第一次汇报

2014年6月26日，我在爱丁堡参加中信证券的路演。作为中信证券首席策略师，我正在和英、德、法三国主要的机构投资者沟通中国经济和股市走势。其间，时任中信集团战略发展部总经理严宁来电，提出28日拟向中信集团王炯总经理汇报隆平高科项目，希望我能够参加。

在此之前，我没有近距离接触过中信集团领导，也就是在中信证券每年的年度工作会议上，聆听过常振明董事长对宏观经济形势和资本市场形势的报告，我深知机会难得，必须参加。

经过与客户的解释沟通，我提前终止了欧洲路演行程，飞回北京，如期参加了隆平高科的项目汇报会。

那是我第一次有幸见到炯总，他身材魁梧，双目炯炯有神，但表情严肃，略带威严。主汇报人是时任中信证券农业首席分析师施亮。他用约半小时详细介绍了隆平高科的行业地位和投资价值，但我感觉炯总似乎还没有找到兴奋点。此时，严宁总说："毛老师有没有什么补充？"

我一看机会来了，激动地说："我补充三点。第一，中国进入后工业化时代，工农产品价格的剪刀差，已经逆转为反剪刀差，社会利润正在从工业制造业向现代农业和服务业流动，中信集团产业结构应该顺应这个趋势，布局现代农业。第二，种业是农业产业链的制高点，是国家粮食安全战略的核心，也是农业产业链利润率最高的环节，布局农业最好的切入点在种业。第三，隆平高科是进入种业的必由之路，隆平高科不仅品牌优势突出，科研竞争优势明显，而且拥有业内最强管理团队。"

我的发言引起了炯总关注，当即就问："你叫什么名字啊？"

我马上回答："我叫毛长青，中信证券首席策略师。之前一直是中信证券农业首席分析师，最早在农业部政策法规司从事过农业产业政策研究，2010年担任过隆平高科独立董事，跟踪研究隆平高科十多年了，跟他们团队很熟悉。"

炯总笑了："那你搞什么宏观研究啊，你应该搞农业。如果这个项目你来操刀，你愿意吗？"

我当即表态："只要集团需要，我义不容辞。"

一周后，我被指定为隆平高科项目组负责人。

慎重的决策

2014 年 7 月 9 日，隆平高科停牌，公告重大事项。我原本以为，集团已经下定决心要做这个项目，而我们工作组主要任务是完成尽职调查和投资决策报告。没有想到的是，隆平高科项目仍处在论证阶段。在一次内部会议上，大家意见分歧较大，主要是由于估值没有优势，且未来业绩存在不确定性，眼看着项目岌岌可危。

不久，严宁总带领项目组前往长沙，与隆平高科管理团队就未来业绩承诺做了商讨，签订了五年的业绩承诺协议。

8 月 27 日，是隆平高科项目具有决定意义的一天。中信集团党委主要成员在京城大厦 401 会议室听取项目组的汇报。那是我第一次向常振明董事长、王炯总经理等集团主要领导汇报工作。严宁总告诉我，董事长只有一个小时时间，所以我们的报告最好在 20 分钟左右结束，便于集团领导讨论。

那天我精心准备了 PPT，而且也做了认真演练。汇报时，我从集团产业结构转型讲起，到现代种业发展机遇，再到隆平高科的核心竞争优势，以及未来我们收购后打造种业航母的战略规划，最后针对交易的结构和估值的合理性，都做了系统性地阐述。应该说，那是我人生中最为成功的一次演讲，逻辑简洁而又不失严谨，语气理性且又不失激情。我一共讲了 40 分钟，比预计时间整整延长了一倍。这不是我对时间掌控不好，而是我注意到包括常总和炯总在内的主要领导都听得十分认真，于是我就把报告中的一些故事和背景也都讲了出来，而这些故事和背景更有吸引力。汇报最后，我有些画蛇添足地把战略投资总结成 16 个字——“找到风口，拥抱龙头；提升价值，坐享红利”，在关公面前舞了一把大刀。

由于时间关系，常总提前讲话了。他对报告的逻辑比较认可，对隆平高科印象也很好，但提出从 PB（平均市净率）来看，估值上是否合理还需要研究。他还提出，隆平高科是民营企业，文化已经不错了，是不是一定要把中信的企业文化输入，这个可以商榷。常总居然还点评了我的 16 字战略投资口诀，说总结得有一定道理。

随后各位领导都发了言，基本都表示项目不错，但在估值上和风险控制上还存在一些不确定性。最后王炯总经理做了总结，他提出安排一次会见，让隆平高科管理团队都参加，主要是对未来成长性再进行一次论证，最后在集团战略投资委员会会议上再做决定。

不久，炯总出面会见了隆平高科管理团队，并提出如果管理团队有信心，能否把 2015—2018 年承诺的业绩每年增加 5 000 万元。隆平高科管理团队经协商，最后一致同意炯总意见。

2014 年 9 月 18 日，在集团战略投资委员会会议上，隆平高科项目获得通过。

领导的支持

2014 年 9 月 28 日，中信集团战略收购隆平高科协议在长沙签署。

在此之前，王炯总经理前往湖南省政府，拜会了时任湖南省省长杜家毫。杜省长欢迎中信集团入主湖南省当地企业，表示中信能带领隆平高科为中国种业做出更大贡献，希望借助中信集团东风，把隆平高科打造成具有国际竞争力的种子企业。

炯总表示，中信集团积极践行国家战略，牵手隆平高科的目的就是为了打造民族种业航母。对于未来隆平高科的投后管理，炯总一口气讲了四个不变，“主营业务种子不变，注册地长沙不变，隆平高科品牌不变，管理团队基本不变”。由此，中信集团入主隆平高科后的主基调就确定了下来，而且这之后就再也没有改变过。

从长沙回北京后，炯总又带队前往农业部，向韩长赋部长和当时主管种业的常务副部长余欣荣报告了中信进入种业的决心和打算。余欣荣副部长十分高兴，表示现代种业大有可为，农业部还要“烧三把火”，在知识产权保护、科研体制改革和提升行业集中度等方面加大推进力度。他明确表示欢迎中信入主隆平高科，希望中信能够加大国内整合和海外并购的力度，将隆平高科打造成真正的民族种业航母。

韩长赋部长说：“很高兴看到中信已经成为一个涉农央企了，种业大有可为，发展现代农业正当其时，希望中信能够与农业部一道做更多的事情。”

后来，农业部还就中信入主隆平高科一事专项上报国务院，据说国务院领导反馈也很积极，希望中信发挥自身优势，帮助隆平高科加

作者（左四）出席隆平高科综合研发中心大楼落成仪式

大国内整合力度，同时，带动种业走出去，真正肩负起民族种业发展的重任。

种业梦蓝图

隆平高科材料上报后，因为证监会定向增发政策变化，原定的定增资金用于补充流动性的方案需要完善，耽搁了一些时间。后来又赶上股灾，直到2015年8月12日才通过证监会发行审核委员会的批准。随后又由于市场其他原因，一直延后到2015年12月23日，才拿到证监会的正式批文。

好事多磨，隆平高科终于在2016年1月8日完成了长达一年多时间的定向增发，中信集团正式入主。

1月28日，隆平高科完成了新一届董事会的选聘工作，炯总接受了管理层的再三请求，出任隆平高科董事长。

在同一时间，隆平高科发布了2016—2025年战略发展规划。这是一件大事。这个规划是在中信种业梦的战略引领下，聘请第三方中介机构用了半年多的时间完成的。规划指出，到2025年，隆平高科将进入全球种业前五强。规划同时对未来隆平高科的业务定位、发展模式、增长路径、管理架构、核心功能保障以及未来行动计划都做了详尽的描述。

在随后召开的战略实施动员大会上，王炯总经理告诉大家，“中信牵手隆平高科，为的就是践行国家战略，实现习近平总书记‘要下决心把民族种业搞上去’的梦想”。他还说，中信入主隆平高科，寻求的是长远发展。中信主要是搭好平台，让更多种业企业家、科学家施展才能。中信优秀、先进的管理和理念可以带入，国有企业的通病尽可能禁止流入。

隆平高科原董事长伍跃时动情地说：“这是两个伟大品牌的结合，

为隆平高科的种业理想插上了翅膀。管理层将以更多激情、更高使命来拥抱中信，迎接这个继往开来的伟大时代。”

严宁总则明确表示，隆平高科正处在从一个优秀公司向一个伟大公司转变的当口儿，中信集团充满信心。

中信入主后的三年时间里，隆平高科先后收购了天津德瑞特种业有限公司、河北巡天农业科技有限公司、北京联创种业有限公司、内蒙古三瑞农科种业有限公司、湖北惠民种业有限公司、广西恒茂种业有限公司等一系列国内优秀种业企业，并携手中信农业产业基金收购了陶氏益农巴西特定玉米种子业务和资产，使隆平高科的国际化发展迈出实质性步伐。

2017 年，隆平高科成功进入全球种业 10 强，排名第 9 位。2018 年，隆平高科排名全球种业第 8 位。除了隆平高科这个植物育种平台日趋成熟外，中信农业过去三年在动物育种、微生物育种方面也完成了基本布局。中信种业梦日渐清晰，圆梦正在进行时。

2018 年 9 月，习近平总书记在黑龙江北大荒考察时曾强调，“中国人的饭碗任何时候都要牢牢端在自己的手上”。农业要振兴，就要插上科技的翅膀。我国种业发展也将迎来新机遇。

加油，中信农业！加油，中国种业！

“直”击风王“山竹”

中信海洋直升机股份有限公司　武晓玉

从1983年成立以来，中信海洋直升机股份有限公司（简称中信海直）已经走过了36个年头。在深圳这片富于创新的土地上从零起步，在通用航空领域逐渐成长为国内领先、国际知名的巨人——中信海直是国内第一家采用国际先进技术标准、手册运营的通用航空公司，第一家获得欧洲直升机维修授权的公司，第一家服务国际市场的通用航空公司，也是中国运营直升机机队规模第一、商业飞行时间第一、海洋油气服务市场占有率第一的公司。

或许你会问，是什么成就了中信海直这么多的“第一”？是什么促使中信海直人凝聚在一起奉献热血和青春？我相信每一个中信海直人都会给你这样的答案：是使命感，向天空领海发展、做国家通航栋梁的使命感；是进取心，“敢为天下先”和勇往直前的进取心；是奉献精神，团结一心、青春无悔的奉献精神。这些精神渗透于海直人的血液，支撑着海直的壮大，贯穿于海直的发展。

正是靠着这些信念，三十多年来我们战胜了一次又一次困难，打赢了一场又一场“战役”。其间，就包括有着2018年“风王”之称、对珠三角地区造成极大破坏的超强台风——“山竹”。

“山竹”要来

2018年9月7日中午，正在休年假的我和爱人悠闲地驾着车，行驶在云南的乡间小路上。他的手机铃声突然响了。

“远洋，结束休假！立即返深，台风要来，开始撤台。”深圳飞行队队长赵鹏打来电话，简短且明确地告知了撤台任务。所谓“撤台”，即指因台风即将来临，为保证人员安全，将工作在海洋石油平台上的所有员工全部撤回陆地。

收到撤台命令，我们当即改签机票，调转车头，驶向昆明机场，当天下午即飞回深圳。不只是我们，飞行部所有在外休假人员，全部取消休假，当天抵深待命。

我们这次要迎战的，是来自太平洋深处的不速之客、使整个华南地区都进入紧张的防台防汛行动中的2018年第22号超强台风——“山竹”。而此时，在南海海域多个海上石油平台上的工作人员还有2 000多名，都要在短时间内撤回陆地。

“山竹”来势汹汹，时间紧、任务重！接到消息后，公司立即启动应急保障程序，按照公司领导指示，运行指挥中心紧急召开飞行保障协调会议，第一时间启用深圳、澳头两地同步撤台方案。飞行部迅速组织人员，调配机组，机务部全力配合，确保飞机适航性。

9月7日下午，撤台飞行拉开序幕。运行指挥中心在1小时内组织保障人员奔赴澳头临时起降点，工作人员克服时间紧、任务重、人手不足等困难，连夜架设仪器设备。9月8日，保障飞行23架次，创澳头起降点单日飞行之最。撤台3天期间，共完成保障飞行50架次，亦创历史新高。

迎朝阳、送晚霞，随着一架架飞机的起飞和降落，飞行人员分析天气、计算油量、严守安全底线、严格执行标准程序，与时间赛跑、

澳头临时起降点 8 人机务小分队

与台风赛跑。历时五天四夜，共完成撤台保障飞行 141 架次，顺利完成了撤台任务。

石油平台人员安全回来了，中信海直自己的基地和飞机也要保证台风来临期间的安全。撤台工作仍在紧张进行，整个公司的防台抗风工作也一刻未曾松懈。

公司副总经理闫增军主持召开防台抗风联席会议，全面部署防台抗风各项准备工作，要求各部门领导靠前指挥，防范关口前移，严防死守、确保安全；各飞行保障单位迅速行动，针对每个环节可能会出现的危险情况，采取有效措施予以防范；各部门值班人员昼夜坚守岗位，气象工作人员密切跟踪台风动向，及时发布台风预警，预判台风路径，对可能发生的危害做出准确预报；运行指挥中心密切协调，飞行部、机务部和后勤管理部全力保障，全体员工齐心协力，各负其责，提前做好了所有直升机、机库、油库、特种车库、通导设施、候机厅、办公楼区和机场各处的防台加固工作，严阵以待。

“风王”抵达

2018 年 9 月 15 日晚，广东省政府发出紧急动员令，全省进入防风I级应急响应状态。16 日上午，“山竹”携风带雨抵达珠江口外，深圳全市“停工、停课、停业、停产、停运”。

实际上，从 15 日半夜起，深圳就已开启了狂风暴雨模式，16 日白天，风势雨势更是愈演愈烈。当大部分人躲避在屋内，听着外面狂风鬼哭狼嚎般的呼啸声中夹杂着建筑物和设施、树木被毁坏的噼里啪啦声，目睹着窗外的大树被十五级大风吹弯成九十度，甚至生生连根拔起而惶恐的时候，中信海直的很多工作人员已经是一天一夜没有休息，靠着无怨无悔的敬业奉献精神，仍然坚守在抗台一线。

16 日上午，公司总经理王鹏心系机场和人员安全，冒着狂风暴雨深入生产一线，到办公楼、气象台、候机厅、机库、特种车库等位置，一一确认防台工作，叮嘱大家注意安全，鼓励慰问坚守在抗台岗位的工作人员。

16 日 15 时许，超强台风“山竹”强势掠过深圳南头直升机场，中信海直同整个深圳一起，正面迎击 “风王”。

我作为安全监察部值班人员和信息接收人员，也丝毫不敢懈怠，密切关注公司防风抗台情况。18 时许，风雨渐小，楼下工作人员开始巡查工作，公司各单位和部门也陆续发来信息，告知情况。看到运行指挥中心和后勤、安保部门的汇报以后，我忐忑不安的心终于落地。“除公司大院内部分树木倒地，两部小轿车玻璃被树枝压坏外，公司所有飞机、机库和设施设备均未受损！无任何人员受伤！”我们第一时间将信息汇总，并上报公司领导。

和“风王”的狭路相逢、短兵相接，敢于担当、甘于奉献的海直人再次赢了！

台风过后

9月17日星期一，“山竹”已减弱为热带低压。当我们准备上班，走出家门那一刻，所有人都被眼前的景象震惊了。或许你还记得当天的朋友圈已被深圳人“穿越森林”这种独特的上班方式刷屏，或许你是在新闻里、微博上看到了台风过境后的满地狼藉。

天空依然阴沉，地面上七零八落。大大小小的树木东倒西歪，树枝树叶散落一地，比碗口还粗的木棉拦腰折断，长了十几年的大树被连根拔起。广东多个地方受灾严重，洪水泛滥，人员伤亡……

据相关资料显示，截至2018年9月18日17时，台风“山竹”已造成广东、广西、海南、湖南、贵州5省（区）近300万人受灾，5人死亡，1人失踪，160.1万人紧急避险转移和安置；造成5省（区）的1 200余间房屋倒塌，800余间严重损坏，近3 500间一般损坏；农作物受灾面积达17.44万公顷，其中绝收0.33万公顷；直接经济损失达52亿元。

“风王”走了，中信海直人却一刻没有停歇。各部门保障人员全体出动，大家顾不上十余天持续奋战的劳累，冒雨清树根、锯树枝、抬树干、扫树叶，以最快的速度恢复直升机场各处道路和生产运行。因为台风过后，石油平台的2 000多名工作人员要再次返回平台工作，“复台”飞行保障任务的战斗随即打响，包括我爱人在内的所有一线人员，又全部投入到紧张的复台飞行任务中。

9月18日上午，公司工会号召机关部门人员到公司餐厅包饺子，为一线员工送关怀，我马上报名参加！餐厅一早就精心准备好了4大盆饺子馅，我们十几个人分工合作，不到两小时就包出来1 000多个饺子。

当天中午，公司总经理王鹏和副董事长、工会主席马雷带领相关人员，为一线空、地勤人员和后勤保障人员送去全公司的问候与关怀，发放水果、饮料等慰问品，并为他们送上新鲜出锅的饺子。

狭路相逢勇者胜，短兵相接强者赢！“风王”肆虐，中信海直人勇往直前，在撤台、复台的11个日夜里，他们衣不解带、全力以赴，圆满完成撤送保障飞行共275架次，运送乘客5 002人次，装卸行李88 450公斤，全面打赢了抗击“山竹”的保卫战，尽显中信精神，尽显海直本色！

这就是富于使命感的中信海直人，无论遇到什么困难，我们都将永不退缩；这就是敢为天下先的中信海直人，无论前程有多艰险，我们都会一往无前！

逐梦四十载　无悔优生路

中信湘雅生殖与遗传专科医院终身荣誉院长　卢光琇

我叫卢光琇，来自中信医疗健康产业集团旗下的中信湘雅生殖与遗传专科医院（简称中信湘雅），也是一名“80后”了。值此中信集团成立40周年之际，我怀着一颗虔诚的感恩之心，向中信集团献上殷殷祝福。

我曾任全国政协常委、湖南省政协副主席、九三学社湖南省委主委等职，从事的行业是人类辅助生殖技术以及人类胚胎干细胞研究应用，通俗地讲，就是试管婴儿与干细胞研究。我一生的梦想继承自我的父亲——中国医学遗传学奠基人卢惠霖教授，就是为实现中华民族的遗传优生而奋斗终生。说起来，这个梦想从正式启动到现在，也恰好走过了40个年头。

虽然我们与中信的渊源从2002年才开始，但这种“央企+高校+科研团队”的深度合作取得了空前成功。通过体制创新、科技创新两驾“马车”，我们走出了一条适合自身发展的产学研道路，成为英国《自然》杂志报道中世界最大的生殖中心，成为《人民日报》内参中的“试管婴儿产学研样板”，短短十余年内实现了腾飞，也向中信集团交出了一份满意的答卷。

筑梦——外科转行，搭建平台

1978 年，世界第一例试管婴儿诞生的消息传到中国，我父亲苦思冥想的遗传优生梦想有了新的实现途径。但他那时已 78 岁，为了帮他圆梦，我毅然从一名外科医生改行，投身生殖工程这个完全陌生的领域。

工欲善其事，必先利其器。转行后，我第一件事就是组建团队，搭建平台。研究组刚刚组建时，我同时兼任研究员、技术员、后勤员，各种困难层出不穷。研究组里有几位男老师，却无人肯捐献精子做实验，我只能求助于丈夫；没有卵子，我赖在妇产科手术室外，有时被别人像叫花子一样轰赶，只为能求点废弃不用的卵子；没见过精子库，我在北京嘎吱嘎吱地骑几个小时单车，远赴郊外的牛精子库观摩……就这样顶着无数的嘲讽和非议，我们终于在 1981 年建立了我国第一个人类冷冻精子库。消息传出后，很多人写信，骂我把人当畜生搞。但我义无反顾，紧接着在 1983 年诞生了我国第一个冷冻精液人工授精的婴儿，为后来的试管婴儿研究奠定平台基础。

卢惠霖教授怀抱国内首例供胚移植试管婴儿罗优群

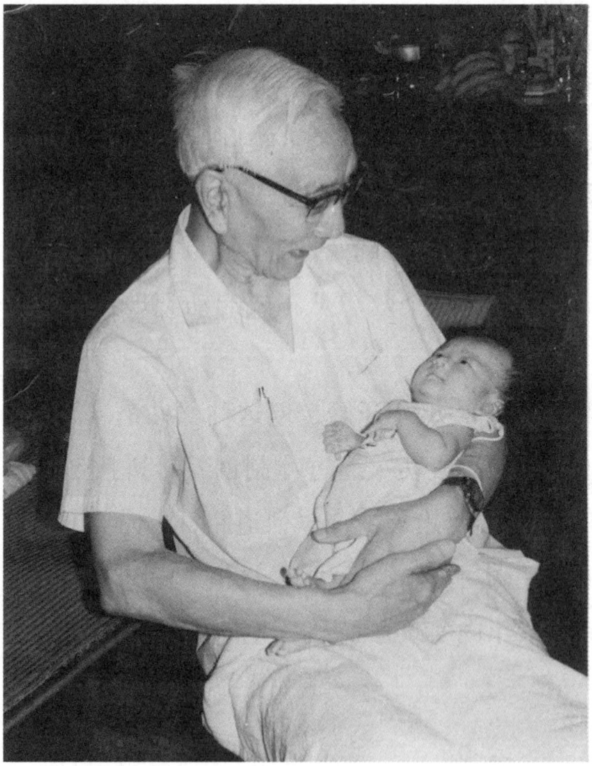

这期间，我们还得到湖南省委省领导的大力支持。1980 年，时任省委书记毛致用看望我父亲，父亲提出 20 万美元生殖工程科研经费的需求。那时“文革”刚结束，20 万美元无异于天价，但毛书记马上答应了。不过他说，省里也比较困难，先设法支持 10 万美元，其余要等下次税收后才有。这句话让我倍感震惊，我才明白手里的经费，都是老百姓的血汗钱，于是暗下决心，一定不能辜负湖南省领导和湖南省人民的期望。经过 8 年“鏖战”，直到 1988 年 6 月首例试管婴儿呱呱坠地时，我才松了一口气，心想终于可以向他们交代了。

后来，我们开设了生殖工程研究室门诊部。由于名声在外，许多患者从全国各地慕名而来。随着时间的推移，无论从体制制度，还是人力物力来看，小小的门诊部都远远无法适应患者日益增长的需求。虽然 20 世纪 90 年代初期，我们的临床事业因政策原因一度被迫终止，

作者和罗优群及其孩子合影

但我们没有放弃，而是沉下心来开展大量动物试验，并将手中的技术和成果用于其他遗传优生领域。

当时，湖南张家界汪家山村是个远近闻名的“傻瓜村”，全村500来人呆傻率达27%以上。1992—1994年，在卫生部基层卫生与妇幼保健司建议下，我带领6个专题调研组在此开展三年调查，证实这类“傻瓜”是缺碘引起的“克汀病”。该调研成果成为1994年国务院启动全民食盐补碘的科学依据之一。汪家山村位于高山之上，离如今著名的天门山景点不远，几乎与世隔绝。没有路、没有电，有的村民穷得祖孙共用一条裤子，做饭就在地上挖个坑，架起一口锅，非常原始落后。虽然我也经历过贫穷，但眼前的景象依旧让我震惊，看到后几次伤心落泪。为改变村里贫穷落后的面貌，我通过九三学社的身份积极奔走，帮他们修通公路，建设变电站，在那里还建立了一座中信湘雅希望医院，努力改善该村的封闭状态。如今的汪家山村早已没有傻瓜，家家户户崭新的楼房，公路水电一应俱全，让我们非常欣慰。

我们还与四川卧龙大熊猫研究中心协作开展“大熊猫人工繁殖新技术研究”，并于1991年成功诞生双胞胎大熊猫，为破解国宝繁育难题做出贡献。

展翅——强强联手，快速腾飞

进入新世纪后，沐浴在改革开放的春风中，小小的门诊部已远远无法满足患者的需求，如何进一步将这项事业做大做强，成为萦绕在我心头的一大难题。这时，中信集团出现了，让我们彻底摆脱传统体制束缚，走上新的发展之路。

虽然已相隔十七载，但对于当时的场景，我仍然记忆犹新。

那时王军董事长来湖南考察，希望在家乡做一些投资项目，回报家乡人民。他参观了湘雅制药厂和一家研究基因的机构，但都未达到他的理想要求。在中南大学首任校长胡冬煦的推荐下，他走进遗传与生殖研究所门诊部，参观了中国第一个人类精子库，对辅助生殖技术表现出极大兴趣。特别是当他得知，这里的试管婴儿成功率比发达国家还要高出许多时，我清楚记得王军董事长代表中信做出决定的那个动作——右手先抬起后落下，并用指头敲击桌面，铿锵有力地说："我就是要这块儿！"

面对一触即发的商机，王军董事长敢于决策和担当，这种魄力深深感染了我，为我今后转型做企业树立了榜样。正是这次与王军董事长的不期而遇，拉开了我与中信合作的序幕，也彻底改变了我此后的人生。

2002 年，中信集团与中南大学牵手，组建了现代化的中信湘雅生殖与遗传专科医院，坚定走产学研结合发展道路。2005 年，中信湘雅获批组建人类干细胞国家工程研究中心，2016 年，获批成立国家基因检测技术应用示范中心。2012 年，中信湘雅诞生了世界首批经大规模平行测序技术出生的试管宝宝；2015 年，诞生了全国首例"无癌宝宝"；2016 年，诞生首例经 MicroSEQ（微生物鉴定系统）排除染色体平衡易位的健康宝宝。2019 年，我们的试管婴儿治疗周期数有望突破 5 万个。截至目前，通过我们的双手，已帮助不孕不育夫妇孕育超过 14 万个健康宝宝。2017 年 8 月，英国《自然》杂志权威报道："作为世界上最大的生殖中心，中信湘雅一年的试管婴儿治疗量，约相当于美国的 1/4，为家庭幸福、社会和谐稳定做出了积极贡献。"

同时，我们的干细胞国家工程研究中心构建了世界首个人类体细胞克隆囊胚，引发《泰晤士报》《华尔街日报》等整版报道。现已建立具有自主知识产权的胚胎干细胞系超过 520 株，为再生医学提供了充足的种子来源。

畅想——未来医学，圆梦可期

四十载风云变幻，四十载无悔历程。无论对中信集团还是对我个人，这四十载都刻骨铭心。摸爬滚打了四十年，名利于我早已不重要。我焦急的是，我已经八十岁了，我和父亲的梦想还只是万里长征走完了第一步。实现中华民族的遗传优生，依然任重道远。

事业尚未成功，我还不能停下来。为此，我现在依然坚持工作，每周一、三、五在中信湘雅固定为患者看诊。利用其他时间，我不断汲取营养，并为中信湘雅的未来勾勒出一个全新的目标。那就是结合未来医学理念，打造一条覆盖全生命周期的健康服务链，包括“帮你怀—帮你生—助你长—帮你存—帮你防—成人健康管理、干细胞再生医学”等一系列健康服务平台集群，涵盖辅助生殖、干细胞与再生医学、儿童生长发育、妇产（围产及母胎医学）、遗传与基因诊断、遗传性肿瘤防治、新型高端健康管理等多个专业领域，进一步引领遗传优生技术的发展。特别是通过人类十大组学分析，找出人类疾病的根源，让每一个人都能健康生活，优雅老去。我也希望，这些能成为下一代继续奋斗的目标。

党的十九大报告提出了“实施健康中国战略”号召，明确了大健康观的核心要义，即“为人民群众提供全方位全周期健康服务”，将其上升到国家战略高度，令每一个中华儿女为之振奋。置身改革开放波澜壮阔的历史进程中，我倍感骄傲和自豪。生命科学的探索永无止境，一个成果的诞生意味着一个新起点的开始。哪怕八旬九旬，我仍将矢志不渝，坚持父亲和我的梦想，在生命科学无限未知的探索与挑战中奉献自己的光和热。

开发缅甸皎漂项目纪实

中信缅甸公司执行总经理　袁绍斌

2018 年 11 月 8 日，缅甸当地时间 15 点 30 分，在首都内比都的商务部会议厅内，缅甸联邦政府的五位部长、时任中国驻缅大使洪亮和数十家大型跨国企业负责人，近 200 人汇聚于此，几十位媒体记者跃跃欲试……所有人的目光都聚焦在会厅正中的签字桌上。当常振明董事长和缅甸皎漂特别经济区管委会主席吴塞昂在深水港项目建设框架协议上签字并互换文本时，会场上响起了如潮般的掌声。相机快门声、闪光灯此起彼伏，连成一片，欢悦的气氛充溢着整个大厅。作为项目的亲历者和参与者，看到此情此景，我心中的欣慰、自豪难以用语言表达。

作为我国通向印度洋最近的出海口和"一带一路"建设重要的节点项目之一，皎漂特别经济区深水港和工业园项目在历经筹备、竞标、中标、中断、重启等诸多阶段，以及和缅甸军政府、吴登盛政府、全国民主联盟（简称缅甸民盟）政府三代政权的谈判协商后，终于迈出了实质性的关键一步。

皎漂项目意义重大

皎漂港位于缅甸西部若开邦皎漂县，西邻孟加拉湾，地理位置显著，自然条件优越。皎漂港建成后，将可为来自欧洲、非洲、南亚、中东等地区的进出口货物提供另一重要通道，节省大约5 000公里的航程和一周的航运时间，为国家经济发展提供更为高效的贸易渠道，更对促进缅甸当地经济繁荣和就业、推动区域和平发展起到重要示范作用。

大力推进皎漂项目，是中信集团践行国家战略，推动“一带一路”建设的重要任务之一。在“一带一路”倡议背景下，开发建设皎漂项目，不仅将增强中国与缅甸的互信和融通，更可进一步加深与缅甸人民的胞波情谊。从2 000多年前的“南方丝绸之路”，到1 000多年前的茶马古道，道路的畅通不仅打通了中国西南地区与东南亚、中亚及西方国家的贸易往来，还推动了所在地区经济开放和繁荣。皎漂港犹如安达曼海上的明珠，让古老的海上丝绸之路重新绽放出耀眼的光芒。它在助力缅甸经济发展、改善民生的同时，也为未来我国西南地区经济发展和进一步对外开放铺平了道路。

艰难历程

中信集团牵头中标皎漂项目并能够最终顺利履行后续事项，其中的艰难并不为大多数人所知。作为事件的亲历者和参与者，回首10年来的历程，我感到有很多瞬间值得铭记和分享。

项目初启。2009年，在时任中国国家副主席习近平和时任缅甸国家和平与发展委员会副主席吴貌埃的共同见证下，中缅双方签署了皎漂项目备忘录。2011年，我们向缅甸政府提交了皎漂特别经济区的概念规划和初步可行性研究报告，但天有不测风云，项目此后因缅政府原因陷入停滞状态。

重新投标。缅甸新政府上台后，重新启动了皎漂项目招标工作。2014年9月29日，缅甸政府将整体海港城项目分拆为深水港、工业园和住宅3个项目面向全球公开招标。中信集团由常振明董事长和王炯总经理亲自挂帅，联合泰国正大集团、中国港湾、招商局集团、天津泰达、云南建工等国内外大型企业集团组建投标联合体，并任命我负责投标具体工作。招标小组在北京组织了近 200 人的投标筹备团队，连同 21 家国际知名咨询顾问公司夜以继日地编制标书，最终于 11 月 24 日正式向缅甸政府递交了深水港和工业园两个项目的标书文件。

成功中标。2015 年 1 月 13 日，我们收到缅方通知，中信联合体被定为深水港及工业园项目的首选竞标人。随后，我带领谈判团队与缅方进行了长达 11 个月的艰难谈判，从缅甸发展前景、中信集团海外发展战略、中国改革开放初期大型基础设施投资回报等方面，反复向缅方说明中信投资皎漂项目的商业初衷和发展愿望；从项目所在地目前基础设施缺乏、技术资料不足、建设资源贫瘠等角度，向缅方解释建设成本偏高的疑虑；从国际招标承诺、商业合作公正公平的原则，以及中信欢迎当地商业伙伴参与等方面，回应了缅方要求提高缅方股权比例等超越招标的期待。12 月 30 日，缅甸政府正式宣布中信联合体中标皎漂深水港和工业园项目。

设立中信缅甸公司。2016 年，为进一步集中力量，确保项目尽快落地实施，集团决定成立公司专门负责开展皎漂项目。11 月 28 日，中信缅甸（香港）控股有限公司（简称中信缅甸）在香港注册成立，常振明董事长亲自兼任中信缅甸董事长，受集团领导委派，由我担任公司董事兼执行总经理。

签署换文和协议。2017 年 4 月 10 日，在国家主席习近平和时任缅甸总统吴廷觉的共同见证下，常振明董事长在人民大会堂与时任缅甸皎漂特别经济区管理委员会主席梭温博士共同签署关于开发实施皎漂特别经济区深水港和工业园项目的换文。换文以缅甸新政府的名义确认了中信联合体的中标结果，为后续与缅方新政府的谈判增加了新的依据，进而奠定了新基础。

自从被选为首选竞标人后，经过二十多轮商务谈判和一百多次非正式会谈的艰苦历程，2018 年 10 月，我们终于与缅甸政府达成一致，深水港项目框架协议文本通过了缅甸内阁审批，最终于 11 月 8 日签署了框架协议。

常振明董事长代表中信联合体签署皎漂项目框架协议

榜样就在身边

皎漂项目的顺利中标，得益于集团领导的高度关注和支持，得益于各方的鼓励和鞭策，更得益于中信人的担当、忠诚和坚守。中信人不畏艰难、奋勇前行的开拓精神，在皎漂项目上得到了充分的显现，中信榜样就在我们身边。

身先士卒，力挽狂澜。集团的“掌舵者”常振明董事长，在公务繁忙中依然时刻关心皎漂项目的进展，常董事长每每在项目最关键、最艰难的时刻，亲自披挂上阵，屡屡创造峰回路转的奇迹。

2015年下半年，缅方时任总统和管委会领导在八九月间分别向我方表示，皎漂深水港和工业园项目将于2015年底前授标予中信联合体。但到了12月，缅方却突然改变态度，表示对中信将仅授标工业园项目，暂缓授标深水港项目。常董事长问询后即刻飞赴缅甸，不顾舟车劳顿，密集拜会了时任缅甸总统吴登盛、时任副总统吴年吞、时任总统府部首席部长吴梭登以及全国民主联盟中央执委兼经济委员会主席吴汉达敏等政要，与缅方交换了意见，加深了与缅方的沟通和理解，争取了缅方的支持和认可。在常董事长不遗余力的努力下，缅方最终于12月30日按此前约定，宣布中信联合体中标深水港和工业园项目。

前进的道路上总有曲折和反复。从2016年4月起，缅甸民盟开始执政，由于对皎漂项目的认识和理解不足，其推动项目的意愿也不足，致使项目陷入长达一年多的停滞期。面对困难节点，常董事长再一次运筹帷幄、主动出击，充分把握时任缅甸总统吴廷觉访华的有利时机，于2017年4月10日拜会了随访的3位缅甸联邦部长，着重介绍了皎漂项目对缅甸社会发展的重要作用和潜在的经济效益。为确保能再次扭转局面，常董事长于4月21日飞往缅甸首都内比都，先后拜会了国务资政昂山素季、时任计划与财政部部长吴觉温等政要，坦诚交流，共商发展。通过一系列的高层互动，深化了双方的合作意愿，推动了缅政府的高层决策。常董事长也成为自缅甸民盟执政以来，国务资政昂山素季接见的第一位中国企业领导人。不久，缅方重启了商务会谈和谈判，皎漂项目谈判回到了正常轨道，最终实现了框架协议的签署。

胸怀大度心无怨。在推动皎漂项目过程中，熟知缅甸的风俗文化、民族特色，深入了解缅甸人，尤其是政府人员的处事风格和行为特点，也是需要我们不断学习和理解的一个课题和现实。在这方面，集团副董事长兼总经理王炯可谓感受最深刻也最直接——缅甸人“放鸽子”，炯总却并不介意。

一直以来，炯总始终高度关注皎漂项目的进展，一旦看到媒体有关缅甸或皎漂项目的报道都会直接转发给我了解。在项目谈判陷入僵持、进展缓慢的那段时期，他更是时刻关心着项目情况，指示我们要抓住各种机会，做好与缅方的高层互动，及时表达我方想法，更表示他愿意随时为项目做出努力。2017 年 11 月，我方提前得知缅甸国务资政昂山素季即将访问我国，为争取机会能够与缅甸高层进行沟通，我们通过多种渠道加紧协调。11 月 30 日中午，缅方明确答复，昂山素季同意 12 月 1 日上午 9 时会见中信集团领导，这是安排的唯一一场非官方活动。我们第一时间向炯总做了汇报，他立即召集会议，核实有关项目进展，确认关键问题和困难，同时调整了 1 日上午原有的工作安排，为会见做足了准备。11 月 30 日 17 时，昂山素季抵京，缅驻华使馆再次通知国务资政确认与中信集团的唯一一场非官方会见。然而，在 19 时，缅驻华使馆发来通知，国务资政因身体原因取消会见。那时那刻，我握着手机如同手雷一样真想扔掉。犹豫再三，我在脑袋一片空白的情况下拨通了炯总的电话，满怀歉意地汇报了情况。他没有一句批评，反而还安慰我们说，“这也是好事多磨，你们也不容易”。在项目推进过程中，此类事件时有发生。2018 年 6 月，我们事前与缅方沟通并确认，在缅甸位高权重的国务资政府部部长访华期间，炯总与部长将举行一次会谈。炯总高度重视，认真批阅会见材料、专门听取相关汇报，为会见做实准备。缅方部长却不停地更改计划行程，最后会见竟至取消。

在外交活动中改变行程虽偶有发生，可像缅方政要连续爽约也不多见。但炯总却能笑着说道：“要充分考虑和理解不同国家有不同的行事风格，做好我们自己的工作就好。”

团队协力，共谋规划。皎漂港项目中标后，集团领导高瞻远瞩，要求我们立即开展实地调研，切实摸清连接皎漂港和云南省“中缅大通道”沿线的基础设施和经济发展情况，为项目的可持续发展提供保障。

按照集团领导的指示，我们成立了由涉及铁路、公路、港口等7个专业机构的联合调研团队，由中信集团相关领导担任团长，我担任副团长，随即开始对中缅大通道沿线区域进行实地踏勘工作。由于时间紧、任务重，调研团队每天都要奔赴多个目的地，飞机、轮船、汽车以及徒步频繁交替，沿途很多地方人烟稀少，吃饭和住宿都成为奢望。调研团队白天踏勘走访，晚上加班开会，讨论交流，整理资料。在16天的时间里，调研团队累计行程1万多公里，足迹遍布缅甸7个重点城市和三大经济特区，还与中、缅、泰、日、新5个国家的近百家机构和公司举行20多场座谈和研讨会。

在艰苦的条件下，调研团队克服困难、团结一致，收集整理了较为翔实可靠的第一手资料，深入了解了缅甸政府和民众的真实想法，从现实情况出发，提出了缅甸全国基础设施和产业投资发展规划建议，简称“菩提树”方案，为日后中缅两国政府积极推进的“中缅经济走廊”建设奠定了良好基础。

千回百折终换文。自从2015年1月被缅方确定为“首选竞标人”以来，我们与缅方进行了几十次的商务谈判以及百余次的非正式会谈。谈判过程异常艰难，谈判进程极其缓慢，甚至出现停滞阶段。在长达4年的漫长征程中，我们竭尽所能做实做好各项工作，但等待我们的往往是突发性的多变和反复，在应对和处理临时情况方面就耗费了大量精力和时间。

2017年3月21日，在我们拜会缅甸国务资政府部部长时，缅方正式同意在总统访华期间签署皎漂项目谅解备忘录，以明确缅甸民盟政府对皎漂项目国际招标结果的认可和接受，并确定项目的下一步工作安排。但两天后，缅方却改变了主意，将原先确定的谅解备忘录改为两国间换文。经请示，我方同意其要求，但缅方又迟迟不能提供换文草案。在多次催促下，缅方终于在 3 月 28 日 17 时提交了换文草案。由于没有办理换文的经验可循，我们通过多种途径开展自学，连夜组织研究，修订了缅方文件格式，补充了缅政府就皎漂项目国际招标、授标中信等历史事实，添加了下一步努力工作的目标计划，形成中信方关于项目的换文文本，并于 29 日 9 时回复缅方。29 日下午，我和工作小组在缅甸商务部面对几位相关局长准备就文本内容进行协商确认期间，缅方又向我们提供了号称已通过缅方内部认定的另一份换文文本，再次删减了有关关键历史事实和下一步计划安排的内容。我们感觉出缅方态度明显消极，对其政府忽视国际招标和中信中标这样严肃历史事实于不顾的态度非常愤慨。连夜紧急联系集团战略发展部原总经理兼中信缅甸原董事严宁同志汇报相关情况，并请示行动措施。他在北京时间 30 日凌晨刚下飞机看到我的信息后，立即在回家的车上和我交换意见，指示我耐心做缅方工作，说明在当时美国总统推行贸易保护主义，民粹主义当道的时候，缅甸能获得中信对于缅甸近百亿美元大型基础设施投资实属不易，缅方应该珍惜机会。根据他的建议，我们 30 日上午再次要求缅商务部开会协商。会议期间，我直接用英文向缅方阐明了我们的态度和要求，强调美国对中国投资都给予很多优惠条件的国际大背景下，缅甸应该珍惜中信带来的投资发展机会，尊重国际招标的商业规则，强烈要求缅方明确表态是否欢迎我们投资。中信投资缅甸是有充分诚意的，从投标至今已经过去了两年多时间，很多机会被浪费，缅方如果确实有意毁约取消授标，也希望给出明确书面通知，中信集团可以另外寻找国际投资机会。缅方吃惊于我们的表态，会议结束后，缅方官员亲自送我们上车，并表示希望再耐心一些。当晚经请示，我又通过邮件向缅方表达了立场。缅方国务资政府部部长在 31 日约见时任我国驻缅甸大使洪亮，直接向大使交流关于换文内容的想法。在我们的积极推动和强烈要求下，缅甸国务资政府部部长亲自与我们就换文事项进行了协商，部长和我们逐字逐句对换文文本进行了修改和确认，才最终保证了在缅甸总统访华期间换文的正式签署。

……

10年间，相关的故事还有很多，一段段往事记录着心酸的历程、喜悦的瞬间，纵有悲情的无奈，更有满怀的期待。

皎漂港，这个中文意为皎洁、漂亮的地方，将成为许多人梦想的起点。再过10年、20年，我们仍将不忘初心、坚守信念，铸就责任的忠诚，创造更大的辉煌。

“锡狄克午餐”诞生记

中信云网有限公司　尚雅楠

从2018年6月开办第一期，到2018年底成功举办第二期，“锡狄克午餐”这个脱胎于“巴菲特午餐”的创意，为创新者服务的模式，已经得到越来越多中信人的热烈回应和纷纷点赞。

而我，也从构思、策划、参与、组织“锡狄克午餐”的过程中，爱上了中信文化，爱上了中信，完成了一名中信新人从青涩到成熟的蜕变。

新与旧

我是2017年冬天来到中信的，还能清楚地记得第一次见到京城大厦的情景。虽然被周围的“新式”建筑包围，但这座20世纪90年代的北京地标，仍然有着独特的威仪与气度。中信这个庞大的国企机器是如何运行的？40年的积淀与发展，为什么在这个节点响亮提出“互联网+转型”？中信内部人才济济，又为什么费尽心思地从社会上广纳人才呢？

而我和我的同事，看起来也与周围环境格格不入。我这个身穿T恤衫的互联网人、程序员、媒体人、创业者，怀揣着忐忑和兴奋正式入职，走进了中信的大门。

我入职的部门是双创事业部，负责中信内部创新员工激励和创新项目挖掘。一开始，我觉得这不难，多年主流财经媒体的工作经验，“煽风点火”是老本行，线上线下宣传、运营推广、数据分析可都是我的强项。没想到，刚入职就遇到当头一棒。

年底盘点，当时中信双创的主要宣传媒介——双创企业号，在总体频道中排名垫底，好像同事们并不喜欢我写的那些科技领域的深度文章，对创新领域的概念更是毫无兴趣。那个春节，我是灰溜溜回家过年的。

怎么办？我很快察觉到，除了文章笔法和宣传策略，有一个更为严峻的问题——我并不了解中信人，又谈何对内宣传发动。他们为什么来到中信？为什么执着于这份事业？如果他们想在已有的机制中做件“新事”，最难的是什么？最强烈的需求是什么？

当我把他们完全放到用户的角度，把自己放到服务者的角度，问题便迎刃而解。我把周边能找到的有关中信历史的文件资料重新查阅一番，发现中信从成立伊始，就是一家秉承创新的公司，中信的创始人荣毅仁老董事长，像所有创业者一样，他的事业艰难起步，在各种场合都需要不断向各种受众推介中信，凡言必不离“锡狄克”，以至于海外媒体幽默地称他为“锡狄克先生”。读到这里，我仿佛看到一个年近七旬的老人，向世界介绍中信，介绍中国的改革开放事业，像牵着自己视若掌上明珠的“孩子”，带着他一步一步上路。

如果这样的精神不是创新精神，那什么才是创新精神？锡狄克项目就这样从我的脑海里一下子“跳”了出来。

锡狄克精神，首先是敢为天下先的创新精神，敢于运用非常手段做非常之事，承担非常之责任。其次，锡狄克精神是简单实干的精神，锡狄克搭建一个简单沟通的平台，营造一个平等互信的氛围，支持实干家实现更多的创意和想法。第三，锡狄克是兼容并包的开放精神。

在这个平台，创新的主体既可以是服务者，也可以是被服务者；既是创新事业的贡献者，也是创新利益的获得者。

这次创新，不是从“新闻”来的，而是从“旧闻”来的，这也让我对创新有了另外一番理解。我们这一代人总觉得创新特别高大上，要巧妙新奇，要震古烁今，但实际情况是，创新需要历史的积淀，需要一代又一代人、一件事接一件事地做。回到创新的现场，当你那份艰难与孤守再也无法承受时，向后看，很多已经远去的伟大的创新者，一直站在身后。

信与念

所谓“念念不忘，必有回响”，锡狄克只是一个起点、一个想法，怎么由点到面？以什么形式落地？对象是谁？一个个难题接踵而来。幸运的是，周围一直有领导、同事、朋友的“响应”，才让这件小事一步步走下去。

春节之后，我把想法汇报给了直属领导、中信双创的负责人——邓然，他帮助我反复梳理这套体系，但仍旧没有理清头绪。节后的一次“民主生活会”，偶然和中信云网的李凡总经理分到了一个小组。虽然刚刚入职，从来没跟李凡总经理汇报过工作，但我还是大着胆子把新项目讲了讲，没想到李凡总经理当场给予支持和启发：首先，他让我大胆去做；其次，要从微观出发，要“联系群众”。

怎么样激发微观活力？那些在一线的金融分析师、工厂里的工人和工程师、医院里的白衣天使、农田边的技术员，我们中信那么多产业、那么多场景、那么多优秀的一线员工，他们不缺经验、不缺技术、不缺想法，他们最缺的首先是表达自己的机会，这种表达不能是层层汇报的形式，还得要求氛围轻松包容，大家才能讲真话、讲实话……

这些问题反复在脑子里面打转，提出的几个切入口总是被邓然笑眯眯地否定：“再想想，有没有更好的？”

一直到一天下班路上，突然想到“巴菲特午餐”。我们是否可以做一个“锡狄克午餐”，员工和领导能用午餐这种轻松的形式，聊聊创新。于是，我马上在微信上发给邓然，他也迅速回复：“我觉得可以！”

找到了切入口，就在那一刻，我突然感到，中信确实不一样，来中信来对了。

剩下的就是邓然带着我“过五关斩六将”。在这个过程中，公司和集团领导为我们提出了各种有效意见和改进方向，最终把方案递到了“互联网+转型”小组的张益民案头。益民总又向常振明董事长做了汇报。短短10分钟，我们就收到了益民总的微信，常总同意了！

我怎么也没想到，常总就这样迅速地做了决定，更没想到一个重重压在我心头的“大事件”，就这样举重若轻地发生了。

2018年6月21日，是“锡狄克午餐”第一期——常振明董事长的

“锡狄克午餐”第一期——常振明董事长的午餐

午餐正式举办的日子，其实就是五六个人在食堂用的工作餐，并没有什么惊心动魄的形式。在中信未来的转型大潮中，这顿饭可能像一滴水那么“小”，但是，正像常总在午餐中讲的那样，“中信成立快40年了，经历了不少风雨，为什么屹立不倒？是因为我们总能在关键时刻达成共识，来推动一些改变。中信的‘信’是指对合作伙伴负责、对用户负责，这是我们品牌的力量。别人知道跟我们合作，用我们的东西，中信就会负责到底”。

大时代与小目标

我们和我们的前辈生活在完全不同的时代。40年前，他们解决的是“有和没有”的问题，他们实现了从0到1，又做到从1到N；而我们面对的是信息爆炸，充满不确定性的时代，我们需要做的是从N中重新定位那个1。

当然，我们有很多新工具，比如人工智能、大数据、区块链技术。除了依赖工具，我们还有没有别的力量来源？虽然一直在做数字化转型工作，经常接触各种能量强大的数字化工具，但我渐渐意识到，比工具更重要的力量是人。

在锡狄克项目推进过程中，我越来越感受到“人的力量”。在锡狄克少帅的首期培训中，我们邀请了十几位创新员工赴京参加培训，同时也是向集团和子公司领导汇报项目。其中有一位来自中信重工的员工——雷晓娟。当我通知她来京参加培训后，她并没有向公司汇报申请费用，而是自己坐了一夜的硬板火车，从洛阳赶了过来。当我得知后，满心愧疚地向她询问情况，她却轻描淡写地说，“我这项目还不成熟，不想给公司找麻烦。再说，这也是给我个人的机会，我愿意来，真的没什么”。这是一位80后的新晋妈妈，她把年幼的孩子留在家中，登上火车，一夜颠簸，只是单纯地想付出一点努力、做成一件事。在那次培训中，晓娟的事儿给大家留下很深的印象。

这就是人的力量！当我们一面相信人工智能会是无比强大的工具，另一方面也别忘了我们身上蕴藏的巨大能量。

再大的时代，都是人的历史。再宏伟的目标，都是以一个个小目标汇聚而成。普通人的努力，在不断的坚持、强大与重复中，日益累积，成为奇迹。

正如王炯总经理在锡狄克少帅实战营中指出的：“现在的年轻人如果试图复制中信集团昨天的模式，不太可能，也不容易。所以，要坚定方向，脚踏实地。在整个事业发展过程中，应该保持定力，一旦认定方向，就要坚定不移地走下去，不能走马观花，随波逐流。要经得起挫折，不轻言放弃，机遇永远倾向于有准备的人，要把现在所做的工作当成人生事业而努力。”

幸运的是，在这个时代，中信正在以最包容的态度，给每个中信

王炯总经理在锡狄克少帅实战营现场指导

人提供展现自己能力的舞台。

这就是我与中信的故事，虽然只有短短一年，但是中信就这样轻而易举地将我这个“格格不入者给收编了”。新的一年，当我再次走进亮马河畔的京城大厦，一股温暖而又熟悉的风扑面而来，荣毅仁雕像旁边的鲜花，中信书店的咖啡飘香，西装革履中间夹杂着格子衫和休闲衫。

2019 年，中信将喜迎成立 40 周年，一段新的历史大幕正在缓缓拉开。对于勇于创新、勤勉奋发的中信人来说，这不是终点，而是起点，是中信集团在新时代开启打造“国际一流综合性企业集团”的新起点。对于我来说，“锡狄克午餐”的创意也不会是终点，而是起点，是我融入中信、爱上中信，愿以青春年华和个人才智奉献中信，与中信同呼吸、共命运、共成长的新起点！

愿我们 40 岁的中信百年不老，基业长青。

“网”连中信人

中信云网有限公司　莫江江

2018年新年钟声敲响之际，一条名为《快接！常振明董事长给你打来贺年电话》的H5（第5代超文本标记语言）链接在中信人的微信朋友圈“刷屏”。十多万中信人和关注中信的人们通过当下最“潮”的互联网平台，收到了中信集团常振明董事长发出的“新年签”。这也是常总第一次通过微信平台发送元旦祝福。

事实上，这样的“刷屏”盛况已经不是第一次发生。《刚刚，全北京被雨后中信大厦惊呆了！》《每年的10月26日，都是中信人应该铭记的日子》《【盘点】今年中信人拿了多少年终奖？》《穿越！原来你是这样的中信》……这些由中信集团企业号推送到万千中信人手机上的作品，已经成为互联网时代记录中信发展、传播中信文化、凝聚中信人心、汇集中信力量的重要载体。

2015年以来，中信集团积极推动数字化转型战略，其中，“做连接、聚用户、生数据”是转型的重要目标。而“聚用户”的一大利器就是移动社交平台。作为企业号小编，我有幸参与到企业号的内容运营中，通过策划和制作一篇篇图文、H5、视频，将中信的历史、当下和未来，用新媒体的方式包装并传播开去，让20万中信员工和关注中信的社会力量，通过互联网紧密连接在一起。

从文化中汲取创意

中信的历史与文化是企业号内容创作的丰沃土壤。我们的很多创意都来自中信深厚的历史文化积淀。

2018 年 2 月，中信集团工作会议召开，会议精神的重点之一是重温中信 “初心”。如何通过新媒体内容的传播激起中信人重拾“初心”的激情，成为我们的切入点。于是，我们策划并推出了当时流行的“闪屏字幕”视频，短短两分钟，从火锅宴到中信公司的成立，再到一步步成长为国际一流大型综合性跨国企业集团的砥砺之路，回顾中信集团的创立和发展历程，激励全体中信人不忘初心、牢记新时代的新使命。视频推出后，近 3 万中信人点击观看，并纷纷留言“看完后热泪盈眶，愿为中信奋斗终生” “不忘初心、砥砺前行”……

2018 年 9 月，集团发布美好生活互联网平台“中信优享 +”，我们再次借助中信发展历史，采用当下流行的“一镜到底”形式，从中信公司成立到“仪征化纤”项目，从组建中信实业银行到“亚洲一号”卫星发射，从建成鸟巢到实施“互联网 + 转型”战略，通过场景变化巧妙地将这些连接在一起。过程涉及文案写作、脚本创作、设计美观度、技术流畅度等诸多环节。经过近两个月的反复测试、修改、调整、再测试，我们从各个方面保证最佳的使用体验，让观众穿越时空、身临其境地感受中信创业发展路程的辉煌和艰辛，获得了超过 19 万的点击量，创下当年中信新媒体作品阅读点击量之最……

一次次成功的内容传播，印证了中信历史对于激发员工自豪感和归属感的强大力量，也让我更加坚信，只有紧紧依靠中信的历史与文化，才能创作出广受欢迎的新媒体作品。

用"大V"凝聚人心

在互联网时代,"大V"（互联网平台上的名人）就意味着流量，是他们，让中信人在特殊的时间点、因共同的关注而连接在一起。

每年的10月26日，中信人都会不约而同地怀念中信公司的创始人荣毅仁。在近几年的10月26日前，我们都会推出纪念荣老的文章，或是回顾他的光辉足迹，或是重温他的殷切嘱托，给怀念荣老的员工们搭建一个寄托思念、抒发情感的平台。2018年，我们与集团企业文化部合作，从《荣毅仁文稿选编（1979—1993）》中吸收养分，摘录了荣老从1979年到1993年的经典语录，那些在中信不同发展阶段引领中信人跋山涉水、履险如夷的真知灼见，直到今天依然指引着中信人未来前进的方向。

毫无疑问，荣老是中信人心目中永远的"大V"。每次梳理他的事迹，看到他的音容笑貌，都是一个如沐春风的过程。他的崇高思想和品质一次次震撼着我、激励着我，把这笔中信的宝贵精神财富传播给更多的中信人。

常振明董事长也是中信人喜闻乐见的"大V"——新年到了，常总来送祝福；过年了，常总来拜年；召开发布会，常总坐镇现场……无论什么时间，只要我们的传播有需要，常振明董事长总是有求必应，全力支持与配合。

在制作《快接！常振明董事长给你打来贺年电话》时，因为这种新颖的形式前所未有，审核前我们一直都心如悬旌、忐忑不安。最终，常总没有提出任何意见，让我们的创意得以完整实现。就这样，我们创作了诸多爆款，让董事长不再是中信员工遥不可及的领导，而是成为常常出现在每个员工手机里的人，时而问候，时而教导，时而鞭策。通过互联网，董事长和中信人轻松、紧密地连接在一起。

记录企业发展和进步

承蒙集团和各子公司的青睐，让我们企业号有机会参与到中信发展的方方面面，从金融到实业，从重大发布到日常耕耘，见证、记录并传播给更多的中信员工。

2018年金秋，世界互联网人齐聚乌镇，共话互信共治的数字世界。中信集团以“产业互联网探索者”的身份首次亮相世界互联网大会。博览会汇聚了阿里巴巴、腾讯、华为、联合国儿童基金、欧洲卫星通信、法国达索系统、卡巴斯基等知名企业和机构，来自美国、俄罗斯、法国、英国、奥地利、加拿大、巴西、澳大利亚、印度、新加坡等五大洲25个国家和地区的430余家企业和机构参展。

躬逢互联网盛会，新媒体自然不能缺席。从大会开幕前，我们就深度参与到此次参展的筹备工作中，深入了解智慧金融、数字智造、精准农业、健康生命、美好生活等方面的互联网转型成果，并把这些亮点用互动式H5《一条乌篷船，中信带你畅游世界互联网大会！》串联起来，让无法到场的中信员工通过游戏一般的体验，了解中信在互联网大会上展示的精彩亮点。此外，我们还在现场收集了大量图片素材，用图文、长图文等新媒体形式，让企业号的粉丝们身临其境般体验此次盛会。

大事发生，我必在场。仅2018年，我们就现场见证了中信集团品牌主张发布、“中信优享+”互联网平台发布、中信戴卡亮相F1赛事等重要时刻，用图文、视频、H5等形式，全方位记录并第一时间传递给中信员工和所有关注中信的用户。

重要时刻，从不缺席。在庆祝改革开放40周年、集团召开工作会议、重大节庆等国家、企业的特殊日子，我们都会通过海报、文字、H5等形式，传递来自中信的声音和态度。

点滴进步，从不错过。我们越来越多地深入基层，了解一线的生产经营状态——深入中信银行，了解以“党费通”为抓手的党建信息化实践；走进中信戴卡，领略高度智能化的自动化车间；现场见证隆平高科 AI（人工智能）育种技术的科学神奇；用心记录中信重工车队一年绕地球 19 圈的艰辛奔波……真实反映中信集团的经营发展状况，充分展示中信员工的良好精神风貌，让更多的人了解中信、爱上中信，为企业生产经营注入源源不断的正能量。

服务员工工作与生活

只要成为企业号的用户，无论单位、年龄、职务、级别、地域，每个人在这里都能平等地接收信息、参与互动、享受福利。

2018 年 5 月 24 日晚 8 点，在清华大学东门的正信咖啡店内，一场

中信集团企业号“加油儿女”栏目举办视频直播

“高考加油站”的直播正在进行。已经考入清华大学的两名高考状元，在线上为正在高考冲刺的中信员工子女答疑解惑。据相关数据显示，当晚有17 000多名观众观看了这场直播。2018年9月，中信集团企业号亲子教育栏目“加油儿女”在中信书店举办“学区房怎么买”视频直播活动，邀请专家解读子女教育政策，1.4万中信员工和外部用户观看直播……

作为企业号的运营者，我们一直努力地想尽办法为员工提供更好的内容和活动，服务员工的所思、所需、所想。为了更加精准聚焦中信员工的兴趣爱好和生活需求，企业号不断增加“中信优享+”“员工内购”“金融理财”“智趣生活”“摄影圈”等场景，日益丰富其服务功能的多样性。企业号的出现，让中信员工在刷手机时有了更多的选择。互联网的发展，让中信集团20多万名员工前所未有地紧密联系在一起。

有人说，互联网时代越来越碎片化和个性化，人与人之间的联系正逐渐被解构。而我们运营中信集团企业号，则是希望逆流而上，用自己的创意、观察、制作和传播，将中信员工更加紧密地凝聚融合在一起，让所有中信人感受到“家”的温度和文化的力量。

有恒心，无所惧。心所至，梦必达。

夕晖余韵（诗词二十首）

中信集团原常务董事、原纪委书记　温晋平

浪淘沙·中信四十年

2019 年 5 月 12 日

四十载春秋，
诚信当头。
商场驰骋展鸿猷。
开拓创新垂史册，
誉满神州。

大业未曾休，
宏愿长酬。
辉煌需再上层楼。
寄望后仁同勉力，
永葆风流。

中信建设海外青年突击队授旗仪式

长相思·致中信后人

2015 年 3 月 15 日

风一程，
雨一程。
风雨兼程万里行。
燃明千盏灯。

人也更，
物也更。
唯有精神或永恒。
传承赖有声。

四块玉·参会有感

2016 年 4 月 26 日

出席“纪念荣毅仁同志诞辰100周年座谈会”，倾听张德江委员长代表党中央对荣毅仁同志创办中信公司做出的高度评价，心中十分欣慰。

中路[①]行，
东厅[②]坐，

麦克风前颂高歌。
先前伟业重提过。

作者带队就荣毅仁同志塑像样稿征求荣老家人意见

① 中路，指参会经行的中轴路。
② 东厅，即人民大会堂东大厅，纪念活动在此举办。

意味长，
胸襟阔，
心快活。

七绝·与故人叙旧

2016年8月17日

遇中信故人，思忆昔日辉煌，不由得感慨系之。

曾随雄杰辟先河[①]，
谱写中华第一歌。
战曲今朝谁复唱，
当年将士已无多。

六言·中信岁月

2016年8月24日

也曾劬勤尽责，
也曾名显声赫。
回眸三十余载[②]，
不过心安理得。

---

① 中信公司在中国改革开放中充当了探索者、先锋者的重要角色，被誉为敢于第一个吃螃蟹的公司。

② 三十余载，系指作者加入中信公司的时间。

作者在中信集团部门、子公司领导干部培训班宣讲企业文化

七绝·读诗书

2016 年 9 月 20 日

多年久欠读书债，
枉为藏书不吝资。
且喜如今静无事，
随心翻遍百家诗。

七律·忆中信岁月

2016 年 10 月 4 日

昔时曾伴英豪[①]侧，
一展风华于尽责。
誉善荐贤兴壮图，
诚心正意谋良策。
喜从道理释疑难，
常化干戈为玉帛[②]。
往事回眸竟坦然，
老来欣作林泉客。

作者与荣毅仁、魏鸣一、王军等集团老董事长在一起

① 英豪，指中信创始人荣毅仁和魏鸣一、王军等老一代领导人员。
② 此句借喻化解矛盾，协调内部关系。

七绝·享闲

2016 年 12 月 14 日

年过花甲隐林泉，
无是无非身自安。
读罢唐诗回味永，
悠然消得几分闲。

七绝·元宵梦故人

2017 年 2 月 21 日

退隐林泉三五载，
如烟往事已忘怀。
夜临海上升明月，
旧雨[1]纷纷梦里来。

五绝·却邀

2017 年 11 月 19 日

消了英雄志，
更无功业心[2]。

① 旧雨，故旧之人。

② 中华诗词发展基金会邀作者出面组织老年诗词活动并担任理事长一职，婉言却之。此前，曾辞却中国雕塑基金会理事长和中国企业文化研究会理事长等邀职。

闭门辞访客，
意趣在书林。

七绝 · 禅悟

2018 年 1 月 4 日

风霜已到鬓丝间，
世态人情一了然。
无字经书缘在悟，
未曾入寺也知禅。

七绝 · 有感中信

2018 年 2 月 22 日

华夏光辉一舞台，
前贤曾望后人来。
惊天功业谁相继，
锦绣江山锦绣才。

七绝·三亚湾观潮

2018 年 3 月 3 日

日日凭栏看碧湾，
潮升潮退顺天然。
达人无惧观潮老，
一任清风改盛颜。

七律·探望王军同志有感

2018 年 4 月 19 日

将门雄杰势冲天，
倒海翻江卷巨澜。
一代风流堪自负，
千秋事业待人传。
功成竟作榻间卧，
身退终无壁上观[①]。
盛日豪情全散尽，
不留半点入残年。

① “功成”“身退”句，乃言王军老董事长退休卧病后之情状。

五绝 · 感恩

2018 年 5 月 28 日

年逾 94 岁的魏鸣一老董事长在任时，曾给我以充分的信任和关怀，今逢公司组织离退休老同志一道出行，总希望能给他多一点照料。

一旦蒙知遇，
终身思报恩。
莫道春光远，
真情已落根。

七绝 · 书海芳菲

2018 年 10 月 26 日

书海流连常忘归，
含英咀萃吐芳菲。
此生若不知骚雅，
空到人间走一回。

七绝·暮闲

2018 年 10 月 28 日

一任天涯驰日月，
且于掌上看江山。
书生意气渐消却，
烈士暮年惟爱闲。

天净沙·萧散

2018 年 10 月 30 日

从天属地随缘。
心宽性静身闲。
无虑无忧无怨。
老来康健。
远尘嚣近林泉。

七律·天涯之家

2018 年 12 月 16 日

隆冬将近别京华，
又到天涯第二家。
蓝海茫茫腾日月，
椰林袅袅笼烟霞。
浪潮翻卷扑沙岸，
草木葱茏绕紫花[①]。
爱在楼台观旷景，
怡然慢品竟陵茶[②]。

七绝·三看王军同志

2019 年 4 月 23 日

三自凤凰来白云[③]，
喜逢新雨浥轻尘。
鲜花采得一篮秀[④]，
送予病床长卧人。

---

① 紫花，三亚市花三角梅。

② 竟陵，指茶圣陆羽，其系复州竟陵（今湖北天门）人。

③ 凤凰、白云，即三亚、广州两机场。

④ 作者系第三次来穗探视王军老董事长，此次蒙中信广州分行谢宏儒行长备置鲜花花篮一同前往。

后记："看""见"中信

肖　欢

积聚历史和文化双重功能的《我与中信》文集的编撰，历来都是集团上下瞩目的焦点。从1989年开始，每五年出版一本"我与中信"系列文集，早已成为每个中信人的不解情结和热切期盼，早已成为每个中信人的情感归宿和心灵家园。

习近平总书记说："牢记历史是要以史为鉴、面向未来。"前事不忘，后事之师；不忘初心，方得始终。对于中信人来说，《我与中信》就是中信历史的最好载体。常振明董事长在序言中也指出："如果说打造中信长青基业是一场漫长的奔跑，那么每五年编辑出版《我与中信》文集就是一次神圣的精神接力。"

神圣意味着肯定，接力意味着责任。我们坚持编辑出版《我与中信》，正是为了铭记中信成长历史，传承中信企业文化，秉持"勇于创新　多作贡献"精神，牢记新时代中信"做强做优做大，践行国家战略，助力民族复兴"的使命，开拓进取，砥砺前行。

我是2018年4月重新回到集团总部工作的，作为企业文化部主任，自然而然也就接下了组织编撰《我与中信1979—2019》这一光荣而艰巨的任务。2019年正值中信成立40周年，"四十不惑"的中信亟须凝聚更大共识、形成更大合力，坚定初心、增强信心，牢记使命"再出发”。面对新时代，站在中信改革发展新起点上，编辑好《我与中信》，传承好中信精神，对于我们编委会来说更是一份沉甸甸的责任。

经周密策划，我们于2018年8月底正式下发征文通知，截至12月底，在短短4个月的时间里，集团各部门、子公司和广大员工热情参与、踊跃投稿。据不完全统计，共收到各类征文一千余篇，精选上报四百二十多篇。尤其是许多单位主要领导欣然接受约稿，且稿件质量之高也超出我们预期。编委会会同有关专家精挑细选出百余篇入围稿件，几番比较后，又重点编辑、润色了68篇汇编入册。

“近水知鱼性，近山识鸟音。”也正是借助编委这一特殊身份，我深入参与了《我与中信1979—2019》文集的编校过程，真切地看到了中信的过去和现在、历史和传承——

在《往事回忆》《中信上海公司筹建往事》中，看到了荆棘遍布中的跋涉、封闭羁绊中的开拓、曲折艰难中的辉煌；在《中信上市“GLORY”之战》《“惊险”重重的巨额跨境并购案》中，看到了中信人勤勉奋发、拼搏奉献、开拓创新；在《绿水青山引来“金凤凰”》《“直”击风王“山竹”》中，看到了中信主动履行社会责任的担当；在《铁甲雄风铸辉煌》《在“三国”级项目中践行国企使命》中，看到了中信积极建功国家重大项目的使命……

与此同时，在反复沟通中，我们看到了老领导、老同志对中信的忠诚和坚守——秘增信同志抱病写下近6 000字的《往事回忆》，深情讲述中信戴卡、铌铁合金进口贸易等重大投资项目；温晋平同志专门为纪念中信成立40周年赋诗，同时提供了创作的多篇诗词供我们择优刊登……于字里行间，我们看到了新老员工对中信事业的热爱和追求，对中信企业文化的认同和践行，言辞切切，情意殷殷。

“看”方能“见”，方能洞悉和洞见——

在《布局哈萨克斯坦》《“中信红”傲然飘扬拉丁美洲》中，我们洞见了"中信制造"海外腾飞的更多新力量；在《亲历"互联网+转型"战略落地》《创设中国首张电子银行卡》中，我们洞见了集团可持续发展的更多新可能；在这一份份似欲破纸而出、深切而诚挚的文字中，我们洞见了中信发展的信心和底气，洞见了公司更加美好的明天和未来。

此次"我与中信"征文活动动员广泛、工作繁复、成书不易，各单位精心组织撰写，编委会几位同志反复梳理、筛选、修改、润色，并邀请党务工作部原主任杨林同志等专家审稿把关，确保文稿质量；中信出版季红和肖新明两位资深副总编辑组织骨干力量审稿，协助编委会创新封面设计和内文版式设计，让《我与中信1979—2019》更加赏心悦目……在此，我们向所有参与、支持此次征稿、编撰、出版等事宜的单位和个人表示诚挚感谢！

由于专业和能力及人力所限，此次编辑出版《我与中信1979—2019》难免遗珠之恨，难免还有不够完备和精细之处，敬请大家批评指正。

路是脚踏出来的，历史是人写出来的。我们每一个中信人都是中信事业的参与者和奉献者，都是中信发展的见证者和记录者。我们的每一步，都在书写中信的历史。

只要中信在，你我在，我相信"我与中信"的故事就永远讲不完，中信精神和中信风格也会一直得以延续和传承。